Albert Bohnstedt

Schiffbau (1907)

Albert Bohnstedt

Schiffbau (1907)

ISBN: 9783954270989

Erscheinungsjahr: 2012
Erscheinungsort: Bremen, Deutschland

© *maritimepress in Europäischer Hochschulverlag GmbH & Co. KG, Fahrenheitstr. 1, 28359 Bremen. Alle Rechte beim Verlag und bei den jeweiligen Lizenzgebern.*
www.maritimepress.de | office@maritimepress.de

Bei diesem Titel handelt es sich um den Nachdruck eines historischen, lange vergriffenen Buches. Da elektronische Druckvorlagen für diese Titel nicht existieren, musste auf alte Vorlagen zurückgegriffen werden. Hieraus zwangsläufig resultierende Qualitätsverluste bitten wir zu entschuldigen.

Schiffbau

Von

Schiffbau-Ingenieur **Bohnstedt**
Oberlehrer an der Kgl. Höheren Schiff- und Maschinenbauschule
in Kiel

Mit 246 Abbildungen und 12 Tafeln

Hannover
Dr. Max Jänecke, Verlagsbuchhandlung
1907

Vorwort.

Wenn ich, einem Wunsche des Herausgebers des „Grundrisses des Maschinenbaues" entsprechend, es übernommen habe, eine Abhandlung über den „praktischen Schiffbau" zu schreiben, so bin ich mir wohl bewufst, dafs diese Arbeit niemals eine erschöpfende sein kann.

Vielmehr war es eine Notwendigkeit, den Stoff trotz des grofsen Gebietes in den gegebenen engen Rahmen einzuzwängen.

Als Zweck und Richtschnur für die vorliegende Arbeit ergab sich mithin: **Das Wichtigste kurz zusammenzufassen, möglichst übersichtlich und leicht auffindbar zu ordnen und in einer Form darzustellen, die den Stoff nicht blofs dem Vorgeschrittenen, sondern auch dem Anfänger mundgerecht macht.**

Aus diesem Grunde ist ein besonderes Kapitel der Erklärung vorkommender, etwa unbekannter Fachausdrücke gewidmet. Ferner ist das Stichwörterverzeichnis mit grofser Sorgfalt und Peinlichkeit aufgestellt worden.

Daneben habe ich das Hauptaugenmerk darauf gerichtet, den Anfänger mit dem bekannt zu machen, was von ihm, nach beendetem wissenschaftlichen Studium, auf dem Konstruktionsbureau im praktischen Schiffbau verlangt wird, nämlich Kenntnis der Bauvorschriften des Germanischen Lloyds, Bestimmung der Abmessungen der einzelnen Bauteile, Anfertigung der Bestell- und Werkstattszeichnungen, der Bestelllisten, das Arbeiten am Blockmodell u. a. m.

Wenn mir dieses unter den angegebenen Gesichtspunkten gelungen ist, so hat die Arbeit ihren Zweck erfüllt.

Für denjenigen, der sich über besondere Gebiete des praktischen Schiffbaues noch eingehend unterrichten will, ist im allgemeinen eine genügende Literatur vorhanden.

Kiel, im Februar 1907.

Bohnstedt.

Inhaltsverzeichnis.

Seite

Einleitung 9
1. Geschichtliches 10
2. Fachausdrücke 11
3. Einteilung der Schiffe nach verschiedenen Gesichtspunkten. 17
4. Allgemeine Übersicht über die Verbandteile eines Schiffes . 31
5. Die Bestimmung der Abmessungen der einzelnen Verbandteile 32
6. Niete und Nietverbindungen 41
7. Der Kiel 53
8. Schlinger- oder Kimmkiele 59
9. Querspanten 60
   a) Die eigentlichen Spanten 61
   b) Die Bodenwrangen 62
   c) Die Gegenspanten 63
10. Das Mittelkielschwein 65
11. Kimmkielschweine 72
12. Seitenkielschweine 73
13. Schlinger- oder Schlagwasserplatten 75
14. Rahmenspanten 76
15. Hochspanten 77
16. Stringer und Stringerplatten 78
17. Decksbalken 86
18. Schwere Raumbalken 91
19. Deckstützen 93
20. Decks 97
21. Wegerung 107
22. Wasserdichte Schotte 108
23. Der Doppelboden 119
24. Längsspanten 129
25. Die Aufsenhaut 130
26. Das Schanzkleid 140
27. Der Vorsteven 142
28. Der Hintersteven 145
29. Das Ruder 151
30. Einbauten 157
   a) Kohlenbunker 157
   b) Kesselraum und Kesselschacht 159
   c) Maschinenraum und Maschinenschacht 160
   d) Der Wellentunnel 162

	Seite
e) Tunnellagerböcke	164
f) Der Drucklagerbock	165
g) Das Maschinenfundament	165
h) Die Kesselfundamente	168
i) Mastspuren	170
31. Durchführung der Masten durch die Decks	171
32. Diagonalschienen	172
33. Lukenstringer und Längsschienen	173
34. Aufbauten und Deckshäuser	174
a) Erhöhtes Quarterdeck	175
b) Hütte, Brückenhaus und Back	177
c) Promenadendecks und Bootsdeck	180
d) Deckshäuser und Niedergangskappen	181
35. Besondere Konstruktionen im Vorderschiff	181
36. Besondere Konstruktionen im Hinterschiff	190
37. Die Radkasten	196
38. Abdichten, Zementieren und Streichen des Schiffskörpers	198
39. Einiges über den Holzschiffbau	199
40. Einiges über den Kompositschiffbau	202
41. Masten und Takelage	205
42. Wasserdichte Verschlüsse	220
a) Luken	220
b) Türen	225
c) Fenster	230
43. Boote	231
44. Bootsdavits	236
45. Ankergeschirr	240
46. Fallreeps	251
47. Ruder- und Maschinentelegraphen	252
48. Lüftung	254
49. Entwässerung	258
50. Die Arbeiten des praktischen Schiffbaues im Konstruktionsbureau	260
Stichwörterverzeichnis	269

Benutzte Quellen und Bücherschau.

Belitz, Seglers Handbuch. 1897.
Dick und Kretschmer, Handbuch der Seemannschaft. 1902.
Germanischer Lloyd, Vorschriften für die Klassifikation und für den Bau und die Ausrüstung von flufseisernen Schiffen. 1906.
Desgl. für Schiffe der Sund-, Watten- und Binnenfahrt.
„ „ hölzerne und Kompositschiffe.
„ „ Jachten.
van Hüllen, Leitfaden für den Unterricht im Schiffbau. 1888.
Hütte, Des Ingenieurs Taschenbuch. 1905.
Inspektion des Bildungswesens der Marine, Leitfaden für den Unterricht im Schiffbau. 1902.
Johow, Hilfsbuch für den Schiffbau. 1902.
Middendorf, Bemastung und Takelung der Schiffe. 1903.
Paasch, Vom Kiel zum Flaggenknopf. 1901.
Rühlmann-Flamm, Vorträge über Schiffbau. 1902.
„Schiffbau", Zeitschrift, Jahrgang 1903 Nr. 16: Flamm, Doppelschrauben-Passagier- und Frachtdampfer der Hamburg-Amerika-Linie „Prinz Adalbert".
Schiffbautechnische Gesellschaft, Jahrbücher.
Schlick, Handbuch für den Eisenschiffbau. 1902.
Seeberufsgenossenschaft, Vorschriften über wasserdichte Schotte.
Desgl., Unfallverhütungsvorschriften.

Berichtigungen.

Seite 41, Zeile 8 von oben, lies: „I-Eisen" statt „T-Eisen".
„ 45, „ 20 von oben, lies: „und bisweilen auch" statt „und auch".
„ 87, „ 11 von oben, lies: „Spant" statt „Spanten".
„ 96, „ 18 von unten, lies: „mit zwei" statt „mit ein".
„ 126, „ 1 u. 2 von unten (unter der Abb.), lies: „an jedem Spant bis jedem sechsten Spant" statt „an jedem zweiten bis sechsten Spant".
„ 131, „ 11 von oben, lies: „eine besonders sorgfältige wasserdichte Vernietung" statt „eine wasserdichte Vernietung".
„ 136, „ 14 von oben, lies: „3 mm dicker" statt „4 mm dicker".
„ 198, „ 3 von oben, lies: „und teilweise auch die Nietköpfe" statt „und Nietköpfe".
„ 211, „ 9 von oben, lies: „Eisen" statt „Stahl".
„ 230, „ 5 von unten, lies: „Gummiring e" statt „c".

Einleitung.

Ein **Schiff** ist ein schwimmendes Gebäude, welches dazu bestimmt ist, Menschen mit Lebensmitteln oder Fracht, Waren und Güter mit einer gewissen Geschwindigkeit von einem gegebenen Ort nach einem bestimmten anderen fortzubewegen.

Das Bauen der Schiffe war früher eine **Kunst**, welche handwerksmäfsig betrieben wurde und sich meistens in der Familie vom Vater auf den Sohn vererbte. Berechnungen wurden nicht ausgeführt, sondern man baute lediglich nach dem Gefühl und nach den praktischen Erfahrungen der Seeleute. Erst um die Mitte des achtzehnten Jahrhunderts begann die wissenschaftliche Behandlung des **gesamten** Schiffbaues durch das Werk „architectura navalis" des schwedischen Admirals de Chapman, nachdem schon vorher deutsche, französische und englische Gelehrte einzelne Gebiete der Theorie wissenschaftlich behandelt hatten.

Heutzutage ist der Schiffbau eine **Wissenschaft**, welche auf den Gesetzen der Mathematik, Mechanik und der Naturlehre aufgebaut ist.

Man teilt die Schiffbauwissenschaft ein

1. in den **theoretischen Schiffbau**,
2. in den **praktischen Schiffbau**.

Der erstere beschäftigt sich hauptsächlich mit dem Entwerfen, dem Zeichnen der Konstruktionsrisse und den nötigen Berechnungen, der **praktische Schiffbau** dagegen mit dem Bau der Schiffe selber, mit dem Baumaterial, den einzelnen Bauteilen, mit der Konstruktion der Verbände usw.

Dieser letztere Teil soll hier allein behandelt werden.

1. Geschichtliches.

1629. Architectura navalis, von Jos. Furttenbach. Erstes in Deutschland erschienenes Buch über Schiffbau.
1749. Scientia navalis seu tractatus de construendis ac dirigendis navibus, von Leonhard Euler.
1768. Architectura navalis mercatoria, von Frederic de Chapman.
1784. Einführung des Walzverfahrens für die Herstellung von Platten, Stangeneisen und Winkeln.
1787. Erwähnung des ersten eisernen Kanalbootes in England.
1822. Bau des ersten eisernen Dampfschiffes „Aron Manby", welches von London nach Paris fuhr und auf der Seine lange Zeit in Dienst war.
1838. Bau des ersten gröfseren eisernen Segelschiffes „Iron Sides" in Liverpool.
1838. Bau des ersten eisernen Seedampfers in Deutschland bei der Firma Gleichmann & Busse in Hamburg.
1840. Bis zu diesem Jahr wird als Material für die Schiffe noch fast allgemein Holz verwendet.
1843. Bau des ersten grofsen eisernen Schraubendampfers „Great Britain" in Bristol,

Länge $L = 98$ m,
Breite $B = 15,55$ m,
Raumtiefe $RT = 9,85$ m,
Tiefgang $= 5,85$ m,
Wasserverdrängung $= 3900$ cbm.

1850. Von etwa diesem Jahr bis ungefähr 1880 werden die meisten Schiffe hauptsächlich aus Eisen hergestellt.
1851. Gründung der Werft von Früchtenicht & Brock für den Bau eiserner Schiffe in Bredow bei Stettin, jetzt Stettiner Maschinenbau-A.-G. „Vulcan".
1853. Bau von zwei eisernen Passagierdampfern auf der Werft von Tischbein in Rostock.
1854. Bau des ersten eisernen Schiffes auf der Werft von Möller & Holberg in Stettin.
1855. Bau eiserner Flufsfahrzeuge auf der Reiherstieg-Schiffswerft und Maschinenfabrik in Hamburg.

1857. Bau des ersten eisernen Segelschiffes in Deutschland auf der Reiherstieg-Werft in Hamburg.
1857. Bau des Riesendampfers „Great Eastern" in Millwall nach Plänen und Angaben des Schiffbauingenieurs Scott Russel und Brückenbauingenieurs Brunel.
Abmessungen:
Länge $L = 207,4$ m,
Breite $B = 25,3$ m,
Raumtiefe $RT = 17,69$ m.
1857. Bau des ersten Dampfers aus Stahl (sog. Puddelstahl) in England.
1880. Von etwa diesem Jahre an werden die meisten Schiffe aus sogenanntem weichem Schiffbaustahl, das ist Siemens-Martin-Flufseisen, hergestellt.

Anzahl der Werften in England: über 200.

Anzahl der Werften in Deutschland: etwa 80, davon 20 gröfsere Werke.

2. Fachausdrücke.

achtern = hinten.
Ankerspill (das) = Ankerwinde.
Aufkimmung = Steigung des Schiffsbodens nach den Seiten zu.
auf und nieder = senkrecht.
Aufsenhaut = Abschlufs des Schiffskörpers (der Schiffsseiten und des Bodens) nach aufsenhin, s. S. 130.
Awningdeck = Sturmdeck, s. S. 21.

Back (die) = Aufbau auf dem Oberdeck im Vorschiff.
backbord = links.
Backbordseite = linke Seite des Schiffes (von hinten aus gesehen).
Backdeck = Deck auf der Back.
Balkenbucht = Wölbung der Decksbalken.
belegen = herumlegen, herumschlingen, gewöhnlich kreuzweise (z. B. eine Trosse an einem Poller belegen, s. diesen).
Bodenwrange oder Flurplatte = senkrechte Versteifungsplatte am untersten Teil eines Querspantes, s. S. 62.
Bordwand = Schiffsseitenwand.
Brückendeck = Deck auf dem Brückenhaus.

Brückenhaus = Aufbau auf dem Oberdeck in der Mitte der Schiffslänge.
Bucht = Wölbung, Krümmung.
Bug (der) = Vorderende des Schiffes.
Bunker (der) = im Schiff eingebauter kastenförmiger Raum.

Deck = durchgehende wagerechte Plattform, Decke bezw. Fufsboden, s. S. 97.
Decksbalken = von Schiffsseite zu Schiffsseite durchgehende Träger, welche das Deck tragen, s. S. 86.
Deckshaus = Aufbau auf dem Oberdeck, welcher nicht bis an die Bordwände heranreicht.
Deckssprung = Erhebung des Decks (längsschiffs) nach den Schiffsenden zu.
Deckstringer = auf den Decksbalken an den Schiffsseiten entlanglaufende Längsverbände, s. S. 83.
Deckstützen = Stützen zur Absteifung der Decksbalken, s. S. 93.
Diagonalbänder ⎫
Diagonalschienen ⎬ = schräg über die Decksbalken laufende schmale Plattenstreifen, s. S. 172.
Diagonalstringer ⎭
Diamantplatte = rhombenförmige Platte (zur Verbindung von Rahmenspant und Seitenstringer), s. S. 80.
Dolle (die) = Rudergabel.
Doppelboden = Innenboden, s. S. 119.

Fallreep (das) = Aufsenbordstreppe.
fieren = nachlassen, herunterlassen.
Freibord = Höhe des Hauptdecks an seiner tiefsten Stelle (an der Seite gemessen) über dem Wasserspiegel.

Gallion (das) = konsolartiger Ausbau des Vorstevens (bei Segelschiffen).
Gang = Reihe, Hintereinanderreihung breiter Platten zu einem langen Bande, Streifen.
Gat (das) = Öffnung, Loch.
Gegenspant (das) = Hilfsspant zur Verstärkung eines Querspantes, s. S. 63.
gieren = periodisch pendelndes Drehen des Schiffes um seine senkrechte Achse.
gleichlastig ist ein Schiff, dessen Tiefgang vorne und hinten gleich ist.

Heck = hinteres Ende des Schiffes.
heifsen = hochziehen.
Helgen (der) ⎱ = Baustelle, auf welcher ein Schiff zusammen-
Helling (die) ⎰ gebaut wird.
Hinterschiff = Hinterteil des Schiffes.
Hintersteven = senkrechter Abschlufs des Schiffes an seinem Hinterende, s. S. 145.
Hütte oder Poop = Aufbau auf dem Oberdeck im Hinterteil des Schiffes.
Hüttendeck = Deck auf der Hütte.
Hurrikanedeck = Sturmdeck.

interkostal = eingeschoben.

kalfatern = abdichten, s. S. 102.
Kampanje (die) = Hütte (s. diese).
kentern = umfallen, so dafs der Kiel des Schiffes nach oben zu liegen kommt.
Kiel = unterster durchlaufender Längsverband, Rückgrat des Schiffes, s. S. 53.
Kielschwein = durchlaufender Längsverband oberhalb des Kiels und seitlich von ihm, s. S. 65, 72 u. 73.
Kimm (die) oder Kimmung = runder Übergang zwischen Schiffsboden und Schiffsseiten.
Kimmkiel = Aufsenkiel in der Gegend der Kimm.
klamaien = abdichten, s. S. 202.
Klüse (die) = runde Öffnung in der Schiffswand oder einem Deck zum Durchführen von Trossen und Ketten, s. S. 187.
Kompositschiff = Schiff, teilweise aus Holz und teilweise aus Eisen hergestellt, s. S. 202.
kopflastig ist ein Schiff, dessen Tiefgang vorne gröfser ist als hinten.
krängen = gewaltsames Überneigen, Drehen des Schiffes um seine wagerechte Längsachse.

Längsnaht s. Naht.
längsschiffs = der Schiffslänge nach.
Längsschott = längsschiffs liegendes Schott (s. dieses).
Längsspant = längsschiffs liegendes Spant (s. dieses).
ledige oder leichte Wasserlinie = Wasserlinie, auf welcher das Schiff ohne Ladung, leer (aber betriebsfertig) schwimmt.

Loskiel = losnehmbarer Schutzkiel unter dem eigentlichen Kiel.
Luk (das) oder die Luke = Öffnung im Deck.
Lukstringer (der) = schmaler auf den Decksbalken liegender Plattenstreifen an den Längsseiten von Luken.
Luksüll (das) = senkrechter Rand aus Platten, welcher um die Luke herumgeführt ist.

Mittelschiff = mittlerer Teil des Schiffes (der Länge nach).
mittschiffs = in der Mitte der L ä n g e des Schiffes, bisweilen auch in der Mitte der B r e i t e des Schiffes.

Naht = Nietverbindung in Form einer langen Reihe, gewöhnlich nur für die L ä n g s naht, L ä n g s fuge angewendet, seltener für die Q u e r naht, die man als S t o f s bezeichnet.
Nock (die) = das Ende von Rundhölzern usw.

Persenning (die) = Segeltuchüberzug.
Planke = schmales Brett.
Plattengang s. Gang.
Poller (der) = Bock zum Belegen von Trossen.
Poop = Hütte (s. diese).
Propeller = Vorwärtstreiber, gewöhnlich nur für die Schiffsschraube angewendet.

Quarterdeck = erhöhtes Deck im Hinterschiff, s. S. 17.
Quernaht s. Naht.
querschiffs = quer zur Längsachse des Schiffes.
Querschott s. Schott.
Querspant s. Spant.

Raa oder Rahe (die) = wagerechtes Rundholz (s. unter Takelage, S. 205).
Radpropeller s. Propeller.
Rahmenspant = Spant in Form eines Rahmens, s. S. 76.
rank = leicht in Rollbewegungen zu bringen.
Reling = Geländer, Abschlufs des Schanzkleides.
Riemen = Ruder (zum Fortbewegen eines Beibootes).
rollen = periodisch pendelnde Drehung des Schiffes um seine wagerechte Längsachse.
Ruder = Steuer.
Rudersteven = Steven, an welchem das Steuer aufgehängt ist.

schamfielen = durchscheuern, durchreiben, verletzen.
Schandeckel = Abschluſs des Oberdecks an der Bordwand.
Schanze oder Back (s. diese).
Schanzkleid oder Verschanzung = über das Oberdeck hinausreichender Teil der Bordwände.
Schlagseite besitzt ein Schiff, wenn es nach einer Seite (steuerbord oder backbord) überneigt.
Schlagwasserplatten oder Schlingerplatten = senkrechte Platten im Schiffsboden, welche beim Schlingern das Überstürzen des Wassers im Schiffsraum verhindern sollen.
schlingern = rollen (s. dieses).
Schott = eingebaute Wand, s. S. 108.
Schraubenpropeller s. Propeller.
Schraubenrahmen = Rahmen für die Schiffsschraube.
Schraubensteven = v o r d e r e r senkrechter Teil des Schraubenrahmens.
schwojen = Drehen des Schiffes um einen festen Punkt, welcher v o r dem Schiff liegt (z. B. vor dem Anker).
Seitenstringer = Längsverbände im Schiffsinneren, an den Seitenwänden entlang laufend, s. S. 79.
seitschiffs = an der Seite des Schiffes.
setzen = periodische Auf- und Niederbewegung des Hecks.
Spant = Schiffsrippe, s. S. 61.
Speigat = Wasserabfluſsöffnung.
Spill (das) = Trommelwinde.
Sponung oder Spundung = Rille, Nute (im Kiel, Steven).
Sprung = Krümmung der Deckslinie (Mittellinie) längsschiffs.
stabil oder steif ist ein Schiff, wenn es sich aus einer geneigten (gekrängten) Lage leicht wieder aufrichtet.
stampfen = periodische Auf- und Niederbewegung des Buges (Drehen des Schiffes um seine wagerechte Querachse).
stapeln = aufeinanderschichten.
Stapelklötze = Klötze, auf welchen das Schiff während des Baues bis zum Ablaufen liegt.
Stapellauf = Ablaufen des Schiffs von den Stapelklötzen.
steif = stabil (s. dieses).
steuerbord = rechts.
Steuerbordseite = rechte Schiffsseite (von h i n t e n gesehen).
steuerlastig ist ein Schiff, dessen Tiefgang h i n t e n gröſser ist als vorne.

Steven = senkrechter Abschluſs des Schiffskörpers am Vorder- und Hinterende.
Stoſs = Quernaht, Querfuge.
Strak (der) = schöner Verlauf einer Kurve.
straken = schön verlaufen.
Stringer = Längsverbände, welche im Schiffsinneren an den Seitenwänden und auf den Decks entlang laufen, s. S. 78.
Süll (das) = Rand, Umfassung, Rahmen.

Talje (die) = Flaschenzug.
Tiefgang = Höhe des Wasserspiegels über Unterkante Kiel.
Tiefladelinie = Wasserlinie, bis zu welcher das vollbeladene Schiff höchstens einsinken darf.
Törn (der) = Drehung, Verdrehung.
Top (der) = oberes Ende eines Mastes usw.
Transomplatte = Heckbalkenplatte, s. S. 191.
Trosse (die) = dickes Hanf- oder Drahtseil.

verschieſsen = gegen einander versetzt sein.
Vordersteven oder Vorsteven = Fortsetzung des Kiels am vorderen Ende des Schiffskörpers.
Vorschiff = Vorderteil des Schiffes.

Wasserlinie = Schwimmebene, Wasserspiegel.
Wegerung = Holzverkleidung, Holzverschalung im inneren Schiffsboden und an den Seitenwänden.
Wellentunnel = tunnelartiger Umbau um die Schiffswelle.

zurren = festziehen.

Über sonstige Ausdrücke, besonders bei Segelschiffen und deren Teilen, siehe das Kapitel über Einteilung der Schiffe (S. 23÷30) und ferner über Masten und Takelage (S. 205÷219, Abb. 193÷207).

3. Einteilung der Schiffe.

Man kann die Einteilung der Schiffe nach verschiedenen Gesichtspunkten vornehmen:

1. je nachdem die Schiffe Handels- oder Kriegszwecken dienen, in
   A. Handelsschiffe,
   B. Kriegsschiffe.
2. Die **Handelsschiffe** für sich unter Berücksichtigung ihrer **Gröfse, Bauart, Stärke und Ausrüstung,** entsprechend den Vorschriften der Klassifikationsgesellschaften (Germanischer Lloyd in Deutschland, Britischer Lloyd in England, Bureau Veritas in Frankreich) in
   a) Schiffe für Binnengewässer und Flüsse (Fahrtzeichen *J*), d. h. auf Flüssen, Kanälen und kleinen Binnenseen, wo Seegang ausgeschlossen ist;
   b) Schiffe für Sund- und Wattenfahrt (Fahrtzeichen *W*), d. h. auf Watten, Haffen, Bodden, Föhrden und ähnlichen Gewässern, wo hoher Seegang ausgeschlossen oder den Schiffen Gelegenheit geboten ist, dagegen Schutz zu suchen;
   c) Schiffe für kleine Küstenfahrt (*k*), d. h. längs den Küsten des Festlandes;
   d) Schiffe für grofse Küstenfahrt (*K*), d. h. zwischen allen Häfen Europas und im Mittelländischen und Schwarzen Meer, sowie in überseeischen Gewässern ähnlicher Art;
   e) Schiffe für atlantische Fahrt (*Atl.*), d. h. innerhalb des Atlantischen Ozeans oder innerhalb des Indischen und Stillen Ozeans;
   f) Schiffe für lange oder grofse Fahrt (*L*), d. h. wenn die Grenzen unter e) überschritten werden;
3. nach der **Art und Anordnung der Decksaufbauten** und des **Oberdecks** in
   a) Glattdeckschiffe, mit glatt durchgehendem Oberdeck, ohne Hütte, Brückenhaus oder Back (Abb. 1);
   b) Quarterdeckschiffe, d. h. mit einem um etwa 0,5 bis 1,3 m erhöhten Hinterdeck. Dasselbe wird

angewandt, um bei Schiffen, welche gleichzeitig Passagiere und Ladung befördern und zu dem Zweck die Kajütseinrichtung im Hinterschiff anordnen, die sonst entstehende Kopflastigkeit — gleichmäfsige Ladung vorausgesetzt — wieder aufzuheben; ferner um den durch den Wellentunnel verloren gehenden Laderaum wieder zu ersetzen (Abb. 2, 6, 7, 10);

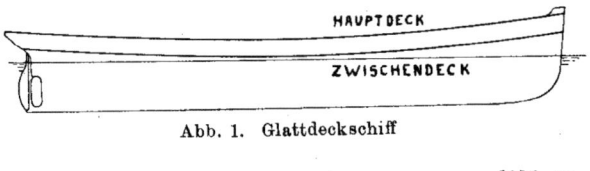

Abb. 1. Glattdeckschiff

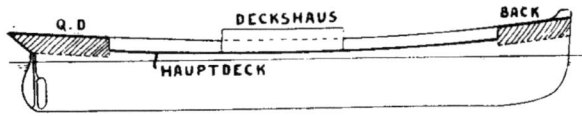

Abb. 2. Erhöhtes Quarterdeck, Deckshaus und versenkte Back.

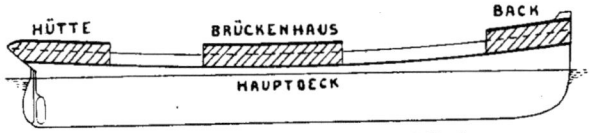

Abb. 3. Hütte, Brückenhaus und Back.

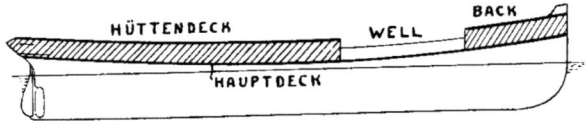

Abb. 4. Lange Hütte und Back (Welldeck).

c) Schiffe mit Hüttendeck (auch Poopdeck genannt), bei welchen das Hinterdeck um eine volle Deckshöhe, etwa 2,4 m erhöht ist (Abb. 3, 4, 5, 8). Es findet aus denselben Gründen Anwendung wie unter b) bei Mitnahme von noch mehr Passagieren;

d) Schiffe mit Brückenhaus und Back (Abb. 3, 5, 6, 8);

e) Schiffe mit langer Hütte und Back (Abb. 4);

f) Schiffe mit Schattendeck (Abb. 5),
g) Welldeckschiffe (Abb. 4. und 6).

Unter dem „Well" versteht man den zwischen Brückenhaus und Back befindlichen Raum, welcher sich durch überbrechende Seen leicht mit Wasser füllt. Man legt deshalb gerne den zwischen Brückenhaus und Back befindlichen Teil des Hauptdecks um etwa 1,2 m höher und erhält damit

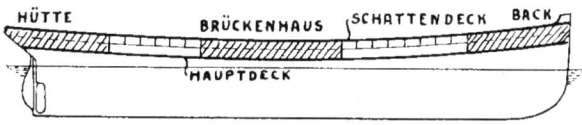

Abb. 5. Schattendeck.

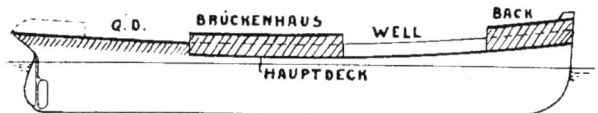

Abb. 6. Welldeck, erhöhtes Quarterdeck, Brückenhaus und Back.

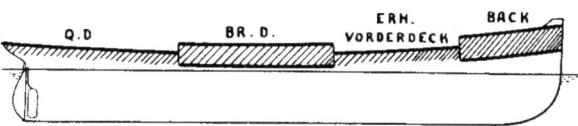

Abb. 7. Erhöhtes Quarterdeck, versenktes Brückenhaus, erhöhtes Vorderdeck und versenkte Back.

h) Schiffe mit erhöhtem Vorderdeck (Abb. 7 und 11), die man bei gleichzeitiger Anwendung eines Quarterdecks auch als
i) Schiffe mit versenktem Brückenhaus (Abb. 7) bezeichnen kann. Ebenso nennt man in diesem Falle die Back eine versenkte Back (Abb. 2, 7, 11);

4. nach ihrem **Zweck** in
   a) Schnelldampfer,
   b) Passagierdampfer,
   c) Passagier- und Frachtschiffe,
   d) reine Frachtschiffe,
   e) Schiffe mit beschränktem Verwendungszweck, wie Eisbrecher, Fähr- und Schleppdampfer,

Fischdampfer, Bergungsfahrzeuge, Tonnen- und Kabelleger, Lotsendampfer, Feuerschiffe, Jachten usw.;

5. nach der **Anzahl, Konstruktion und Stärke der Decks** in

a) Volldeckschiffe mit 1 bis 4 und mehr vollständig durchlaufenden Decks (Abb. 12). Das Hauptdeck ist hier das oberste der übereinanderliegenden Decks. Walrückenschiffe, d. h. solche, bei welchen die Schiffs-

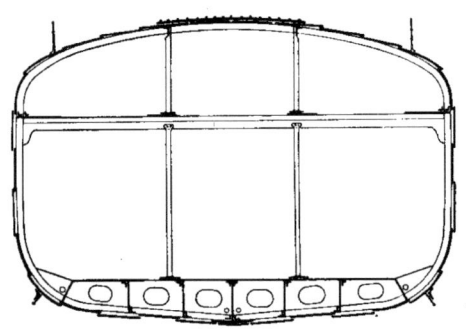

Abb. 13. Walrückenschiff.

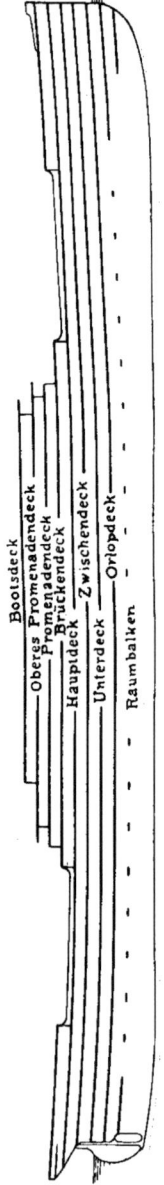

seiten bogenförmig in das Hauptdeck übergehen, werden als Volldeckschiffe angesehen (Abb. 13);

b) Spardeckschiffe (Abb. 8). Es sind Schiffe von etwas leichterer Bauart als die vorzugsweise für den Transport schwerer Ladungen bestimmten Zwei- und Dreideckschiffe. Sie müssen mindestens zwei vollständig gelegte, ununterbrochen durchlaufende Decks haben. Das oberste Deck heifst das Spardeck, das darunter liegende das

Hauptdeck. Die Schiffe werden gewöhnlich für eine bestimmte Fahrt gebaut;

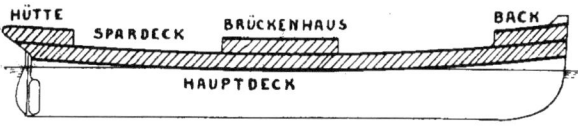

Abb. 8. Spardeckschiff (mit Hütte, Brückenhaus und Back).

c) **Sturmdeckschiffe** (Abb. 9). Sie erhalten über dem Hauptdeck ein leichtes durchlaufendes Deck, das sogenannte Sturmdeck, welches in Frankreich als Hurrikanedeck und in England als Awningdeck bezeichnet wird. Der Raum zwischen ihm und dem Hauptdeck dient nur zur Unterbringung der Mann-

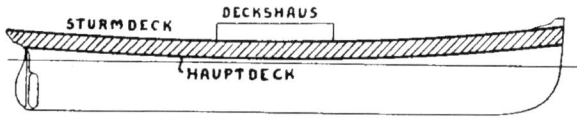

Abb. 9. Sturmdeckschiff (mit Deckshaus).

schaft und Passagiere sowie zur Aufnahme leichter Güter oder auch zum Transport von Vieh. Ein Sturmdeck kann auf Ein-, Zwei- und Dreideckschiffen angebracht werden;

d) Schiffe mit **teilweisem Sturmdeck** (Abb. 10 und 11);

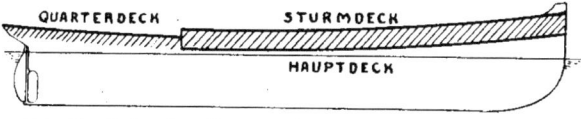

Abb. 10. Teilweises Sturmdeck und erhöhtes Quarterdeck.

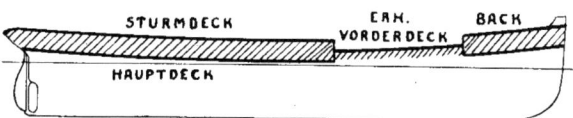

Abb. 11. Teilweises Sturmdeck (lange Hütte, erhöhtes Vorderdeck und versenkte Back).

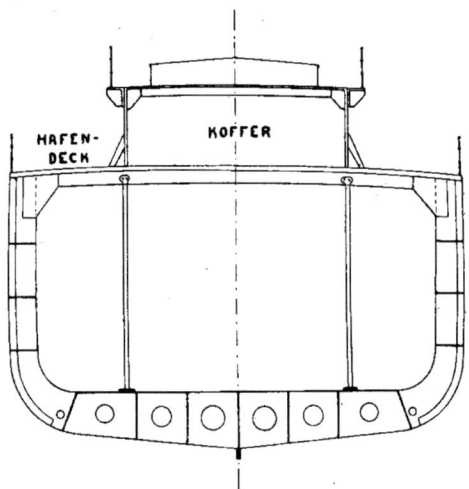

Abb. 14. Kofferdampfer.

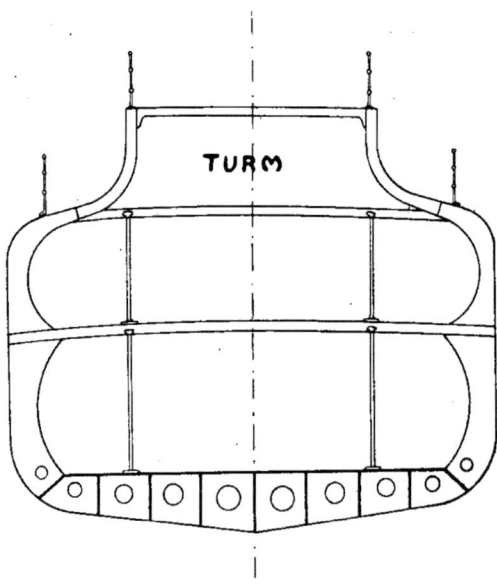

Abb. 15. Turmdeckdampfer.

e) **Koffer- und Turmdeckdampfer** (Abb. 14 und 15). Dieselben sind seit einigen Jahren für den Transport von Schüttgütern (hauptsächlich Getreide, neuerdings auch vielfach für Erze) aufgekommen und haben auf dem Oberdeck einen den Luksüllen ähnlichen Aufbau von $\sim$ 2 m Höhe und einer Breite gleich der halben Schiffsbreite, den sogenannten Koffer oder Turm, welcher von vorne bis hinten durchläuft. Der Zweck desselben ist, das Laden bequemer, selbsttrimmend zu gestalten; ferner erhalten die Schiffe auch bessere Seeeigenschaften. Die **Turmdeckdampfer** (Abb. 15) unterscheiden sich von den Kofferschiffen (Abb. 14) dadurch, dafs die senkrechten Seitenwände des ebenfalls durchlaufenden Turmes in einem grofsen Kreisbogen ($r = 1/5\ H$) (Abb. 30) in die Decksbeplattung übergehen, und ebenso diese in die Schiffsseitenwände. Ferner erhalten die Schiffe keinen Decksprung;

6. nach der Art ihres **Bewegungsmechanismus** in
   a) Segelschiffe,
   b) Dampfschiffe,
   c) Motorschiffe.

Die **Segelschiffe** wieder zerfallen nach der Anzahl der Masten und der Art ihrer Takelage in folgende hauptsächlichsten Typen:

Schiffe mit einem Mast:

a) die **Slup** (Abb. 16). Sie hat einen Pfahlmast (keine Stenge), an welchem das Grofssegel (Gaffelsegel) und bisweilen noch ein Gaffeltopsegel gefahren werden; vor dem Mast ein Dreiecksegel (die Fock);

b) der **Kutter** (Abb. 17); er besitzt einen Mast mit Stenge (seltener einen Pfahlmast), ein Grofssegel, Gaffeltopsegel und vor dem Mast zwei Segel, nämlich das Stagsegel (Stagfock), nach dem Vorsteven, und den Klüver, nach dem Klüverbaum fahrend. Dazu kommt bisweilen noch ein drittes Vorsegel, der Flieger.

Schiffe mit zwei Masten:
  c) die Yawl (Abb. 18). Takelage wie unter b), dazu am Heck hinter dem Ruder noch ein kleiner sogenannter Treibermast mit Gaffelsegel;

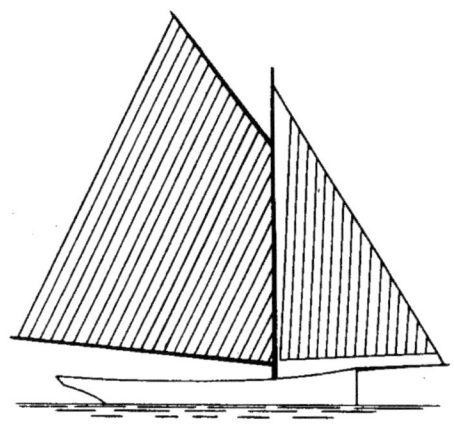

Abb. 16. Slup.

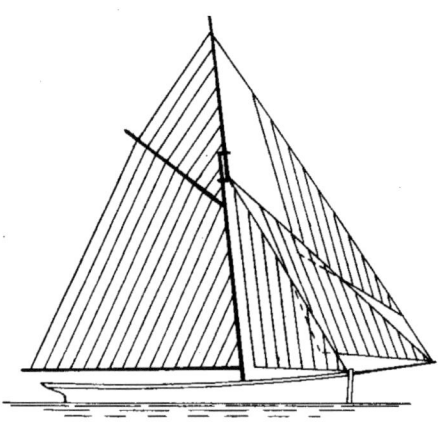

Abb. 17. Kutter.

  d) die Ketsch (Abb. 19). Wie vor; der Treibermast liegt jedoch vor dem Ruder;

e) der **Gaffelschuner** oder kurzweg **Schuner** (Abb. 20): zwei Masten mit je einer Stenge und Gaffelsegeln mit Gaffeltopsegeln;

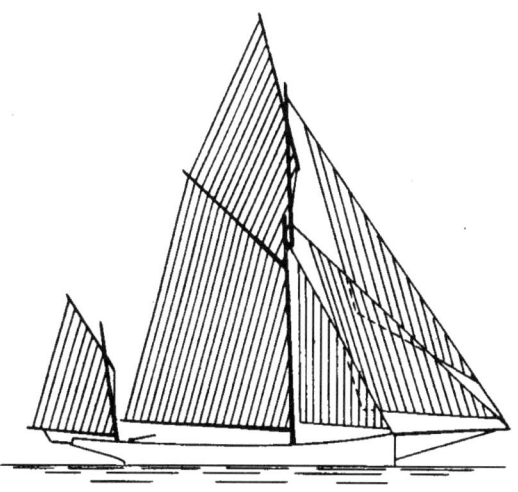

Abb. 18. Yawl.

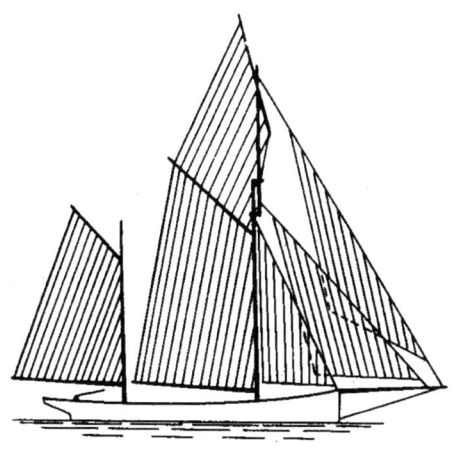

Abb. 19. Ketsch.

f) der **Raatopsegelschuner** oder kurz **Topsegelschuner** (Abb. 21): zwei Masten mit Gaffelsegeln, der vordere (Fockmast) mit Raasegeln darüber;

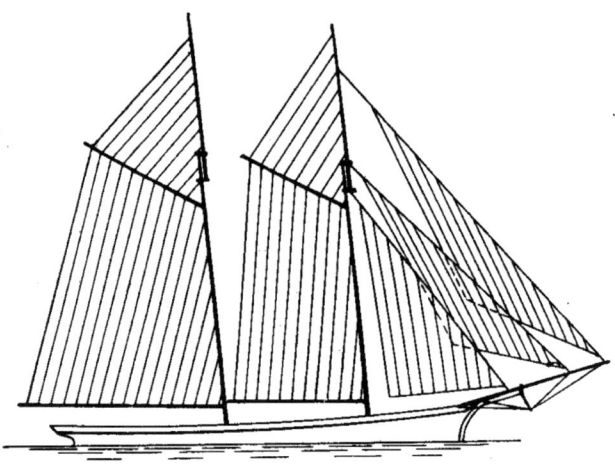

Abb. 20. Gaffelschuner.

Abb. 21. Topsegelschuner.

g) der **Raaschuner oder Briggschuner**: zwei Masten mit Gaffelsegeln und Raasegeln darüber;

h) die Schunerbrigg oder Brigantine (Abb. 22): der vordere Mast ganz mit Raasegeln (vollgetakelt, mit Mars- und Bramstenge), der hintere (Grofsmast) mit einem Gaffelsegel;

Abb. 22. Schunerbrigg oder Brigantine.

Abb. 23. Brigg.

i) die Brigg (Abb. 23): beide Masten mit Raasegeln (vollgetakelt), der Grofsmast aufserdem noch mit einem Gaffelsegel versehen.

Schiffe mit drei Masten:
k) der Dreimastschuner: alle drei Masten mit je einer Stenge und Gaffelsegeln;

Abb. 24. Dreimasttopsegelschuner.

Abb. 25. Schunerbark oder Barkantine.

l) der Dreimasttopsegelschuner (Abb. 24): alle drei Masten mit je einer Stenge und Gaffelsegeln, der Fockmast mit Raasegeln darüber;

m) der Barkschuner: alle drei Masten mit Gaffelsegeln, Fock- und Grofsmast mit Raasegeln darüber;

n) die Schunerbark oder Barkantine (Abb. 25): der Fockmast vollgetakelt mit Raasegeln, der Grofs- und Besanmast mit Gaffelsegeln;
o) die Bark (Abb. 26): Fock- und Grofsmast vollgetakelt, der Kreuzmast mit einem Gaffelsegel;

Abb. 26. Bark.

Abb. 27. Vollschiff.

p) das Vollschiff (Abb. 27): alle drei Masten (Fockmast, Grofsmast, Kreuzmast) vollgetakelt, der Kreuzmast aufserdem noch mit einem Gaffelsegel.

Schiffe mit vier und mehr Masten:
q) Viermast- bis Siebenmastgaffelschuner: alle Masten mit Gaffelsegeln;

r) **Viermast-** (Abb. 28) und **Fünfmastbarken** (Abb. 29): alle Masten bis auf den letzten vollgetakelt;

s) **Viermast-** und **Fünfmastvollschiffe**: alle Masten (Fockmast, Grofsmast, Mittelmast, Kreuzmast, Achterkreuzmast auch Jagermast oder Jiggermast genannt) sind vollgetakelt.

Abb. 28. Viermastbark.

Abb. 29. Fünfmastbark.

Die **Dampfschiffe** (6 b) (Antrieb durch Zylinderdampfmaschinen oder Dampfturbinen) zerfallen wieder nach der Art ihres Treibmittels (Propellers) in

a) Schraubendampfer mit $1 \div 3$ Schrauben,

b) Raddampfer (Seitenraddampfer u. Heckraddampfer).

c) Schiffe mit Wasserprall- oder Rückstofseinrichtung (Pumpmotoren und Wasserturbinen),
d) Seil- und Kettenschleppschiffe.

Die **Motorschiffe** (6 c) erhalten ihren Antrieb durch Petroleum-, Benzin-, Naphtha- und Spiritusmotore, durch Elektromotore mit eingebauten Akkumulatoren u. a. m.

7. nach der Art ihres hauptsächlichsten **Baustoffes** in
   a) Holzschiffe (vgl. Abb. 191 auf S. 201),
   b) Kompositschiffe, d. h. Schiffe mit eisernem Innenbau und hölzernen Planken (vgl. Abb. 192 auf S. 203),
   c) eiserne und stählerne Schiffe.
   Das Material für die ersteren ist Schweifseisen. Das Material für die letzteren, der sogenannte weiche Schiffsbaustahl, ist kein eigentlicher härtbarer Stahl im Sinne der Eisenhüttenkunde, sondern Siemens-Martin-Flufseisen.

4. Allgemeine Übersicht über die Verbandteile eines Schiffes.

Die Verbandteile zerfallen in
1. Längsverbände,
2. Querverbände,
3. Bauteile zur Höhenversteifung,
4. sonstige Verbandteile.

Zu 1. Zu den **Längsverbänden** gehören: Kiel, Mittelkielschwein, Seiten- und Kimmkielschweine, Kimmstringer, Raumstringer, Seitenstringer, Deckstringer, Längsspanten, Lukenstringer, Längs- und Diagonalschienen, die Beplattung der Decks, die Aufsenhaut, die Kimmkiele, der Innen- oder Doppelboden, die Längsschotte, die Maschinenfundamente und in seltenen Fällen das Schanzkleid, wenn es nicht unterbrochen ist.

Zu 2. **Querverbände** sind: Querspanten, Gegenspanten, Bodenwrangen, Rahmenspanten, Raumbalken, Decksbalken, Decksplatten, Diagonalschienen, Querschotte, die Aufsenhaut im Boden, der Doppelboden, die Maschinen- und Kesselfundamente.

Zu 3. Zur **Höhenversteifung** dienen: die Bodenwrangen, der lotrechte Teil der Spanten und ebenso derjenige der Aufsenhaut (die Schiffsseitenwände), die Deckstützen, die Quer- und Längsschotte.

Zu 4. **Sonstige Verbandteile** sind: der Vorsteven, Hintersteven, Rudersteven, die Wegerung und das Schanzkleid.

5. Die Bestimmung der Abmessungen der einzelnen Verbandteile.

Die Abmessungen der Verbandteile werden nach den Hauptabmessungen der Schiffe geregelt. Es geschieht dieses an Hand der von den Klassifikationsgesellschaften herausgegebenen **Bauvorschriften,** welche teilweise auf Berechnungen (wo solche möglich sind), hauptsächlich aber auf den im Laufe vieler Jahre von den Gesellschaften gemachten Erfahrungen fufsen.

Entsprechend der Stärke der Verbandteile erhält ein Schiff zunächst eine **Klassennummer** (100, 95, 90 usw.), welche den Grad der Stärke angibt, ferner ein **Klassenzeichen**, für eiserne Schiffe z. B. der Buchstabe A mit Einschaltung von Ziffern, welche die Dauer der Wiederbesichtigungsperiode in Jahren angibt.

Die **Klasse** wird demnach wie folgt ausgedrückt:

100 A_4, 95 A_4, 90 A_4, 85 A_3, 80 A_3, 75 A_2, 70 A_2.

Schiffe, welche in ihren Verbandteilen die vom Germanischen Lloyd vorgeschriebenen Materialstärken und Profile besitzen, erhalten die Klasse 100 A_4.

Schiffe, deren Längsverbände im Querschnitt um $2 \div 3\,^0/_0$ geringer sind, erhalten die Klasse 95 A_4.

Schiffe, deren Längsverbände im Querschnitt um $5\,^0/_0$ geringer sind, erhalten die Klasse 90 A_4.

Schiffe, deren Längsverbände im Querschnitt um $7 \div 8\,^0/_0$ geringer sind, erhalten die Klasse 85 A_3.

Schiffe, deren Längsverbände im Querschnitt um $10\,^0/_0$ geringer sind, erhalten die Klasse 80 A_3.

Schiffe, deren Längsverbände im Querschnitt um $12 \div 13\,^0/_0$ geringer sind, erhalten die Klasse 75 A_2.

Schiffe, deren Längsverbände im Querschnitt um 15 °/o geringer sind, erhalten die Klasse 70 $\underset{2}{A}$.

Ferner wird dem Klassenzeichen noch ein **Fahrtzeichen** beigefügt, unter Berücksichtigung der Gröfse, Bauart, Stärke und Ausrüstung der Schiffe, und zwar bedeutet:

J = Binnenfahrt,
W = Sund- und Wattenfahrt,
k = kleine Küstenfahrt,
K = grofse Küstenfahrt,
Atl. = atlantische Fahrt,
L = lange Fahrt.

Schiffe, welche nach den Bauvorschriften und unter **Aufsicht** des G. L. gebaut sind, erhalten vor der Klasse das Zeichen ✠.

Schiffe, bei welchen die **Versteifung der Schotte** nach der **verstärkten Art** (vgl. S. 114) ausgeführt ist, erhalten hinter der Klasse das Zeichen ✠.

Schiffe, deren **Schottanordnung** (Abstand) nach den Vorschriften der **Seeberufsgenossenschaft** ausgeführt ist, erhalten das Zeichen ⟰.

Schiffe, welche bezüglich der V e r s t e i f u n g u n d d e r A n o r d n u n g d e r S c h o t t e **beide** eben genannten Bedingungen erfüllen, erhalten vor der Klasse das Zeichen [✠].

Schiffe, welche im Bug für Fahrten durch **Eis** besonders verstärkt werden, erhalten das Zeichen [E].

Es bedeutet demnach beispielsweise die Bezeichnung ✠ 100 $\underset{4}{A}$ ⟰ [E], dafs das betreffende Schiff unter A u f s i c h t des Germanischen Lloyds und nach seinen Bauvorschriften in der h ö c h s t e n K l a s s e (100 $\underset{4}{A}$) gebaut ist, dafs seine Schottanordnung den Vorschriften der Seeberufsgenossenschaft entspricht, und dafs das Schiff besondere E i s v e r s t ä r k u n g e n besitzt.

Die Klassen- und sonstigen vorbenannten Zeichen müssen auf der Hauptspantzeichnung, dem sogenannten Besteck, angegeben sein.

Im allgemeinen wird nach der h ö c h s t e n Klasse 100 $\underset{4}{A}$ gebaut; denn je höher die Klasse ist, um so fester und sicherer ist das Schiff in seinen Verbänden, und um so geringer sind naturgemäfs die Beiträge an die Versicherungsgesellschaften gegen Schiffsverlust und Unfall, aber um so gröfser ist auch der Preis und das Gewicht des erbauten Schiffes wegen des Mehrverbrauchs an Material gegenüber den niedrigeren Klassen.

Die Klassifikationsgesellschaften gehen bei der Bestimmung der Abmessungen der einzelnen Verbandteile in der Weise vor, dafs zunächst aus den gegebenen Hauptabmessungen eines Schiffes durch besondere Formeln die sogenannten **Leitzahlen** bestimmt werden.

Dieselben werden wie folgt abgeleitet.

Nach den Vorschriften des Germanischen Lloyds*) für die Klassifikation und für den Bau und die Ausrüstung von stählernen (flufseisernen) Seeschiffen ist:

$L =$ **Länge** des Schiffes, gemessen von der Hinterkante des Vorstevens bis zur Vorderkante des Hinterstevens bzw. Ruderstevens (bei Schraubenschiffen) in der Höhe der Tiefladelinie.

$B =$ **Breite** des Schiffes, gemessen auf der Aufsenkante der Spanten an der breitesten Stelle des Schiffes.

$H =$ **Seitenhöhe** (Abb. 30 u. 31), gemessen in der Mitte der Schiffslänge (auf $1/2\ L$) von einer durch die Oberkante des Kiels gelegten wagerechten Geraden bis zur Oberkante der Hauptdecksbalken an der Seite des Schiffes.

$H' =$ **Höhe zur Bestimmung besonderer Verstärkungen,** und zwar wird gerechnet:

bei Volldeckschiffen und Schiffen mit Walrücken $H' = H$,
bei Spardeckschiffen $H' = H + 1/2$ Höhe des Spardecks, (Abb. 30 a),
bei Turmdeck- und Kofferschiffen $H' = H + 1/2$ Höhe des Turm- bzw. Kofferdecks (Abb. 30 b u. c),
bei Sturmdeckschiffen $H' = H + 1/4$ Höhe des Sturmdecks.

$RT =$ **Raumtiefe**, gemessen auf der halben Schiffslänge von der am tiefsten gelegenen Stelle der Oberkante der Bodenwrangen bzw. des durchlaufenden Doppelbodens bis zur Oberkante der Hauptdecksbalken mittschiffs (Abb. 31).

$\dfrac{U}{2} =$ **halber Umfang des Mittelspants**, gemessen auf Aufsen-

---

*) Im folgenden werden lediglich die Vorschriften des Germanischen Lloyds, nach welchen in Deutschland hauptsächlich gebaut wird, erläutert und behandelt werden.

kante Spant von der Mitte der Kieloberkante bis zur Oberkante der Hauptdecksbalken seitschiffs (Abb. 31).

Das arithmetische Mittel aus Umfang und Breite wird die **Quernummer Q** des Schiffes genannt, also

$$Q = \frac{U+B}{2}.$$

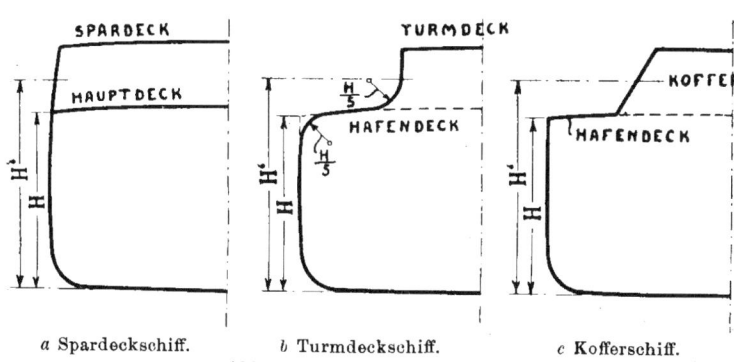

a Spardeckschiff.   *b* Turmdeckschiff.   *c* Kofferschiff.
Abb. 30. Seitenhöhe H und H'.

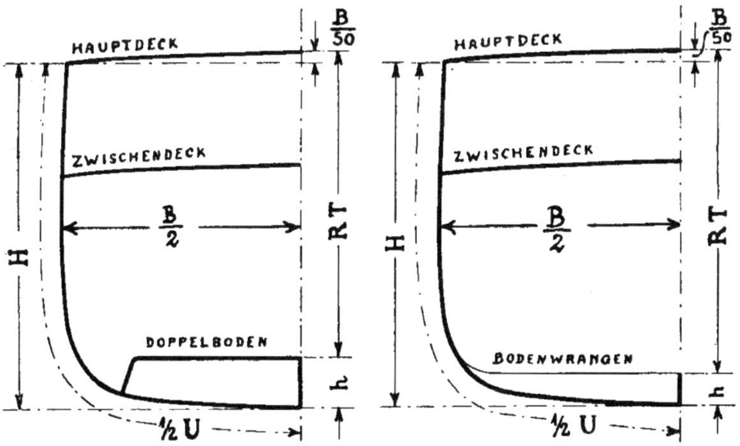

Abb. 31. Raumtiefe und Umfang.

Diese Formel wird für **Ein- und Zweideckschiffe**, für alle **Spar- und Sturmdeckschiffe** sowie für sämtliche **Segelschiffe** benutzt.

3*

Für **Dreideckdampfer**, sowie **Turmdeck-** und **Kofferschiffe** dagegen wird gewählt

$$Q = 0{,}94 \cdot \frac{U+B}{2},$$

für **Vierdeckdampfer**

$$Q = 0{,}92 \cdot \frac{U+B}{2},$$

d. h. für Schiffe mit mehr als zwei Decks wird eine Verringerung der Querschnitte der Verbände um etwa 6 % bzw. 8 % vorgenommen, entsprechend der infolge der gröfseren Anzahl der Decks sich von selbst ergebenden gröfseren Festigkeit.

Multipliziert man die vorstehenden Quernummern mit der Schiffslänge L, so erhält man eine zweite Leitzahl, die sogenannte **Längsnummer** $Q \cdot L$ des Schiffes.

Nach der **Quer**nummer Q werden die Abmessungen der **Quer**verbände (Spanten, Bodenwrangen, Gegenspanten), nach der **Längs**nummer QL die **Längs**verbände bestimmt.

Für die Anwendung von **eisernen Decks** und ihre Stärke wird ferner noch der Ausdruck $Q \cdot L \cdot \dfrac{L}{10\,H}$, benutzt.

Nachdem für diese Leitnummern aus den gegebenen Abmessungen eines Schiffes die Zahlenwerte bestimmt sind — der Wert von Q bewegt sich in den Grenzen von 2,9 bis 36,5, derjenige von QL in den Grenzen von 45 bis 7400 —, findet man die Abmessungen der wichtigsten Bauteile ohne weiteres in den von den Klassifikationsgesellschaften zusammengestellten Tafeln.

Den Auszug aller vorgeschriebenen Abmessungen aus den vorgenannten Tafeln nennt man das **Besteck** (Hauptspant).

Beispiel 1. Von einem Zweideckschiff ist gegeben die Mittelspantform und:

$$L = 71{,}7 \text{ m},$$
$$B = 10{,}92 \text{ „}$$
$$H = 5{,}7 \text{ „}$$

Durch möglichst genaues Auszirkeln in kleinen Teilstücken findet man aus der Zeichnung der Mittelspantform den halben Umfang, für den vorstehenden Fall z. B. $\dfrac{U}{2} = 10{,}25$ m.

Dann erhält man $Q = \dfrac{U}{2} + \dfrac{B}{2} = 10{,}25 + 5{,}46 = \mathbf{15{,}71}$ m
und $QL = 15{,}71 \cdot 71{,}7 = \mathbf{1126}$ qm.

Entsprechend diesen Zahlen ergeben die Tafeln folgende Abmessungen:

Balkenkiel und Vorsteven . . 230 mm × 58 mm,
Schraubensteven . . . . . 230 „ × 130 „
Rudersteven . . . . 230 „ × 120 „
Kielsohle zwischen den Steven 255 „ × 115 „
Durchmesser des Ruderschaftes 165 mm,
 „ der Fingerlinge 90 mm,
Bodenwrangen für $^1/_2 L$ mittschiffs 550 mm × 10,5 mm,
an den Enden (über je $^1/_4 L$ von den Steven ab gemessen) 9,5 mm,
Bodenwrangen im Maschinen- und Kesselraum 12,5 mm,
Spantwinkel ⌐ 120 × 75 × 10,5 mm, an den Enden 9,5 mm,
Gegenspantwinkel ⌐ 80 × 80 × 9,5 mm,
Spantentfernung 610 mm,
Kielgangstärke für $^6/_{10} L$ mittschiffs 14 mm, an den Enden 12 mm, am hinteren Ende bei Schraubenschiffen 13 mm,
Stärke der Bodengänge der Aufsenhaut bis Oberkante Kimm für $^1/_2 L$ mittschiffs 12,5 mm, an den Enden 10 mm,
Stärke der Seitengänge der Aufsenhaut für $^1/_2 L$ mittschiffs 12,5 mm, an den Enden 10 mm,
Hauptdeckschergang für $^1/_2 L$ mittschiffs 920 × 14,5 mm, an den Enden 11,5 mm,
Seitengänge der Back 8,5 mm,
 „ von Brückenhaus und Hütte 7,5 mm,
Schanzkleid, Deckshäuser u. dergl. 6 mm,
vertikales Mittelkielschwein für $^1/_2 L$ mittschiffs 450 × 14,5 mm, an den Enden 12 mm,
Breite der Topplatte 290 mm,
Winkel für Kielschweine und Raumstringer 120 × 90 × 10 mm,
Winkel für Hauptdeckstringer 100 × 100 × 10,5 mm,
 „ „ Zwischendeckstringer 90 × 90 × 10,5 mm,
Breite der Hauptdeckstringer für $^1/_2 L$ mittschiffs 1270 mm, an den Enden 820 mm,
Breite der Hauptdeckstringer neben einem Eisendeck (falls ein solches vorhanden) für $^1/_2 L$ mittschiffs 840 mm, an den Enden 620 mm,

Dicke der Hauptdeckstringer für $^1/_2$ L mittschiffs 11 mm, an den Enden 9 mm,
Breite und Dicke der Zwischendeckstringer für $^1/_2$ L mittschiffs 990 × 10 mm, an den Enden 800 × 8 mm,
Breite und Dicke der Stringer für Back, Brückenhaus und Hütte 510 × 8,5 mm,
Breite der Längs- und Diagonalschienen 320 mm,
Dicke der Decks aus Holz für Hauptdeck 90 mm,
„ „ „ „ „ für Zwischendeck 75 mm,
„ „ Bodenwegerung 63 mm (= 2 $^1/_2$ Zoll engl.).

Wird statt der gewöhnlichen Bodenwrangen mit Trägerkielschwein ein Doppelboden gewählt, so erhält er folgende Abmessungen:

Mittelträger 930 × 11,5 mm,
Seitenträger und Längsspanten im Maschinen- und Kesselraum 11,5 mm, im Laderaum 9 mm dick,
Breite der Randplatte ohne Flansch 570 mm, Dicke im Maschinen- und Kesselraum 12 mm, im Laderaum 9,5 mm.
Beplattung des Doppelbodens:
Mittelplatte 870 × 10,5 für $^1/_2$ L mittschiffs, an den Enden 9,5 mm,
Dicke der Seitenplatten im Maschinenraum 10 mm, Kesselraum 13 mm, Laderaum 8,5 mm,
Längswinkel an der Randplatte 90 × 90 × 9 mm,
senkrechte Winkel an den Seitenträgern 80 × 80 × 8,5 mm.

Da sich $Q \cdot L \cdot \dfrac{L}{10\,H'} = 1126 \cdot \dfrac{71,7}{57} = 1126 \cdot 1,26 = \sim 1419$

ergibt, so ist das Hauptdeck für $^1/_2$ L mittschiffs als Eisendeck von 8 mm Dicke auszuführen (vgl. S. 103).

Die wasserdichten Querschotte mit ihren vertikalen Absteifungen und die Deckstützen werden nach der Raumtiefe bestimmt. Diese ergibt sich

$$RT = H + \frac{B}{50} - h \quad \text{(Abb. 31)}.$$

Hierin ist $\dfrac{B}{50}$ die übliche Pfeilhöhe der Balkenbucht,

$h =$ Höhe der Bodenwrangen bzw. des Doppelbodens.

Für das vorstehende Beispiel ist

$H = 5{,}7$ m,

$\dfrac{B}{50} = \dfrac{10{,}92}{50} = 0{,}2184 = \sim 0{,}22$ m,

Doppelbodenhöhe $h = 0{,}93$ m,

mithin $RT = 5{,}7 + 0{,}22 - 0{,}93 = \mathbf{4{,}99}$ m.

Hierfür ist zu wählen:

Die Plattendicke zwischen dem Hauptdeck und Zwischendeck oben 6 mm, unten 7 mm,

die Plattendicke unter dem Zwischendeck oben 7 mm, unten 8 mm,

vertikale Absteifungswinkel zwischen Hauptdeck u. Zwischendeck ⌈ 115 × 65 × 7 mm,

vertikale Absteifungswinkel unter dem Zwischendeck ⌈ 170 × 75 × 14 mm (wenn das Schott als verstärktes ausgeführt wird, vgl. S. 114),

Deckstützen zwischen dem Hauptdeck und Zwischendeck: eine Reihe von 76 mm Durchmesser (massiv),

Deckstützen unter dem Zwischendeck: eine Reihe von 82 mm Durchmesser (massiv),

die Decksbalkenabmessungen richten sich nach der Länge Mb des längsten Mittschiffsbalkens, und ergeben sich für das vorstehende Beispiel ($Mb = \sim B = 10{,}92$), wenn sie an jedem z w e i t e n Spant gewählt werden, als [-Eisen von 165 × 12 × 90 × 15 mm bei einer Länge ü b e r ³/₄ Mb, und als [150 × 9 × 85 × 14 mm bei einer Länge u n t e r ³/₄ Mb,

oder wenn sie an j e d e m Spant gewählt werden als [(Wulstwinkeleisen) 165 × 75 × 11 mm bei einer Länge ü b e r ³/₄ Mb, und als [150 × 70 × 10 mm bei einer Länge u n t e r ³/₄ Mb (im Vor- und Hinterschiff),

Balken für Brückendeck und Hütte [165 × 75 × 11 an jedem z w e i t e n Spant, oder [130 × 65 × 8,5 an j e d e m Spant.

Ebenso ergeben sich aus den Tabellen und den Vorschriften die Abmessungen s o n s t i g e r Verbandteile, Verbindungen, Versteifungen usw.

Beispiel 2. Ist von einem Schiff nicht bekannt, ob es nach den Vorschriften als Ein-, Zwei- oder Mehrdecker zu bauen ist, so muſs dieses zunächst ermittelt werden, um danach

$$Q = \frac{U+B}{2} \text{ bzw.} = 0{,}94 \cdot \frac{U+B}{2} \text{ bzw.} = 0{,}92 \cdot \frac{U+B}{2}$$
zu setzen (vgl. S. 36).

Der Germanische Lloyd versteht unter

Eindeckschiffen Schiffe von weniger als 3,96 m Raumtiefe (RT),

Zweideckschiffen Schiffe von 3,96 m und unter 7,32 m Raumtiefe,

Dreideckschiffen Schiffe von 7,32 m und unter 9,75 m Raumtiefe,

Vierdeckschiffen Schiffe von 9,75 m RT und darüber.

Es sei von einem Volldeckschiff mit Doppelboden gegeben die Mittelspantform und
$$L = 120 \text{ m,}$$
$$B = 15 \text{ m,}$$
$$H = 10{,}45 \text{ m} = H'.$$

Aus der Zeichnung habe man durch Ausmessen ermittelt
$$\frac{U}{2} = 16{,}62 \text{ m.}$$

Dann ist zunächst ohne Berücksichtigung der Anzahl der Decks:
$$Q = \frac{U}{2} + \frac{B}{2} = 16{,}62 + 7{,}5 = 24{,}12$$
und
$$QL = 24{,}12 \cdot 120 = 2894.$$

Daraus ergibt sich laut Tabelle eine vorgeschriebene Doppelbodenhöhe von 1170 mm, mithin vorläufig:
$$RT = H + \frac{B}{50} - h = 10{,}45 + 0{,}3 - 1{,}17 = 9{,}58 \text{ m.}$$

Das Schiff ist also, da RT unter 9,75 m ist, als Dreidecker auszuführen und damit $Q = \mathbf{0{,}94} \cdot \frac{U+B}{2}$ zu setzen.

Es ergibt sich somit folgende Korrektur:
$$Q = 0{,}94 \cdot \left(\frac{U}{2} + \frac{B}{2}\right) = 0{,}94 \cdot 24{,}12 = \mathbf{22{,}67}, \text{ und}$$
$$QL = 22{,}67 \cdot 120 = \mathbf{2720}.$$

Hierfür ist die Doppelbodenhöhe nach Tabelle = 1150 mm, d. h. um 20 mm geringer wie vorher, mithin die wirkliche Raumtiefe um 20 mm höher gegenüber der vorher ermittelten,

also $RT = 9{,}60$ m; das Schiff bleibt danach ein Dreideckschiff.
Nach diesen korrigierten Leitnummern kann man nun wie im Beispiel 1. die Abmessungen der einzelnen Bauteile in den Tabellen aufschlagen.

6. Niete und Nietverbindungen.

Ein eiserner Schiffskörper besteht der Hauptsache nach aus Platten, Wulstschienen, gleich- und ungleichschenkligen Winkeleisen, [-, ⏋-, T-, ⊥- und T-Eisen und einigen anderen Profilen, welche fast ausschliefslich durch Vernietung miteinander verbunden werden.

Die Niete müssen aus bestem zähem Schweifseisen oder aus bestem unhärtbarem, sogenanntem weichem **Schiffbaustahl** (Siemens-Martin-Flufseisen) hergestellt sein.

Von der Vernietung wird entweder verlangt, dafs sie eine **feste,** oder dafs sie eine **dichte** Verbindung bildet, in den meisten Fällen im Schiffbau aber, dafs sie beide Bedingungen gleichzeitig erfüllt. Dementsprechend ist der Abstand der Niete voneinander verschieden grofs zu wählen.

Ein **Niet** besteht aus dem Setzkopf (Abb. 32), welcher bereits vor dem Vernieten vorhanden ist (durch Pressen in den Nietfabriken hergestellt), dem Nietschaft und dem Schliefskopf (Abb. 32), welcher in rotweifswarmem Zustande durch Hammerschläge oder Pressen gebildet wird. Zu dem Zweck mufs der Nietschaft eine Länge besitzen gleich der Dicke der zu verbindenden Teile plus einem so weit vorstehenden Stück, dafs sich daraus der Schliefskopf herstellen läfst. Diese überstehende Länge beträgt etwa das Ein- bis Eineinhalbfache des Nietdurchmessers d (Abb. 32).

Man unterscheidet im Schiffbau folgende **Nietkopfformen:**
1. den Flachkopf (Abb. 33),
2. den Halbrundkopf oder Schellkopf (Abb. 34),
3. den Spitzkopf (Abb. 35),
4. den Versenkkopf (Abb. 36),
5. den Stöpselkopf (Abb. 37).

Als **Setzkopf** (Abb. 32) wird von diesen verwendet:
  a) am meisten der Flachkopf, (Abb. 33) weil für ihn beim Hämmern des Schliefskopfes nur ein einfaches, ebenes Vorhalteisen (Setzeisen) notwendig ist, ohne dafs dadurch die Gestalt des Kopfes verändert wird;

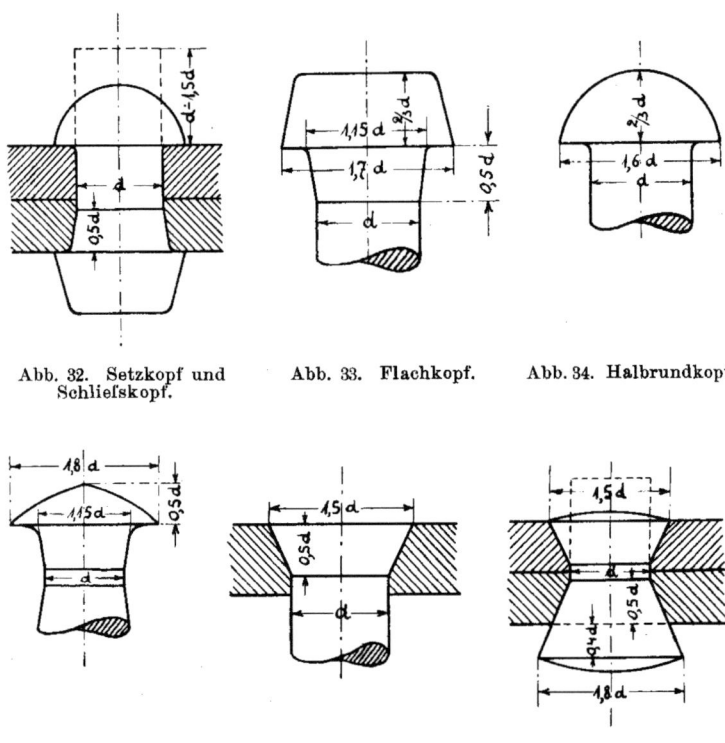

Abb. 32. Setzkopf und Schliefskopf. Abb. 33. Flachkopf. Abb. 34. Halbrundkopf.

Abb. 35. Spitzkopf. Abb. 36. Versenkkopf. Abb. 37. Stöpselkopf.

b) der **Halbrundkopf** (Abb. 34). Man mufs bei ihm ein Setzeisen verwenden, welches eine der jedesmaligen Kopfform und -gröfse entsprechende Vertiefung besitzt. Der Halbrundkopf wird viel bei Nietungen durch hydraulische Maschinen gewählt;

c) der **Stöpselkopf** (Abb. 37) wird hauptsächlich bei Tankschiffen (für Petroleumtransport) verwendet, wo er sich für öldichte Vernietung besser bewährt hat als die Formen nach a und d;

d) der **Versenkkopf** (Abb. 36) kommt als Setzkopf da vor, wo auf beiden Seiten eine glatte Oberfläche gewünscht wird, z. B. bei der Verbindung der Stringerwinkel des Oberdecks mit dem Schergang.

Als **Schließkopf** wird verwendet:
a) der Halbrundkopf oder Schellkopf (Abb. 34). Er wird zunächst aus freier Hand niedergeschlagen, und ihm dann durch Aufsetzen des Schelleisens, eines halbkugelförmigen Gesenkes, die Halbrundform gegeben. Man benutzt solche Niete für Schotte, Kielschweine, Decksbalken, Spanten, Bodenwrangen, Maschinenfundamente usw., kurz überall, wo eine glatte Oberfläche nicht erforderlich ist;
b) der Spitzkopf (Abb. 35) wird bei Teilen, die nicht sichtbar sind, wie z. B. im Doppelboden, an Stelle des Schellkopfes gewählt, da er sich einfacher, aus freier Hand, hämmern läfst;
c) der Versenkkopf (Abb. 36) wird bei allen Teilen, welche eine glatte Oberfläche bieten müssen, das ist bei der ganzen Aufsenhaut, den Decks, den Wänden der Decksaufbauten u. a. a. O. verwendet. Die Versenkung (kegelförmige Erweiterung des Nietloches) macht man dabei $= 0{,}5\ d$ oder läfst sie (bei dünneren Blechen) bis auf einige Millimeter durch die Plattendicke hindurchgehen.

Der **Nietschaft** kann bei Nieten unter 16 mm Durchmesser zylindrisch sein (Abb. 34), über 16 mm jedoch läfst man ihn durch einen Kegel von $0{,}5\ d$ Höhe (Abb. 33) in den

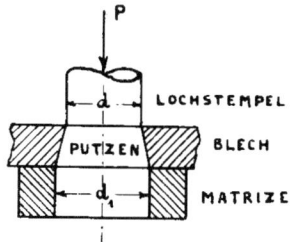

Abb. 38. Das Stanzen der Nietlöcher.

Nietkopf übergehen, damit nicht so leicht ein Abspringen des letzteren beim Erkalten stattfindet, und damit andererseits auch das kegelförmige Loch in der Platte besser ausgefüllt wird. Diese kegelförmige Form des Loches ergibt sich bei dem Stanzen auf den Lochmaschinen, durch welche fast ausnahmslos die Löcher im Schiffbau hergestellt werden, dadurch, dafs die Matrize oder Lochscheibe um einige Millimeter gröfser im Durchmesser gewählt wird als der Lochstempel (Abb. 38). Es geschieht dies, damit der ausgelochte Putzen besser hindurchfällt und der Stempel nicht so leicht verletzt wird. Die auf diese Weise gelochten Bleche müssen mit denjenigen Seiten

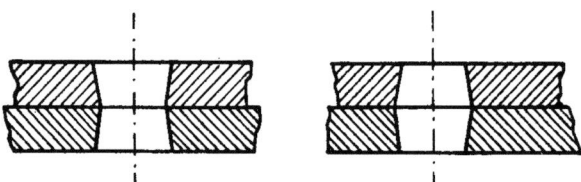

Abb. 39. Richtige und falsche Anordnung der Bleche.

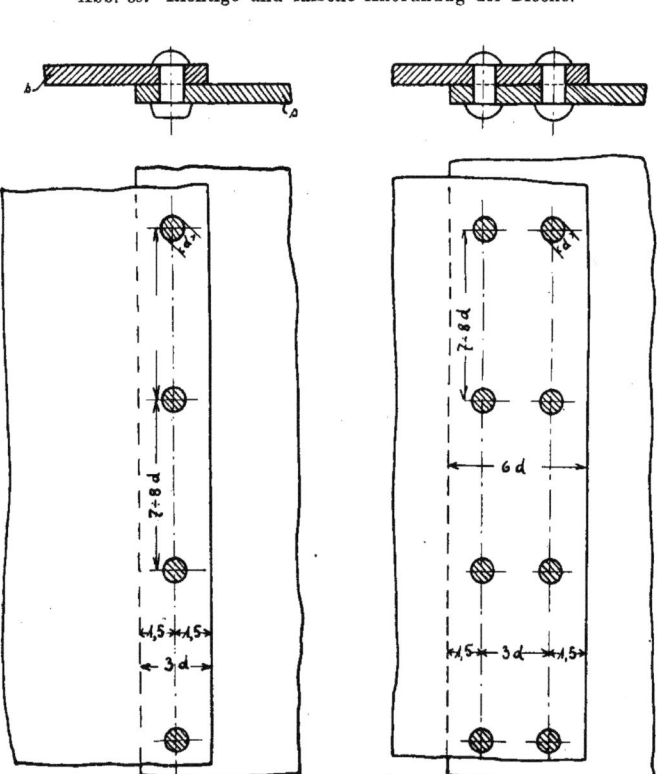

Abb. 40. Überlappung mit einreihiger Nietung für feste Verbindung.

Abb. 41. Überlappung mit zweireihiger Kettennietung für feste Verbindung.

aufeinander gelegt werden, deren Lochdurchmesser der kleinere ist (Abb. 39).
Für wichtige Verbandteile zieht man das Bohren vor.

Das Nieten geschieht fast ausnahmslos im rotweifsglühenden Zustande des Nietschaftes als sogenannte **warme** Nietung, damit sich einesteils der Schliefskopf leichter herstellen läfst, hauptsächlich aber, damit durch das Erkalten und das dadurch bedingte Zusammenziehen der Niete die zu verbindenden Teile kräftig aufeinander geprefst werden.

Das Nieten geschieht von Hand aus oder, wo man ankommen kann, besser durch hydraulische Nietmaschinen, in neuerer Zeit auch sehr viel mit Hilfe von Prefsluftniethämmern.

Zur Erzielung guter Wasserdichtigkeit müssen die Plattenränder und Stöfse und auch die Nietköpfe nach dem Nieten noch **verstemmt** werden. Es wird hierbei durch ein stumpfes Stemmeisen das Material innig in die Fugen hineingetrieben (ebenfalls sehr viel mittelst Prefsluft durch Stemmhämmer ausgeführt).

Die **Übertragung der in den Verbandteilen auftretenden Kräfte** geschieht dadurch, dafs der **Nietschaft auf Schub**, die **Bleche auf Zug** beansprucht werden. Daneben wirkt

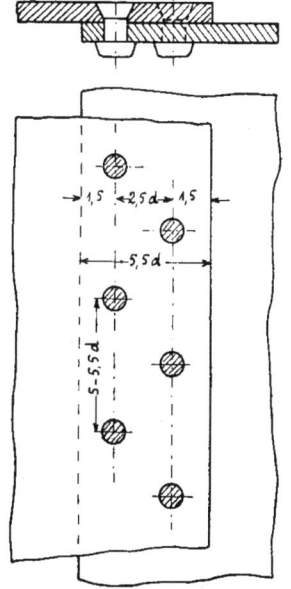

Abb. 42. Überlappung mit zweireihiger Zickzacknietung für wasserdichte Verbindung.

noch, bisweilen sehr erheblich, die **Reibung** mit, welche durch das starke Zusammenpressen der Bleche infolge des Zusammenziehens der Niete beim Erkalten entsteht.

Die Vernietung ist durchweg mit der gröfsten Sorgfalt auszuführen. Dabei ist namentlich auch darauf zu achten, dafs die zusammengenieteten Flächen in ihrer ganzen Ausdehnung stets dicht zusammenschliefsen, und dafs etwaige Lücken zwischen beiden durch solide Füllstreifen, Keilstücke u. dergl. vollständig ausgefüllt werden.

Die Nietlöcher sind regelmäfsig zu verteilen und so anzuordnen, dafs die Platten und Winkel nicht unnötigerweise geschwächt werden. Die Nietlöcher der zu verbindenden Teile müssen genau einander gegenüberstehen und, wenn dieses nicht der Fall ist, durch den Aufräumer, eine Reibahle von Vierkant-

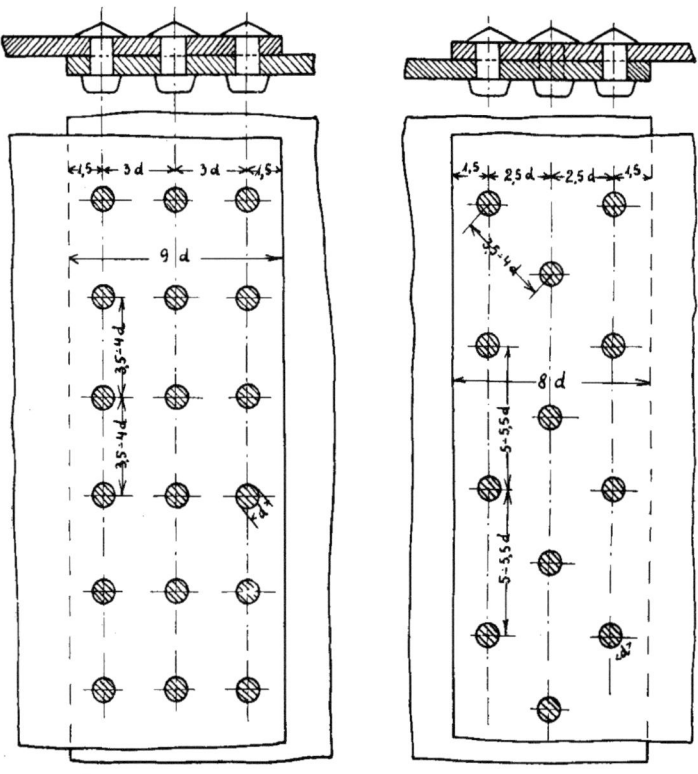

Abb. 43. Überlappung mit dreireihiger Kettennietung für wasserdichte Verbindung.

Abb. 44. Überlappung mit dreireihiger Zickzacknietung für wasserdichte Verbindung.

oder Halbkreisquerschnitt, so erweitert werden, dafs die Begrenzungskanten der Löcher sich decken. Das gewaltsame Aufdornen durch Eintreiben eines konischen Stahldornes ist nicht zu empfehlen, da die Platten dadurch am Lochrand einreifsen und sich aufserdem ein Grat bildet.

Die **Verbindung zweier Platten** kann durch eine oder mehrere parallele Nietreihen erfolgen. Man unterscheidet danach **ein-, zwei-, drei- und mehrreihige Nietverbindungen**, welche man auch als **einfache, doppelte, dreifache** usw. bezeichnet.

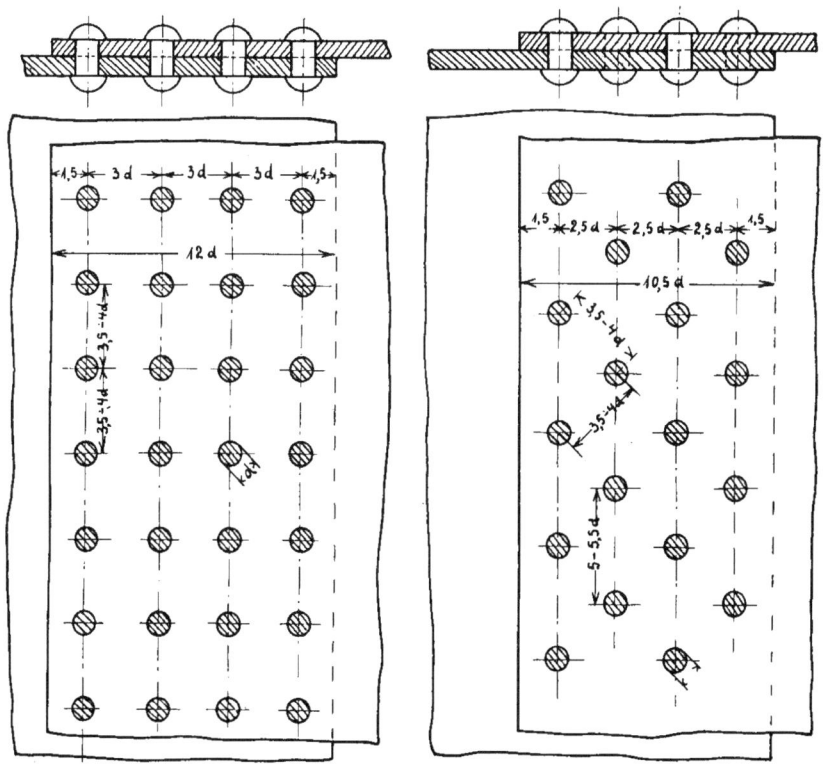

Abb. 45. Überlappung mit vierreihiger Kettennietung für wasserdichte Verbindung.

Abb. 46. Überlappung mit vierreihiger Zickzacknietung für wasserdichte Verbindung.

Liegen die Niete in den parallelen Reihen so, daſs sie sich von der Seite gesehen decken, so heiſst die Nietung **Parallel- oder Kettennietung** (Abb. 41, 43, 45, 48, 51, 52), sind sie gegeneinander versetzt, **Zickzacknietung** (Abb. 42, 44, 46, 49, 50).

Sind die Platten bei der Vernietung mit ihren Enden

einfach übereinander gelegt, so spricht man von einer **Überlappung** (Abb. 40 bis 46).

Stofsen sie stumpf gegeneinander und werden durch einen über sie gelegten Blechstreifen verbunden, so nennt man diesen eine **einfache Lasche oder ein Stofsblech** (Abb. 47 bis 50) Stärke $s_1 = s + 0{,}5 \div 3$ mm.

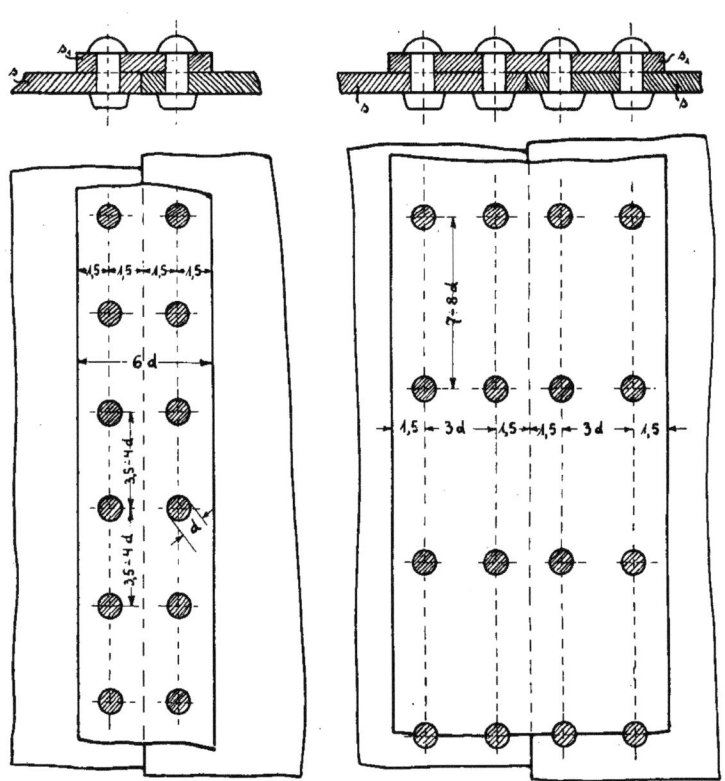

Abb. 47. Einfache Lasche mit einreihiger Nietung für wasserdichte Verbindung.

Abb. 48. Einfache Lasche mit zweireihiger Kettennietung für feste Verbindung.

Liegen auf beiden Seiten Verbindungsbleche, so nennt man diese eine **Doppellasche** (Abb. 51 bis 52) Stärke des einzelnen Bleches $s_1 = {}^2\!/_3\, s$.

s = Dicke der zu verbindenden Platten,
s_1 = Dicke des bezw. der Laschbleche.

Würde bei der Doppellasche eine Zerstörung der Niete eintreten, so müfste jedes Niet in zwei Querschnitten durchschnitten werden; man nennt eine solche Verbindung dreier

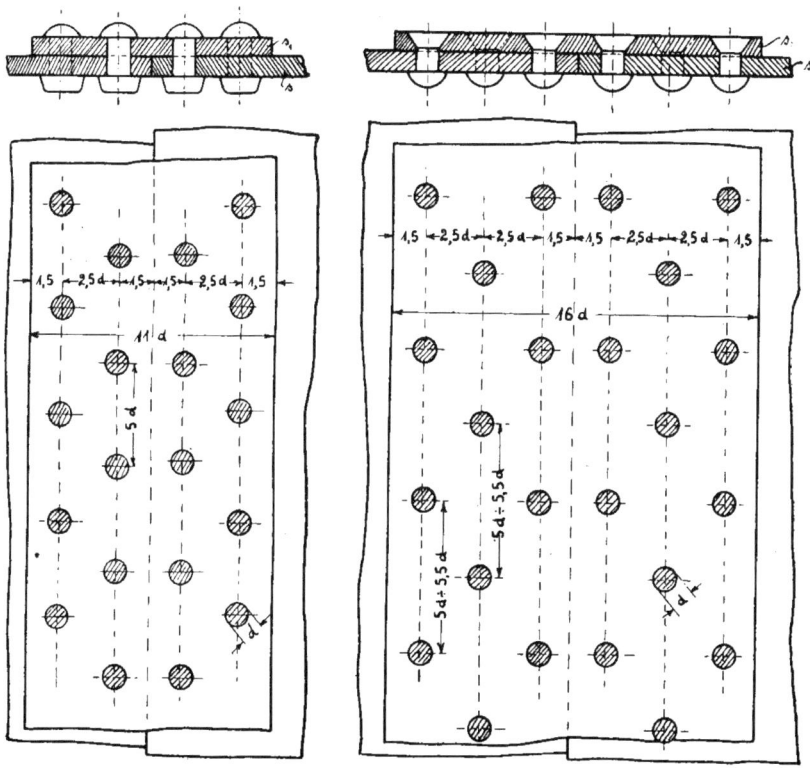

Abb. 49. Einfache Lasche mit zweireihiger Zickzacknietung für wasserdichte Verbindung (selten vorkommend).

Abb. 50. Einfache Lasche mit dreireihiger Zickzacknietung für wasserdichte Verbindung.

Bleche deshalb auch eine **zweischnittige** (Abb. 51 und 52) im Gegensatz zu der Verbindung zweier Bleche (Überlappung und einfache Lasche), welche als **einschnittige** (Abb. 40 bis 50) zu bezeichnen ist. Ebenso ergibt sich eine Verbindung von vier Blechen mit wechselseitigen Kraftrichtungen als **dreischnittige** Nietverbindung (Abb. 53) usw.

— 50 —

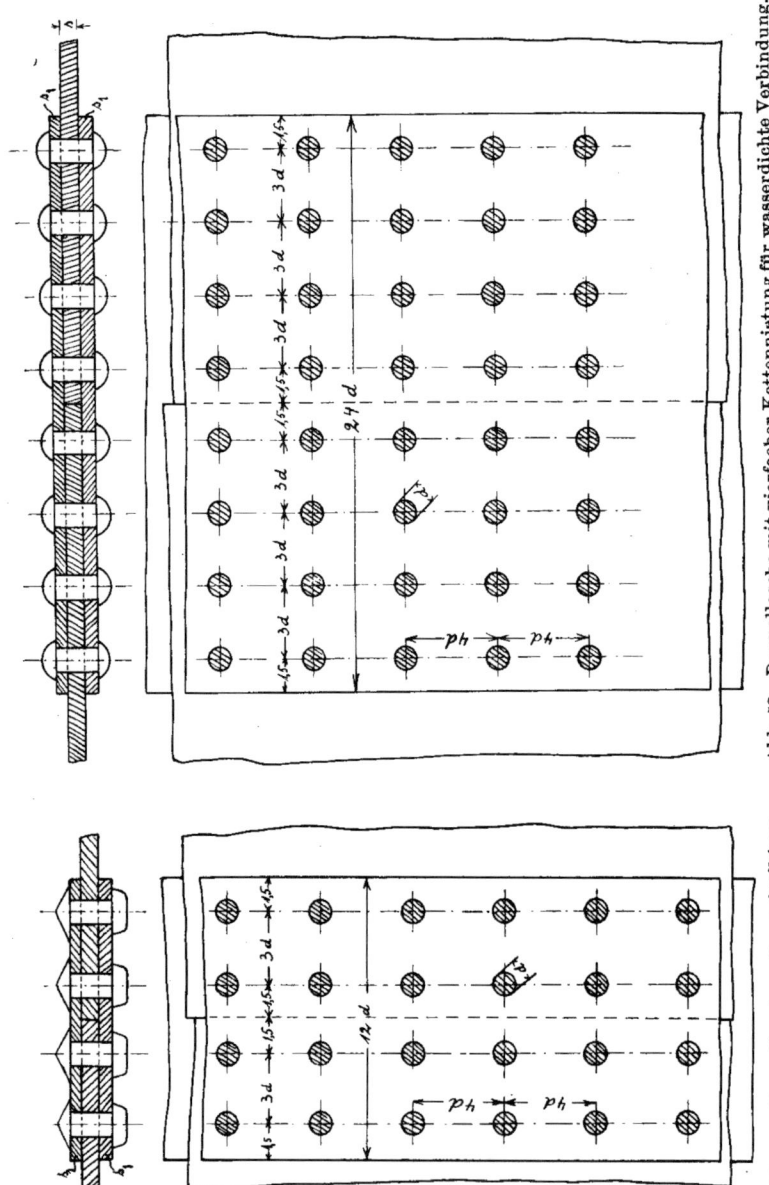

Abb. 52. Doppellasche mit vierfacher Kettennietung für wasserdichte Verbindung.

Abb. 51. Doppellasche mit zweireihiger Kettennietung für wasserdichte Verbindung.

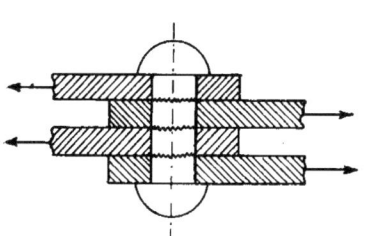

Abb. 53. Dreischnittige Nietverbindung.

Der **Durchmesser der Niete** läfst sich durch Berechnung bestimmen nach der Beanspruchung des Nietschaftes auf Schub; doch spielt auch die Erfahrung eine Rolle mit, da z. B. die Kraftübertragung durch die Reibung u. a. m. sich rechnerisch nicht immer genau ermitteln läfst. Die Durchmesser sind dabei in einem gewissen Verhältnis von der Platten- bezw. Winkelstärke abhängig.

Haben die zu verbindenden Teile u n g l e i c h e Stärke, so wird der Nietdurchmesser nach der m i t t l e r e n Stärke beider $s_m = \dfrac{s_1 + s_2}{2}$ gewählt, ausgenommen bei Laschen, wo a l l e i n die stumpf zusammenstofsenden Platten mafsgebend bleiben; bei drei und mehr Teilen ist der Nietdurchmesser nach dem arithmetischen Mittel $s_m = \dfrac{s_1 + s_2 + s_3}{3}$ usw. zu bestimmen.

Um nicht zu viele verschiedene Nietdurchmesser zu haben, werden im Schiffbau die Durchmesser von einer Sorte zur nächsten um je 2 mm gesteigert, entsprechend der zunehmenden Dicke der Platten.

Der Germanische Lloyd schreibt für die verschiedenen Plattenstärken die Nietdurchmesser nach folgender Tabelle vor.

Plattenstärke s in mm	3÷4	4,5÷5	6	7÷8	9÷10	11÷12	13÷16	17÷18	19÷21	22÷25	26
Nietdurchmesser d in mm	10	12	14	16	18	20	22	24	26	28	30

In dieser Tabelle verhalten sich die **Nietquerschnitte**
zueinander wie die Plattenstärken $\dfrac{\frac{\pi d_1^2}{4}}{\frac{\pi d_2^2}{4}} = \dfrac{d_1^2}{d_2^2} = \dfrac{s_1}{s_2}$, was
als zweckentsprechend anzusehen ist.

Der Abstand der Niete vom Blechrand, den Kanten der Winkel usw. darf nicht geringer sein als der Nietdurchmesser d, derjenige der Mittellinien der Niete mithin mindestens $= 1{,}5\,d$.

Der Abstand der Niete voneinander, in derselben Reihe, die sogenannte **Nietteilung** t wird im allgemeinen

bei **öldichter** Nietung etwa $= 3\,d$,
bei **wasserdichter** Nietung $3{,}5\,d \div 4\,d$ und
bei gewöhnlicher **Festigkeitsnietung** $7\,d \div 8\,d$

gewählt, sofern es sich um Kettennietung handelt. Bei Zickzacknietung sind die vorstehenden Nietentfernungen schräg von einer Reihe zur anderen zu messen, wodurch die Teilung t sich etwas gröfser ergibt, für die wasserdichte Nietung z. B. etwa $= 5\,d \div 5{,}5\,d$.

Der Abstand der parallelen Mittellinien der Nietreihen **voneinander** darf im allgemeinen bei doppelter und dreifacher **Kettennietung** nicht geringer sein als $3\,d$,
bei **Zickzacknietung** nicht geringer als $2{,}5\,d$.

Zu erwähnen ist schliefslich noch die sogenannte **gestreckte Zickzacknietung** (Abb. 54), welche hauptsächlich bei ungleichschenkligen Winkeleisen in dem grofsen Schenkel derselben angewendet wird. Während die Breite des kleineren Schenkels im allgemeinen so gewählt ist, dafs das Mafs vom Schenkelrand bis zur Innenfläche des grofsen Schenkels etwa $= 3\,d$ ist (Abstand vom Rande also wie üblich $= 1{,}5\,d$), erhält man auf dem grofsen Schenkel zwei Mittellinien für die Niete, eine im Abstand $1{,}5\,d$ vom Schenkelrand, die andere in gleichem Abstand von der Innenfläche des kleinen Schenkels. Der Abstand dieser beiden Mittellinien wird gewöhnlich weniger als $2{,}5\,d$ (wie für die normale Zickzacknietung vorgeschrieben ist) betragen. Anderseits behält man den Abstand der Niete, schräg von der einen zur andern Reihe gemessen, $= 7\,d \div 8\,d$ bei, wodurch sich die Teilung t etwa $= 13{,}5\,d \div 15{,}5\,d$ ergibt.

Des langgezogenen Aussehens wegen wird diese Nietung im folgenden als **gestreckte Zickzacknietung** bezeichnet werden. Sie wird z. B. verwendet in den Rücken an Rücken genieteten Kielschweinwinkeln (Abb. 54), bei der Verbindung zwischen Spanten und Bodenwrangen, der Stringerwinkel mit den Stringerplatten und an anderen Stellen.

Abb. 54. Gestreckte Zickzacknietung.

Im allgemeinen wird für die einzelnen Verbandteile des Schiffes die **Nietteilung** t (Abstand der Niete voneinander, in derselben Nietreihe bezw. bei gestreckter Nietung schräg gemessen) nach der Tabelle auf S. 54 gewählt.

7. Der Kiel.

Der Kiel ist der unterste Längsverbandteil, gleichsam das Rückgrat des Schiffes, auf dem sich die weiteren Bauteile aufbauen.

Man unterscheidet zwei Hauptarten:

1. den unter dem Schiffsboden **vorstehenden oder Außenkiel**, welcher als Rippe von $80 \div 370$ mm Höhe und $16 \div 105$ mm Dicke vom Vorsteven bis Hintersteven durchläuft,
2. den **Flachkiel**, welcher aus einer wagerechten Platte besteht, die den in der Mittellinie des Schiffsbodens liegenden Gang der Außenhautbeplattung bildet und um einige Millimeter stärker ist als die danebenliegenden Bodengänge.

   Zu 1. Bei den vorstehenden Kielen unterscheidet man wieder
   a) den **Balkenkiel**, welcher auch **Stangenkiel** oder **massiver** Kiel genannt wird,
   b) den **Mittelplattenkiel**.

Art der Verbindung	Nietteilung t, durch den Nietdurchmesser d ausgedrückt
Bei der Verbindung der Kielgangsplatten mit dem Balkenkiel und dem Vorder- und Hintersteven	$5\,d$ (Zickzacknietung)
Desgl. der Kielschweinwinkel mit dem Flachkiel	$5\,d$ (gestreckte Zickzacknietung)
„ „ „ untereinander	7—$8\,d$ (ev. gestreckte Zickzacknietung)
„ „ Spantwinkel mit den Bodenwrangen	7—$8\,d$ (gestreckte Zickzacknietung)
„ „ „ „ „ Gegenspanten	7—$8\,d$
„ „ „ „ „ der Aufsenhaut	7—$8\,d$
In den Aufsenschenkeln der beiden Spantwinkel (Gegenspantprofil), welche zur Verbindung der wasserdichten Schotte mit der Aufsenhaut dienen	5—$5,5\,d$ (Zickzacknietung des einen Winkels gegenüber dem anderen (vergl. Abb. 115, S. 111)
desgl. bei Anwendung nur eines breitschenkligen Winkels	5—$5,5\,d$ (Zickzack)
In den Querschenkeln der Spanten an der wasserdichten Schottwand	$4\,d$
Bei der Verbindung der Balkenkniee mit den Spanten	$5\,d$
Desgl. der Stringerwinkel und Kielschweinwinkel an der Aufsenhaut	$4,5\,d$
Desgl. der Deckstringer und Längsschienen mit den Decksbalken	7—$8\,d$
Desgl. der Decksplatten mit den Decksbalken, wenn diese an jedem Spant angeordnet werden	7—$8\,d$
Desgl. der Decksplatten mit Γ-, Γ- oder ⌊-Balken, wenn diese an jedem zweiten Spant angeordnet werden	5—$5,5\,d$
In den Stöfsen der Decksbeplattung	$4\,d$
In den Längsnähten der Decksbeplattung	4—$4,5\,d$
In den Stöfsen des Hauptdeck-, Zwischendeck-, Spardeck- und Sturmdeck-Stringers	$3,5\,d$
desgl. in den Längsnähten bei einfacher Nietung	$3,5\,d$
„ „ „ „ zweifacher „	$4\,d$
In den Stöfsen der Aufsenhaut	$3,5\,d$
In den Längsnähten der Aufsenhaut bei einfacher Nietung	$3,5\,d$
desgl. bei doppelter Nietung	$4\,d$
In den Stöfsen u. Längsnähten des Doppelbodens	$4\,d$
Desgl. der wasserdichten Schotte	$4\,d$
In den Stöfsen aller sonstigen Verbandteile bei doppelter und dreifacher Nietung	4—$4,5\,d$
Bei der Verbindung der Ruderbeplattung mit dem Ruderrahmen	$5\,d$

Zu 1a) Der **Balkenkiel** (Abb. 55) besteht aus einzelnen geschmiedeten oder gewalzten Stücken (Balken) von Rechtecksquerschnitt (80 × 16 bis 370 × 105 mm) und möglichst grofser

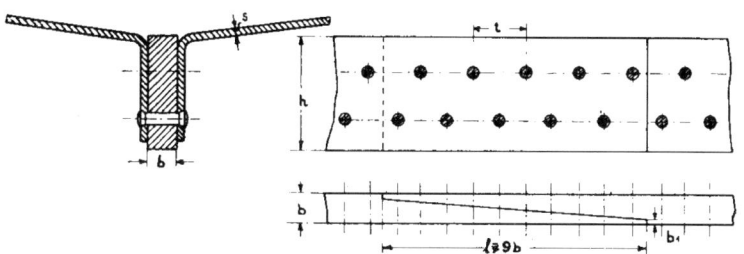

Abb. 55. Balkenkiel (Verbindung zweier Balkenenden).

Länge (15 m und mehr), welche untereinander durch Zusammenschweifsen oder Überlappung verbunden werden.

Die Länge der Überlappung l ist mindestens gleich der neunfachen Kielbreite b zu wählen, $l \gtreqless 9\,b$, und die Breite der ausgeschärften Enden $b_1 = \dfrac{b}{6}$.

Die Berührungsflächen sind sauber abzuhobeln.

Die zu beiden Seiten sich an den Kiel anschliefsenden Plattengänge der Aufsenhaut, die sogenannten Kielgänge, werden umgeflanscht (Krümmungsradius $r \gtreqless$ Plattenstärke s) und durch eine zweireihige, seltener dreireihige Zickzacknietung, wenn möglich mittelst hydraulischer Nietmaschinen, mit dem Kiel verbunden. Hierbei ist darauf zu achten, dafs die obere Nietreihe nicht zu hoch angeordnet wird, damit sich die Niete noch fest anziehen und die Köpfe noch gut verstemmen lassen. Des Verstemmens wegen bleibt man auch mit der Unterkante der Kielgangsplatten von der Unterkante des Kiels um etwa 10 ÷ 20 mm entfernt.

Der Nietdurchmesser d ist 3 ÷ 6 mm gröfser zu nehmen, als für die Kielgangsdicke nach der Tabelle auf S. 51 nötig wäre.

Nietteilung $t = 5\,d$.

Die senkrechten Stöfse der Kielgangsplatten sind am besten so zu legen, dafs die unteren Ecken der Platten von je einem Niet gehalten werden (Abb. 56), damit sie sich gut verstemmen lassen und bei Grundberührungen nicht so leicht abbiegen oder losreifsen.

Weniger gut ist es, wenn man die Stofsfuge einfach zwischen zwei Nieten der Zickzacknietung durchlaufen läfst (Abb. 58), da dann nur eine Ecke der einen Platte durch ein Niet festgehalten wird.

Bisweilen legt man auch die Stofsfuge d u r c h ein Niet der oberen Reihe (Abb. 57), was aber auch nicht so gut ist, wie die zuerst angegebene Anordnung.

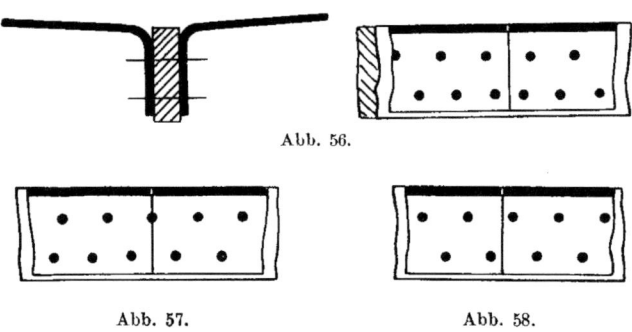

Abb. 56.

Abb. 57.   Abb. 58.

Stofsfugenanordnung im Kielgang.

Die Stöfse der Kielgangsplatten müssen mit den Überlappungen des Balkenkiels verschiefsen, d. h. sie müssen an einer anderen Stelle (soweit entfernt als möglich, mindestens jedoch gleich zwei Spantentfernungen) angeordnet werden, da Stöfse und Überlappungen immerhin als schwächere Stellen anzusehen sind und deshalb nicht zusammenfallen dürfen.

Die Niete, welche die Kielgangsplatten mit dem Kiel verbinden und durch denselben hindurchgehen, dienen gleichzeitig zur Verbindung der einzelnen Stücke des Balkenkiels in den Überlappungen.

Zu 1 b) Der **Mittelplattenkiel** (Abb. 59) besteht aus einer aufrechtstehenden Mittelplatte, welche gleichzeitig das Kielschwein bildet, und aus zwei zu beiden Seiten angebrachten

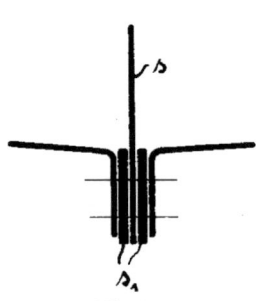

Abb. 59. Mittelplattenkiel.

starken Schienen, an welche sich die Aufsenhaut (die beiden Kielgänge) anschliefst. Die Abmessungen der beiden Kielschienen erhält man aus den Abmessungen des massiven Balkenkiels, indem die Stärke der drei den Kiel zusammen bildenden Platten gleich der Dicke des Balkenkiels gewählt wird

$$2 s_1 + s = b$$
$$s_1 = \frac{b - s}{2}.$$

Für $QL = 1126$ z. B. ist $b = 58$ mm, $s = 13$ mm, folglich

$$s_1 = \frac{58 - 13}{2} = \mathbf{22{,}5 \ mm.}$$

Die Kielschienen stofsen stumpf gegeneinander und sollen möglichst lang sein. Bei den Stofsfugen ist darauf zu achten, dafs die Stöfse der einen Seitenschiene gegen die Stöfse der anderen Seitenschiene und der vertikalen Mittelplatte gut verschiefsen. Dazu kommen noch die Stöfse der Kielgangsplatten, welche ebenfalls mit keinem der anderen zusammenfallen sollen (Mindestabstand gleich zwei Spantentfernungen).

Die Verbindung aller fünf Teile erfolgt durch zwei Reihen (Zickzack) durchgehender Niete. Die Ausführung bietet Schwierigkeiten, da die fünf Löcher nicht leicht genau aufeinander passend hergestellt werden können und da die fünf Teile sich nur schwer bei der Vernietung zusammenpressen lassen. Bei grofsen Schiffen mufs deshalb die Arbeit unbedingt durch hydraulische Nietmaschinen ausgeführt werden.

Die vorstehenden Kiele, ob als Balkenkiel oder Mittelplattenkiel ausgeführt, haben für Segelschiffe den Vorteil, dafs sie beim Kreuzen nicht so leicht seitlich abtreiben, für Dampfer, dafs die Rollbewegungen etwas vermindert und die Steuerfähigkeit erhöht wird, wenigstens bei Schiffen, die im Verhältnis zur Breite sehr kurz sind. Ferner treten bei Grundberührungen nicht so leicht Beschädigungen des Schiffsbodens ein. Dieses letztere ist der Hauptgrund, weshalb man noch vielfach den vorstehenden Kiel beibehalten hat. Denn andererseits hat er den Nachteil, dafs er den Tiefgang des Schiffes um die Höhe der vorspringenden Rippe vergröfsert.

Zn 2. Man wendet deshalb besonders bei Schiffen, welche für seichte Gewässer bestimmt sind, den **Flachkiel** an (Abb. 60).

Abb. 60. Gewöhnlicher Flachkiel.

Dieser besteht je nach der Form des Schiffsbodens aus Platten, welche der ganzen Breite nach wagerecht oder an den Längsseiten, dem Aufkimmungswinkel entsprechend, etwas hochgebogen sind. Man läfst sie stumpf gegeneinander stofsen und verbindet sie durch eine einfache innenliegende Lasche mittelst drei- oder vierreihiger Nietung. Die Länge der Platten ist möglichst grofs, etwa 10 : 15 m und mehr zu nehmen, ihre Breite schwankt zwischen 500 und 1130 mm, die Stärke über $^3/_5\,L$ mittschiffs zwischen 5,5 und 33 mm (etwa $2 \div 7$ mm gröfser als die der anstofsenden Plattengänge); sie ist nach den Enden zu auf die Mittschiffsdicke der Kielgänge zu verjüngen.

Bei mittleren Schiffen ($QL > 1375$) wird der Flachkiel auf $^1/_2\,L$ bezw. $^3/_4\,L$ mittschiffs bezw. über seine ganze Länge durch eine **innere Dopplung** (Abb. 61) verstärkt. Ihre Dicke

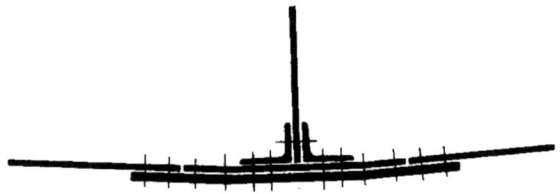

Abb. 61. Flachkiel mit innerer Dopplung.

wird gleich derjenigen der Kielgänge gewählt, ihre Breite gleich dem Raum, der sich zwischen den Kielgängen ergibt, d. h. gleich der Flachkielbreite minus der Breite der Überlappungen mit den beiden Kielgängen.

Bei grofsen Schiffen ($QL > 4195 \div 7400$) ist aufser der inneren Dopplung noch eine gleich dicke **äufsere Dopplung**

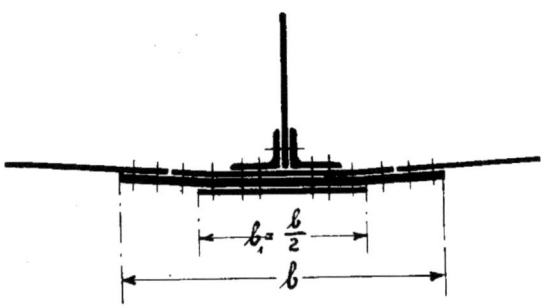

Abb. 62. Flachkiel mit innerer und äufserer Dopplung.

von der halben Breite des Flachkiels über $^4/_5$ L mittschiffs anzubringen (Abb. 62).

Statt der beiden Dopplungen darf auch ein starker **flachliegender Balkenkiel** (Abb. 63) gewählt werden, dessen Querschnittsfläche dem Inhalt nach gleich demjenigen der beiden Dopplungen zusammen ist. Die Breite ist zweckmäfsig gleich

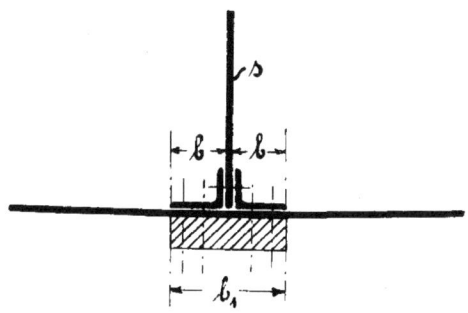

Abb. 63. Flachliegender Balkenkiel.

der Summe der wagerechten Schenkelbreite der beiden Kielschweinwinkel plus der Dicke der aufrechtstehenden Mittelplatte zu wählen: $b_1 = 2\,b + s$ (Abb. 63). Die einzelnen Stücke dieses Kiels werden wie bei dem hochkantstehenden Balkenkiel durch Überlappung ($l \gtreqless 9\,h$) verbunden (Abb. 55).

Da die Niete bei dieser Kielkonstruktion sehr lang werden, so ist Handnietung vollständig unzulässig. Ferner mufs zwischen dem flachliegenden Balkenkiel und der eigentlichen Flachkielplatte eine Lage Flanell mit Mennige als Dichtungsmaterial eingebracht werden, da sich die starke Flachschiene nicht verstemmen läfst.

8. Schlinger= oder Kimmkiele.

Bei Schiffen mit Flachkiel wendet man häufig zur Verringerung der Schlingerbewegungen an Stelle des vorspringenden Kiels sogenannte Schlinger- oder Kimmkiele an. Sie bestehen aus etwa 200 mm breiten Wulstplattenstreifen, welche durch Winkel mit der Aufsenhaut verbunden werden, so dafs sie eine vorstehende Rippe bilden. Sie gehen ungefähr über $^1/_3$ L bis $^1/_2$ L mittschiffs und werden in der Nähe der Kimm angebracht

(Abb. 64), so dafs sie eine Vergröfserung des Tiefgangs nicht ergeben. Bei gröfserer Breite (bis zu 600 mm) bestehen sie aus zwei umgeflanschten Platten mit dazwischen liegender Holzeinlage, welche das Eindrücken der Platten verhindern soll.

Neben ihrem eigentlichen Zweck, die Rollbewegungen zu verringern, bilden die Schlingerkiele einen sehr guten Längsverband und eine wirksame Versteifung der Aufsenhaut. Sie

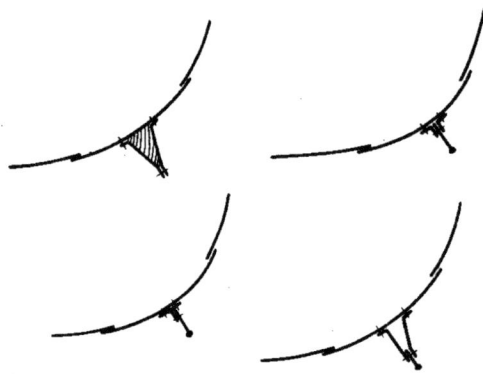

Abb. 64. Schlinger- oder Kimmkiele.

haben aber den Nachteil, dafs sie durch Berührungen mit Quaimauern oder steilen Uferböschungen leicht beschädigt werden können und dann durch Ausreifsen der Befestigungsniete Leckagen hervorrufen. Um diese Gefahr zu beseitigen, nietet man vielfach zunächst ein schweres T-Eisen auf die Aufsenhaut und an dieses mit verhältnismäfsig wenigen Nieten die Kimmkielplatte, so dafs diese abreifsen kann, ohne dafs voraussichtlich ein Leck entsteht.

9. Die Querspanten.

Sie gehören zu den Querverbandteilen und sind dazu bestimmt, die Form des Schiffes in seinen senkrechten Querschiffsebenen zu erhalten. Sie bestehen aus den eigentlichen Spanten, den Bodenwrangen und den Gegenspanten und bilden zusammen eine Art Z-Träger.

a) Die Spanten (Abb. 65).

Ein Spant ist in der Regel aus zwei symmetrischen, nach der Form des Schiffsquerschnittes gebogenen, ungleichschenkligen Winkeleisen zusammengesetzt, welche am Kiel ansetzen (gleichsam wie Rippen an einem Rückgrat) und bis zum obersten Deck oder festen Aufbau (Hütte, Brückenhaus, Back) hinaufreichen.

Das Spant besteht aus einem ungleichschenkligen Winkeleisen ($45 \times 30 \times 3$ bis $250 \times 90 \times 16$ mm für $^6/_{10} L$, an den Enden $3 \div 14{,}5$ mm stark), dessen kleiner Schenkel auf der Aufsenhaut liegt.

Über dem Kiel werden die beiden Spanthälften durch einen Rücken an Rücken genieteten Laschwinkel von demselben Profil mit je $3 \div 5$ Nieten auf jeder Seite verbunden. Eine Ausnahme hiervon findet nur bei Anwendung einer durchgehenden aufrechtstehenden Mittelkielplatte in Verbindung mit einem Flachkiel statt; es kann hier der Laschwinkel nicht angebracht werden, da die Mittelkielschweinwinkel auf dem Flachkiel durchlaufen (vergl. S. 70).

Jedes Spant ist nach der Querschnittsform des Schiffes an der betreffenden Stelle, im warmen Zustand auf der Richtplatte zu biegen, und erst nach Ausführung dieser Arbeit dürfen die Löcher in den Krümmungsstellen gelocht werden.

Der Abstand der einzelnen Span-

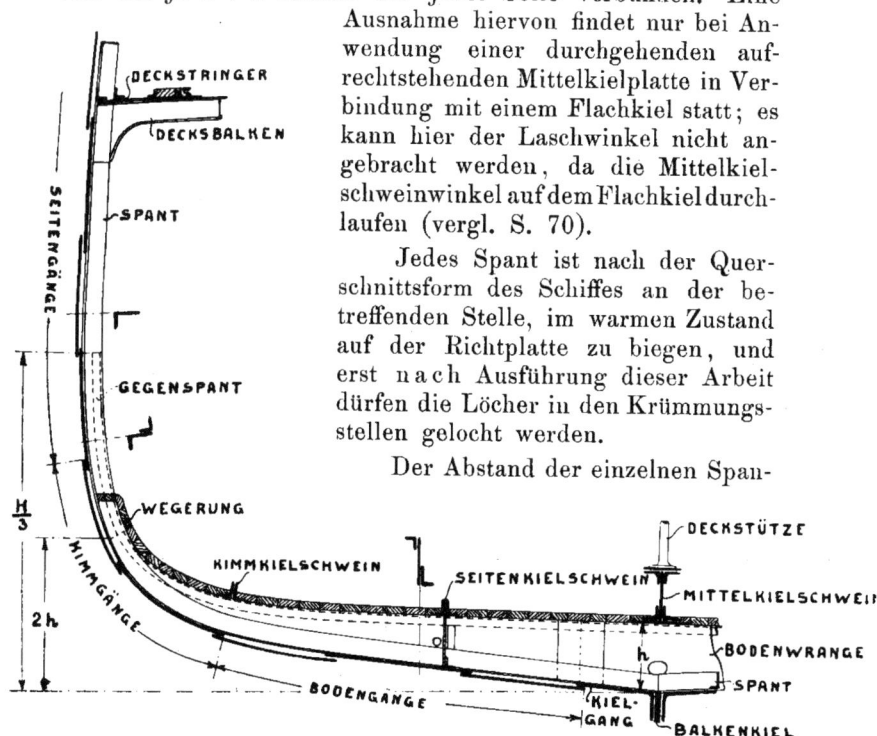

Abb. 65. Spant, Gegenspant und Bodenwrange.

ten voneinander wird nach der Längsnummer QL bestimmt und schwankt zwischen 420 und 790 mm, entsprechend QL unter 45 und bis 7400.

b) Die Bodenwrangen (Abb. 65).

Da der Wasserdruck von aufsen am stärksten auf den Schiffs b o d e n einwirkt und andererseits eine schwere Ladung ebenfalls den B o d e n am meisten von allen Verbänden beansprucht, so müssen die Spanten im Boden besonders versteift werden. Man nietet deshalb an das Spantwinkeleisen über die ganze Schiffsbreite eine senkrechte Platte, die sogenannte B o d e n w r a n g e, auch B o d e n s t ü c k oder F l u r p l a t t e genannt. Sie verläuft mit ihrer unteren Kante nach der Form der gebogenen Spanten, mit der Oberkante dagegen in der Mitte wagerecht, während die Enden in der Kimmgegend allmählich hochgezogen werden und in die Innenkante der Spantwinkel übergehen. Der höchste Punkt an der Seite soll bei Schiffen mit flachem Boden mindestens doppelt so hoch liegen, wie die Oberkante der Bodenwrangen in der Mitte des Schiffes über dem Kiel liegt ($h_1 = 2h$) (Abb. 65).

Die Höhe der Bodenwrangen mittschiffs (der Breite nach) schwankt für $1/2 \, L$ von $150 \div 1120$ mm, die Stärke von $3 \div 16,5$ mm, an den Enden $3 \div 12,5$ mm, im Maschinen- und Kesselraum $4,5 \div 18$ mm.

Die Bodenwrangen sollen, aufser bei Anwendung einer durchlaufenden Mittelkielplatte, wenn möglich in e i n e r Länge von Kimm zu Kimm reichen. Bei einer Schiffsbreite über 10 m macht man sie jedoch vielfach aus zwei Stücken; es empfiehlt sich dann, die Stöfse nicht sämtlich über dem Kiel, sondern abwechselnd auf Steuer- und Backbord anzuordnen. Die Enden müssen dabei durch Überlappung oder als stumpfer Stofs durch doppelte Stofsbleche mit dreifacher Nietung verbunden werden. Stärke der Stofsbleche $s_1 = 2/3 \, s$ der Bodenwrangen.

Bei Schiffen mit durchgehender senkrechter Mittelkielplatte sind die beiden Hälften der Bodenwrangen mit der Mittelplatte durch je zwei senkrechte Winkel zu verbinden, welche über die Spanten und Gegenspanten überzukröpfen sind.

Die Bodenwrangen sind oberhalb der Spanten mit Ausschnitten für Wasserläufe zu versehen, damit das Leckwasser von allen Teilen des Schiffes frei zu den Pumpen gelangen kann.

c) **Die Gegenspanten** (Abb. 65).

Man versteht darunter die Winkel, welche an der Oberkante jeder Bodenwrange auf der dem Spant abgekehrten Seite derselben angebracht werden und je nach der Gröfse der Seitenhöhe H des Schiffes mindestens bis oberhalb der Kimm oder noch höher hinaufreichen, und zwar

bei $H < 3{,}05$ m: auf jedem Spant bis zu $^1/_3\,H$ (Abb. 65),
bei $H = 3{,}05$ bis $3{,}66$ m: abwechselnd auf jedem zweiten Spant bis zu $^1/_3\,H$ und auf den dazwischenliegenden Spanten bis zum Deckstringer,
bei Eindeckschiffen mit $H \gtreqless 3{,}66$ m: abwechselnd bis oberhalb der Winkel der oberen Seitenstringer oder Raumbalkenstringer und bis zum Deckstringer,
bei Volldeckschiffen mit zwei oder mehr Decks: abwechselnd bis zum Hauptdeck- und Zwischendeckstringer, usw.,
bei Segelschiffen mit $Q \gtreqless 16{,}5$ müssen die Gegenspanten auf **jedem** Spant bis zum Hauptdeckstringer reichen.

Die Gegenspantwinkel sind gleichschenklige Winkel in den Abmessungen $30 \times 30 \times 3$ bis $110 \times 110 \times 16$ mm.

Reichen die Gegenspanten nur bis oberhalb der Kimm, so werden sie bei Schiffen ohne durchlaufende senkrechte Mittelkielplatte gewöhnlich aus einem Stück hergestellt; sonst aus zwei Stücken, die über dem Kiel oder abwechselnd zu beiden Seiten desselben durch Stofswinkel von demselben Profil mit mindestens $3 \div 4$ Nieten auf jedem Ende gelascht werden.

Bei Schiffen mit durchlaufender senkrechter Mittelkielplatte stofsen die beiden symmetrischen Gegenspanten in dieser zusammen und werden durch einen Laschwinkel vom Profil der Spanten, welcher durch die Mittelplatte hindurchgeführt wird, verbunden. Die Länge desselben ist gleich der fünffachen Summe der beiden Schenkel des Laschwinkels zu wählen $l = 5\,(a + b)$. Das Spantprofil, mit dem grofsen Schenkel wagerecht liegend, wird in diesem Fall gewählt, damit die Grundplatte des auf den Bodenwrangen entlanglaufenden Mittelkielschweins zwei Niete mehr zur Befestigung erhalten kann.

Die Verbindung zwischen Spanten, Bodenwrangen und Gegenspanten erfolgt durch einreihige oder gestreckte Zickzacknietung mit $t = 7 \div 8\,d$.

In der Mitte der Schiffslänge steht der grofse Schenkel der Spantwinkel senkrecht auf der Aufsenhautbeplattung, seine beiden Schenkel stehen demnach unter 90^0 und ebenso die

Schenkel der Gegenspanten. An den Schiffsenden jedoch müssen die Spanten und Gegenspanten entsprechend den schräg zulaufenden Schiffswänden „ausgewinkelt" werden (Abb. 66), d. h. die beiden Schenkel sind auf einen stumpfen Winkel zu öffnen, welcher für jedes Spant und jeden Teil desselben ein anderer ist. Ein Zusammenbiegen zu einem spitzen Winkel ist schlechter, weil dadurch die Nietung unbequemer, ja bisweilen unmöglich wird.

Die Konstruktion des Auswinkelns ist in den meisten Schiffbau treibenden Ländern üblich, mit Ausnahme von Frankreich, wo vielfach die Spanten ihr rechtwinkliges Profil behalten und dann in sich so gewunden werden müssen, dafs ihr grofser Schenkel stets senkrecht zur Aufsenhaut steht.

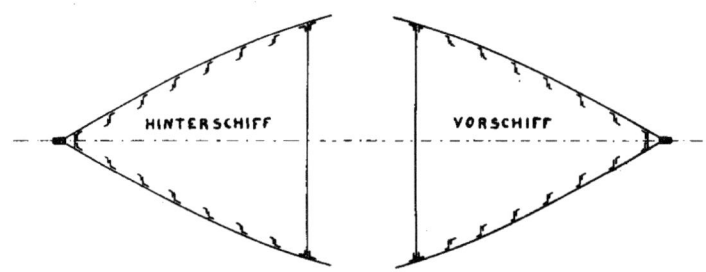

Abb. 66. Ausgewinkelte Spanten und Gegenspanten im Vor- und Hinterschiff.

Dem von aufsen senkrecht zu der Fläche der Aufsenhaut wirkenden Wasserdruck gegenüber ist diese letztere Anordnung die sachgemäfsere; dazu ist die Herstellung der Spanten eine einfachere, aber die Verbindung solcher Spanten mit den Decksbalkenknieen ist eine schwierigere, da diese in die Richtung der Spanten etwas abgebogen werden müssen; ebenso stellen sich Schwierigkeiten bei der Befestigung der Schotte heraus.

An Stelle des aus zwei Winkeln zusammengenieteten Spantes und Gegenspantes wendet man als Ersatzprofile für beide bei gröfseren Schiffen bisweilen das ⏋-Eisenprofil an. Dasselbe besitzt eine gröfsere Festigkeit als die zusammengenieteten Winkel; man kann deshalb bei gleicher Festigkeit an Gewicht sparen, ferner fällt auch die Nietarbeit fort. An seinem unteren Ende wird das ⏋-Eisen da, wo die Bodenwrange beginnt, in seiner Mittelrippe aufgeschnitten, so dafs zwei Äste enstehen, von denen jeder den Querschnitt eines

Winkeleisens besitzt. Der untere bildet das Spant, der obere das Gegenspant; doch liegen beide an derselben Seite der Bodenwrange, nicht, wie sonst, auf den entgegengesetzten Seiten. Die Enden der beiden Äste läfst man stumpf gegen je einen gewöhnlichen Winkel vom Gegenspantprofil gegenstofsen, mit welchem sie durch einen auf der Rückseite angebrachten Stofswinkel verlascht werden, oder man wendet eine Überlappung an.

In den Schiffsenden bietet die Herstellung der Spanten aus ⌐-Eisen wegen des notwendigen Auswinkelns gröfsere Schwierigkeiten, weshalb man sie hier aus zusammengenieteten gewöhnlichen Winkeleisen (normale Spant- und Gegenspantprofile) anfertigt, selbst wenn für das ganze übrige Schiff ⌐-Spanten benutzt worden sind.

Mehr noch als die ⌐-Eisen haben sich die [-Eisenprofile eingebürgert, da sie sich auf den Richtplatten bequemer bearbeiten lassen. Sie werden hauptsächlich für grofse Schiffe mit Doppelboden verwendet, an dessen Seitenplatten (Randplatten) man sie endigen läfst.

Für kleinere Schiffe sind sie jedoch nicht geeignet, da man mit der Steghöhe des [-Eisens nicht unter ein gewisses Mafs heruntergehen darf, um das Einbringen der Niete zur Befestigung der Aufsenhautbeplattung noch zu ermöglichen.

Bei den vorerwähnten Ersatzprofilen, an Stelle von Spant und Gegenspant zusammen, ist das Widerstandsmoment der ⌐-, [- bzw. [-Spanten ebenso grofs zu wählen, wie das der genieteten Spanten, woraus sich je nach der Schiffsgröfse folgende Abmessungen ergeben:

für [130 × 65 × 8,5 bis 240 × 95 × 15 mm,
und für [- bzw. ⌐-Eisen 140 × 10 × 80 × 13 bis 240 × 15 × 100 × 18 mm.

10. Das Mittelkielschwein.

Das Mittelkielschwein ist ein über dem Kiel durchlaufender Längsträger, welcher zur Verstärkung des Kiels dient. Es findet heutzutage nur noch bei Segelschiffen und kleineren Dampfern Anwendung, während bei grofsen Dampfschiffen ein Doppelboden angewendet wird, welcher gleichzeitig die Versteifung des Kiels übernimmt, so dafs man hier nicht mehr von einem Kielschwein sprechen kann.

Man unterscheidet:

1. Das **Trägerkielschwein, auf den durchgehenden Bodenwrangen stehend** (Abb. 67 u. 68). Es besteht je nach der Größe der Schiffe

bei $QL < 85$ aus zwei Rücken an Rücken genieteten Kielschweinwinkeln;

„ $QL = 85 \div 105$ kommt noch eine Wulstschiene dazu;

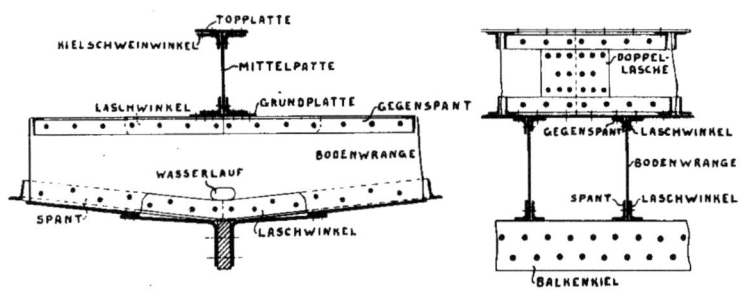

Abb. 67. Trägerkielschwein.

bei $QL = 105 \div 500$ aus einem I-Träger, welcher aus einer Mittelplatte und vier Kielschweinwinkeln zusammengenietet ist;

„ $QL = 500 \div 1200$ kommt noch eine obere Gurtplatte oder sogenannte Topplatte dazu;

„ $QL = 1200 \div 2000$ kommt ferner noch eine untere Gurtplatte oder sogenannte Grundplatte dazu (Abb. 68).

QL unter 85	QL 85÷105	QL 105÷500	QL 500÷1200	QL 1200÷2000

Abb. 68. Mittelkielschwein, auf den Bodenwrangen stehend.

Die senkrechten Mittelplatten läfst man stumpf gegeneinander stofsen und verbindet sie durch doppelte Laschen (Stofsbleche) mittelst dreifacher Kettennietung. Die Stöfse der Top- und Grundplatten dagegen erhalten nur eine einfache Lasche mit gleichfalls dreireihiger Nietung. Die längslaufenden Winkel erhalten gestreckte Zickzacknietung (vgl. S. 53).

Die Verbindung des Trägerkielschweins mit den Bodenwrangen geschieht durch die Gegenspanten und kurze Winkeleisen, welche auf der anderen Seite der Bodenwrangen, den Gegenspanten gegenüberliegend, angebracht werden.

Der Querschnitt des Mittelkielschweins ist auf $^1/_2$ L mittschiffs beizubehalten und darf allmählich nach vorne und hinten um etwa $^1/_5$ der Querschnittsfläche verringert werden.

Die Abmessungen schwanken zwischen folgenden Grenzen:
senkrechte Mittelkielschweinplatte 120 $\times$ 6,5 mm bis 1070 $\times$ 28,5 mm, an den Enden 6 bis 22,5 mm stark;
Breite der Topplatte 230 bis 480 mm, Dicke ebenso wie diejenige der senkrechten Mittelkielschweinplatte;
Breite der Grundplatte 385 bis 660 mm, Dicke ebenso wie diejenige der senkrechten Mittelkielschweinplatte;
Kielschweinwinkel 45 $\times$ 45 $\times$ 5 bis 170 $\times$ 115 $\times$ 21 mm.

2. Das Zwischenplattenkielschwein, auch eingeschobenes oder Interkostalkielschwein genannt (Abb. 69).

Es entsteht dadurch, dafs man bei einem auf den Bodenwrangen stehenden Trägerkielschwein zwischen die von Schiffs-

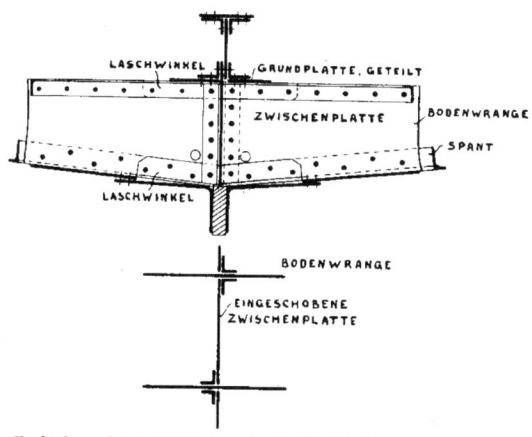

Abb. 69. Zwischenplattenkielschwein in Verbindung mit einem Balkenkiel.

seite zu Schiffsseite durchgehenden Bodenwrangen noch kurze bis auf den Kiel reichende Platten einschiebt. Ist der darunter liegende Kiel ein Balkenkiel, so genügt es, wenn die Zwischenplatten mit den Bodenwrangen durch e i n e n senkrechten Winkel (Abb. 69) von den Abmessungen der Gegenspantwinkel verbunden werden. Handelt es sich jedoch um einen Flachkiel, so werden die Zwischenplatten durch j e z w e i senkrechte Winkel (Abb. 70) mit den Bodenwrangen und durch kurze von Spant zu Spant reichende wagerechte Kielschweinwinkel mit dem Flachkiel verbunden. Die Spantlaschen gehen durch.

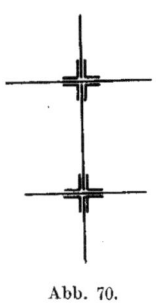

Abb. 70.

Die Zwischenplatten können entweder b i s zur Oberkante der Bodenwrangen reichen oder d a r ü b e r h i n a u s bis zur Oberkante der Kielschweinwinkel. Im ersteren Falle ist die über den Bodenwrangen durchlaufende Kielschweinmittelplatte um so viel breiter zu nehmen und über den Bodenwrangen und Gegenspanten auszuschneiden, dafs eine einreihige Vernietung mit den Zwischenplatten ausgeführt werden kann (Abb. 71 u. 72, die zweiten Bilder).

Im zweiten Falle werden sie o b e r h a l b der Bodenwrangen mit den beiden durchlaufenden Kielschweinwinkeln und der

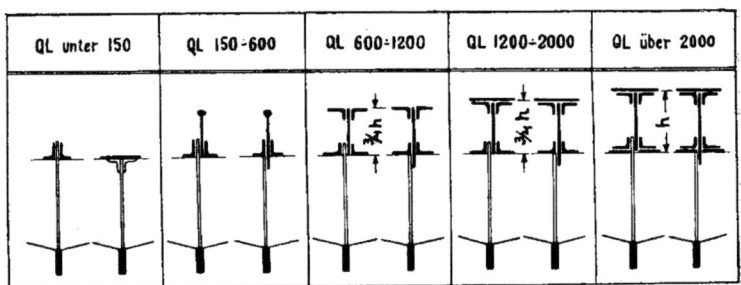

Abb. 71. Zwischenplattenmittelkielschwein in Verbindung mit einem Balkenkiel.
(Die nicht im Schnitt gezeichneten Platten und Winkel sind eingeschobene.)

durchlaufenden Kielschweinmittelplatte einreihig vernietet (Abb. 71 u. 72, die ersten Bilder).

Das Zwischenplattenkielschwein besteht neben den Zwischenplatten in seinem oberen auf den Bodenwrangen stehenden Teil ebenso wie das Trägerkielschwein aus Winkeln, Wulstplatten, genieteten ⊥-Trägern ohne und mit Topplatte und Grundplatte; nur muſs die Grundplatte wegen der Verbindung der Kielschweinmittelplatte mit den Zwischenplatten zweiteilig ausgeführt werden (Abb. 71 und 72).

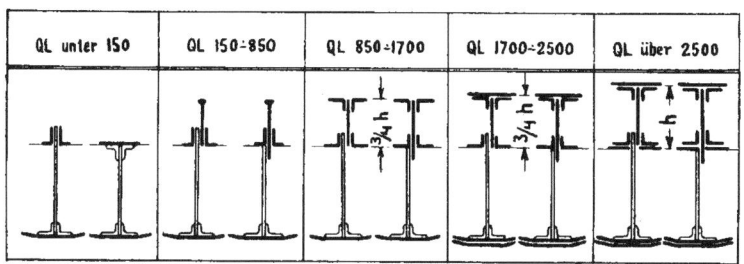

Abb. 72. Zwischenplattenmittelkielschwein in Verbindung mit einem Flachkiel. (Die nicht im Schnitt gezeichneten Platten und Winkel sind eingeschobene.)

3. Das Mittelkielschwein mit durchlaufender senkrechter Kielplatte (Mittelkielplatte) (Abb. 73, 74). Bei diesem Kielschwein durchbricht die Mittelplatte die Bodenwrangen, welche

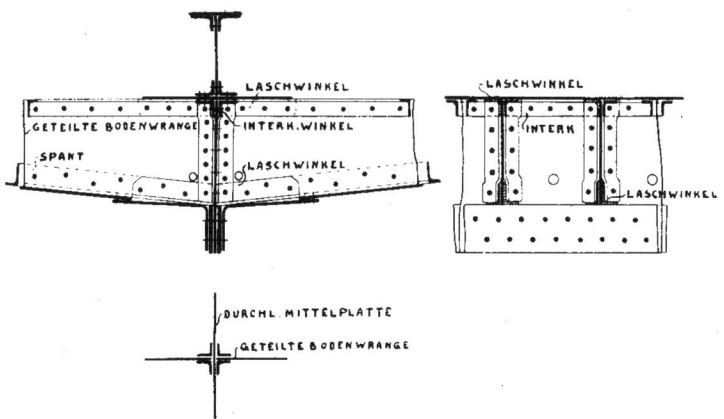

Abb. 73. Mittelkielschwein mit durchlaufender senkrechter Mittelkielplatte in Verbindung mit einem vorstehenden Mittelplattenkiel.

infolgedessen aus zwei Teilen herzustellen sind. Die beiden Hälften werden mit je zwei Winkeln von den Abmessungen der Gegenspantwinkel mit der durchlaufenden Mittelplatte verbunden. Es sind somit an den Kreuzungsstellen v i e r senkrechte Winkel vorhanden. Diese sind entweder unten und oben über die Kielschweinwinkel zu kröpfen, oder sie erhalten zwischen den Kielschweinwinkeln kurze Unterlagstreifen, so dafs sie gerade durchlaufen können. Ihre Endniete sind in allen Fällen durch die Kielschweinwinkel hindurchzuführen.

Hat das Schiff einen vorstehenden Kiel (Abb. 73), so wird die durchlaufende Mittelplatte mit demselben dadurch verbunden, dafs man sie um die Höhe des Kiels breiter nimmt und den Kiel als Mittelplattenkiel (s. S. 56) ausführt. Man spricht dann nicht mehr von einer Mittelplatte des Kielschweins, sondern von einer Mittelkielplatte. Die Laschen

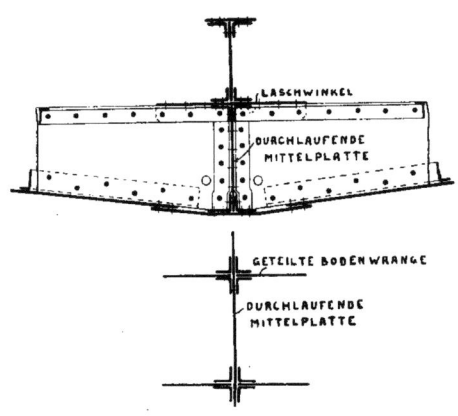

Abb. 74. Mittelkielschwein mit durchlaufender senkrechter Kielplatte in Verbindung mit einem Flachkiel.

der Gegenspantwinkel sind sämtlich, diejenigen der Spantwinkel über $3/4\,L$ mittschiffs durch die Mittelkielplatte durchzuführen, welche zu dem Zweck durch Ausstanzen entsprechend ausgespart werden mufs.

Hat das Schiff einen Flachkiel (Abb. 74) so wird die durchlaufende Mittelplatte mit dem Flachkiel durch zwei ebenfalls durchlaufende Kielschweinwinkel, deren gröfserer Schenkel auf den Flachkiel zu legen ist, durch gestreckte Zickzacknietung (mit $t = 5\,d$) verbunden. Die Spanten können infolgedessen keine Laschwinkel erhalten, wohl aber die Gegenspanten, für welche die Mittelplatte wiederum auszulochen ist.

Die durchlaufende Mittelkielplatte kann entweder mit der

Oberkante der Bodenwrangen abschneiden (Abb. 75) oder über die Bodenwrangen hinausreichen (Abb. 76). Im ersteren Falle erhält sie an ihrer Oberkante zwei Kielschweinwinkel (grofse Schenkel wagerecht), welche wegen der Laschwinkel der Gegenspanten nicht durchlaufen können, sondern als interkostale, d. h. kurze von Spant zu Spant reichende Stücke einzubringen

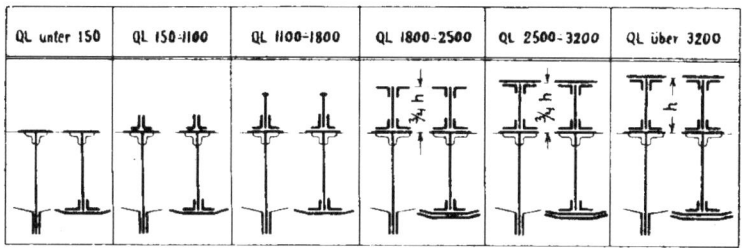

Abb. 75. Mittelkielschwein mit durchlaufender senkrechter Kielplatte, (welche bis zur Oberkante der Bodenwrangen reicht).

sind. Auf diesen wird eine durchlaufende Grundplatte und weitere Verstärkungen nach Abb. 75 und 76 angeordnet.

Im zweiten Falle mufs die Grundplatte der vorstehenden Mittelkielplatte wegen geteilt werden, und die Mittelkielplatte

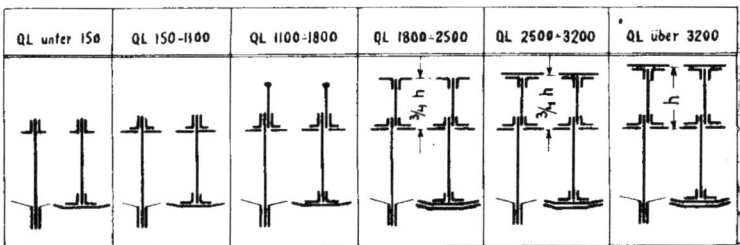

Abb. 76. Mittelkielschwein mit durchlaufender senkrechter Kielplatte (welche über die Oberkante der Bodenwrangen hinausreicht).

wird mit den Kielschweinwinkeln und der Kielschweinmittelplatte oberhalb der Bodenwrangen durch einreihige Nietung verbunden ($t = 7\,d \div 8\,d$).

Was die **Güte der verschiedenen Mittelkielschweinkonstruktionen** anlangt, so ist in bezug auf die Längsschiffsfestigkeit das vorteilhafteste das Kielschwein mit durchlaufender Mittelkielplatte. An zweiter Stelle steht das Trägerkielschwein, an dritter das Zwischenplattenkielschwein, und dieses besonders bei Anwendung eines Balkenkiels.

Der einzige Nachteil des Kielschweins mit durchlaufender Mittelkielplatte besteht darin, dafs die Bodenwrangen aus zwei Teilen hergestellt werden müssen. Diese Verschwächung wird jedoch zum Teil dadurch ausgeglichen, dafs man die Enden der Bodenwrangen durch die über ihre Oberkante gehende Grundplatte des Kielschweinträgers, ferner durch die Laschwinkel der Gegenspanten und, bei Anwendung eines vorstehenden Kiels, auch durch die Laschwinkel der Spanten, welche durch die Mittelplatte hindurchgeschoben werden, miteinander verbindet.

Für Schiffe mittlerer Gröfse eignet sich der bequemen Herstellung wegen das Trägerkielschwein am besten.

Das Zwischenplattenkielschwein wird hauptsächlich bei Flachkielschiffen angewendet, wenn man die Bodenwrangen nicht teilen will. Ein solches Kielschwein ist hier unbedingt erforderlich, weil sonst beim Docken des Schiffes der Flachkiel durch die Kielklötze eingedrückt werden würde. Ein Flachkiel in Verbindung mit einem auf den Bodenwrangen stehenden Trägerkielschwein (ohne Zwischenplatten oder durchlaufende Platte) kann also überhaupt nicht vorkommen.

II. Die Kimmkielschweine.

Jedes Schiff ohne Doppelboden soll in der Kimm oder etwas unterhalb derselben einen Längsverband erhalten, welcher aus zwei Rücken an Rücken genieteten Kielschweinwinkeln ($45 \times 45 \times 5$ bis $170 \times 115 \times 21$ mm) besteht, die über die Oberkante der Bodenwrangen hinweggehen (Abb. 77). Sie sind an jeder Kreuzungsstelle mit den Gegenspanten und kurzen auf der anderen Seite der Bodenwrangen angebrachten Gegenwinkeln durch vier Niete zu verbinden und laufen ununterbrochen von Steven zu Steven durch, wo sie in einer Dreiecksplatte, dem sogenannten Bugband bzw. Heckband endigen (vgl. Abb. 175).

Die Abmessungen der Kielschweinwinkel sind über $1/2\ L$ mittschiffs beizubehalten und können nach den Steven zu allmählich um etwa $1/5$ des Querschnitts abnehmen. Die Winkel sollen aus möglichst langen Stücken bestehen und ihre Stöfse gegeneinander und mit denen der benachbarten Längsverbände gut verschießen. Außerdem sind an den Stößen die Enden der Winkeleisen durch einfache Laschen von derselben Stärke, sogenannte Stoßwinkel, zu verbinden und auf beiden Schenkeln gut mit ihnen zu vernieten. Die Länge der Stoßwinkel muß so groß sein, daß man auf jedem Ende mindestens vier Niete ($t = 4\,d$) in jedem Schenkel anbringen kann. Außerhalb des Stoßes $t = 8d$.

Bisweilen (wenn $L >$ 10 H' ist) ordnet man zwischen den beiden Winkeln der Kimmkielschweine noch eine Wulstschiene an. In

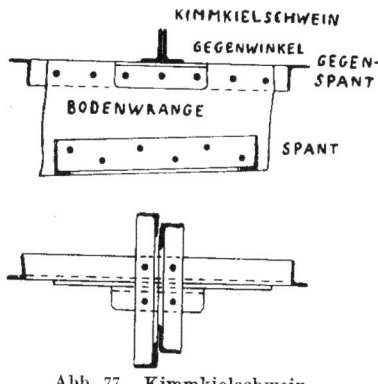

Abb. 77. Kimmkielschwein.

diesem Falle bringt man an den Stoßstellen der Wulstschiene, welche gegen die Stöße der beiden Winkel gut verschießen müssen, gewöhnlich eine Lasche von ∩-Form an (Abb. 78).

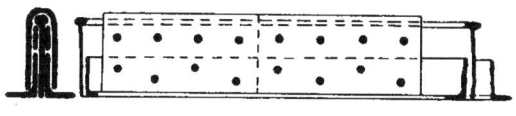

Abb. 78. ∩-Lasche.

Die Länge derselben ist so groß zu wählen, daß auf jedem Ende mindestens vier Niete angeordnet werden können; Querschnitt der Lasche $= 1\,^1/_3$ des Querschnitts der Wulstschiene.

12. Die Seitenkielschweine.

Sie dienen zur Verstärkung des Bodens und liegen ungefähr in der Mitte zwischen dem Mittelkielschwein und den Kimmkielschweinen (Abb. 79).

Bei Schiffen, deren Breite $9 \div 9{,}5$ m beträgt oder bei denen $Q\,L = 850 \div 1000$ ist, bestehen die Seitenkielschweine aus zwei Rücken an Rücken genieteten Winkeln ⏄ von den

Abmessungen der Kielschweinwinkel und sollen sich möglichst weit nach vorne und hinten erstrecken.

Beträgt die Schiffsbreite 9,5 m und mehr oder QL 1000 und darüber, so wendet man das sogenannte interkostale Seitenkielschwein an, d. h. es sind Zwischenplatten anzuordnen, welche zwischen die Bodenwrangen eingepafst werden und bis auf den Boden reichen, wo sie durch einen kurzen eingeschobenen Winkel von den Abmessungen der Gegenspantwinkel mit der Aufsenhaut verbunden werden. Oberhalb der Boden-

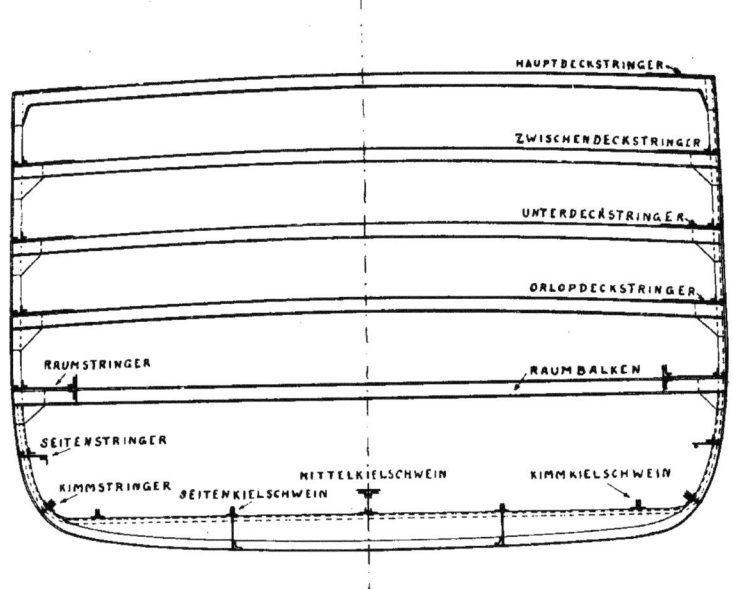

Abb. 79. Anordnung und Bezeichnung der Kielschweine und Stringer.

wrangen läfst man die Zwischenplatten um die Breite der Kielschweinwinkel herausragen und vernietet sie mit ihnen. Die wagerechten Schenkel dieser durchlaufenden Kielschweinwinkel werden mit den Gegenspanten und kurzen auf der anderen Seite der Bodenwrangen angebrachten Hilfs- oder Gegenwinkeln (vgl. Abb. 77) vernietet. Die Zwischenplatten werden aufserdem noch mit den Bodenwrangen, wenn sie hoch genug sind, durch kurze senkrechte Winkel verbunden. — Jede Zwischenplatte erhält oberhalb des an der Aufsenhaut entlang gehenden, eingeschobenen Verbindungswinkels eine Speigatöffnung (etwa 75 mm Durchmesser), damit das im Unterraum sich ansammelnde Wasser zu den Pumpen gelangen kann.

In besonderen Fällen $(L > 10\,H')$ werden besondere Verstärkungen der Seitenkielschweine notwendig, welche aus einer durchlaufenden Wulstplatte oder Winkeln, Mittelplatte und Topplatte bestehen. Die Verbindung der Wulstschiene bzw. Mittelplatte mit den eingeschobenen Zwischenplatten kann auf zweierlei Art ausgeführt werden. Entweder läfst man die Zwischenplatten b i s zur Oberkante der Bodenwrangen reichen, dann mufs die durchlaufende Mittelplatte bei den Gegenspanten und Gegenwinkeln ausgeschnitten und so weit herabgesenkt werden, dafs sich eine einreihige Vernietung ausführen läfst, oder man läfst die Zwischenplatten ü b e r die Oberkante der Bodenwrangen reichen, dann sind sie hier mit der Wulstplatte und den beiden Kielschweinwinkeln zu vernieten. Diese letztere Anordnung ist weniger vorzuziehen, da hier vier Teile miteinander vernietet werden müssen, was schwieriger auszuführen ist.

Bei Schiffen mit durchlaufendem D o p p e l b o d e n sind Seitenkielschweine nicht notwendig, da sie durch die Seitenträger des Doppelbodens ersetzt werden. Ist der Doppelboden jedoch nur im mittleren Teil der Schiffslänge angeordnet, so sind die in den Schiffsenden vorhandenen Seitenkielschweine um mindestens drei Spantentfernungen in den Doppelboden hineinzuführen und, wo möglich, mit seinen Trägern zu verbinden.

13. Schlingerplatten oder Schlagwasser= platten, auch Waschplatten genannt.

Bei flachbodigen Schiffen, welche kein Zwischenplattenmittelkielschwein oder keine Mittelkielplatte haben (also bei Anwendung eines Trägerkielschweins auf den Bodenwrangen), würde das im Schiffsraum sich ansammelnde Wasser beim Schlingern von einer Seite zur anderen ungehindert überstürzen können. Deshalb werden Schiffe von 4 bis 8,2 m Breite m i t t s c h i f f s mit einer Schlagwasserplatte versehen.

Schiffe von über 8,2 m Breite, bei welchen eingeschobene Seitenkielschweine noch nicht nötig sind (dies ist erst von 9,5 m an der Fall), erhalten s e i t l i c h e Schlagwasserplatten halbwegs zwischen Kimm und Mittelkielschwein.

Die 4 bis 8 mm starken Platten werden zwischen die Bodenwrangen eingeschoben und reichen von deren Oberkante bis auf die Bodenbeplattung der Aufsenhaut herab, mit welcher sie jedoch nicht verbunden werden. An ihren senkrechten Kanten erhalten sie je einen leichten Winkel zur Vernietung mit den Bodenwrangen. Schiffe von weniger als 4 m Breite können ohne Schlagwasserplatten (auch in der Mitte keine) gebaut werden.

14. Die Rahmenspanten.

Bei Dampfern, welche zur Beförderung grofser Güter, wie z. B. ganzer Maschinen, Lokomotiven, Kessel, Teile eiserner Brücken usw., dienen, welche im Raume verladen werden, läfst man, um den nötigen Platz zu gewinnen, die sonst vorhandenen Raumbalken (S. 91) fort und mufs deshalb die Abstützung der Schiffsseiten durch eine stärkere Spantkonstruktion ersetzen, welche den äufseren Wasserdruck aufnehmen kann. Man ordnet zu dem Zweck sogenannte Rahmenspanten an jedem fünften bis zehnten Spant an, welche aus einer Platte, deren Breite etwa viermal so grofs als der grofse Schenkel des gewöhnlichen Spantwinkels ist, und aus zwei an der Innenkante der Platte angebrachten Winkeln vom Profil der Gegenspanten bestehen (Abb. 80). Statt dieser beiden Winkel kann auch ein Winkel von doppeltem Querschnitt gewählt werden. Die Rahmenspanten reichen von den Bodenwrangen bzw. dem Doppelboden ununterbrochen (d. h. nicht aus einem Stück, sondern nicht durchbrochen von den Seitenstringern) bis zum Stringer des untersten Decks, wo sie unter Anwendung einer Knieplatte mit dem Decksbalken durch doppelte Nietung verbunden werden. Mit ihrem unteren Ende werden sie an den Bodenwrangen durch Laschen oder Überlappung mit dreifacher Nietung bzw. am Doppelboden mit zwei Winkeln und einer aufgelegten Fächerplatte verbunden. Die Befestigung an der

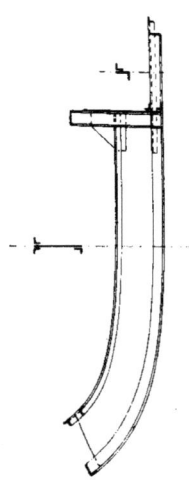

Abb. 80. Rahmenspant

Aufsenhaut geschieht durch den normalen Spantwinkel mit einer Nietteilung in beiden Schenkeln von $t \lesseqgtr 6\,d$.
Breite der Platten 320 bis 825 mm, Stärke 5 bis 16 mm. Zwischen den Rahmenspanten behalten die übrigen Spanten ihr gewöhnliches Profil bei, ebenso oberhalb der Rahmenspanten (Abb. 80).

Von einem Rahmenspant bis zum anderen sind ein bis drei Seitenstringer in etwa gleichen Abständen anzubringen, welche im allgemeinen aus Platten von derselben Breite und Dicke wie die Rahmenspantenplatten bestehen. Näheres siehe unter Seitenstringern S. 80.

15. Hochspanten.

Es sind Spanten von besonders grofser Steghöhe. — Da für Ladungen von grofser Länge, z. B. Holz, Schienen, Winkeleisen und andere Profilträger, die Rahmenspanten sehr hinderlich sind und wegen ihrer Breite viel Platz verbrauchen, so wendet man in solchen Fällen statt der an jedem fünften bis zehnten Spant angeordneten Rahmenspanten an jedem Spant sogenannte verstärkte oder Hochspanten an.

Damit diese dem Wasserdruck gegenüber gleich guten Widerstand leisten, mufs das Widerstandsmoment aller Hochspanten zusammen etwa gleich dem Widerstandsmoment der Rahmenspanten und der zwischen ihnen gelegenen gewöhnlichen Spanten sein. Daraus ergibt sich, dafs das Profil der Hochspanten stets gröfser als das der gewöhnlichen Spanten sein mufs.

Abb. 81. Hochspant.

Man verwendet neuerdings für die Hochspanten hauptsächlich das [-Profil (140 × 10 × 80 × 13 mm bis 240 × 15 × 100 × 18 mm, entsprechend $Q = 14{,}6$ bis $24{,}2$) und das Wulstprofil ([150 × 70 × 10 bis 180 × 80 × 11,5 mm für $Q = 12{,}8$ bis $14{,}6$), daneben auch, wie es früher üblich war, zwei einfache ungleichschenklige Winkel, deren gröfsere Schenkel nur so weit übereinander fassen, dafs eine einreihige Vernietung ausgeführt werden kann (Abb. 81). Ihre Gröfse ist sozu wählen, dafs ihr Widerstandsmoment ebenso grofs ist, wie dasjenige der vorgeschriebenen [- bzw. [-Profile. Die Abmessungen der Hochspanten bleiben für die ganze Schiffslänge dieselben; es tritt keine Verjüngung nach den Enden zu ein. Die Hochspanten sind bei Schiffen mit zwei Decks sämtlich bis zum Hauptdeck bzw. Spardeck und bei allen Schiffen mit mehr als zwei Decks bis zum zweiten Deck, von unten gerechnet, hochzuführen. Darüber sind gewöhnliche Spanten und Gegenspanten oder ein gleichwertiges Profil anzubringen. Die Länge der Überlappung ist gleich der dreifachen Steghöhe der Hochspanten zu nehmen, die Anzahl der Verbindungsniete mindestens = 6.

Über die Seitenstringer bei Anwendung von Hochspanten siehe S. 82.

16. Stringer und Stringerplatten.

Stringer sind oberhalb der Kimm an der inneren Schiffsseite auf den Spanten und Gegenspanten angeordnete Längsverbände ähnlich den im Schiffsboden angebrachten Kielschweinen und bestehen aus Winkeln, Wulstschienen und Platten.

Man unterscheidet zwei Arten:

1. Kimm-, Seiten- und Raumstringer, welche zwischen der Kimm und dem untersten Deck angeordnet und an den Spanten und Gegenspanten befestigt werden (Abb. 79).

2. Stringerplatten oder Deckstringer, welche in Form von Platten auf den Decksbalken aufliegen und an der Schiffswand entlang laufen (Abb. 79).

Zu 1. a) Die **Kimmstringer** (Abb. 82) bestehen meistens aus zwei **Rücken an Rücken genieteten Winkeleisen** vom Profil der Kielschweinwinkel (45 × 45 × 5 bis 170 × 115 × 21 mm) und erstrecken sich über die ganze Schiffslänge. Sie werden wie die Kimmkielschweine an den Gegenspanten und kurzen auf der anderen Seite der Spanten liegenden Gegenwinkeln befestigt und endigen an den Steven in einer Dreiecksplatte, dem sogenannten Bug- bzw. Heckband (s. Abb. 175). Sie werden bei allen Schiffen mit einer Raumtiefe von mehr als 4,27 m angewendet.

Bei grofsen Schiffen wird zwischen den beiden Winkeleisen noch eine **Wulstschiene** angebracht bzw. von Spant zu Spant reichende **eingeschobene Platten**, die mit der Aufsenhaut durch kurze Winkel verbunden werden.

In besonderen Fällen ($L > 10\,H'$) werden als weitere Verstärkungen noch Winkel mit Mittelplatte und Topplatte in Form eines gebauten ⊥-Trägers angeordnet.

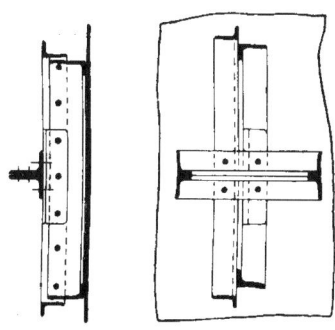
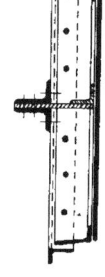

Abb. 82. Kimmstringer.   Abb. 83. Seitenstringer.

b) **Die Seitenstringer.**

Zwischen der Kimm und den Raumbalken bzw. dem untersten Deck werden bei fast allen Schiffen noch ein bis zwei weitere Stringer angeordnet, die man als Seitenstringer bezeichnet. Sie bestehen aus Rücken an Rücken genieteten Kielschweinwinkeln oder zwischen diesen noch aus kurzen Zwischenplatten (Abb. 83) oder auch aus einer breiteren Platte, die an ihrer Innenkante mit einem bis zwei Kielschweinwinkeln garniert ist. Sie wird durch einen weiteren durchlaufenden Kielschweinwinkel auf den Gegenspanten und durch kurze von Spant zu Spant reichende Winkel (sogenannte Lugs) an der Aufsenhaut befestigt (Abb. 84). Die Platten sind bei einer Breite von 380 bis 460 mm an jedem vierten Spant und über 460 mm mindestens an jedem dritten Spant durch ein mit dem Spant und der Platte zu vernietendes Blechknie zu unterstützen. Die Stärke und Anzahl der Seitenstringer wird durch die Raumtiefe bestimmt, indem man als Regel aufstellt, daſs der Abstand der Längsverbände eines Schiffes voneinander nicht mehr als 2, 44 m = 8 Fuſs engl.*) betragen soll. Bei Anwendung von Rahmenspanten werden die Seitenstringer interkostal zwischen die ersteren eingefügt und

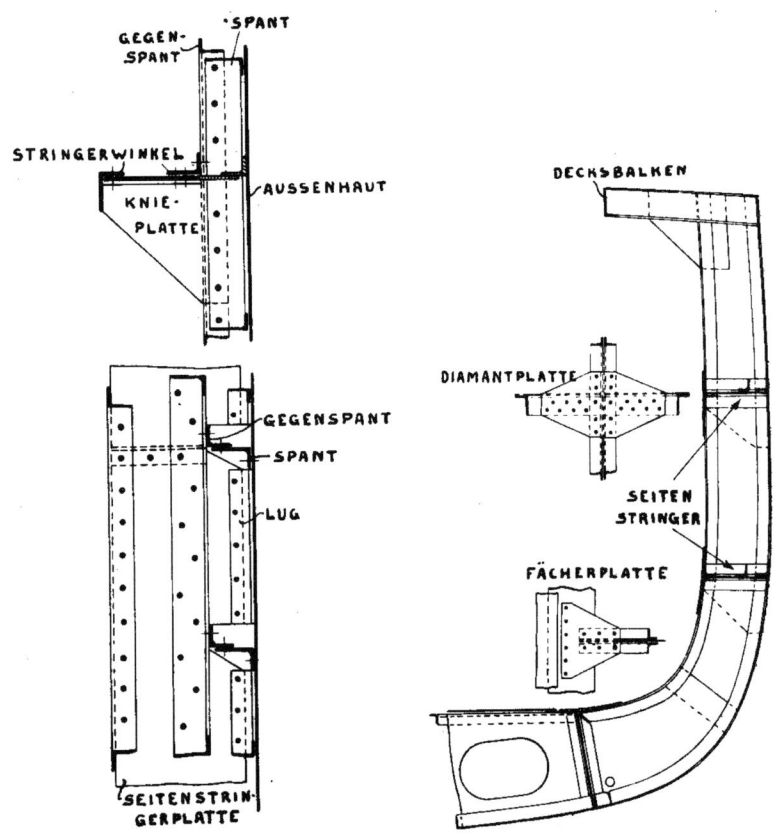

Abb. 84. Seitenstringer. Abb. 85. Seitenstringer in Verbindung mit einem Rahmenspant.

mit ihnen durch zwei Winkel vom Profil der Gegenspanten oder durch einen einfachen Winkel mit doppelter Nietung verbunden (Abb. 85). Die Breite der Seitenstringer wird im

---

*) Die hier und im folgenden für Metermaſs oft wenig abgerundeten Werte stammen von der Benutzung des englischen Fuſs- und Zollsystems, für welches die Maſse runde waren.

allgemeinen gleich der Breite der Rahmenspanten gewählt (320 bis 825 mm). Mit der Aufsenhaut werden diese Seitenstringer durch kurze Winkel, mit den Gegenspanten durch einen von Rahmenspant zu Rahmenspant durchlaufenden Winkel von dem Profil der Gegenspanten verbunden. An ihrer Innenkante erhalten die Stringerplatten zwei von Rahmenspant zu Rahmenspant reichende Verstärkungs- oder Garnierwinkel von dem Profil der Gegenspanten oder einen einzigen Winkel vom

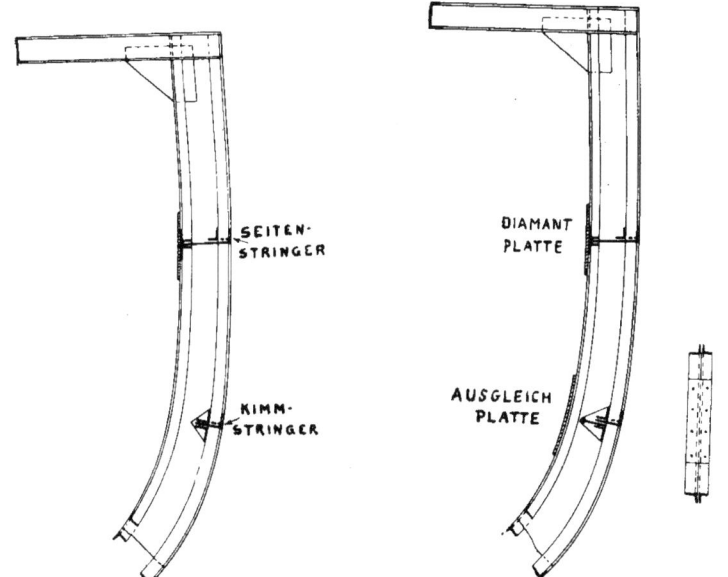

Abb. 86. Seitenstringer und Kimmstringer in Verbindung mit einem Rahmenspant.

Abb. 87. Kimmstringer, ein Rahmenspant durchschneidend, mit Ausgleichplatte.

doppelten Querschnitt der Gegenspanten. Auch können die Stringer aus geflanschten Platten hergestellt werden mit einer Flanschbreite gleich der doppelten Schenkelbreite der Gegenspanten.

An der Kreuzungsstelle der Seitenstringer mit den Rahmenspanten ist eine gute Verbindung zwischen den Enden der Garnierwinkel der Seitenstringer und mit den durchlaufenden Garnierwinkeln der Rahmenspanten durch Überlegen einer rhombenförmigen Lasche, der sogenannten **Diamantplatte**

(Abb. 85), zu bewirken. Die Länge dieser Platte macht man mindestens gleich der doppelten Stringerbreite (640 bis 1650 mm), ihre Höhe gleich der Stringerbreite (320 bis 825 mm) und ordnet in jedem seitlichen Flügel der Diamantplatte mindestens sechs Niete, in jedem senkrechten vier bis sechs Niete an.

Zwischen den Rahmenspanten sind die Seitenstringer bei einer Breite unter 400 mm an jedem sechsten Spant und über

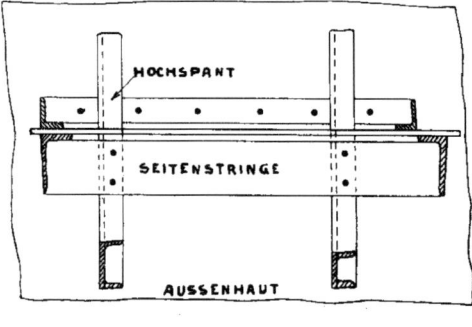

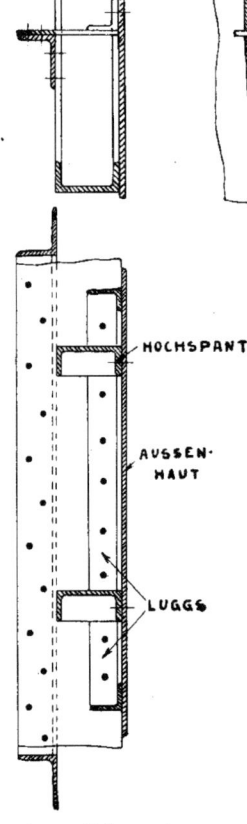

Abb. 88. Seitenstringer in Verbindung mit Hochspanten.

400 mm an jedem vierten Spant, tunlichst aber in der Mitte durch eine mit den Spanten verbundene Stützplatte abzusteifen.

Die Kimmstringer erhalten bei Anwendung von Rahmenspanten im allgemeinen die gleiche Konstruktion wie die Seitenstringer. Nur bei kleinen Raumtiefen (4,27 bis 4,88 m = 14 bis 16 Fuſs engl.) besteht der Kimmstringer aus zwei Rücken an Rücken genieteten durch die Rahmenspantplatte durchgehenden Kielschweinwinkeln (Abb. 86) bzw. mit noch einer Wulstplatte (Abb. 87), welche durch möglichst lange Zwischenplatten mit der Aufsenhaut verbunden werden.

Bei Anwendung von Hochspanten in [-Form werden die Seitenstringer zweckmäſsig nach Abb. 88 ausgeführt. An der Innenkante der Hochspanten laufen je nach der Raumtiefe in entsprechenden Abständen ein bis vier Stringerwinkel (130 ✕ 90 ✕ 11 bis 170 ✕ 115 ✕ 16 mm) durch, welche mit jedem Spant durch mindestens zwei Niete verbunden werden. Dazu kommt noch eine an den Hochspanten ausgesparte und mit der Aufsenhaut durch kurze interkostale Winkel verbundene Platte von möglichst grofser Länge (Stärke 4 bis 20 mm).

c) **Raumbalkenstringer oder Raumstringer.**

Man versteht darunter im besonderen diejenigen Seitenstringer, welche auf den in Abständen von 6 bis 14 Spantentfernungen angebrachten schweren Raumbalken entlang laufen.

Sie bestehen aus einer breiten Platte (480 bis 2200 mm), welche an der Aufsenhaut zwischen den Spanten durch kurze Winkel vom Profil der Gegenspanten und an den Gegenspanten durch einen durchlaufenden Stringerwinkel (grofser Schenkel wagerecht) verbunden werden (Abb. 89). An der Innenkante erhalten sie mindestens einen Stringerwinkel, in vielen Fällen zwei (grofse Schenkel senkrecht) bzw. noch eine Gurtplatte von der doppelten Breite der grofsen Schenkel der Stringerwinkel (Abb. 90). Die Stringerwinkel haben dasselbe Profil wie die Kielschweinwinkel (45 ✕ 45 ✕ 5 bis 170 ✕ 115 ✕ 21 mm). Die Raumstringer sind zwischen den schweren Raumbalken an jedem zweiten Spant konsolartig durch eine Dreiecksplatte zu unterstützen, deren Breite gleich der vollen Stringerbreite und deren Höhe $= 2\,^1/_2$ mal der Höhe des Raumbalkens zu wählen ist (s. diese auf S. 91).

Zu 2. Stringerplatten oder Deckstringer (Abb. 91).

Sie laufen auf jeder Balkenlage, gleichgültig, ob dieselbe ein festes Deck erhält oder nicht, an der Schiffsseite von vorne bis hinten durch und endigen an den Steven in Dreiecksplatten, den sogenannten Deck- oder Bugbändern (vgl. S. 182). Ihre Breite schwankt je nach der Schiffsgröfse bzw. QL zwischen 170 und 3500 mm für $^1/_2\,L$, an den Enden zwischen 110 und 235 mm, ihre Stärke zwischen 4,5 und 24 mm für $^1/_2\,L$, an den Enden zwischen 3,5 und 18 mm. Auf dem obersten bzw. Hauptdeck liegen gewöhnlich die stärksten Platten, auf den unteren Decks schwächere. Die Länge der Stringerplatten soll möglichst grofs gewählt werden, wenigstens $= 6$ Spantentfernungen (etwa 3,5 m); man geht jedoch heutzutage über 15 und mehr Spantentfernungen hinaus, da die Herstellung so langer Platten auf den Walzwerken keine Schwierigkeiten bietet, und wählt, um ein gutes Verschiefsen zu erzielen, die Länge der Aufsenhautplatten etwa ebenso grofs.

Der Übergang in den Stärken von $1/2\,L$ nach den Enden zu darf nicht plötzlich, sondern mufs allmählich erfolgen in Stufen von 1 bis 2 mm, je nach der Anzahl der Platten.

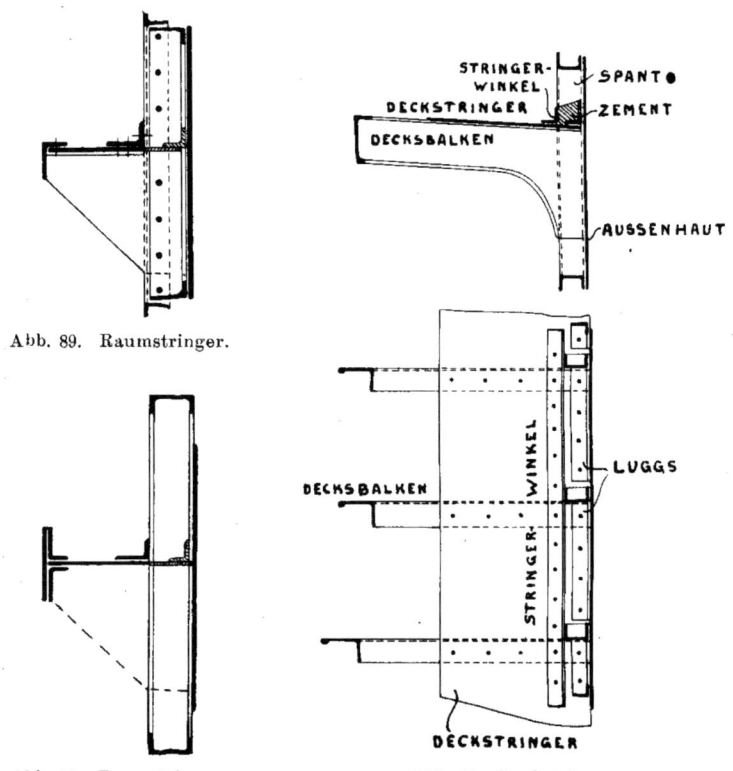

Abb. 89. Raumstringer.

Abb. 90. Raumstringer.   Abb. 91. Deckstringer.

Die Verbindung der stumpfen Stöfse der Stringerplatten geschieht durch einfache Laschen mit dreireihiger Nietung.

An jedem Spant und Gegenspant müssen die bis an die Aufsenhaut reichenden Stringerplatten entsprechend ausgeschnitten werden. Sie werden dann durch kurze von Spant zu Spant reichende Winkel (sogenannte Lugs) (Abb. 91) mit der Aufsenhaut und aufserdem mittelst eines an der Innenkante der Spanten durchlaufenden Stringerwinkels mit den Gegenspanten bzw. kurzen auf der anderen Seite angebrachten Gegenwinkeln verbunden. Der Raum zwischen dem Stringerwinkel und der Aufsenhaut wird gewöhnlich mit Zement ausgefüllt (Abb. 91), nachdem die Aussparungen in der Stringerplatte (für Spant und Gegenspant) durch einen Holzpfropfen zugekeilt sind. Diese Konstruktion wird überall da ausgeführt, wo die Spanten die Deckstringer durchschneiden, also im Hauptdeck unter der Hütte, dem Brückenhaus und der Back und in allen Decks unter dem Hauptdeck, Spardeck oder Sturmdeck.

Bei den obersten Decks dagegen kann man die Befestigung der Stringerplatten an der Aufsenhaut durch einen durchlaufenden statt der kurzen interkostalen Winkel bewerkstelligen, da Spanten und Gegenspanten hier aufhören. Die Stöfse dieser Winkel werden durch einen an der Unterseite der Stringerplatte angebrachten kurzen Laschwinkel verbunden.

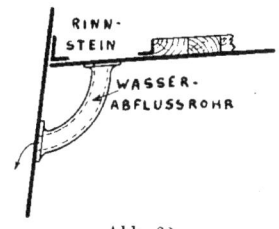

Abb. 92.

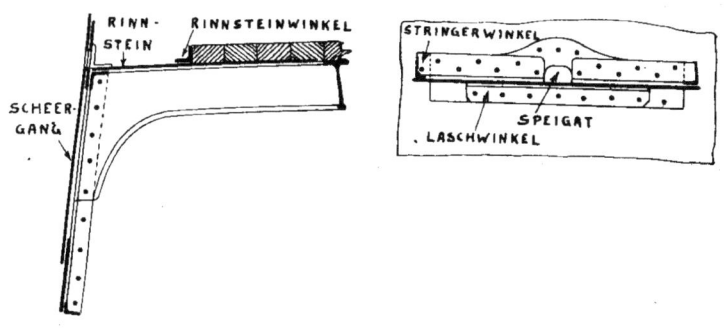

Abb. 93.

Soll das Deck Holzplanken erhalten, so wird noch ein zweiter Winkel in 300 bis 400 mm Abstand von der Aufsenhaut angebracht, der sogenannte Rinnsteinwinkel, derart, dafs eine Rinne, der sogenannte Wasserlauf oder Rinnstein, entsteht (Abb. 92 und 93). Die Höhe des Rinnsteinwinkels ist gleich der Dicke der Decksplanken zu nehmen.

Das vom Deck abfliefsende und sich im Rinnstein ansammelnde Wasser wird durch ein Knierohr (Abb. 92) oder durch eine Speigatöffnung (Abb. 93) im Schergang nach aufsenbord geführt.

Erhält das Deck eiserne Decksplatten, so können die stets stärkeren Stringerplatten um etwa $1/3$ schmaler gewählt werden ($= 250$ bis 2350 mm für $1/2\ L$ und $= 180$ bis 1830 mm an den Enden).

17. Die Decksbalken.

Sie haben den Zweck, die Querspanten beider Schiffsseiten gegeneinander abzusteifen und zugleich als Träger der Decks zu dienen.

Bei **hölzernen** Decks und Eisendecks **mit Holzbeplankung** werden die Decksbalken gewöhnlich an jedem **zweiten** Spant (also in Abständen von 840 bis 1580 mm) angeordnet, ebenso bei Eisendecks (ohne Holzbeplankung), deren Plattenstärke 11 mm und mehr beträgt; doch können sie in allen diesen Fällen auch an jedem Spant gewählt werden. Dagegen **müssen** bei **kleinerer** Plattenstärke die Decksbalken an **jedem** Spant (420 bis 790 mm Abstand) angebracht werden, weil sich die Eisenplatten sonst zwischen den Balken durchbiegen würden.

Die Abmessungen der Decksbalken an jedem zweiten Spant sind naturgemäfs gröfser als diejenigen an jedem Spant, da sie das doppelte Gewicht des Decks mit der darauf ruhenden Ladung zu tragen haben.

Als Querschnittsformen kommen hauptsächlich vor: ungleichschenklige Winkel, Wulstwinkel und [-Eisen, daneben auch Wulst-T-Eisen (T), I- und ⌐-Eisen und aus Winkeln und Wulstplatten zusammengesetzte Profile.

Der einzelne Decksbalken wird einerseits als Träger auf zwei Stützen durch das Deck und die auf demselben ruhende Last auf Biegung beansprucht, anderseits, wenigstens im unteren Teil des Schiffes durch den Wasserdruck und bei starken Rollbewegungen auch im oberen, auf Knickung. Beide Beanspruchungen werden um so gröfser, je länger der Balken, oder was dasselbe, je breiter das Schiff ist, und erfordern hierfür ein um so gröfseres Widerstands- bzw. Trägheitsmoment. Demnach sind die Abmessungen des Balkenquerschnittes von der Länge des längsten Mittschiffsbalkens (Mb) abhängig zu machen. Entsprechend einer Balkenlänge (Schiffsbreite)

$Mb = 2{,}75$ bis 24 m schwanken die Querschnitte zwischen [75 × 55 × 6 bis 150 × 75 × 10 mm, [130 × 65 × 8,5 bis 165 × 75 × 11 mm und [140 × 10 × 80 × 13 bis 340 × 18 × 100 × 18 mm für Balken an jedem zweiten Spant. Balken unter $^3/_4\, Mb$ und solche an jedem Spant werden entsprechend schwächer gewählt.

Für das Hauptdeck von Ein-, Zwei-, Spar- und Sturmdeckschiffen, ferner für das Zwischen-, Unter-, Orlop-, Raum- und Unterraumdeck aller übrigen Schiffe und für erhöhte Quarterdecks werden gleiche Balken vom kräftigsten Profil ([bis 340 × 18 × 100 × 18 mm an jedem zweiten Spanten über $^3/_4\, Mb$) gewählt; für das Spardeck und das Hauptdeck in Drei- und Mehrdeckschiffen ein weniger starkes Profil ([bis 320 × 14 × 100 × 17,5 mm an jedem zweiten Spant über $^3/_4\, Mb$); für das Backdeck noch etwas leichter ([bis 300 × 15 × 100 × 17 mm) und für ein Sturm-, Hütten- und Brückendeck das leichteste Profil ([bis 280 × 13 × 100 × 16,5 mm).

Alle Decksbalken sind durch angeschmiedete Balkenkniee oder durch besondere Knieplatten (heutzutage am üblichsten) mit den Spanten gut zu verbinden (Abb. 94). Hat das Spant kein Gegenspant, so wird das Balkenknie an die Aufsenseite des querschiffs stehenden Spantwinkelschenkels gelegt und dort vernietet; ist jedoch ein Gegenspantwinkel vorhanden, so legt man das Knie zwischen Spant und Gegenspant, weil dadurch die Niete zweischnittig und ihre Beanspruchung mithin eine bessere wird. Überhaupt ist darauf zu sehen, dafs die Befestigung durch genügend viele Niete stattfindet. Zu dem Zweck macht man die Höhe und Breite der Knieplatte $2\,^1/_2$ bis 3 mal so grofs wie die Höhe der Decksbalken (Abb. 95), ebenso die Höhe der angeschmiedeten Balkenkniee, von der Oberkante der Balken ab gemessen. Die Breite der Kniee im Hals wird mindestens gleich $1\,^1/_2$ mal der Balkenhöhe gewählt (Abb. 94).

Die Knieplatten und Balkenkniee sind mit den Spanten durch Zickzacknietung zu verbinden, und zwar durch vier Niete bei einer Höhe des Balkenknies unter 400 mm, und durch fünf bis neun Niete bei einer Höhe von 400 bis 1000 mm.

Damit die Balken durch die auf ihnen ruhenden Lasten nicht nach unten durchgebogen werden, und damit andererseits das Wasser nach den Schiffsseiten besser ablaufen kann, gibt man den Decksbalken eine Wölbung, die sogenannte Bucht, welche nach einem Kreisbogen, einer Parabel oder ähnlichen Kurven (Abb. 96) gekrümmt wird und eine Pfeilhöhe von mindestens $^1/_{50} = 2\,^0/_0$ der Länge des längsten Mittschiffsbalkens besitzt ($= 45$ bis 480 mm).

Sind die Decksbalken an jedem Spant angeordnet, so wird, da die Deckstützen nur an jedem zweiten Spant angebracht werden, unter den Decksbalken längsschiffs ein Unterzug aus doppelten Winkeln vom Profil der Gegenspanten oder

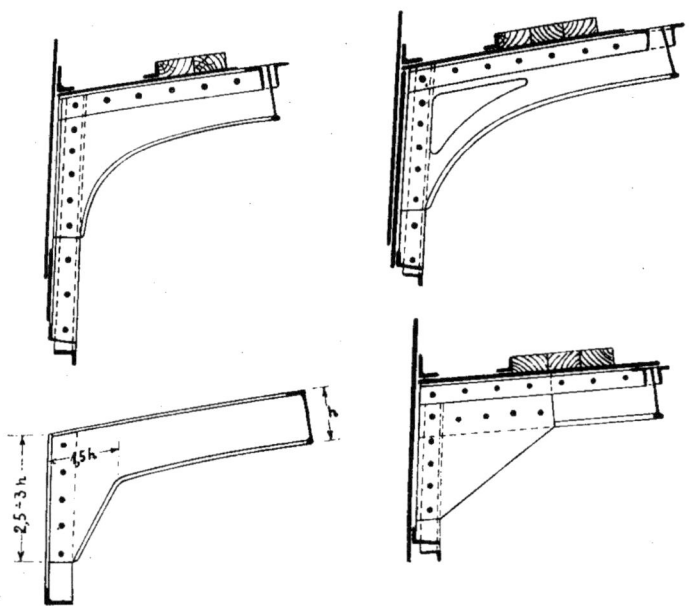

Abb. 94. Balkenkniee.

einem anderen Profil (T ⌐⌐) von gleichem Widerstandsmoment angebracht, ebenso an den Seitenstützen, wenn solche vorhanden sind. Jeder Unterzug wird durch kurze Gegenwinkel mit den Decksbalken und an seinen Enden durch Knieplatten und doppelte Gegenwinkel mit den höheren Lukenendbalken bzw. den wasserdichten Querschotten gut verbunden.

Die an den Stirnseiten der Luken an diesen als Querschiffsbegrenzung liegenden Decksbalken werden Lukenendbalken (Abb. 97) genannt und in ihren Abmessungen stärker gewählt, da sie noch die Belastung der nebenliegenden kurzen und an der Luke aufhörenden Balkenstücke (der halben oder Bastardbalken) zu tragen haben, welche durch die sogenannte Schlinge auf die ersteren übertragen wird (Abb. 97).

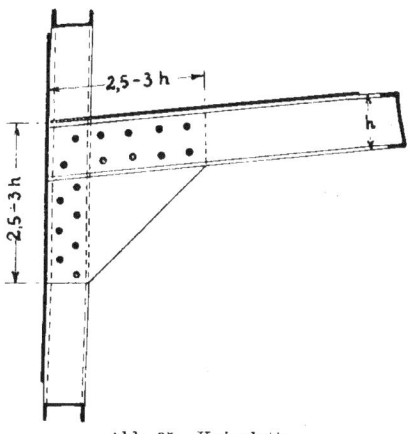

Abb. 95. Knieplatte.

Man wählt die Lukbalken an den Enden von Luken, deren Länge 4 bis 6 Spantentfernungen beträgt, in ihrem Widerstandsmoment etwa um $1/10$ und, wenn sie mehr beträgt, um etwa $1/5$ gröfser, als für Mittschiffsbalken desselben Decks bei

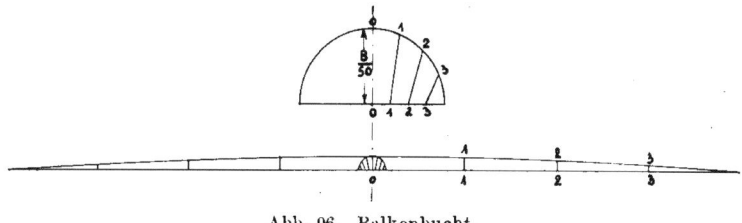

Abb. 96. Balkenbucht.

jedem zweiten Spant (also schwerstes Profil) vorgeschrieben ist. (Weiteres siehe unter Luken S. 220.)

Die kurzen oder halben Balken (Abb. 97) neben den Luken können bei gleicher Balkenhöhe um 10 bis 15 % im Widerstandsmoment schwächer genommen werden als die durchgehenden Balken. Sie sind an jedem Spant anzuordnen, wenn das Deck neben den Luken nicht beplankt ist, sonst wie die übrigen Balken an jedem zweiten oder jedem Spant, je nach Wahl und Vorschrift (s. oben).

Im Vor- und Hinterschiff erhalten alle Balken unter $^3/_4$ der Länge des längsten Mittschiffsbalkens ein kleineres Profil, da bei gleichmäfsiger Belastung das sie beanspruchende Biegungs-

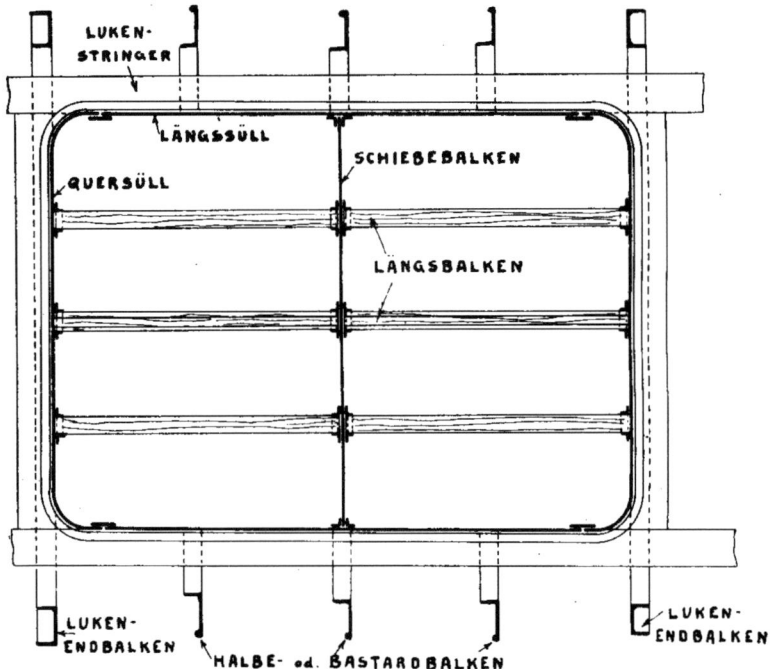

Abb. 97. Lukenendbalken und halbe Balken.

moment wegen der geringeren Spannweite kleiner ist, als in dem mittleren Teil der Schiffslänge. Ausgenommen hiervon sind die Balken des Sturmdecks, Backdecks, Hüttendecks und Brückendecks. Ferner müssen die Balken unter dem Spill und bei Segelschiffen auch die Balken vor und hinter den Masten sowie die Balken unter dem Fufse des Bugspriets so stark sein wie Mittschiffsbalken an jedem zweiten Spant.

18. Schwere Raumbalken.

Bei Schiffen mit grofser Raumtiefe bzw. grofser Tiefe vom Boden bis zum untersten Deck werden zur Absteifung der Schiffsseitenwände vielfach einzelne freiliegende Balken von erheblich kräftigerem Querschnitt, als es für die sonstigen Decksbalken üblich ist, in gröfseren Abständen von 6 bis 14 Spantentfernungen angeordnet und als schwere Raumbalken bezeichnet.

Da sie kein Deck zu tragen haben und somit nicht auf Biegung beansprucht werden, so erhalten sie **keine** Balkenbucht, sondern werden wagerecht verlegt. Um andererseits bei der Knickbeanspruchung, welcher sie durch den äufseren Wasserdruck ausgesetzt sind, ein **seitliches** Ausbiegen zu verhindern, müssen sie nicht nur in bezug auf eine wagerechte, sondern auch in bezug auf eine senkrechte Achse ein genügend

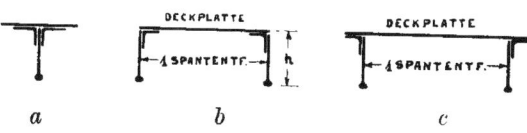

Abb. 98. Raumbalken.

grofses Trägheitsmoment aufweisen. Man gibt ihnen infolgedessen Querschnittsformen nach Abb. 98.

Sie bestehen bei einer Balkenlänge $Mb = 6{,}25$ bis 15 m aus einer Wulstschiene (160×9 bis 325×17 mm) mit zwei Winkeln an ihrer Oberkante ($65 \times 65 \times 7$ bis $160 \times 90 \times 14{,}5$; grofser Schenkel wagerecht) und aus einer darauf genieteten Deckplatte von der Dicke der Winkel und einer Breite von $4/10$ bis $9/10$ Spantentfernungen, entsprechend einer Balkenlänge von weniger als 10 m und bis zu 15 m (Abb. 98a).

Ist $Mb = 15$ bis $18{,}9$ m, so wendet man zwei Wulstschienen (280×15 bis $325 \times 17{,}5$ mm) an zwei benachbarten Spanten an und legt je einen Winkel ($90 \times 90 \times 13{,}5$ bis $90 \times 90 \times 14$ mm) an die Innenseite und darauf eine Deckplatte von der Breite einer Spantentfernung (Abb. 98b).

Ist Mb über 18,9 bis 24 m lang, so wendet man ebenfalls an zwei benachbarten Spanten zwei etwas gröfsere Wulstschienen an (350 ✕ 17,5 bis 400 ✕ 20 mm), legt die etwas kräftigeren Winkel (100 ✕ 100 ✕ 14 bis 110 ✕ 110 ✕ 15 mm) jedoch an die Aufsenseite der Wulstschienen und darauf eine Platte von einer um so viel gröfseren Breite, dafs sie die wagerechten Schenkel der Winkel deckt (Abb. 98 c).

Die Stärke der Deckplatten ist in allen Fällen gleich der Dicke der Winkel zu nehmen.

Statt der vorstehenden Querschnittsprofile können für die Raumbalken auch andere gewählt werden, sofern sie das gleiche Trägheitsmoment in bezug auf die wagerechte und senkrechte Schwerachse besitzen.

Die Raumbalken werden angewendet:

in Höhe des Zwischendecks bei Dampfschiffen von einer Raumtiefe bis zum Hauptdeck, $RT = 3{,}96$ bis $7{,}32$ m;
in Höhe des Unterdecks bei Dampfschiffen von einer Raumtiefe bis zum Hauptdeck, $RT = 7{,}32$ bis $9{,}75$ m;
in Höhe des Orlopdecks bei Dampfschiffen von einer Raumtiefe bis zum Hauptdeck, $RT = 9{,}75$ bis $12{,}19$ m;
in Höhe des Raumdecks bei Dampfschiffen von einer Raumtiefe bis zum Hauptdeck, $RT = 12{,}19$ bis $14{,}63$ m;
in Höhe des Unterraumdecks bei Dampfschiffen von einer Raumtiefe bis zum Hauptdeck, $RT = 14{,}63$ bis $17{,}07$ m;
und unter dem Unterraumdeck bei Dampfschiffen von einer Raumtiefe bis zum Hauptdeck, $RT = $ über $17{,}07$ m.

Die wagerechte Deckplatte der schweren Raumbalken wird mit den auf den Raumbalken an der Aufsenhaut entlang laufenden Raumstringerplatten durch eine überdeckende Fächerplatte (Abb. 99) oder zwei Knieplatten verbunden. Die Länge der Fächerplatte, am Stringer gemessen, macht man mindestens gleich der vierfachen Höhe der Raumbalken, wenn letztere auf jedem achten Spant, und mindestens gleich der fünffachen Höhe, wenn sie auf jedem zehnten oder zwölften Spant angebracht sind. Ihre Breite querschiffs, von der Innenkante des Stringers gemessen, ist etwa gleich $7/10$ ihrer Länge zu wählen, die Dicke um 1,5 mm geringer als diejenige des Raumstringers.

Zwischen den Raumbalken sind die Raumbalkenstringer in ihrer vollen Breite an jedem zweiten Spant durch Stützplatten abzustützen (s. auch unter Raumstringer auf S. 83).

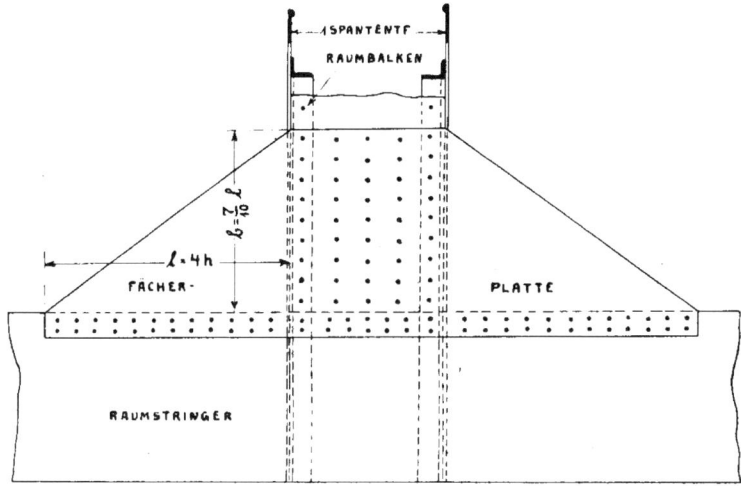

Abb. 99. Fächerplatte zur Verbindung von Raumbalken und Raumstringer.

Da die Raumbalken bei Schiffen, welche zur Beförderung sehr grofser und hoher Ladegüter dienen, im Wege sind, so ersetzt man sie durch Rahmenspanten (s. diese S. 76) oder Hochspanten (S. 77).

19. Die Deckstützen.

Zur besseren Unterstützung erhalten die Decksbalken aller Decks je nach ihrer Länge Mb eine bis drei Reihen Deckstützen, und zwar in folgender Anordnung.

a) **Abstände der Stützen:**

bei einer Länge über $^3/_5$ Mb und RT unter 3 m: an jedem vierten Spant;

bei einer Länge über $^3/_5$ Mb und $RT = 3$ m und mehr: an jedem zweiten Spant;

bei einer Länge gleich $^3/_5$ Mb und weniger und RT unter 7,32 m: an jedem vierten Spant;

bei einer Länge gleich $^3/_5$ Mb und weniger und $RT = 7,32$ und mehr: an jedem zweiten Spant.

b) **Anzahl der Reihen**:

bei einer gröfsten Balkenlänge mittschiffs Mb bis zu 12,49 m: eine Reihe Stützen an j e d e m z w e i t e n Spant;

bei einer gröfsten Balkenlänge mittschiffs $Mb = 12{,}49$ bis 17,1 m: zwei Reihen Stützen an j e d e m z w e i t e n Spant;

bei einer gröfsten Balkenlänge mittschiffs $Mb = 17{,}1$ bis 24,1 m: drei Reihen Stützen an j e d e m z w e i t e n Spant.

Der Abstand der Reihen voneinander und von den Schiffsseiten ist gleich grofs zu wählen.

Statt der zwei Reihen Seitenstützen an jedem zweiten Spant kann auch eine Reihe Mittelstützen an jedem zweiten Spant und aufserdem zwei Reihen Seitenstützen an jedem vierten Spant angeordnet werden.

Sind zwei Reihen Deckstützen vorgeschrieben, so genügt in demselben Deck bei Balken unter $^2/_3$ Mb Länge e i n e Reihe.

Sind drei Reihen mittschiffs vorgeschrieben, so genügen bei Balken unter $^3/_4$ Mb Länge z w e i Reihen, und unter $^1/_2$ Mb Länge (im Vorschiff) e i n e Reihe.

In den einzelnen Decks sind die Stützen möglichst untereinander zu stellen.

In jedem Falle erhalten Deckstützen:

die Endbalken der grofsen Luken sowie die Schlingen und Luksülle von Luken, deren Länge sechs Spantentfernungen und mehr beträgt, ferner die Balken unter den Anker- und Gangspillen, unter den Dampfwinden und dem Fufs des Bugspriets sowie unter den Querschotten der Decksaufbauten.

Im Bereich einer grofsen Luke bringt man unter den halben Balken so viele Deckstützen an, dafs ihr Gesamtquerschnitt mindestens gleich $^2/_3$ desjenigen ist, welcher erforderlich sein würde, wenn die Luke nicht vorhanden wäre. Ist $Mb \lessgtr 17{,}1$ m und sind die halben Balken länger als $^1/_4$ Mb, so sind sie mit Seitenstützen an jedem zweiten Spant zu versehen.

Sind die Decksbalken an j e d e m Spant angeordnet (was stets statthaft ist) so müssen, da die Deckstützen an jedem z w e i t e n Spant stehen und somit nur die Hälfte der Decksbalken unterstützt würde, die dazwischen liegenden Decksbalken durch Unterzüge von ⏉-, T- oder ⎕-Querschnitt versteift werden (s. S. 88).

Die **Durchmesser der Deckstützen** hängen neben der Anzahl der Reihen, welche wieder von der Balkenlänge Mb abhängig ist, von der Länge l der Stützen ab. Diese beträgt als Abstand von Deck zu Deck etwa 2,4 m und nimmt unter dem untersten Decksbalken (gemessen bis zu seiner Unterkante) Werte bis zu 7,92 m an. Je länger die Stütze ist, um so gröfser mufs entsprechend der auftretenden Knickungsbeanspruchung das Trägheitsmoment (nämlich proportional l^2) und somit auch der Durchmesser der Stützen gewählt werden. Dazu kommt

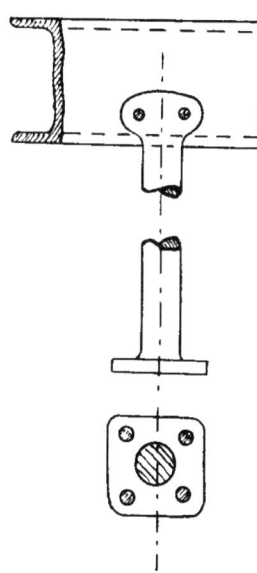

Abb. 100. Kopf und Fufs einer Deckstütze.

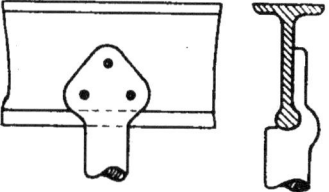

Abb. 101. Kopf einer Deckstütze.

noch eine von Deck zu Deck nach unten zu zunehmende Beanspruchung, da die unteren Stützen aufser der Belastung der über ihnen stehenden Stützen noch jedesmal die Be-Belastung der darüber liegenden Decks aufzunehmen haben. Daraus ergibt sich, dafs der Durchmesser der obersten Stützen am kleinsten und bei den unteren gröfser gewählt werden mufs.

Er beträgt je nach der Balkenlänge und Anzahl der Reihen:

zwischen dem Promenaden- und Brückendeck 48 bis 74 mm;
„ „ Haupt- und Sturmdeck 54 bis 80 mm;
„ „ Hauptdeck und den Decksaufbauten (Brückendeck usw.) 54 bis 80 mm;

zwischen dem Spardeck und den Decksaufbauten 54 bis 80 mm;
zwischen dem Haupt- und Spardeck 56 bis 84 mm;
„ „ Haupt- und Zwischendeck 68 bis 92 mm;
„ „ Zwischen- und Unterdeck 90 bis 102 mm;
„ „ Unter- und Orlopdeck 98 bis 100 mm;
unter dem untersten festen Deck bzw. festen Decksbalken, je nach der Raumtiefe bis Unterkante Balken (2,4 bis 7,92 m): 58 bis 180 mm (vergl. Abb. 104).

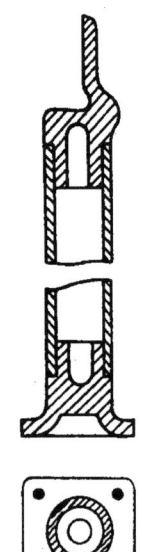

Abb. 102. Kopf u. Fuſs für hohle Deckstützen.

Statt der vorstehenden vollen Deckstützen können auch hohle Stützen verwendet werden, und zwar ergeben sich statt der Durchmesser von 52 bis 180 mm bei vollem Kreisquerschnitt die entsprechenden äuſseren Durchmesser bei dem Kreisringquerschnitt gleich 70 bis 250 mm, wenn die Wandstärke = 7 bis 20,5 mm gewählt wird.

Als Material wird für die Deckstützen gewöhnlich Schweiſseisen gewählt. Sie bestehen meistens aus Rundeisen mit einer angeschweiſsten Platte als Fuſs und einem ausgeschmiedeten Kopf, Flansch oder Blatt (Abb. 100, 101), welches an den Decksbalken mit ein bis drei Nieten befestigt wird. Fallen die Stützen sehr lang aus, und will man an Gewicht sparen (das Gewicht wächst bei gleicher Belastung der Stützen nach der Knickungsformel mit dem Quadrat der Länge), so wendet man hohle Stützen von gleichem Trägheitsmoment an. Sie werden aus Schweiſseisenrohren mit angeschweiſsten oder breitgequetschten Köpfen oder mit besonderen eingesetzten Kopf- und Fuſsstücken (Abb. 102) aus Schweiſseisen, Fluſseisen (Siemens-Martin) oder schmiedbarem Guſs hergestellt. Die Kopfstücke sind dem Profil der Balken entsprechend zu formen, genau anzupassen und mit zwei bis drei starken Nieten oder Schrauben am Balken zu befestigen. Die Mittellinie der Stütze soll hierbei tunlichst in die Mittelebene des Balkensteges fallen.

Ist ein Doppelboden vorhanden, so stellt man die Füſse

der Deckstützen nicht unmittelbar auf diesen, da infolge von Stöfsen gegen die Stützen beim Laden und Löschen die Niete sich lockern und somit die Doppelbodendecke undicht werden würde, sondern auf zwei Rücken an Rücken genietete kurze Winkelstücke oder ein $\bot$-Stück und verbindet den Fufs mit diesen nicht starr, sondern durch einen Schraubenbolzen mit etwas Spielraum (Abb. 103).

Werden Deckstützen auf einem Wellentunnel angebracht, so ist an dieser Stelle die Tunneldecke querschiffs durch eine senkrechte Platte mit Winkeln zu verstärken oder die Stützen sind auf die Seitenwand des Tunnels zu stellen.

Deckstützen, die zum Einsetzen von Schlingerschotten aus I-Schienen hergestellt werden, müssen für ihre ungünstigste Achse dasselbe Trägheitsmoment haben wie die sonst vorhandenen Stützen vom Kreisquerschnitt.

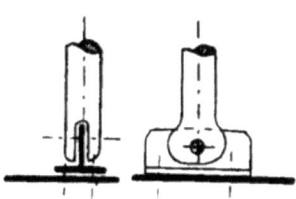

Abb. 103. Befestigung eines Deckstützenfufses auf d. Doppelboden.

An der Stirnseite jeder Ladeluke ordnet man gewöhnlich in einem Abstand von etwa 400 mm zwei Stützen nebeneinander an, welche unter sich durch Querstäbe aus Rundeisen (25 mm Durchmesser) in Abständen von $\sim$ 200 mm verbunden werden. Dadurch entsteht bei jeder Luke eine Leiter, welche den Schiffsraum bequem zugänglich macht (vergl. Abb. 208).

20. Die Decks.

Die Decks bilden nahezu wagerechte Plattformen, die sich über die ganze Länge des Schiffes oder über einen gröfseren Teil derselben erstrecken und entweder den Zweck haben, den Schiffsraum nach oben hin abzuschliefsen oder ihn seiner Höhe nach in Teile zu zerlegen, um die Anordnung von Kajüten und Kammern bzw. eine sichere Stauung der Frachtgüter zu ermöglichen.

Entsprechend ihrer Lage im Schiffe unterscheidet man der Reihe nach von oben (Abb. 104, 105):

Bohnstedt, Praktischer Schiffbau. 7

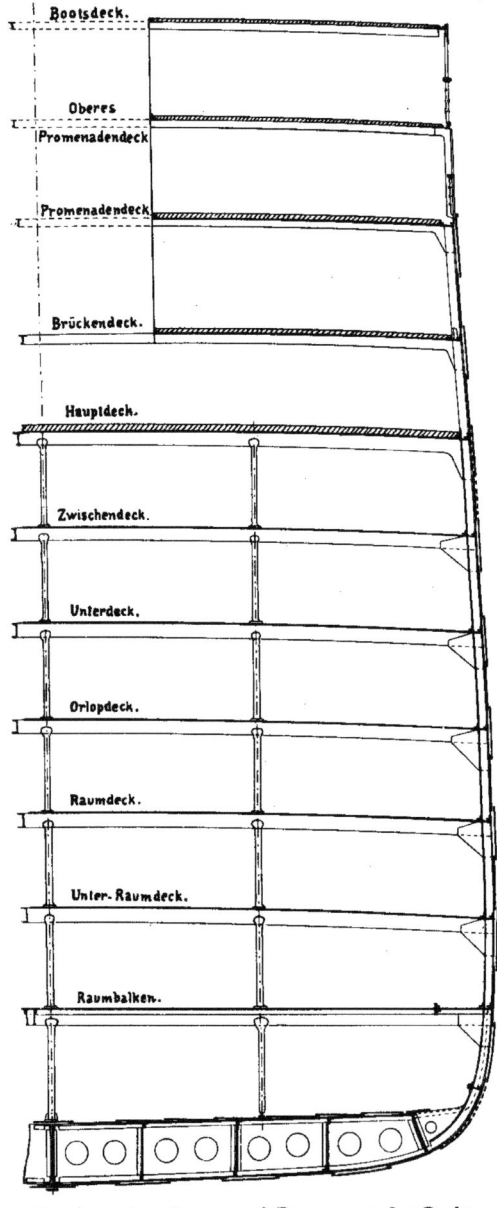

Abb. 104. Anordnung und Benennung der Decks.

a) das Hauptdeck oder Oberdeck, welches den Abschlufs nach oben bildet; unter ihm
b) das Zwischendeck,
c) das Unterdeck,
d) das Orlopdeck,
e) das Raumdeck,
f) das Unterraumdeck.

Über dem Hauptdeck liegt bei Spar- bzw. Sturmdeckschiffen noch das Spardeck bzw. Sturmdeck (Abb. 106), ferner über dem mittleren Teil der Schiffslänge vielfach noch
g) das Brückendeck, vorn und hinten das Backdeck und das Hüttendeck;
über dem Brückendeck: bei Passagierdampfern meistens noch
h) das Promenadendeck (Abb. 104÷106),
i) das obere Promenadendeck (Abb. 104 u. 105),
k) das Bootsdeck (Abb. 104÷106).

Der **Abstand** der einzelnen Decks voneinander beträgt etwa 8 Fuſs engl. = **2,44 m.**

Ein Deck besteht entweder aus einer auf den Decksbalken angebrachten hölzernen Beplankung, oder einer eisernen Beplattung, oder endlich aus beiden gleichzeitig, d. h. aus Holzplanken, die auf der eisernen Beplattung befestigt sind. Man unterscheidet demnach
1. hölzerne Decks,
2. eiserne Decks,
3. Eisendecks mit Holzbeplankung.

Jedes Holzdeck erhält zunächst an beiden Schiffsseiten je einen eisernen Deckstringer(s. diese S.83), an den Luken eiserne Lukenstringer oder Längsschienen (s. diese S. 173) und auſserdem gewöhnlich noch mehrere eiserne Diagonalschienen oder Diagonalkreuze (s. diese S. 172). Auf diese werden dann die Holzplanken aufgelegt.

1. Hölzerne Decks (Abb. 107).

Die Länge der Planken beträgt etwa 6 bis 12 m, die Dicke 50 bis 100 mm, die Breite 75 bis 230 mm, je nach der Gröſse der Schiffe. Für die Oberdecks sind schmale Planken

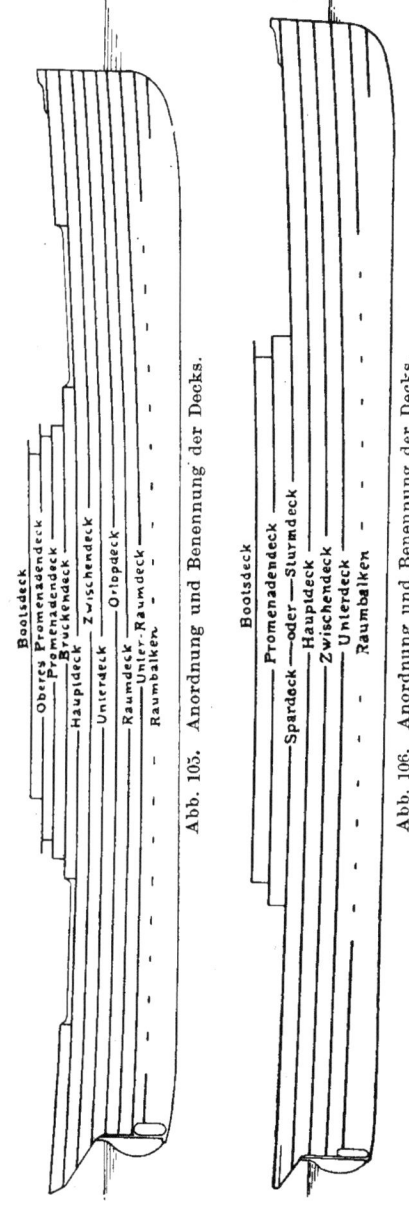

Abb. 105. Anordnung und Benennung der Decks.

Abb. 106. Anordnung und Benennung der Decks.

(75 mm) am vorteilhaftesten, da sie, wegen des kleineren Unterschiedes in der Fugenweite bei trockenem und nassem Wetter, dichter halten.

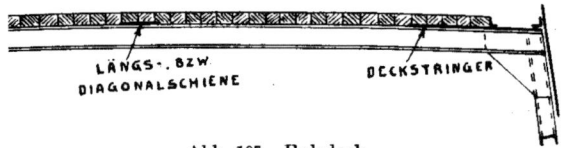

Abb. 107. Holzdeck.

Als **Material** werden verwendet Kiefern, Fichten, Lärchen, die amerikanische Pechföhre (pitch-pine), Gelbföhre (yellow-pine) und Weifsföhre (white-pine), ferner Zypressen- und Teakholz. Das Holz mufs splintfrei und astrein und vor allen Dingen gut ausgetrocknet sein. Man verlangt deshalb, dafs das auf die richtige Dicke zugeschnittene Decksholz mindestens ein Jahr in einem trockenen luftigen Raume gelagert hat.

Die **Befestigung** der Decksplanken auf den Decksbalken erfolgt bei kleinen Schiffen durch verzinkte Holzschrauben mit Vierkantkopf, welche von unten her durch ein in dem Balken befindliches Loch in die Planke eingeschraubt werden (Abb. 108). Durchmesser der Schraube am Kopf etwa 7 bis 10 mm. Es genügt in jedem Balken eine Schraube.

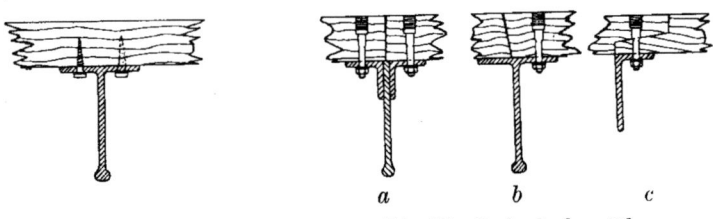

Abb. 108.   Abb. 109. Decksplankenstöfse.

Bei Planken über 60 mm Stärke werden stets verzinkte Schraubenbolzen mit Muttern verwendet (Abb. 109). Bolzendurchmesser = 10 bis 16 mm. Der Bolzenkopf wird rund und flach gewählt, darunter ein kurzer Vierkantansatz, welcher sich beim Eintreiben des Bolzens in die Planken fest einprefst und ein Drehen beim Anziehen der Mutter verhindert. Die Löcher für die Bolzen in den Planken werden mit Holzpfropfen geschlossen, die vorher in Bleiweifs oder Marineleim getaucht sind und deren Faserrichtung wagerecht (nicht als Hirnholz) laufen mufs, damit der Verschleifs bei ihnen und den Decksplanken der gleiche bleibt. Ebenso sind die Bolzen vor dem Eintreiben mit einem in Bleiweifs getauchten Strang Werg unter dem Kopf zu umwickeln.

Decksplanken über 150 mm Breite werden mit zwei Schrauben befestigt, und zwar bis 200 mm Breite abwechselnd mit Schraubenbolzen und Holzschrauben, darüber hinaus durchweg mit Schraubenbolzen nebst Muttern.

An den Schiffsseiten läfst man die über ihre Länge überall gleich breiten Decksplanken in dem sog. Wassergang (Abb. 110) endigen, einer etwas breiteren Deckplanke, welche

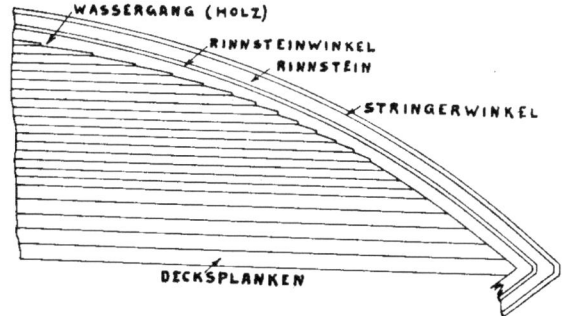

Abb. 110. Holzdeck mit verzahntem Wassergang im Vorschiff bzw. Hinterschiff.

an dem Rinnsteinwinkeleisen entlang gelegt wird. Die Schenkelhöhe des letzteren ergibt sich daraus gleich der Dicke der Decksplanken (Abb. 107, vergl. auch Abb. 92÷94).

Der besseren Abdichtung (Kalfaterung) wegen werden im Vor- und Hinterschiff die Planken an den Enden nicht spitz, sondern mit einer Fläche von 30 bis 40 mm Breite stumpf in den zahnartig ausgesparten Wassergang eingepafst (Abb. 110).

An den Luken ordnet man gewöhnlich zunächst einen stärkeren hölzernen Rahmen um das Süll an und läfst gegen diesen die Planken verlaufen (vergl. Abb. 208). Ebenso verfährt man an den Deckshäusern und Aufbauten.

Der Wassergang, der eben erwähnte Holzrahmen und die Unterlagen unter den Spills, Dampfwinden usw. werden meistens aus Teakholz hergestellt, da dieses sehr wetterbeständig ist, wenig eintrocknet und durch die Berührung mit Eisen nicht leidet.

Die Stöfse der Decksplanken sind stets auf einem Decksbalken anzuordnen, damit die Enden der Planken auf ihm befestigt werden hönnen. Besteht der Balken dabei aus einem einfachen Winkeleisen, so werden die Plankenenden überblattet (Abb. 109 c); ist der Balken dagegen breit genug, wie bei dem T-Profil, so genügt ein stumpfer Stofs (Abb. 109 a u. b).

Die Stöfse der Decksplanken müssen in der Längsrichtung um wenigstens zwei Balkenentfernungen verschiefsen, und in der Querrichtung sollen zwischen zwei auf demselben Balken angeordneten Stöfsen wenigstens drei Planken liegen.

Nachdem das Deck vollständig gelegt ist, wird es kalfatert, d. h. es werden mehrere aus Werg lose zusammengedrehte Fäden, sog. Drähte, mit einem stumpfen, meifsel-

Abb. 111. Eisernes Deck.

artigen Werkzeug (Kalfateisen) durch Hammerschläge in die Längs- und Querfugen der Decksplanken eingetrieben. Zu dem Zweck sind die Decksplanken an ihren oberen Längskanten gewöhnlich nicht genau rechteckig geschnitten, sondern ein wenig zurückstehend. Zunächst wird meistens ein Draht aus weifsem weichem Werg eingetrieben, darauf folgen zwei Drähte von geteertem, aus alten, zerzupften Schiffstauen hergestelltem Werg, und hierauf schliefslich wird in die Fugen heifses Pech gegossen, um das Werg gegen Wasser und Fäulnis zu schützen.

2. Eiserne Decks (ohne Holzbeplankung) (Abb. 111).

Ihre Anwendung findet entweder aus dem Grunde statt, dem Schiff eine gröfsere Längsfestigkeit zu geben, oder um das Deck gegen Abnutzung widerstandsfähiger zu machen, wie z. B. bei den Dampfern für Kohlen- und Erzbeförderung.

Ob der Festigkeit wegen ein **eisernes** Deck anzuwenden ist, oder ob man noch mit einem **hölzernen** Deck auskommt, wird vom Germanischen Lloyd von dem Wert $QL \cdot \dfrac{L}{10\,H'}$ abhängig gemacht, und zwar wie folgt:

bei $QL \cdot \dfrac{L}{10\,H'} =$
$\begin{cases}
725 \div 1210 \text{ wird } \tfrac{1}{2} \text{ Eisendeck f. } \tfrac{1}{2}\,L \text{ mittsch. empfohlen,} \\
1210 \div 1500 \text{ wird } \tfrac{1}{2} \text{ Deck f. } \tfrac{1}{2}\,L \text{ mittsch. verlangt,} \\
1500 \div 2250 \text{ wird } 1 \quad \text{Deck verlangt,} \\
2250 \div 2470 \quad\text{„}\quad 1\tfrac{1}{2} \quad\text{„}\quad\text{„} \\
2470 \div 5050 \quad\text{„}\quad 2 \quad\text{„}\quad\text{„} \\
5050 \div 5730 \quad\text{„}\quad 2\tfrac{1}{2} \quad\text{„}\quad\text{„} \\
5730 \div 8500 \quad\text{„}\quad 3 \quad\text{„}\quad\text{„} \\
8500 \div 11300 \quad\text{„}\quad 4 \quad\text{„}\quad\text{„}
\end{cases}$

Die Stärke der eisernen Decksplatten schwankt dabei für

Hauptdecks für $\tfrac{1}{2}\,L$ mittschiffs von $7 \div 16{,}5$, an den Enden von $7 \div 11{,}5$ mm;

Zwischendecks für $\tfrac{1}{2}\,L$ mittschiffs von $8 \div 13{,}5$, an den Enden von $7{,}5 \div 10{,}5$ mm;

Unterdecks für $\tfrac{1}{2}\,L$ mittschiffs von $8{,}5 \div 11$, an den Enden von $8 \div 9{,}5$ mm;

Orlopdecks für $\tfrac{1}{2}\,L$ mittschiffs von $9 \div 10$, an den Enden von $9 \div 9{,}5$ mm;

Brückendecks $7 \div 9{,}5$ mm;

Promenadendecks $7 \div 7{,}5$;

Bootsdecks 7 mm.

Da an denjenigen Stellen, an welchen sich Luken befinden, der Querschnitt der Decks stark verringert wird, so macht man die neben den Luken liegenden Plattengänge um so viel dicker, dafs der Querschnitt mindestens zwei Drittel des dort sonst vorhandenen normalen Querschnittes beträgt.

Dagegen kann in der Längsrichtung **zwischen den Luken**, da hier der Längsverband durch die Lukenöffnungen so wie so unterbrochen ist, die Plattstärke um 1 mm **verringert** werden.

An den **Ecken** aller Luken und Decksöffnungen, deren Länge acht Spantentfernungen überschreitet, sind **Dopplungsplatten** anzuordnen, um ein Einreifsen der Lukenecken zu verhindern (Abb. 112). Bei nahe beieinander liegenden Luken läfst man die Dopplung von einer Luke bis zur nächsten als Plattenstreifen durchgehen.

Die Eisenplatten werden auf den Decksbalken in parallel zur Mittellinie liegenden Blechen, den sogenannten Plattengängen, angeordnet, und zwar als an- und abliegende Gänge (die letzteren mit Unterlagstreifen auf den Balken) oder, des besseren Wasserabflusses wegen, dachartig klinkerförmig (mit keilförmigen Unterlagstreifen) (Abb. 111).

Die querschiffs liegenden Nähte der Decksplatten (die sogenannten Stöfse) werden durch Laschen oder einfacher mittelst Überlappung stets doppelt genietet $(t = 4\,d)$, nur im vorderen und hinteren Viertel (an den Enden) genügt bei den Gängen zwischen den Luken einfache Nietung. Bei grofsen

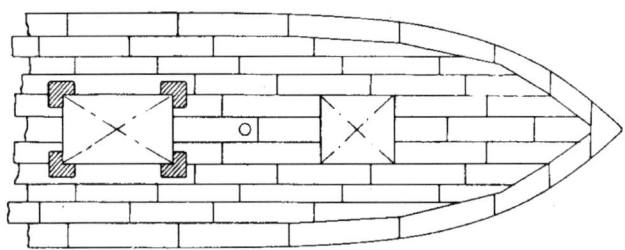

Abb. 112. Plattengänge eines eisernen Decks.

Schiffen mit besonderen Verhältnissen $(L > 14\,H')$ sind die Stöfse des Hauptdecks für $^1/_2\,L$ zwischen dem Deckstringer und den Luken dreifach zu nieten; und wenn $QL > 4380$ ist, so sind die genannten Stöfse stumpf zu stofsen und durch eine Doppellasche zu verbinden.

Die Längsnähte dagegen werden fast immer nur einfach genietet. Nur bei gröfseren Schiffen werden folgende Teile doppelt genietet:

bei $QL = 2320 \div 2970$ die Innenkante des Hauptdeckstringers,
bei $QL = 2970 \div 3900$ aufserdem die nächste Längsnaht des Hauptdecks,
bei $QL = 3900 \div 4920$ aufserdem die innere Kante des Zwischendeckstringers,
bei $QL = 4920 \div 6040$ aufserdem die dritte Längsnaht des Hauptdecks,

bei $QL =$ über 6040 aufserdem die zweite Längsnaht des Zwischendecks und der Rest der Längsnähte des Hauptdecks bis zu den Luken hin.

Die Stöfse der eisernen Decksplatten müssen gut verschiefsen, und zwar die Stöfse des ersten Ganges gegen die Stöfse der Stringerplatte und des Scherganges um mindestens zwei Spantentfernungen; ferner die Plattengänge untereinander in der Weise, dafs der Nachbargang um zwei, der übernächste (dritte) Gang um eine Spantentfernung verschiefst, und erst der Stofs des vierten Ganges darf mit dem des ersten wieder in derselben Linie liegen.

Die Fugen werden überall verstemmt.

Die Niete erhalten auf der Oberfläche des Decks versenkte Köpfe, an der unteren Seite Flachköpfe, Nietteilung $t = 4d$.

Der Vorteil der eisernen Oberdecks ohne Holzbeplankung besteht darin, dafs sie immer dicht bleiben, leicht nachgesehen werden können und kaum Ausbesserungen erfordern. Doch haben sie den Nachteil, dafs sie bei nassem Wetter sehr glatt sind, und dafs sich an der Unterseite Schwitzwasser ansammelt, welches für die Ladung schädlich werden kann. Dem ersteren Übelstand sucht man abzuhelfen durch Anwendung von Riffelblechen oder durch einen dünnen Überzug aus Zement oder Asphalt; letzterer wird aber bei Hitze weich und ist daher nur beschränkt anwendbar.

Das Schwitzen hingegen wird beseitigt durch eine Holzbeplankung, so dafs gewöhnlich nur diejenigen Schiffe. deren Ladung durch Wasser nicht leidet, wie Kohlen und Erze, eiserne Oberdecks ohne Holzbeplankung erhalten, alle übrigen aber Oberdecks mit Holzbeplankung.

3. Eisendecks mit Holzbeplankung (Abb. 113).

Auf Passagier- und besseren Frachtdampfern, welche aus Gründen der Festigkeit $(QL \cdot \dfrac{L}{10\,H'} > 1210)$ ein eisernes Oberdeck erhalten müssen, wird dieses mit einem Holzbelag versehen, um die oben erwähnten Nachteile der rein eisernen Decks zu vermeiden.

Die Dicke der hölzernen Decksplanken wird hier jedoch um etwa 13 mm ($= \frac{1}{2}$ Zoll) geringer gewählt als bei reinen

Holzdecks und als Material fast ausschliefslich Teakholz verwendet, weil dieses in Berührung mit den eisernen Decksplatten widerstandsfähiger ist.

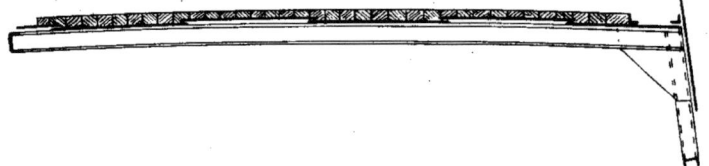

Abb. 113. Eisernes Deck mit Holzbeplankung.

Die Anordnung des Rinnsteinwinkeleisens und des hölzernen Wasserganges bleibt dieselbe wie früher, die Befestigung der Holzplanken auf dem Eisendeck erfolgt auch wiederum durch Schraubenbolzen und Muttern, jedoch nicht auf den Decksbalken, sondern zwischen ihnen auf den Platten, da dieses einfacher ist. Auch die Stöfse der Planken werden dorthin verlegt.

4. Ersatz hölzerner Decks durch eiserne.

Will man an Stelle eines hölzernen Decks ein eisernes anwenden, was in jedem Falle zulässig ist, so ist die Dicke der Eisenplatten $= 5 \div 8$ mm zu wählen, entsprechend einer Dicke der Holzplanken von 50 bis 100 mm.

Die Decksbalken sind hierbei auf jedem Spant anzubringen.

5. Teilweise Beplattung der Balkenlagen.

Schiffe, bei welchen noch keine eisernen Decks vorgeschrieben sind, müssen der besseren Festigkeit wegen am Rudersteven, unter den Anker- und Gangspillen, Dampfwinden, Pollern, Klampen usw. mit eisernen Decksplatten von 7 bis 8 mm Dicke belegt werden, ebenso an denjenigen Stellen, an welchen die Masten im Deck verkeilt werden. Sie erhalten dort sogenannte Mastplatten oder Fischungen von 4,5 bis 11,5 mm Dicke und einer Länge und Breite von mindestens dem doppelten Durchmesser des betreffenden Mastloches. Sie sind mit den Mastbalken (s. S. 90) und den etwa notwendigen Mastschlingen gut zu vernieten.

Ferner sind auf dem Hauptdeck die Balken im Bereich der Öffnungen für die Maschinen- und Kesselschächte, falls diese zusammen mehr als 15 Spantentfernungen betragen, in der ganzen Breite mit eisernen Decksplatten von 6 bis 8 mm Dicke zu versehen, welche auf beiden Enden über die Stirnseiten des Schachtes in einer Länge gleich dem Abstand des Schachtes von der Innenkante des Deckstringers hinausgehen.

21. Wegerung.

Alle Schiffe werden im Inneren vom Mittelkielschwein bis oberhalb der Kimm mit einer längslaufenden d i c h t e n Wegerung versehen.

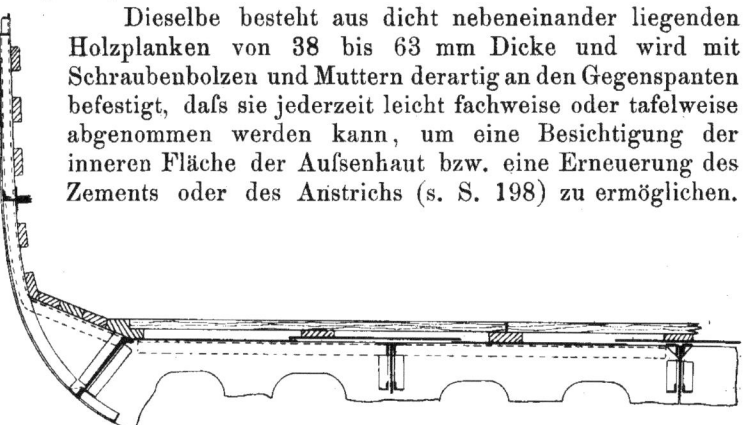

Dieselbe besteht aus dicht nebeneinander liegenden Holzplanken von 38 bis 63 mm Dicke und wird mit Schraubenbolzen und Muttern derartig an den Gegenspanten befestigt, dafs sie jederzeit leicht fachweise oder tafelweise abgenommen werden kann, um eine Besichtigung der inneren Fläche der Aufsenhaut bzw. eine Erneuerung des Zements oder des Anstrichs (s. S. 198) zu ermöglichen.

Abb. 114. Dichte Bodenwegerung (auf dem Doppelboden) und offene Seitenwegerung.

Oberhalb der Kimm werden die Schiffe o f f e n gewegert, d. h. mit Planken, Latten oder mit Halbrundeisen in gleichmäfsigen Zwischenräumen ausgekleidet. Die Dicke der Holzplanken kann hier 15 mm weniger betragen als im Boden, also = 23 bis 48 mm.

Bei D o p p e l b ö d e n wird die Wegerung auf längslaufende Schwellen oder Latten gelegt und die Wegerungsplanken q u e r s c h i f f s angeordnet (Abb. 114).

Unter den L u k e n empfiehlt es sich, wegen der dort eintretenden gröfseren Abnutzung die Wegerung zu d o p p e l n.

22. Die wasserdichten Schotte.

(Hierzu Tafel 4 ÷ 6.)

Schotte sind aus Platten hergestellte und durch Winkel versteifte Wände, welche in das Schiff eingebaut werden und den Zweck haben, den Schiffsraum in eine Anzahl voneinander getrennter Räume zu teilen, damit bei Verletzungen der Aufsenhaut nur eine beschränkte Wassermenge in das Schiffsinnere eindringen kann, so dafs das Schiff noch schwimmfähig bleibt. Daneben versteifen die Schotte den Schiffskörper gegen den äufseren Wasserdruck.

In fast allen Fällen werden die Schottwände quer zur Längsachse des Schiffes als sogenannte **Querschotte** angeordnet, seltener als **Längsschotte**, parallel zur Mittelebene des Schiffes.

Segelschiffe erhalten mindestens **ein** Querschott, das sogenannte **Kollisionsschott**, im Abstand von wenigstens $B/2$ vom Vorsteven, vielfach auch noch ein **zweites** in kurzer Entfernung vom **Hintersteven**, um den dort vorhandenen engen und zur Aufnahme von Ladung ungeeigneten Raum (die Piek) von dem eigentlichen Laderaum abzutrennen.

Bei Dampfern ordnet man aufser diesen beiden Schotten noch **vor und hinter dem Maschinen- und Kesselraum** bzw. auch noch zwischen ihnen je ein Schott an, so dafs Dampfschiffe wenigstens vier Schotte aufweisen. Bei Schraubendampfern nennt man das hinterste Piekschott auch **Stopfbuchsenschott**, da in ihm die Schraubenwelle durch eine Stopfbuchse wasserdicht gegen das Stevenrohr abgeschlossen wird.

Gröfsere Dampfschiffe erhalten **noch** mehr wasserdichte Querschotte und zwar so viele, dafs die Entfernung zwischen zwei Querschotten 28 m nicht überschreitet.

Grundsätzlich sollte jedes Schiff so viele wasserdichte Querschotte besitzen, dafs für den ungünstigsten Fall beim **Vollaufen von zwei nebeneinander liegenden Abteilungen** (Leck gerade an der Stelle eines Querschottes) das Schiff noch **schwimmfähig** bleibt, d. h. das Schiff darf dabei nur so weit eintauchen, dafs das Schottendeck, das ist dasjenige Deck, bis zu welchem die wasserdichten Schotte reichen, in seiner ganzen Ausdehnung noch über Wasser bleibt.

Die Seeberufsgenossenschaft hält in ihren Vorschriften über wasserdichte Schotte für Passagierdampfer in aufsereuropäischer Fahrt an diesem Grundsatz jedoch nur für Schnelldampfer über 120 m Länge und für Fracht- und gleichzeitig Passagierdampfer über 150 m Länge fest, bei kleineren Dampfern der vorstehenden Art wird nur Schwimmfähigkeit beim Vollaufen einer beliebigen Abteilung verlangt.

Handelsschiffe, bei welchen die Gröfse der Bodenräume für die wirtschaftliche Ausnutzung des Schiffes eine wesentliche Rolle spielt, erhalten nur eine beschränkte Zahl von Querschotten.

Aufser den Querschotten kommen bei Zweischraubendampfern und den Petroleum-Tankdampfern noch Längsschotte vor zur Trennung der Maschinen- bzw. Kesselräume voneinander bzw. zur Schaffung einer gröfseren Zahl von kleineren Abteilungen (Petroleumtanks).

Alle Schotte müssen beträchtlich über die Tiefladewasserlinie hinausragen, damit ihre Oberkante auch dann nicht unter Wasser kommt, wenn das Schiff durch Vollaufen von Abteilungen einen gröfseren Tiefgang erhalten hat. Zu dem Zweck sollen alle Querschotte von den Bodenwrangen bzw. dem Doppelboden bis zu dem obersten durchlaufenden Deck reichen, bei Sturmdeckschiffen bis zu dem darunter liegenden Hauptdeck. Über diesem Deck ist bei langen Aufbauten oberhalb der Schotte noch ein Rahmenspant aufzusetzen.

Die **Stärke der Schottplatten** schwankt je nach der Raumtiefe und entsprechend dem nach unten zunehmenden Wasserdruck zwischen 6 mm oben und 14 mm im untersten Teil (bei $RT = 18{,}5$ m).

Die einzelnen Platten der Schottwand werden gewöhnlich in wagerechten, seltener in senkrechten Streifen (etwa 1,5 m breit) angeordnet und aufser der Naht an den Bodenwrangen sämtliche Nähte überlappt und einfach genietet ($t = 4d$). Nur bei grofsen Schiffen, bei welchen die Schotthöhe 11 bis 12,5 m beträgt, sind die senkrechten Nähte doppelt und bei einer Schotthöhe über 12,5 m auch die wagerechten Nähte, welche tiefer als 11 m unter dem Schottendeck liegen, doppelt, mindestens zickzack zu nieten.

Werden senkrechte Streifen gewählt, so ist ihre Dicke

gleich dem Mittel aus der oberen und unteren Dicke zu nehmen.

Die Kanten der Platten und die Nietköpfe sind zur Erzielung guter Wasserdichtigkeit zu verstemmen. Die Prüfung daraufhin erfolgt bei den mittleren Querschotten durch Abspritzen mit einem kräftigen Wasserstrahl; nur das Kollisionsschott und Stopfbuchsenschott werden durch Füllen der Vorder- bzw. Achterpiek, entsprechend einer Wassersäule bis zum obersten durchlaufenden Deck, durch Wasserdruck geprüft.

Die Querschotte werden, wenn irgend möglich, stets an einem Spant angeordnet und mit der Aufsenhaut durch zwei Winkel vom Profil der Gegenspanten verbunden, von welchen jedoch nur der eine wasserdicht ($t = 4\,d$) genietet zu sein braucht, während der andere eine Nietteilung $t = 7\,d$ bis $8\,d$ erhält, oder aber es werden die Niete des einen Winkels zickzack gegen diejenigen des anderen versetzt (vergl. S. 54 u. Abb. 115). Statt dieser zwei Winkel kann auch ein einzelner verwendet werden, dessen beide Schenkel so breit sind, dafs sie Zickzacknietung ($t = 5\,d$ bis $5{,}5\,d$) gestatten.

Da der Wasserdichtigkeit wegen die Nietung mit der Aufsenhaut an den Querschotten enger ($t = 4\,d$) sein mufs als bei den übrigen Spanten ($t = 7\,d$ bis $8\,d$), so tritt an der betreffenden Stelle eine Verschwächung der Aufsenhaut ein. Um diese wieder aufzuheben, legt man auf den abliegenden Aufsenhautgängen nicht wie sonst nur einen schmalen Füllstreifen von der Schenkelbreite der Spantwinkel auf, sondern eine breite Platte, die **Schottfüllplatte,** welche von dem Spant vor dem Schott bis zu dem nächsten Spant hinter dem Schott reicht, also gleich zwei Spantentfernungen lang ist. Da die Abdichtung dieser Platte trotz Zwischenlegens von Segeltuch, in Mennige getränkt, schwierig ist, weil sie sich nicht recht verstemmen läfst, so wendet man meistens eine andere Form der Füllplatte nach Abb. 115 an.

Mit den Bodenwrangen werden die Schotte bei kleinen Schiffen durch eine einreihige Überlappungsnietung ($t = 4\,d$) und bei QL über 610 durch doppelte Zickzacknietung verbunden. Das Schott kann dabei an eine gewöhnliche Bodenwrange anschliefsen oder an eine solche von gröfserer Höhe als die übrigen.

Die Befestigung der Schotte auf Doppelböden erfolgt ebenso wie an der Aufsenhaut durch zwei Winkel vom Gegenspantprofil oder nur einen Winkel mit breiteren Schenkeln für Zickzacknietung.

Sind unter dem Hauptdeck eiserne Decks vorhanden, so läfst man dieselben ununterbrochen durchlaufen und stellt das Querschott der Höhe nach aus mehreren Teilen her, indem

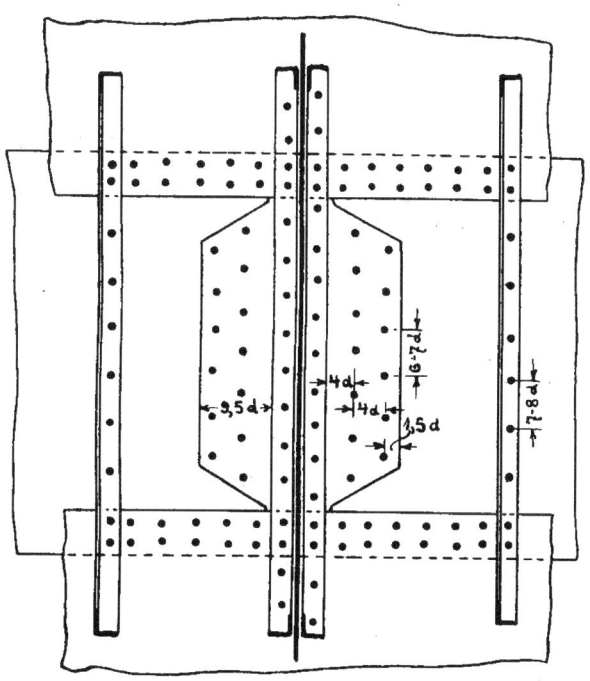

Abb. 115. Schottfüllplatte.

man es ober- und unterhalb der Decks durch je einen Winkel befestigt. Abmessungen der Winkel

am Zwischendeck 75 × 75 × 8 mm,
„ Unterdeck 80 × 80 × 9 „
und „ Orlopdeck 90 × 90 × 10 „

Bestehen die Decks nicht aus eisernen Decksplatten, sondern nur aus Holzplanken, so unterbricht man die Holzdecks und läfst die Schotte von unten bis oben durchgehen. Sie erhalten in diesem Falle in jeder Deckshöhe zwei Winkel zur Befestigung der hölzernen Decksplanken (Abb. 116).

Die **Versteifung** der Querschotte wird hauptsächlich nach zwei Arten ausgeführt:

a) als sogenannte **gewöhnliche Schottversteifung**, welche hauptsächlich bei Segelschiffen und Frachtdampfern angewendet wird,

b) als sogenannte **verstärkte Schotte**, welche von der Seeberufsgenossenschaft für deutsche Passagierdampfer in aufsereuropäischer Fahrt verlangt werden. Sie werden im Zertifikat durch das Zeichen ✚ gekennzeichnet.

Zu a): Die gewöhnliche Art der Schottversteifung (Abb. 116) besteht an der einen Schottseite aus senkrechten, an der anderen aus wagerechten Winkeln. Die senkrechten Winkel erhalten das Profil der Spantwinkel und werden in seitlichen Abständen von 760 mm (= $2^1/_2$ Fufs engl.) angeordnet. Sie gehen möglichst von unten bis oben ununterbrochen durch, wofern sie nicht durch zwischenliegende Decks daran verhindert werden. Dies gilt nicht nur für die eisernen, sondern auch für die hölzernen Decks, bei welchen die Enden der **Planken** auf je einem querschiffs durchlaufenden Winkel oder einer schmalen Platte befestigt werden müssen, weshalb die senkrechten Schottversteifungswinkel zu durchschneiden sind. Knieplatten am Doppelboden und an den Decks werden hier **nicht** verlangt.

Schiffe von 11 bis 27 m Breite erhalten aufserdem in Verbindung mit den senkrechten Versteifungswinkeln noch 1 bis 5 senkrechte Verstärkungsträger in der Form und in den Abmessungen der Rahmenspanten, welche vom Boden bis zum untersten festen Deck hinaufreichen und an den Enden mit Knieplatten versehen werden.

Die **wagerechten** Absteifungen beginnen 2,44 m (= 8 Fufs engl.) unter dem Schottendeck und werden von hier nach ab-

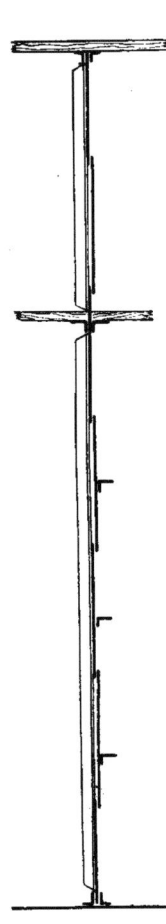

Abb. 116. Schott in Verbindung mit hölzernen Decks und Schottversteifung nach der gewöhnlichen Art.

wärts in Abständen von 1,22 m angeordnet. Sie bestehen bei Schiffen unter 12 m Breite aus Winkeln vom Profil der Spanten, über 12 m Breite aus [-Profilen, welche in ihren Abmessungen nach den Decksbalken für die entsprechende Schiffsbreite gewählt werden ([140 × 10 × 80 × 13 bis 280 × 13 × 100 × 16,5 mm). Die [-Balken sind mit der Aufsenhaut durch Kniebleche (Kantenlänge etwa gleich 2½ mal Steghöhe des [-Balkens) zu verbinden.

Liegen weitere Decks unter dem Schottendeck (in dem üblichen Abstand von 2,44 m), so ersetzen diese die wagerechten Absteifungen; es ist deshalb vom Zwischendeck an nach abwärts nur in der Mitte zwischen zwei Decks je ein wagerechter Absteifungsbalken anzu-

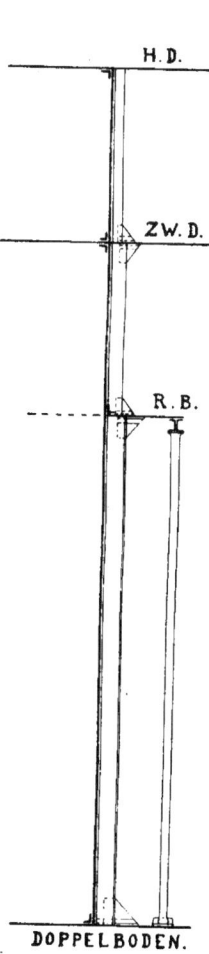

Abb. 117. Schott in Verbindung mit eisernen Decks, mit verstärkter Absteifung.

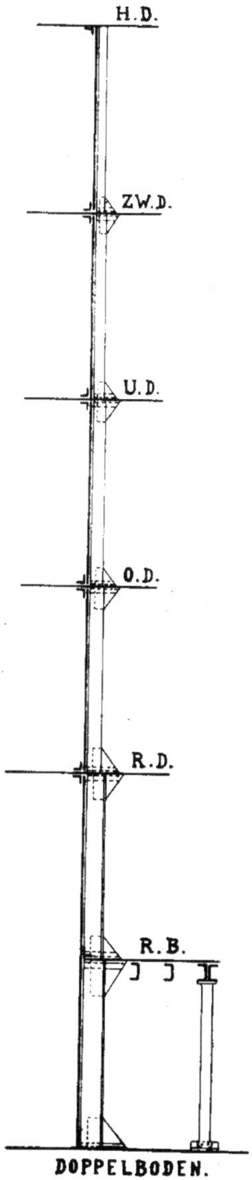

Abb. 118. Versteifung eines verstärkten Schotts.

Bohnstedt, Praktischer Schiffbau.

bringen und erst unter dem untersten Deck eine gröfsere Anzahl ebensolcher Balken im Abstand von 1,22 m.

Zu b): **Die Versteifung für verstärkte Schotte** besteht nur aus senkrechten Absteifungen auf der einen Seite der Schottwand, welche in seitlichen Abständen von 760 mm angeordnet und entsprechend dem Wasserdruck in ihren Abmessungen unten gröfser als oben gewählt werden. Sie bestehen demnach aus einzelnen von dem Schiffsboden oder dem Doppelboden bis zur untersten Decksbalkenlage, bzw. von Deck zu Deck reichenden Stücken von verschieden grofsem Profil

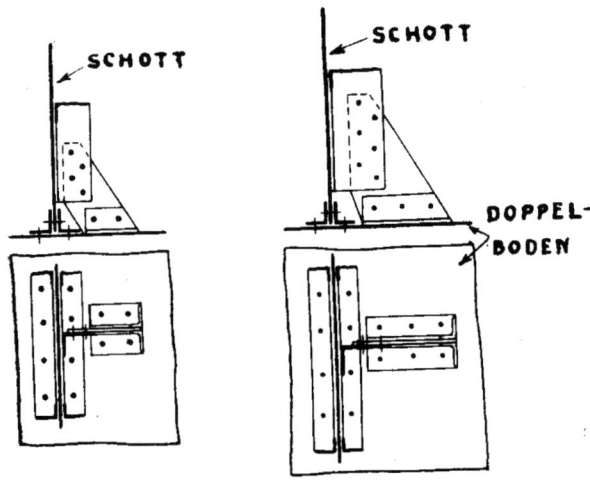

Abb. 119. Eckbleche an den Schottversteifungswinkeln.

und werden unten und oben durch Eckbleche und doppelte Winkel befestigt (Abb. 117 bis 120).

Bei einer Raumtiefe, gemessen bis zum Schottendeck, von RT unter 2,44 m bestehen diese Absteifungen aus einfachen Spantwinkeln,
bei $RT = 2,44$ bis 3,35 m erhält jeder dritte,
„ $RT = 3,35$ „ 3,66 m „ „ zweite,
„ $RT = 3,66$ „ 3,96 m „ „ Absteifungswinkel
einen Spantwinkel zur Verstärkung ⊥.

Für gröfsere Raumtiefen werden Winkel, [- und I-Schienen oder auch aus einer Platte und Winkeln zusammengebaute Träger, ebenfalls in Abständen von 760 mm, angewendet, und zwar beispielsweise für ein Schiff mit 5 Decks unter dem Schottendeck, wie in der Tabelle auf S. 116 angegeben ist.

Liegt in Höhe einer Balkenlage am Schott k e i n festes Deck, so wird dasselbe durch einen wagerechten Verstärkungsbalken ohne Bucht ersetzt. Ein solcher Balken wird gebildet

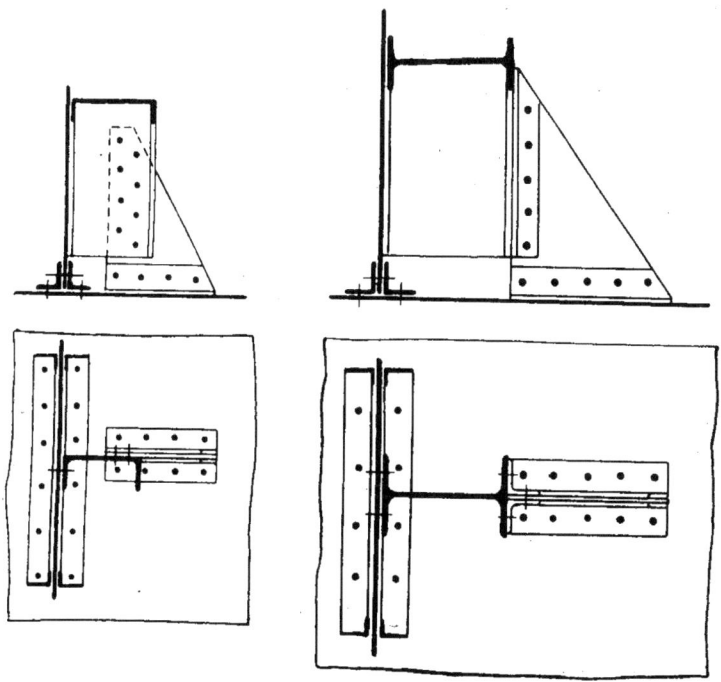

Abb. 120. Eckbleche an den Schottversteifungen.

durch eine wagerechte von Stringer zu Stringer reichende und mit diesen durch Kniebleche zu verbindende Platte von 350 $\div$ 3820 mm Breite und 9 $\div$ 18 mm Stärke, welche mit der einen Längskante durch einen Gegenspantwinkel an der Schottwand befestigt wird, während sie mit der anderen Längskante auf zwei Rücken an Rücken genieteten][-Balken ruht (Abb. 117 und 118).

Tabelle, zugehörig zu S. 115, Zeile 2.

	Absteifung	Plattenstärke oben mm	Plattenstärke unten mm
Zwischen dem Schottendeck (Hauptdeck) und ersten Deck darunter (Zwischendeck)	115 × 65 × 7 mm	6	7
Zwischen dem Zwischendeck u. Unterdeck	„ 170 × 75 × 11 „	7	8
„ „ Unterdeck und Orlopdeck	„ 225 × 90 × 11 „	8	9
„ „ Orlopdeck und Raumdeck	„ 250 × 90 × 14 „	9	10
„ „ Raumdeck und Unterraumdeck bezw. Raumbalken	200 × 8 × 85 × 14 mm	10	11
Unter dem untersten festen Deck bezw. Raumbalken, je nach der Raumtiefe bis zum Schottendeck, bei $RT = 14{,}33$ bis $15{,}55$ m	von $240 \times 9 \times 95$ × $15{,}5$ bis $340 \times 11{,}5$ × 100×18 mm	11	12 bis 12,5
„ $RT = 15{,}55$ „ $18{,}59$ m	von $340 \times 12{,}2 \times 137 \times 18{,}3$ bis $500 \times 18 \times 185 \times 27$ mm bzw. gebaute Träger von demselben Widerstandsmoment	11	12,5 bis 14

Statt der Schottversteifungen nach a) und b) können auch andere Konstruktionen gewählt werden, z. B. ein wagerechter Verstärkungsbalken in Verbindung mit einer senkrechten Verstärkung von der Form eines Rahmenspants in der Mitte des Schottes u. a. m. (Abb. 121 u. 122), nur müssen diese Konstruktionen die gleiche Widerstandsfähigkeit besitzen wie die oben besprochenen.

Alle Längsverbände eines Schiffes, wie Kielschweine,

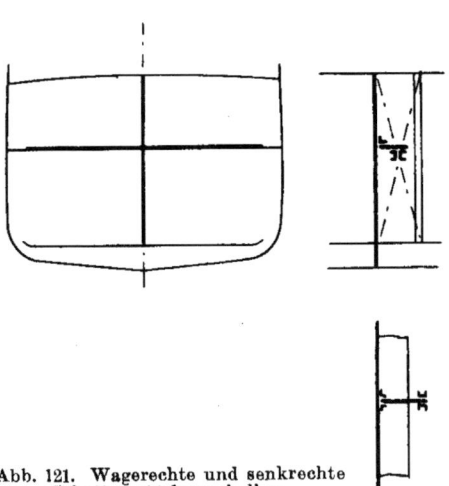

Abb. 121. Wagerechte und senkrechte Schottverstärkungsbalken.

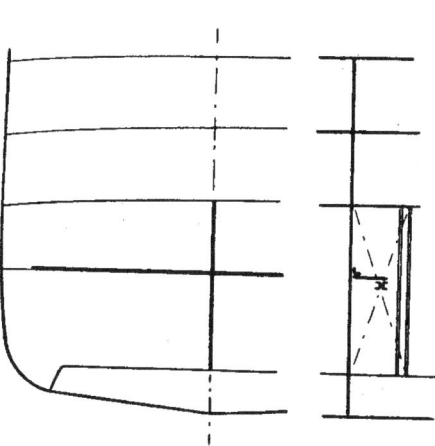

Abb. 122. Wagerechte und senkrechte Schottverstärkungsbalken.

Stringer usw., führt man entweder durch die Schottwände hindurch und muſs sie dann durch darüber **gekröpfte** Dichtungswinkel aus Schweiſseisen oder schmiedbarem Guſs (Abb. 123 bis 125) **wasserdicht** abschlieſsen und verstemmen, oder man

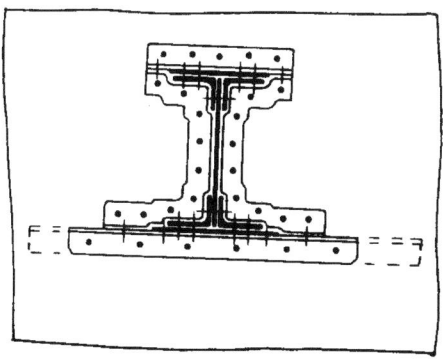

Abb. 123. Wasserdichte Durchführung eines Mittelkielschweins durch ein Schott.

läſst sie beiderseitig an den Schotten aufhören und vernietet sie untereinander und mit der Schottwand durch **Knieplatten** (Eckbleche) und Winkel. Die Gröſse der Knieplatten und die Anzahl der Niete ist hierbei so zu wählen, daſs die Festigkeit an der Verbindungsstelle ebenso grofs ist wie aufserhalb derselben (s. auch Tafel 4 ÷ 6).

Kann ein Schott nicht in einer Ebene von unten bis oben durchgeführt werden, sondern erhält es einen Knick, so mufs zwischen den gegeneinander versetzten Schotteilen das Deck

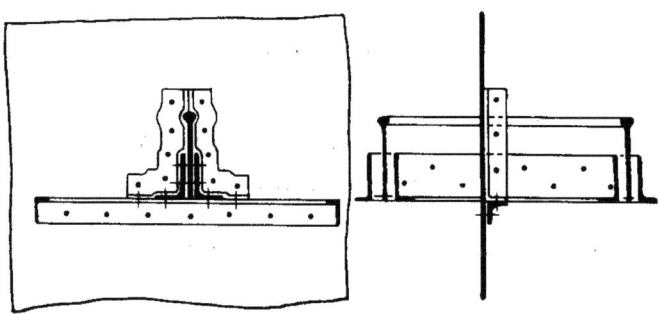

Abb. 124. Wasserdichte Durchführung eines Kimmkielschweins durch ein Schott.

aus Eisen bestehen und vollständig wasserdicht hergestellt werden. Man nennt ein solches Schott ein Zickzackschott (vgl. Tafel 6).

Öffnungen in den wasserdichten Schotten sind möglichst zu vermeiden und nur da anzubringen, wo es der Betrieb unbedingt erfordert. Im Kollisionsschott dürfen gar keine Öffnungen (weder für Ventile und Hähne, noch für wasserdichte Türen und Schieber) und in den Schotten zwischen zwei Laderäumen keine Türen unter der Tiefladelinie angebracht werden. In den übrigen Querschotten sind nur wasserdichte Schiebe-, Fall- oder gleichwertige Türen anzubringen, welche sich vom obersten Deck aus öffnen und schliefsen lassen müssen (vgl. S. 227 u. ff).

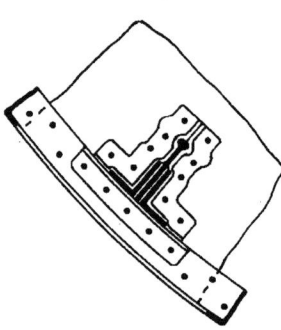

Abb. 125. Wasserdichte Durchführung eines Kimmstringers durch ein Schott.

23. Der Doppelboden.

Er dient in den meisten Fällen zur Aufnahme von Wasserballast. Daneben gibt er dem Schiff bei Grundberührungen und hierbei eintretenden Leckagen eine gewisse Sicherheit gegen das Vollaufen der Abteilungen.

Der Doppelboden besteht aus einer wagerechten Plattform, die in einem Höhenabstand von 760 ÷ 1510 mm von dem eigentlichen Schiffsboden fast über die ganze Schiffslänge, bisweilen jedoch nur über den mittleren Teil derselben, durchläuft und in allen Teilen wasserdicht hergestellt sein mufs.

Der seitliche Abschlufs gegen die Aufsenhaut erfolgt durch eine in der Nähe der Kimm längslaufende Platte, die sogenannte Randplatte, welche an allen Stellen senkrecht auf der Aufsenhaut steht und durch einen durchlaufenden Winkel wasserdicht mit ihr verbunden wird. An ihrer oberen Kante wird die Randplatte umgeflanscht und mit den Doppelbodendeckplatten vernietet.

Man unterscheidet drei Konstruktionsarten der Doppelböden:
1. den Doppelboden mit Längsträgern auf gewöhnlichen Bodenwrangen;
2. den Doppelboden nach dem Längsspanten- oder Stützplattensystem;
3. den Doppelboden mit **hohen Bodenwrangen auf jedem Spant**.

Zu 1. Bei dem ältesten, jetzt kaum noch angewandten System gelangten gewöhnliche Bodenwrangen zur Anwendung, auf welchen ein erhöhtes Mittelkielschwein und seitlich parallel dazu durchlaufende Längsträger (Seitenträger) angeordnet wurden. Auf diesen ruhte die Doppelbodendecke. Abstand der Längsträger voneinander höchstens gleich 1,5 Spantentfernungen (d. h. = 840 ÷ 1180 mm).

Zu 2. Der Doppelboden nach dem **Längsspanten- oder Stützplattensystem** (Abb. 126 und 127). Es wurde Ende der 70er Jahre eingeführt. Der Doppelboden erhält keine eigentlichen Bodenwrangen mehr, sondern besteht aus der Mittelkielplatte, welche hier stets angewendet wird, und aus parallel zu derselben im Abstand von höchstens der doppelten

Spantentfernung (d. h. = 1120÷1580 mm) durchlaufenden Längsträgern.

Der Mittelträger wird bei Schiffen mit vorstehendem Kiel bis zur Unterkante durchgeführt und mit den Kielschienen und Kielgängen vernietet (s. Abb. 59 auf S. 56), bei Schiffen mit Flachkiel hingegen durch zwei durchlaufende Kielschweinwinkel mit diesem verbunden (s. Abb. 60). An seiner Oberkante wird der Mittelträger durch zwei durchlaufende gleichschenklige Winkel (70 × 70 × 8 bis 130 × 130 × 19 mm) mit der wagerechten Mittelplatte der Doppelbodendecke verbunden.

Die durchlaufenden Seitenträger werden über den Spantwinkeln ausgespart, an ihrer Unterkante durch kurze von Spant zu Spant reichende Winkeleisen mit der Aufsenhaut und

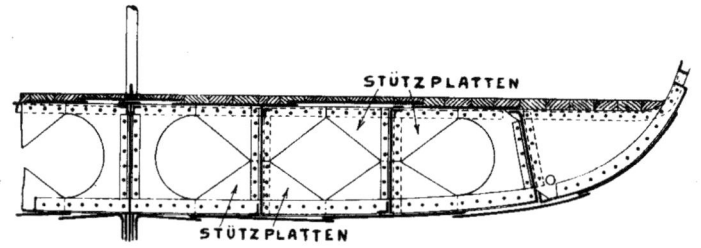

Abb. 126. Doppelboden nach dem Stützenplattensystem (Ausführung an jedem zweiten Spant).

an ihrer Oberkante durch einen durchlaufenden Längswinkel mit der Doppelbodendecke verbunden.

Die kurzen Winkel und der durchlaufende Längswinkel erhalten das gleiche Profil (65 × 65 × 7,5 bis 100 × 100 × 15 mm).

Die Spantwinkel gehen von dem Mittelträger ununterbrochen bis zur Randplatte durch und werden bei Schiffen mit einem Aufsenkiel in der Mitte durch einen durch den Mittelträger hindurchgehenden Laschwinkel verbunden.

Quer zu den Längsträgern sind an Stelle der Bodenwrangen an jedem zweiten Spant dreieckige Stützplatten (8÷9 mm stark) angeordnet, welche unten durch die Spanten mit den Schiffsbodenplatten, oben durch kurze von Längsträger zu Längsträger gehende Gegenspanten mit der Doppelbodendecke und durch senkrechte Winkel mit den Längsträgern verbunden werden (Abb. 126).

Bei gröfseren Schiffen (QL über 1100) vereinigt man die vier an jedem zweiten Spant zwischen zwei Längsträgern liegenden dreieckigen Stützplatten zu einer einzigen Platte, welcher man ein ovales Mannloch gibt. Ebensolche Bodenwrangenstücke ordnet man auch schon bei kleineren Schiffen im **Kesselraum** und in den etwa dahinter liegenden **Kohlenbunkern** an jedem zweiten Spant an, und im **Maschinenraum** sogar an **jedem** Spant, um den Druck der Kessel, Kohlen und Maschine besser aufnehmen zu können. Die Spanten an diesen Bodenwrangen können das Profil der Gegenspantwinkel erhalten.

Auf den dazwischen liegenden, nicht mit Stützplatten oder kurzen Bodenwrangenstücken versehenen Spanten wird die

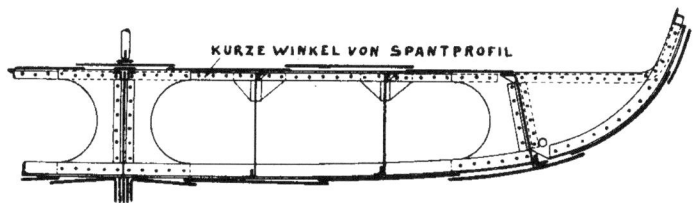

Abb. 127. Doppelboden nach dem Stützplattensystem (Ausführung an den zwischenliegenden Spanten, vergl. Abb. 126).

Doppelbodendecke querschiffs zwischen den Längsspanten durch kurze Winkel vom Profil der Spanten versteift und mit den Längsspanten durch **kleine** Eckbleche verbunden (Abb. 127).

Zu 3. Doppelboden mit hohen Bodenwrangen auf jedem Spant (Abb. 128 und 129). Dieses System wird heute fast ausschliefslich angewendet.

Die Bodenwrangen laufen hier vom Mittelträger bis zur Randplatte durch und erhalten die volle Höhe des Doppelbodens, so dafs die Decke des Doppelbodens unmittelbar auf der Oberkante der Bodenwrangen ruht (Abb. 128 und 129).

Zwischen den Bodenwrangen wird bei mittleren Schiffen ungefähr in der Mitte zwischen Mittelträger und Randplatte **eine** (Abb. 128) und bei grofsen Schiffen werden im Abstand von höchstens 2,59 m (= $8\,^{1}/_{2}$ Fufs engl.) zwei (Abb. 129), bisweilen drei eingeschobene Platten angeordnet, welche interkostale Längsträger bilden.

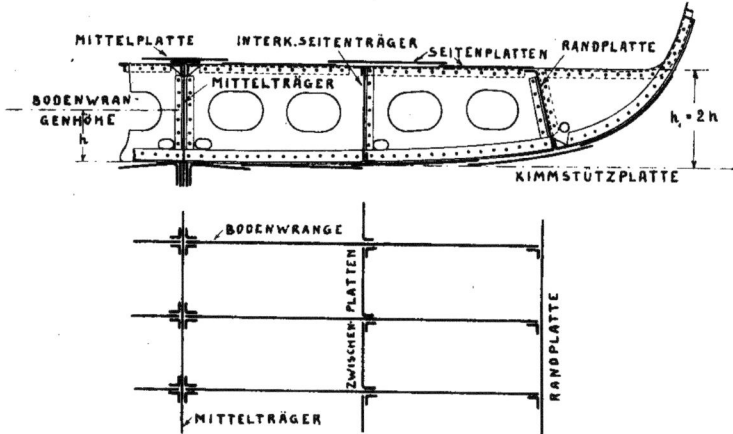

Abb. 128. Doppelboden mit hohen Bodenwrangen auf jedem Spant (mit einem Seitenträger).

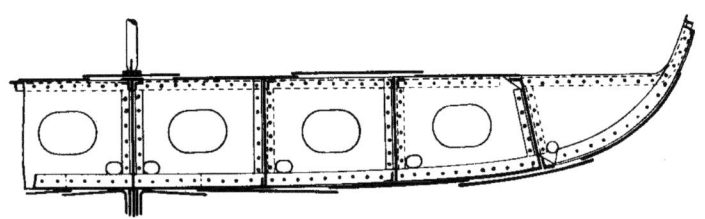

Abb. 129. Doppelboden mit hohen Bodenwrangen auf jedem Spant (mit zwei Seitenträgern).

Mittelträger und Spantwinkel werden hier ebenso wie bei Doppelböden nach dem Längsspantensystem angeordnet; die beiden Bodenwrangenhälften werden mit je zwei Winkeln vom Profil der Gegenspanten mit dem Mittelträger verbunden (Abb. 130). Nur nach den Enden zu, wo die Breite des Doppelbodens weniger als $^1/_2$ B (halbe Schiffsbreite) beträgt, genügt ein Winkel zur Befestigung.

Dicke der Bodenwrangen $8 \div 16$ mm.

Die Bodenwrangen erhalten mehrere Erleichterungs- bzw. Mannlöcher und werden meistens an ihrer Oberkante rechtwinklig geflanscht (umgebördelt), wodurch man den Winkel für die Befestigung der Doppelbodendecke spart. Die Bodenwrangen müssen dann jedoch zur Erzielung gleicher Steifigkeit um 1 mm stärker als sonst gewählt werden (d. h. $= 9 \div 17$ mm).

Die Spanten können im Bereich des Doppelbodens das Profil der Gegenspantwinkel erhalten.

Die eingeschobenen Platten der Seitenträger erhalten dieselbe Stärke wie die Bodenwrangen ($8 \div 16$ mm) und werden durch Winkel ($65 \times 65 \times 7{,}5$ bis $100 \times 100 \times 15$ mm) mit dem Schiffsboden, den Bodenwrangen und der Doppelbodendecke verbunden, mit den letzteren beiden vielfach auch durch Flansche (Abb. 128), jedoch ist ihre Dicke dann um 1 mm zu erhöhen.

Auf $^1/_5\,L$ vom Vorsteven ist zur besonderen Versteifung des Vorschiffes der Abstand der Seitenträger voneinander nicht gröfser als zwei Spantentfernungen zu nehmen, oder es

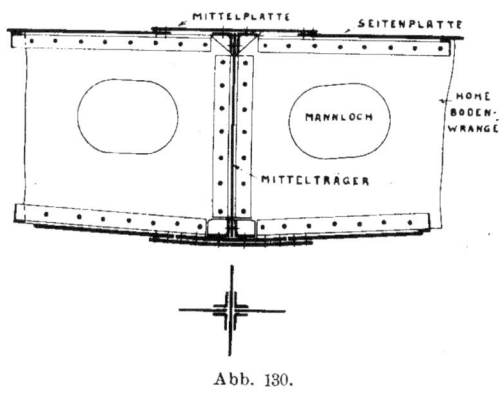

Abb. 130.

sind weitere Zwischenplatten von halber Höhe zwischen die bereits vorhandenen Seitenträger einzubauen.

Im Maschinenraum werden über seine Länge je nach der Gröfse der Maschinenanlage noch ein bis zwei weitere Seitenträger auf jeder Schiffsseite angeordnet, damit das Gewicht der Maschine besser aufgenommen wird.

Der Unterschied zwischen dem Längsspantensystem (Nr. 2) und dem Bodenwrangensystem (Nr. 3) besteht der Hauptsache nach darin, dafs bei dem ersteren die Längsträger in verhältnismäfsig kleinen Abständen (etwa 1,2 m) ununterbrochen durchlaufen, während die Bodenwrangen gröfstenteils fortfallen oder durch Stütz- und Eckplatten ersetzt werden. Bei dem Bodenwrangensystem dagegen gehen die Bodenwrangen ununterbrochen durch, und zwar an jedem Spant, während die Längsträger durchbrochen werden; oder, was dasselbe ist, die Längsträger werden aus kurzen Zwischenplatten zwischen die Bodenwrangen eingebaut, und zwar in verhältnismäfsig grofsen seitlichen Abständen (2,5 m).

Bei sehr grofsen Schiffen, bei welchen die Doppelbodenbreite über 15,54 m beträgt und für welche zu beiden Seiten vom Mittelträger drei Seitenträger erforderlich werden, wendet man zweckmäfsig ein **gemischtes System** an (aus Nr. 2 und 3 vereinigt), indem man den mittleren der drei Seitenträger ununterbrochen durchlaufen läfst, die Bodenwrangen an dieser Stelle durchschneidet und ihre Enden durch je zwei Winkel vom Profil der Gegenspanten mit dem durchlaufenden Seitenträger verbindet.

Die **Abmessungen** der einzelnen Teile der vorstehend beschriebenen Doppelböden, mögen sie nun nach dem einen oder anderen System ausgeführt werden, richten sich nach der Schiffsgröfse bzw. der Längsnummer QL.

Naturgemäfs wendet man einen Doppelboden erst bei mittleren Schiffen (von $QL = 500$) an.

Die Höhe des Doppelbodens soll im allgemeinen nicht weniger als $800 \div 900$ mm betragen, damit alle Abteilungen desselben zum Rostkratzen und Streichen mit Hilfe der Mannlöcher befahrbar sind.

Entsprechend $QL = 505 \div 7400$ schwanken die Abmessungen wie folgt:

Höhe des senkrechten Mittelträgers, gemessen von Oberkante Kiel bzw. bei System 1 von Oberkante Bodenwrange bis zur Doppelbodendecke: von $760 \div 1510$ mm.

Dicke des senkrechten Mittelträgers: von $9 \div 22$ mm.

Dicke der Seitenträger bzw. Längsspanten im Kesselraum: von $9,5 \div 17,5$ mm.

Dicke der Seitenträger bzw. Längsspanten im Lade- und Maschinenraum: von $8 \div 16$ mm (im Maschinenraum wird die Anzahl der Seitenträger gegenüber dem Laderaum auf jeder Seite um ein bis zwei vermehrt).

Breite der Randplatte ohne Flansch: von $410 \div 1170$ mm.

Dicke der Randplatte im Lade- und Maschinenraum: von $8 \div 18,5$ mm.

Dicke der Randplatte im Kesselraum: von $10 \div 18,5$ mm.

Längswinkel an der Randplatte: von 70 × 70 × 8 bis 130 × 130 × 19 mm.
Längswinkel und senkrechte Winkel an den Seitenträgern: von 65 × 65 × 7,5 bis 100 × 100 × 15 mm.
Beplattung der Doppelbodendecke:
Breite der wagerechten Mittelplatte: von 770 ÷ 1220 mm.
Dicke der wagerechten Mittelplatte für $^1/_2$ L mittschiffs: von 9 : 19,5 mm.
Dicke der wagerechten Mittelplatte an den Enden: von 7,5 ÷ 16,5 mm.
Dicke der zwischen Mittelplatte und Randplatte gelegenen seitlichen Deckplatten im Laderaum: von 6,5 ÷ 15 mm.
desgl. im Maschinenraum: von 8,5 ÷ 18 mm.
desgl. im Kesselraum: von 11,5 ÷ 18 mm.

In dem senkrechten **Mittelträger** dürfen **keine Mannlöcher** angebracht werden, damit das Wasser beim Schlingern nicht überschiefst, wohl aber kleine Wasserlauflöcher (50 ÷ 80 mm Durchmesser). In den Seitenträgern, hohen Bodenwrangen und der Doppelbodendecke sollen nicht mehr und nicht gröfsere Mannlöcher angeordnet werden, als notwendig sind, um an alle Stellen des Innenraumes des Doppelbodens gelangen zu können.

Im Bereich des Doppelbodens können die Plattengänge der Aufsenhaut dünner als sonst gewählt werden, und zwar:

bei Platten unter   12 mm Dicke um 0,5 mm,
„ „   von 12 ÷ 15 „   „ „ 1 „
„ „   „ 15 ÷ 18 „   „ „ 1,5 „
„ „   „ 18 mm und mehr Dicke um 2 mm.

Da die Randplatte und ihr wasserdichter Winkel an der Aufsenhaut ununterbrochen durchlaufen, so müssen die **Spant- und Gegenspantwinkel an der Randplatte durchschnitten** werden. Sie bestehen vielfach aus einem gemeinsamen **Ersatzprofil**, gewöhnlich aus einem ⌶-Eisen.

Um die durch das Durchschneiden der Spanten eingetretene Verschwächung wieder auszugleichen, wendet man an jedem Spant sogenannte **Kimmstützplatten** und ferner noch eine Anzahl von **Deck-** oder **Fächerplatten** an.

Die **Kimmstützplatten** (Abb. 131) (8 ÷ 17,5 mm stark) werden mit der Randplatte durch einen einfachen Winkel vom Profil der Gegenspanten mit mindestens 5 ÷ 10 Nieten (entsprechend QL unter 1080 und bis über 5380; Randplattenbreite hierbei = 570÷1070 mm) gut verbunden. Mit ihren äufseren Enden läfst man sie bis zur 2 fachen und bei Hochspanten bis zur 2,5 fachen Höhe der gewöhnlichen Boden-

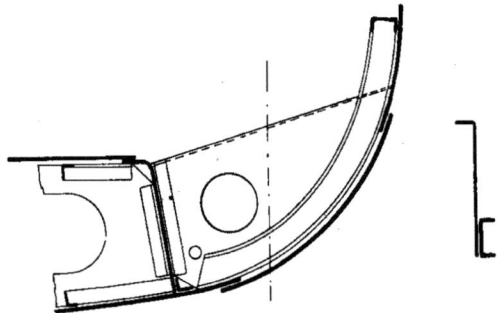

Abb. 131. Kimmstützplatte (an jedem Spant).

wrangen mittschiffs hinaufreichen, d. h. etwa 800÷2240 bzw. 1000÷2800 mm hoch, gemessen an der Schiffsseite von einer durch die Oberkante Kiel gelegten wagerechten Geraden bis zur obersten Spitze der Kimmstützplatte.

Die Kimmstützplatten erhalten an ihrer schrägen Oberkante einen Garnierwinkel (falls kein besonderes Gegenspant vorhanden ist, wie in Abb. 128), der vom Spantwinkel aus abgebogen und an der Stützplatte entlang geführt wird. Sie können statt dessen auch geflanscht werden (Abb. 131), müssen dann aber um 1 mm stärker als sonst gewählt werden.

Zur besseren Verbindung zwischen den durchschnittenen Spanten und Gegenspanten und dem Doppelboden werden auf die senkrechten Kimmstützplatten noch wagerechte Deck- oder **Fächerplatten** (Abb. 132, s. auch Abb. 85) gelegt, welche auf der Doppelbodendecke oder besser auf dem um so viel breiter gewählten Flansch der Randplatte vernietet werden. Sie werden angeordnet:

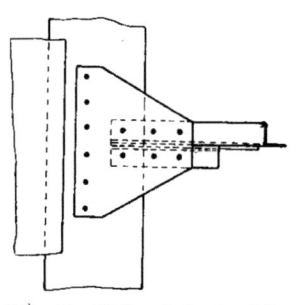

Abb. 132. Fächerplatte (an jedem zweiten bis sechsten Spant).

bei QL unter 1400 an jedem sechsten Spant,
„ $QL = 1400$ und unter 2400 an jedem vierten Spant,
„ $QL = 2400$ „ „ 2800 „ „ dritten „
„ $QL = 2800$ „ „ 3200 „ „ zweiten „
„ $QL = 3200$ und darüber an jedem Spant.

Sind Rahmenspanten oder Hochspanten als Ersatz für schwere Raumbalken vorhanden, so werden die Fächerplatten in etwas dichteren Abständen angewendet, nämlich:

bei QL unter 1400 an jedem vierten Spant,
„ $QL = 1400$ und unter 2400 an jedem zweiten Spant,
„ $QL = 2400$ und darüber an jedem Spant.

Alle Fächerplatten sind mit der Randplatte bzw. Doppelbodendecke sowie dem Winkel an der Oberkante der Kimmstützplatte durch mindestens sechs Niete zu verbinden.

Um nicht allzugrofse **Abteilungen im Doppelboden** zu erhalten (wegen der entsprechend der Gröfse um so heftigeren Bewegung des Wassers bei nicht vollständig gefüllten Abteilungen und mit Rücksicht auf eintretendes Leckwerden), ist ein im Schiff von vorn bis hinten durchlaufender Doppelboden nach den Vorschriften des Germanischen Lloyds durch wasserdichte Bodenwrangen wie folgt zu zerlegen:

bei einer Schiffslänge L unter 60 m in vier Abteilungen,
„ „ „ $L = 60$ und unter 80 m in fünf Abteilungen,
„ einer Schiffslänge $L = 80$ und unter 100 m in sechs Abteilungen,

usw. bei je 20 m gröfserer Länge um eine Abteilung mehr, so dafs bei $200 \div 220$ m Länge sich zwölf Abteilungen ergeben würden.

Aufserdem ist, wenigstens in den mittleren Abteilungen, auch der Mittelträger tunlichst wasserdicht herzustellen.

Zwischen dem hinteren Maschinenschott und der davor liegenden Bodenwrange wird meistens zur Ansammlung des Bilgewassers (das ist das Leck- und Kühlwasser, Öl usw. oberhalb des Doppelbodens im Maschinenraum) ein sogenannter **Brunnen** oder Pumpsood angeordnet. Die Randplatten und die Doppelbodendecke müssen am Brunnen Rückschlagventile erhalten, welche das Zurücktreten des Bilgewassers verhindern.

Alle Bodenwrangen und Seitenträger sind dicht über ihren unteren Verbindungswinkeln mit den erforderlichen **Wasser-**

lauflöchern zu versehen (Durchmesser etwa 100 mm), damit das Wasser gut zu den Pumpen gelangen kann. Andererseits ist unter der Doppelbodendecke für gute Luftdurchströmung zu sorgen, entweder durch Anordnung von besonderen **Luftlöchern** oder dadurch, dafs man unter den abliegenden Gängen der Doppelbodendecke Zwischenräume in den Füllstreifen anbringt.

Ferner sind am vorderen und hinteren Ende einer jeden wasserdichten Doppelbodenabteilung an jeder Bordseite (also im ganzen vier), bei wasserdichtem Mittelträger aufserdem noch an jeder Seite dieses Mittelträgers je ein **Luftrohr** (also für jede Abteilung, die jetzt vom Mittelträger bis zur Schiffswand reicht, wiederum im ganzen vier) von etwa 50 mm Durchmesser anzubringen. Im Vor- und Hinterschiff genügt an den Enden des Doppelbodens je ein Rohr.

Vernietung des Doppelbodens:

Stöfse des senkrechten Mittelträgers: dreifach mit doppelten Stofsblechen oder auch überlappt;

Stöfse der Seitenträger (falls der Doppelboden nach dem Längsspantensystem gebaut ist) und ebenso die Stöfse der wagerechten Mittelplatte und der Randplatte:
bei QL unter 1600 doppelt;
„ $QL = 1600 \div 3700$: auf $1/2\ L$ mittschiffs dreifach, an den Enden doppelt;
„ QL über 3700: durchweg dreifach;

Stöfse der übrigen zwischen Mittelplatte und Randplatte gelegenen Platten der Doppelbodendecke:
bei QL unter 2620: auf $1/2\ L$ mittschiffs doppelt, a. d. E. einfach.
„ QL über 2620: durchweg doppelt;

Längsnähte der Doppelbodendecke:
bei QL unter 820: überall einfach;
„ $QL = 820 \div 3300$: Längsnähte der Mittelplatte doppelt, bei allen übrigen Platten einfach;
„ $QL = 3300 \div 4240$: Längsnähte der Mittelplatte und des daneben liegenden Ganges doppelt;
„ $QL = 4240 \div 5030$: alle Längsnähte auf $1/2\ L$ doppelt, an den Enden einfach;
„ QL über 5030: alle Längsnähte über die ganze Länge doppelt.

Jede Abteilung des Doppelbodens ist mit einem Wasserdruck entsprechend einer Wassersäule bis zur Tiefladelinie auf Dichtigkeit zu prüfen.

Heutzutage erhalten fast alle grofsen Dampfer einen Doppelboden; nur die Segelschiffe machen meistens eine Ausnahme davon.

Die **Vorteile eines Doppelbodens** bestehen in folgendem:
a) die Längsschiffsfestigkeit wird bedeutend erhöht, was bei den langen Schiffen der Neuzeit sehr wesentlich ist;
b) bei Grundberührungen wird nur die betreffende Abteilung des Doppelbodens leck; das Wasser kann infolgedessen nicht weiter in das Schiff eindringen;
c) der Doppelboden dient zur Aufnahme des für die Kessel nötigen Frischwassers;
d) er wird zum Trimmen, d. h. Herbeiführung eines bestimmten Tiefgangs vorne und hinten, benutzt;
e) er ist ein bequemes Mittel zum Beballasten von Schiffen, welche ohne Ladung über See gehen.

24. Die Längsspanten.

Dieselben sind aus hohen Platten und Winkeln hergestellte Längsträger (ähnlich wie in dem Doppelboden nach dem Längsspantensystem), welche im Schiffsboden und an den Schiffsseiten in verhältnismäfsig kleinen Abständen (etwa 1,20 m) angeordnet werden und zur Unterstützung der Aufsenhaut dienen. Die letztere ist in diesem Fall querschiffs nur durch Rahmenspanten in Entfernungen von 4÷6,5 m versteift, während die gewöhnlichen Querspanten fortfallen.

Die Längsspanten können dabei durch die Rahmenspanten durchgehen oder an denselben aufhören und mit ihnen gut verbunden werden.

Die Längsfestigkeit eines Schiffes wird durch die Längsspanten erheblich erhöht, ohne dafs die Querschiffsfestigkeit leidet, und das Gesamtgewicht wird kleiner. Bei einem Schiff von z. B. 3000 Tonnen Ladefähigkeit spart man etwa 160 Tonnen am Baugewicht des Schiffskörpers.

Trotzdem eignet sich dieses System nicht für Handelsschiffe, da die Längsspanten ihrer Höhe wegen den Laderaum zu sehr beschränken. Wird es jedoch angewandt, so stellt man im Schiffsboden die Längsspanten parallel zur Mittellinie und senkrecht zur Schwimmebene, aus Gründen der leichteren und billigeren Bauweise. In der Kriegsmarine dagegen baut man die Längsspanten so, dafs sie an jeder Stelle senkrecht zur Querkurve (Spantkurve) der Aufsenhaut stehen. Die Folge davon ist, dafs das Längsspant über die Länge des Schiffes hin eine gewundene Form erhält, und dafs die zwischengebauten Bodenstücke an jeder Stelle eine andere Form haben. Der Wasserdruck wird dadurch allerdings stets in der günstigsten Weise aufgenommen, aber die Längsfestigkeit des Schiffes nimmt wegen des kleiner werdenden Widerstandsmomentes ab.

25. Die Außenhaut.

(Siehe auch Tafel 12.)

Die Aufsenhaut bildet den Abschlufs des Schiffskörpers nach aufsen hin und besteht aus einer Anzahl von **Plattengängen** oder **Plattenstraken**, welche auf den Spanten in der Regel vom Vor- zum Hintersteven durchlaufen.

Die **Plattengänge** werden in verschiedener Weise miteinander vernietet. Am üblichsten ist es, die Gänge abwechselnd als an- und abliegende (Abb. 133a) anzuordnen, wobei es Regel ist, den obersten, den sogenannten Oberdecksschergang, und bei vorstehendem Kiel auch den untersten, den sogenannten Kielgang, als abliegende Gänge anzunehmen, und zwar den letzteren aus dem Grunde, um ihn bei Beschädigungen leichter abnehmen zu können. Bei einem Flachkiel dagegen ist dieser den Beschädigungen am meisten ausgesetzt und wird deshalb nach aufsen gelegt, so dafs die daneben liegenden Kielgänge anliegend anzuordnen sind.

Alle anliegenden Gänge werden unmittelbar auf den Spantwinkeln vernietet, die abliegenden dagegen müssen Füllstreifen erhalten.

Bei gerader Anzahl der zwischen Kielgang und Schergang liegenden Gänge mufs ein Gang klinkerartig angeordnet werden (Abb. 133b).

Da der Umfang des Hauptspantes gröfser ist als die Umfänge der nach den Enden zu gelegenen Spanten, so ergibt sich, dafs die Breite der Plattengänge nach den Schiffsenden hin abnehmen mufs. Im allgemeinen behält man aber für den

Schergang von vorne bis hinten die gleiche Breite annähernd bei, weil meistens in ihm die Seitenfenster eingeschnitten werden. Ebenso läfst man auch die Platten des **Kielganges** nur wenig in ihrer Breite abnehmen.

Bei besonders **völligen** Schiffen ist es nicht immer möglich, ohne eine sehr bedeutende Schmälerung der Plattengänge am Vor- und Hinterschiff auszukommen. Man hilft sich dann in der Weise, dafs man vorne und hinten, auf etwa $^1/_6\, L$ von den Steven entfernt, mehrere der Unterwassergänge **tot auslaufen**, d. h. aufhören läfst. Es ist jedoch an der betreffenden Stelle für eine wasserdichte Vernietung Sorge zu tragen, etwa nach Abb. 134 und 135.

Bei der **Anordnung der Plattenstrake** ist namentlich darauf zu achten, dafs die Platten bei der Bearbeitung möglichst nur nach **einer** Richtung gekrümmt zu werden brauchen, so also, dafs die in der Querrichtung stark gekrümmten Platten in der Längsrichtung nicht mehr gekrümmt werden, und umgekehrt, und zwar deshalb, weil die nach **zwei** Richtungen gekrümmten Platten nicht mehr auf der Blechbiegemaschine (durch Walzen) gebogen werden können, sondern eine umständliche und schwierige Handarbeit erfordern.

Man erreicht einen nach den aufgestellten Gesichtspunkten günstigen Verlauf der Plattenstrake am besten dadurch, dafs man nach dem Konstruktionsrifs ein hölzernes Halbmodell, das sogenannte **Blockmodell,** des Schiffes herstellt (s. S. 262) und auf diesem den Verlauf der Strake mit Hilfe dünner Latten in der Weise festlegt, dafs man sie durch kleine Stiftchen (Stecknadeln) auf dem Modell anheftet. Dieses mufs jedoch möglichst so geschehen, wie es die Latte selber durch williges Anschmiegen an die gekrümmte Oberfläche angibt. Hierbei ergeben sich auch von selber die **totauslaufenden** Gänge.

Neben der Verbindung der Plattengänge miteinander als **an- und abliegende** Gänge wurden früher die Plattengänge vielfach **klinkerartig**, d. h. mit einer Längskante über-, mit der anderen unterfassend, angeordnet (Abb. 133 b). Doch hat diese Konstruktion den Nachteil, dafs an den Spanten **keilförmige** Unterlagstreifen angebracht werden müssen und hierbei ein gutes Anliegen schwierig zu erreichen ist.

Seit einer Reihe von Jahren hat sich eine Bauweise eingeführt, bei welcher **alle** Plattengänge als **anliegende** angeordnet werden, indem man die Längskanten der sonst abliegenden Gänge mit Hilfe besonderer Maschinen, der **Jogg-**

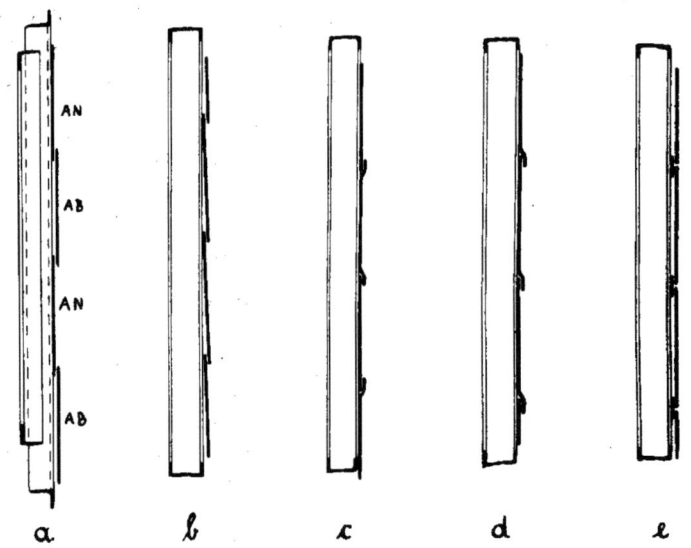

Abb. 133. Anordnung der Aufsenhautgänge.
a an- und abliegende Gänge. *b* Klinkergänge. *c* und *d* gejoggelte Platten.
e Nahtstreifen.

lings-Maschinen, flanscht (joggelt), so dafs sie über die anliegenden Platten übergreifen (Abb. 133 *c d*).

Die Anordnung 133 *e* (Nahtstreifen) wird hin und wieder bei Eisbrechern zur Erzielung einer vollständig glatten Aufsenhaut angewendet.

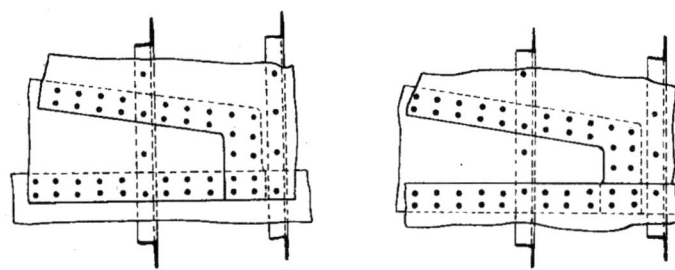

Abb. 134. Tot auslaufender Klinkergang.   Abb. 135. Tot auslaufender anliegender Gang.

Die **Quernähte (Stöße)** der Platten werden zurzeit meistens durch Überlappung, und zwar des Wasserwiderstandes wegen

klinkerförmig von vorne nach hinten gehend, verbunden, während man früher die Kopfenden der Platten meistens stumpf zusammenstofsen liefs und eine einfache Lasche an die Innenseite legte. Bei grofsen Schiffen wird dazu noch eine zweite Lasche aufsen angeordnet bzw. bei Überlappungen eine sogenannte Gegenlasche im Inneren (vgl. Abb. 138÷140).
Der Stofs ist immer in die Mitte zwischen zwei Spanten zu legen. Aufserdem ist dafür zu sorgen, dafs die Stöfse gut verschiefsen (Abb. 136). Es sollen
bei benachbarten Plattengängen die Stöfse um mindestens zwei Spantentfernungen voneinander entfernt liegen,
bei zwei durch einen dazwischen liegenden Gang getrennten Plattengängen um eine Spantentfernung, und zwischen zwei senkrecht übereinander liegenden Stöfsen sollen sich mindestens zwei volle Plattengänge befinden.

Die Stöfse der Kielgänge müssen mindestens zwei Spantentfernungen voneinander und ebenso weit von den Stöfsen des Kiels entfernt bleiben.

Die Stöfse der Schergänge müssen ferner noch um wenigstens zwei Spantentfernungen gegen die Stöfse der Deckstringer verschiefsen.

Zur besseren Übersicht der Platteneinteilung fertigt man gewöhnlich den sogenannten Pattenplan oder die **Plattenabwicklung** (Abb. 136 u. Tafel 12) an, welche in folgender Weise entsteht.

Man setzt von einer den Kiel darstellenden Geraden senkrecht zu ihr die

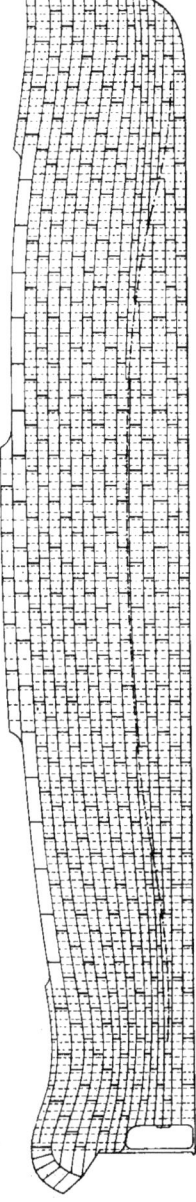

Abb. 136. Aufsenhautabwicklung.

einzelnen Spanten als gerade Linien ab und trägt auf jeder dieser Senkrechten eine Länge ab, welche dem vom Blockmodell entnommenen Spantumfang entspricht. Ebenso überträgt man die Schnittpunkte der einzelnen Plattengänge (Strake) mit den Spanten, und verbindet nun alle entsprechenden Punkte miteinander durch Kurven. Es entstehen so einzelne Streifen, die **Gänge**, deren **Breite** überall genau der Breite des betreffenden Plattenganges entspricht, deren **Länge** jedoch **nicht gleich der wirklichen** Länge der Platte ist, da die Aufsenhaut nur in der Höhenrichtung, nicht aber auch in der Längsrichtung abgewickelt ist.

Bei Anordnung eines **Doppelbodens** mufs bei der Plattenverteilung dafür Sorge getragen werden, dafs die Vernietung der Randplatte mit der Aufsenhaut möglichst wenig mit den Längsnähten der Plattengänge zusammenfällt. Läfst sich dieses nicht vermeiden, so gibt man den Längsnähten die Form einer gebrochenen, hakenförmigen Linie, welche der Randplattenwinkel nahezu rechtwinklig kreuzt (Abb. 136).

Stärke der Plattengänge:

Die Plattengänge des Schiffsbodens und der Schiffsseiten sind fast gleich stark;

die **Bodengänge bis Oberkante Kimm** $= 3{,}5 \div 26$ mm für $^1/_2\,L$ mittschiffs, an den Enden $3{,}5 \div 18{,}5$ mm;

die **Seitengänge** $= 3{,}5 \div 25$ mm für $^1/_2\,L$ mittschiffs, an den Enden $3{,}5 \div 18{,}5$ mm;

der **Kielgang** wird etwas kräftiger gewählt: $4{,}5 \div 27{,}5$ mm für $^1/_2\,L$ mittschiffs, an den Enden $4 \div 23$ mm, am hinteren Ende bei Schraubenschiffen $4 \div 24$ mm;

ebenso wird der **Schergang** besonders stark genommen ($5 \div 28$ mm für $^1/_2\,L$ mittschiffs, an den Enden $4{,}5 \div 18{,}5$ mm), da er von allen Gängen die gröfste Beanspruchung erfährt. Auch für seine **Breite** wird ein bestimmtes Mafs vorgeschrieben ($520 \div 1220$ mm), und zwar soll bei Dampfschiffen $^1/_4$, bei Segelschiffen $^1/_3$ seiner Breite oberhalb des Hauptdeckstringers zu liegen kommen;

Spardeck- und Sturmdeckschiffe erhalten aufser dem Schergang am Hauptdeck einen **Schergang am Spardeck** ($9{,}5 \div 19{,}5$ mm für $^1/_2\,L$ mittschiffs, an den Enden 8 bis 14,5 mm)

bzw. am **Sturmdeck** ($6{,}5 \div 16$ mm für $^1/_2\,L$ mittschiffs, an den Enden $5{,}5 \div 13{,}5$ mm stark). Die Breite ist dieselbe wie bei dem Hauptdeckschergang.

Bei besonderen Verhältnissen (wenn die Länge L des Schiffes die zehnfache Seitenhöhe H' übersteigt) wird der Hauptdeckschergang über $2/3\ L$ mittschiffs nach dem Verhältnis $\dfrac{L}{10\ H'}$ stärker gewählt. (Der Wert von $\dfrac{L}{10\ H'}$ steigt von Werten unter 1 bis auf höchstens 1,8.)

Ergibt sich die Vermehrung der Dicke $= 4{,}5$ mm und mehr, oder überschreitet die Dicke des verstärkten Scherganges selber 25 mm, so verdoppelt man die Deckstringer durch Platten von der Dicke des unterhalb liegenden Seitenganges der Aufsenhaut.

Bei grofsen und langen Schiffen werden diese Verstärkungen vielfach auch noch auf den **nächsten Gang** unter dem Schergang oder auf das **Deck** mit verteilt, besonders dann, wenn eine Verdopplung des Scherganges ohnehin schon wegen der Verschwächung durch eine grofse Anzahl Seitenfenster erforderlich ist. Da der erste Seitengang unter dem Schergang ein Innengang ist, so legt man bei ihm die Dopplungsplatten naturgemäfs nach aufsen.

Werden in der Aufsenhaut **Öffnungen** angeordnet, z. B. für Rohrleitungen, Ventile, Fenster, Türen usw., so müssen die dadurch entstehenden Verschwächungen durch entsprechende **Dopplungen** wieder ausgeglichen werden. Die Länge und Breite der Dopplungsplatten bzw. der äufsere Durchmesser der Dopplungsringe mufs mindestens doppelt so grofs sein wie die entsprechenden Mafse der Öffnungen.

Bei Schiffen, die im Verhältnis zur Seitenhöhe sehr lang sind ($L = 10\ H'$ bis $18\ H'$), werden ferner, je nachdem $QL = 465 \div 7150$ ist, noch $1 \div 3$ Kimmgänge über $1/2\ L$ mittschiffs um $1 \div 3$ mm verstärkt, bzw. es werden $1 \div 2$ Kimmgänge gedoppelt.

Stärke der Außenhautplatten an den Schiffsenden:

Die für das Hauptspant gewählte Stärke der Aufsenhautplatten behält man nur für die mittlere halbe Schiffslänge bei und macht sie **nach den Steven zu etwas schwächer**, da die Schiffsenden weniger beansprucht sind.

Nur die **Bugplatten** zur Verstärkung des Vorschiffes für Schiffe, welche regelmäfsig in Häfen verkehren, die einen grofsen Teil des Jahres mit Eis besetzt sind, und welche das Fahrtzeichen E (Eisverstärkung, [siehe S. 33]) erhalten sollen, und bei Schraubendampfern auch die **Heckplatten** werden stärker gewählt, und zwar wie folgt:

Die Platten, welche bei Einschraubendampfern die **Sternbuchse** und das Auge des Hintersteuens bzw. bei Doppelschraubenschiffen diejenigen, welche die Schraubenwellen (als sogenannte Wellenhosen) decken, erhalten,

wenn QL weniger als 930 beträgt: die Dicke der **Mittschiffsplatten** (d. h. $= 3,5 \div 11,5$ mm);

bei $QL = 930$ bis 1770 werden sie um 1,5 mm dicker als mittschiffs gewählt (d. h. $= 13 \div 16$ mm);

„ $QL = 1700$ und mehr werden die Platten, welche die Sternbuchse decken, sowie die beiden nächsten Platten darüber und darunter (also im ganzen drei Platten) um 4 mm dicker gewählt als mittschiffs (d. h. $= 17 \div 29$ mm).

Die Platten, welche aufser den vorerwähnten Gängen oberhalb und unterhalb der Schraubenwelle an den **Schraubensteven** genietet werden, erhalten alle diejenige Dicke, welche für die betreffenden Gänge **mittschiffs** vorgeschrieben ist ($3,5 \div 26$ mm); nur bei Schiffen, deren QL unter 700 ist, können die **oberhalb** der Schraubenwelle liegenden Platten ihre Enddicke beibehalten.

Bei **Einschraubendampfern** über 107 m Länge werden die **unterhalb** der Schraubenwelle liegenden Platten mit dem Hintersteven durch **dreifache** Zickzacknietung verbunden.

Bei den Platten, welche um das **Auge des Hinterstevens** (durch welches die Schraubenwelle hindurchgeht) gelegt werden, ist zu vermeiden, dafs die Längsnaht der Plattengänge in eine der hohlen Kehlen zu liegen kommt. Genügt **eine Plattenbreite nicht zur Umfassung des Auges, so ordnet man die Naht in der Mitte auf dem Auge an.**

Am Vorder- sowohl als am Hintersteven läfst man des guten Aussehens und der schwierigeren Vernietung wegen (durch fünf Teile einschliefslich der Unterlagstreifen) alle Plattengänge als anliegende verlaufen, was man durch Zuschärfen der anliegenden Gänge in dem letzten Teil ihrer Längsüberlappungen erreicht (Abb. 137).

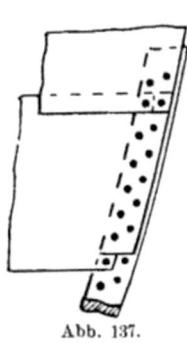

Abb. 137.

Abmessungen der Außenhautplatten:

Die Länge der einzelnen Platten soll, mit Ausnahme einiger Platten an den Enden des Schiffes, nicht weniger als sechs Spantentfernungen betragen, damit ein Verschießen der Stöße der benachbarten Gänge nach den oben (S. 133) aufgestellten Regeln erfolgen kann. Man macht jedoch die meisten Platten, besonders die wenig oder gar nicht gekrümmten, erheblich länger, etwa bis zu 10 m.

Die Breite beträgt ungefähr 1,2 m. Sie ist nicht zu groß zu wählen, erstens wegen der Krümmungen, zweitens weil ein Schiff mit mehr Längsnähten eine größere Längsschiffsfestigkeit und Steifigkeit besitzt als ein solches mit weniger Längsnähten.

Die Maße der Länge und Breite für die Bestellung der einzelnen Platten werden auf dem Blockmodell mit Hilfe eines Band- oder Papiermaßes ermittelt.

Vernietung der Außenhaut:

Die **Längsnähte** werden fast immer überlappt genietet (Abb. 133) (nur bei Eisbrechern bisweilen stumpf auf schmalen Nahtstreifen), und zwar:

> einfach, wenn die mittlere Dicke (das arithmetische Mittel) der Plattengänge zwischen Kiel und Schergang, auf $^1/_2\,L$ gemessen, weniger als 9 mm beträgt;
> bei $9 \div 11$ mm mittlerer Dicke werden die Längsnähte vom Kiel bis oberhalb der Kimm doppelt genietet;
> bei Dicken über 11 mm werden alle Längsnähte vom Kiel bis zum oberen durchlaufenden Deck doppelt genietet;
> bei Schiffen, deren Länge $160 \div 180$ m beträgt, werden zwei Längsnähte, und bei Schiffen über 180 m drei Längsnähte der Seitenwände dreifach genietet.

Die untere Längsnaht des Hauptdeckscherganges wird doppelt genietet, wenn die Dicke des daranstoßenden Ganges mehr als 8 mm beträgt.

Ist eine doppelte Nietung der Längsnähte durch die Plattendicke mittschiffs bedingt, so ist sie in der ganzen Länge des Schiffes beizubehalten. Die Nietung wird stets als Kettennietung ausgeführt (Nietreihenabstand $a = 3\,d$, Nietteilung $t = 4\,d$), ausgenommen in Kiel und Steven, wo Zickzacknietung ($t = 5\,d$) angewendet wird.

Mit dem Balkenkiel bzw. Flachkiel und den Steven

ist die Beplattung bei allen Schiffen mindestens durch doppelte Nietung zu verbinden.

Die **Quernähte** oder Stöfse der Aufsenhaut in den einzelnen Gängen können entweder durch Überlappung (heutzutage am üblichsten) oder durch Stofsbleche vernietet werden.

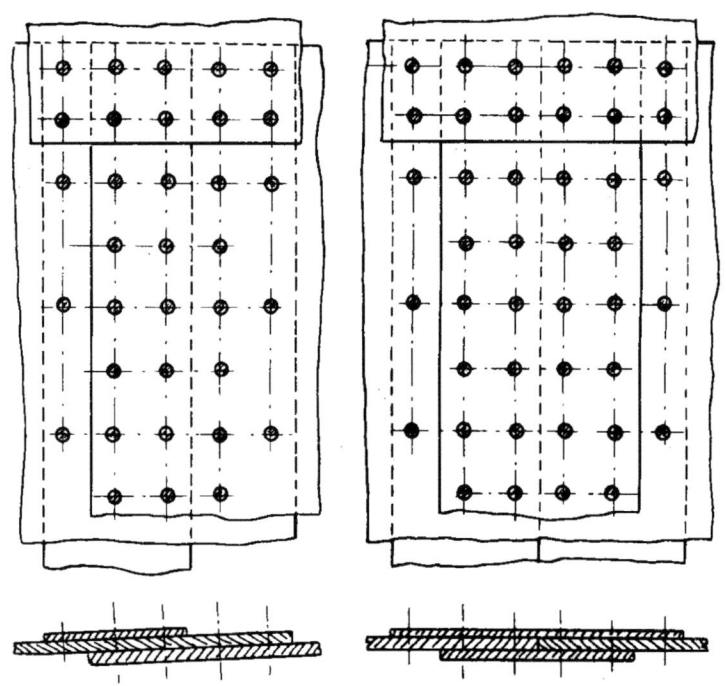

Abb. 138. Vierfache Überlappungsnietung mit Gegenlasche. Abb. 139. Doppellasche mit dreifacher innerer Nietung.

Für den Flachkiel und bei Schiffen mit Balkenkiel für die beiden Kielgänge, ferner für den Schergang ist es am zweckmäfsigsten, stets stumpfe Stöfse mit Stofsblechen zu verwenden.

Die Vernietung in den Stofsüberlappungen wird immer als Kettennietung ausgeführt mit einer Nietteilung $t = 3{,}5\,d$.

Ist QL unter 520, so erhalten die Stofsüberlappungen doppelte Vernietung;

„ $QL = 520 \div 1020$, so werden alle Stöfse auf $^1/_2\, L$ mittschiffs dreifach genietet;

„ $QL = 1020 \div 1760$, so werden alle Stöfse auf $^2/_3\, L$ mittschiffs dreifach genietet;

„ $QL = 1760 \div 2420$, so werden alle Stöfse auf der ganzen Länge dreifach genietet;

„ $QL = 2420 \div 3160$, so werden alle Stöfse auf $^1/_2\, L$ mittschiffs vierfach, vorne und hinten dreifach genietet;

„ $QL = 3160 \div 5300$, so werden alle Stöfse auf $^2/_3\, L$ mittschiffs vierfach, vorne und hinten dreifach genietet;

„ $QL = 5300$ und mehr, so erhalten alle Stöfse auf $^1/_2\, L$ mittschiffs vierfache Nietung mit Gegenlaschen (Abb. 138), vorne und hinten vierfache Nietung ohne Gegenlaschen.

Schergänge erhalten bei QL über 1820 auf $^2/_3\, L$ mittschiffs doppelte Stofsbleche mit zweifacher Nietung des äufseren Stofsbleches und dreifacher des inneren (Abb. 139).

Beträgt bei Schiffen mit QL unter 3160 die Breite der Aufsenhautplatten mehr als 1,4 m und bei Schiffen mit QL über 3160 die Breite mehr als 1,52 m, so erhalten die Stofsüberlappungen stets Gegenlaschen (Abb. 138 und 140).

Findet die Vernietung der Aufsenhautstöfse stumpf, mit Hilfe von Stofsblechen (Laschen) statt, so ist sie wie folgt auszuführen:

im Flachkiel und bei Schiffen mit Balkenkiel in den Kielgängen:
dreifach (Kettennietung), wenn QL gröfser ist als 130, und
vierfach (Zickzack), wenn QL gröfser als 2940 ist.

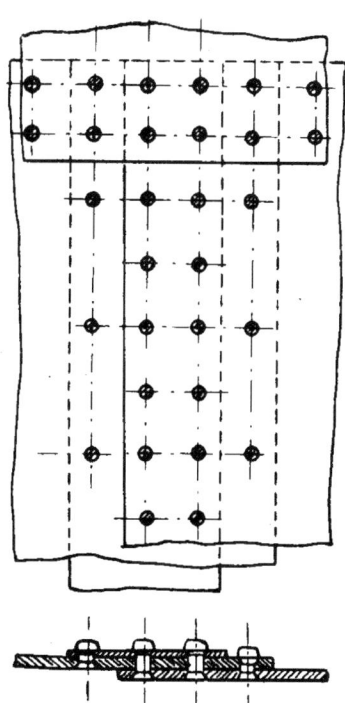

Abb. 140. Dreifache Überlappungsnietung mit Gegenlasche.

Die übrigen Plattengänge erhalten bei Schiffen mit QL unter 520 doppelte Kettenietung.

Dreifach genietet werden:

bei $QL = 520 \div 760$: auf $^1/_2\,L$ mittschiffs der Hauptdeckschergang und zwei Kimmgänge;

„ $QL = 760 \div 1010$: auf $^1/_2\,L$ mittschiffs der Hauptdeckschergang und drei Kimmgänge;

„ $QL = 1010 \div 1275$: auf $^1/_2\,L$ mittschiffs der Haupt- und Zwischendeckschergang, drei Kimmgänge sowie sämtliche abliegenden Gänge der Aufsenhaut im Boden bis Unterkante Kimm;

„ $QL = 1275 \div 1540$: auf $^1/_2\,L$ mittschiffs der Haupt- und Zwischendeckschergang sowie sämtliche Gänge des Bodens (auch die anliegenden) bis Unterkante Kimm;

„ $QL = 1540 \div 1820$: auf $^1/_2\,L$ mittschiffs sämtliche Gänge der ganzen Aufsenhaut;

„ $QL = 1820 \div 3070$: auf $^3/_4\,L$ mittschiffs erhält der Hauptdeckschergang und ein Kimmgang doppelte Stofsbleche;

„ $QL = 3070 \div 4180$: auf $^3/_4\,L$ mittschiffs erhält der Hauptdeckschergang, der darunter liegende Seitengang sowie vier Kimmgänge an jeder Schiffsseite doppelte Stofsbleche;

ist QL gröfser als 4180, so erhalten die inneren Stofsbleche der nach Vorstehendem mit doppelten Stofsblechen zu versehenden Stöfse eine vierfache Vernietung.

Die Stöfse der Aufsenhaut sind stets dreifach zu nieten, wenn die Breite der Gänge 1,27 m überschreitet, und für denselben Fall vierfach, wenn sonst schon eine dreifache Nietung vorgeschrieben ist.

Bei Aufbauten, welche von Bord zu Bord reichen, werden die Stöfse der Aufsenhautbeplattung mindestens doppelt genietet.

Über die Füllplatten der abliegenden Gänge an den wasserdichten Schotten siehe diese auf S. 110.

26. Das Schanzkleid.

(Abb. 141 und Tafel 12.)

Das Schanzkleid ist eine Fortsetzung der Aufsenhaut oberhalb des Oberdecks und dient dazu, das Deck bei bewegter

See vor dem Überfluten zu schützen und das Wegspülen von Gegenständen auf Deck zu verhindern.

Die Dicke des Schanzkleides beträgt 2,5÷10 mm, die Höhe 600 bis 1400 mm, je nach der Gröfse des Schiffes. Das Schanzkleid wird mit dem Schergang durch eine einfache Vernietung verbunden und an der oberen Kante durch ein Winkeleisen (65 × 65 × 7,5 bis 100 × 100 × 15 mm) verstärkt. Auf diesem wird gewöhnlich eine 150÷300 mm breite und 50÷90 mm dicke Planke aus Teakholz oder Eichenholz, die sogenannte Reling (Abb. 141), befestigt.

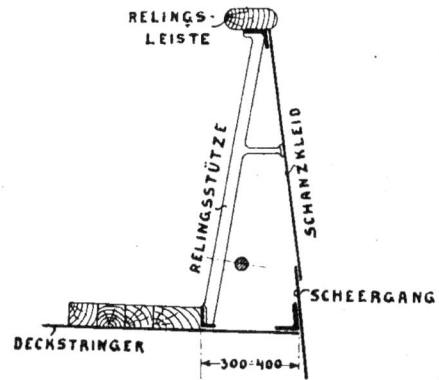

Abb. 141. Schanzkleid und Reling.

Statt der Holzreling werden vielfach auch eiserne nach Abb. 142 gewählt, besonders bei Kohlen-, Erzschiffen u. a.

Die Absteifung der Schanzkleidplatten nach innen zu erfolgt durch Rundeisenstützen von 32÷51 mm Durchmesser (Abb. 141) oder häufiger durch Wulstplattenstützen (Abb. 143), in Abständen von 2,5÷3 Spantentfernungen, höchstens jedoch = 1680 mm, bei Segelschiffen noch dichter, nämlich höchstens = 1520 mm, wenn $QL = 1500$ bis 2000 ist, und höchstens = 1220 mm, wenn QL über 2000 beträgt.

Da beim Übernehmen und Löschen der Ladung das Schanz-

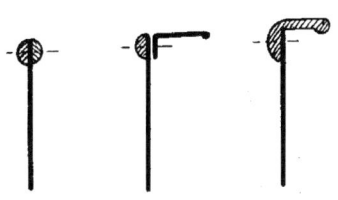

Abb. 142. Relingsleisten.

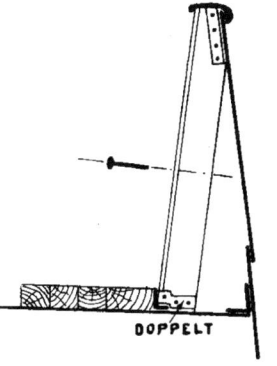

Abb. 143. Schanzkleidstütze.

kleid unter Umständen hinderlich ist, so werden häufig neben den Ladeluken Einschnitte in das Schanzkleid gemacht, welche bis nahe zum Deck herabreichen und durch starke eiserne Türen während der Fahrt des Schiffes geschlossen werden. Man nennt diese Öffnungen **Schanzkleidpforten**.

Aufser diesen sind in jedem Schanzkleid noch mehrere **Wasserpforten** an den tiefsten Stellen des Decks anzubringen, welche dem übergekommenen Wasser wieder schnellen Abflufs ermöglichen sollen. Die Wasserpforten sind gewöhnlich rechteckig, etwa $600 \div 1000$ mm lang und $400 \div 500$ mm hoch, mit stark abgerundeten Ecken, um ein Einreifsen zu verhindern. An der wagerechten oberen Kante hängen in Scharnieren frei bewegliche Klappen, welche nach aufsen schlagen. Sie öffnen sich selbsttätig für das vom Deck abfliefsende Wasser, welches sie aufdrückt, und schliefsen sich bei überkommenden Seen, welche die Klappen zudrücken. Bei ruhiger See können sie durch Vorreiber geschlossen gehalten werden. Die Verschwächung des Schanzkleides durch die Wasserpforten ist durch eine Dopplungsplatte auszugleichen.

27. Der Vorsteven.

Der Vorsteven bildet den vorderen Abschlufs des Schiffskörpers. Dampfer erhalten fast immer einen geraden, senkrechten oder nahezu senkrechten Vordersteven (Abb. 144), während alle gröfseren Segelschiffe (zur Bettung des Bugspriets) und viele Dampfjachten mit einem ausfallenden **Vorsteven** versehen sind (Abb. 145). Die letzteren nehmen im Dock und Hafen mehr Platz fort, sehen aber entschieden schöner aus.

Der Vorsteven besteht gewöhnlich aus einer schmiedeeisernen Schiene von dem Querschnitt des Balkenkiels (s. S. 55), mit welchem er durch eine einfache Überlappung, ebenso wie die einzelnen Stücke des Balkenkiels untereinander, verbunden wird.

Heutzutage wird der Vorsteven, wenn er in einen **Balkenkiel** übergeht, stets aus einem Stück angefertigt, da seine Länge für die Herstellung keine Schwierigkeit bietet. Sein Querschnitt wird vom Balkenkiel bis zur Tiefladelinie gleich demjenigen des Balkenkiels gewählt und von dort aus nach oben hin bis auf ungefähr $3/4$ seiner Querschnittsfläche verjüngt.

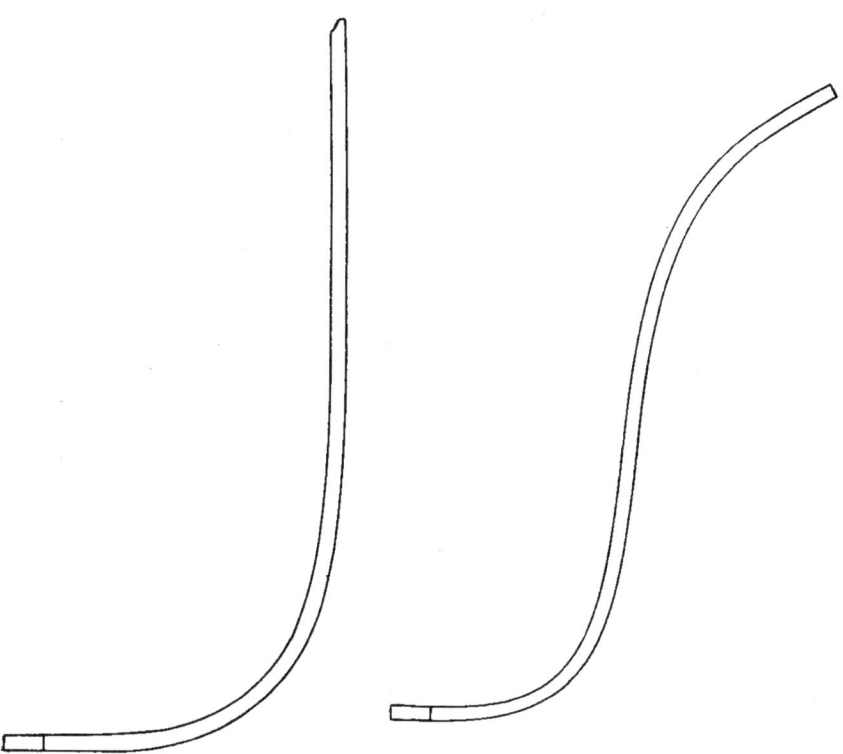

Abb. 144. Gerader Vorsteven für Dampfschiffe. Abb. 145. Ausfallender Vorsteven für Segelschiffe.

Handelt es sich um ein Schiff mit einem Flachkiel, so gibt man dem unteren nahezu wagerechten Teil des Stevens einen trapezförmigen oder löffelähnlichen Querschnitt (Abb. 146), der allmählich in den Querschnitt des Flachkiels übergeht. Zur Aufnahme des Flachkiels erhält das Ende des Stevens eine Aussparung.

Die Verbindung zwischen Steven und Kielplatten wird durch Niete hergestellt, nur da, wo es die Querschnittsform des Stevens (bei trapezförmigem Querschnitt) nicht recht gestattet, durch Schrauben mit versenkten Köpfen.

Eisbrecher erhalten gewöhnlich einen Vorsteven, der mit einer Spundung oder Sponung versehen ist (Abb. 147),

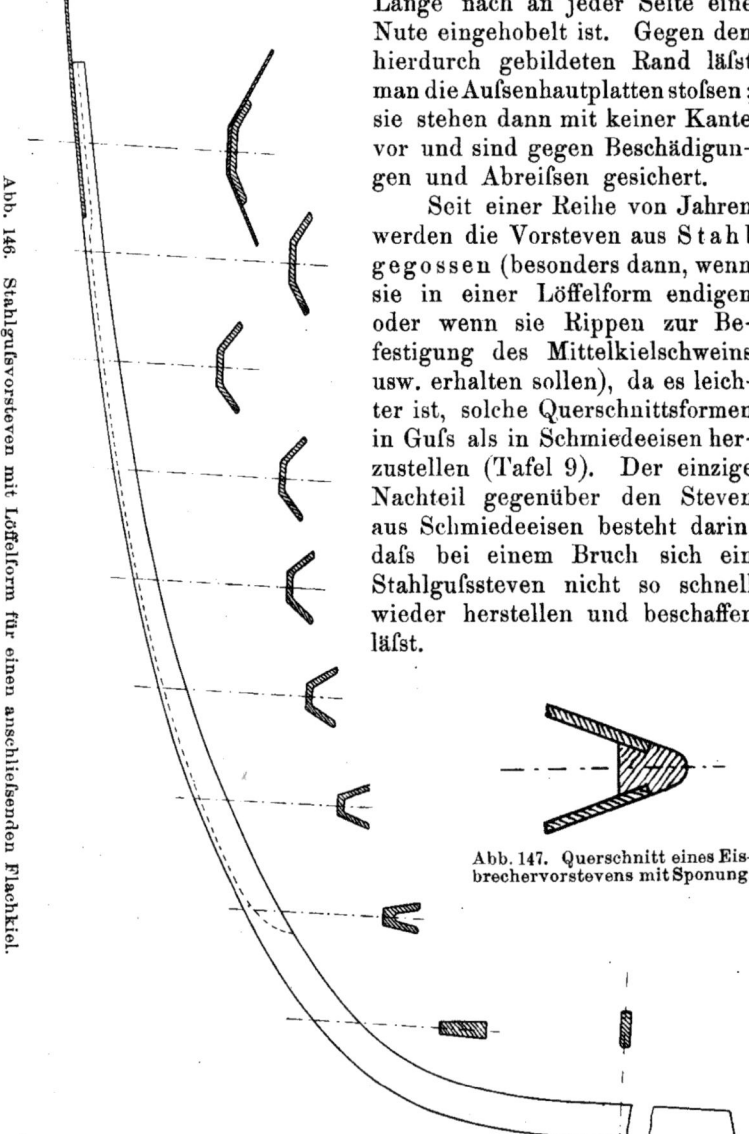

Abb. 146. Stahlgußvorsteven mit Löffelform für einen anschließenden Flachkiel.

Abb. 147. Querschnitt eines Eisbrechervorstevens mit Sponung.

d. h. in welchen seiner ganzen Länge nach an jeder Seite eine Nute eingehobelt ist. Gegen den hierdurch gebildeten Rand läßt man die Außenhautplatten stoßen; sie stehen dann mit keiner Kante vor und sind gegen Beschädigungen und Abreißen gesichert.

Seit einer Reihe von Jahren werden die Vorsteven aus **Stahl gegossen** (besonders dann, wenn sie in einer Löffelform endigen oder wenn sie Rippen zur Befestigung des Mittelkielschweins usw. erhalten sollen), da es leichter ist, solche Querschnittsformen in Guß als in Schmiedeeisen herzustellen (Tafel 9). Der einzige Nachteil gegenüber den Steven aus Schmiedeeisen besteht darin, daß bei einem Bruch sich ein Stahlgußsteven nicht so schnell wieder herstellen und beschaffen läßt.

28. Der Hintersteven.

a) Hintersteven für Segelschiffe und Raddampfer (Abb. 148).

Er besteht bei Segelschiffen und Raddampfern gewöhnlich aus einer senkrechten Schiene von Rechtecksquer-

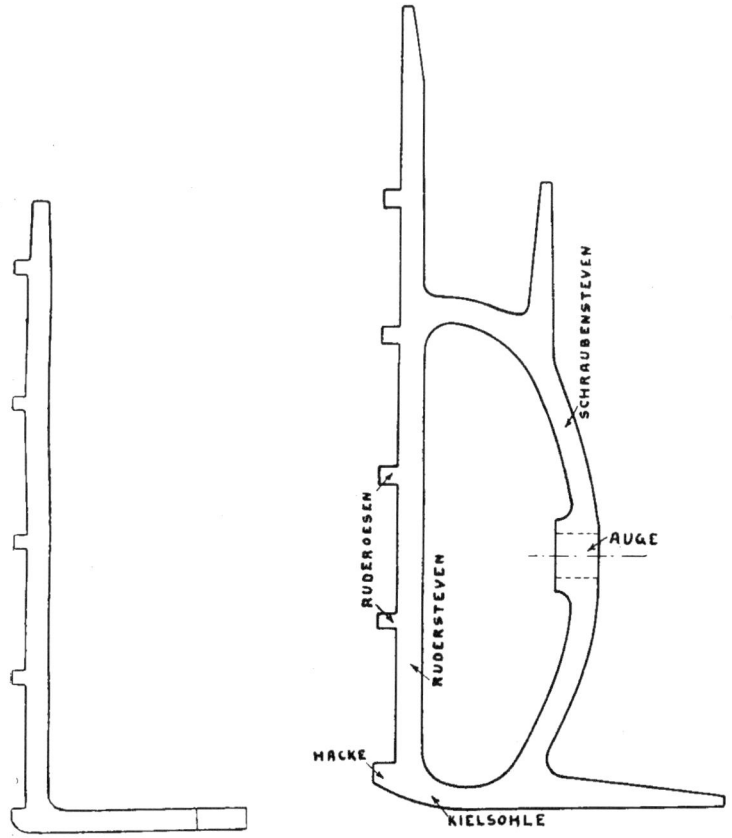

Abb. 148. Hintersteven für Segelschiffe und Raddampfer.

Abb. 149. Hintersteven für Einschraubendampfer.

schnitt, welche durch ein angeschmiedetes wagerechtes Knie mit dem Kiel verbunden wird. Länge des Knies mindestens $= 2 \frac{1}{2}$ Spantentfernungen, Querschnitt des Knies und Stevens $=$ demjenigen des Balkenkiels (80×16 bis 370×105 mm).

Bohnstedt, Praktischer Schiffbau.

Ist ein **Balkenkiel** vorhanden, so findet die Verbindung mit demselben in gewöhnlicher Weise durch Überlappung statt; hat das Schiff dagegen einen **Flachkiel**, so wird der Steven entsprechend der Spantform als eine Art Schuh oder Löffel (vgl. dasselbe beim Vorsteven S. 144, ferner Tafel 10) ausgebildet.

b) Hintersteven für Ein- u. Dreischraubendampfer (Abb. 149 und Tafel 10).

Bei **Ein- und Dreischraubendampfern** wird der eigentliche Hintersteven mit einem zweiten weiter nach hinten liegenden Steven zu einem Rahmen verbunden, welcher **Propeller- oder Schraubenrahmen** genannt wird. Der vordere senkrechte Teil desselben heißt **Schraubensteven**, der hintere **Rudersteven**. Der Schraubensteven ist ungefähr in halber Höhe zu einem Auge erweitert, durch welches die Schraubenwelle hindurchtritt und an das sich nach innen das Stevenrohr anschließt.

Den untersten wagerechten Verbindungsteil zwischen Schraubensteven und Rudersteven nennt man die **Kielsohle**. Sie wird nach hinten zu etwas höher gezogen, damit dieser Teil bei Grundberührungen nicht so leicht aufstößt und dadurch eine Ruderbeschädigung und Manövrierunfähigkeit herbeigeführt wird.

Die Abmessungen des Schraubenrahmens schwanken je nach der Schiffsgröße:

für den Schraubensteven von 80×34 bis 390×260 mm,
„ „ Rudersteven . . „ 80×30 „ 390×240 „
„ die Kielsohle . . „ 100×28 „ 430×240 „

Der Querschnitt der Kielsohle ist ein **liegendes** Rechteck, damit das Widerstandsmoment gegenüber der seitlichen Biegungsbeanspruchung, welche vom Ruderdruck herrührt, genügend groß wird.

In früheren Jahren gab man vielfach auch dem Rudersteven ein Auge und eine Lagerung für die Schraubenwelle, um die durch die schwere Schraube stark belastete Welle noch einmal zu stützen, und um bei einem Bruch der Welle die Schraube nicht zu verlieren. Diese Konstruktion ist jedoch vollständig unzweckmäßig. Denn der auf viele Meter freitragende und durch den Ruderdruck seitlich bewegte Rudersteven kann keineswegs als ein guter und unverrückbarer

Stützpunkt für die Welle angesehen werden, sondern eher noch beansprucht er selber die Welle. Man ist deshalb von dieser Bauweise wieder ganz abgekommen.

Zur Vergröfserung der Manövrierfähigkeit zieht man bei kleineren Dampfern, wie Schleppern und Eisbrechern, den

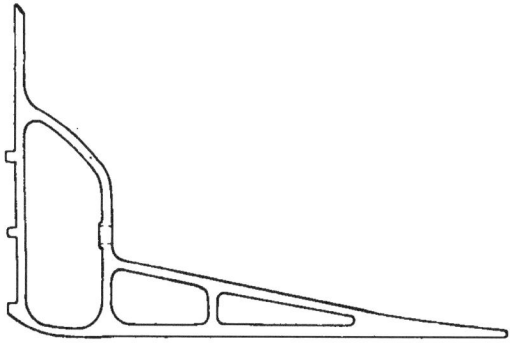

Abb. 150. Schleusenkiel.

Kiel hinten höher, als sogenannten Schleusenkiel, wodurch der Hintersteven in seinem vorderen Teil die Form einer Platte mit grofsen Öffnungen annimmt (Abb. 150). Dieselbe Konstruktion hat man neuerdings auch bei grofsen Schiffen mit Erfolg angewendet. Beim Drehen läuft das Wasser ungehindert durch die Öffnungen hindurch und verringert so den sonst vorhandenen seitlichen Widerstand.

Die Hintersteven werden heutzutage meistens aus Stahlgufs hergestellt, da sich ihre Form, die weit komplizierter ist als bei dem Vorsteven, durch Schmieden nur schwer ausführen läfst, und da man wegen der Gröfse der Stücke ohne Schweifsung kaum auskommen kann. Sehr grofse Stahlgufssteven können allerdings des Transportes wegen auch nicht aus einem Stück hergestellt werden, die einzelnen Teile lassen sich aber durch breite Überlappungen gut miteinander vernieten (s. Abb. 151).

c) Hintersteven für Zweischraubenschiffe.

Bei den Zweischraubenschiffen hatte man in der ersten Zeit für die Hintersteven die merkwürdigsten Konstruktionen, so z. B. liefs man das Schiff in zwei einzelne selbständige und nebeneinander liegende Hintersteven auslaufen, von welchen jeder die Form eines Einschraubenstevens hatte und je ein Ruder trug. Die Bauweise war einesteils sehr teuer und hatte dazu noch den Nachteil, dafs in dem Loch zwischen den beiden Steven naturgemäfs sehr viel totes Wasser nachgeschleppt und die Steuerfähigkeit beeinträchtigt wurde.

Man gab deshalb diese Bauweise bald auf und ging dazu über, die beiden Schraubenwellen ganz frei aus dem Schiff herauszuführen und an entsprechenden Stellen durch Böcke zu unterstützen. Der Bock ehielt zwei Arme mit Tatzen und wurde durch diese an dem Hintersteven, der mit entsprechenden Lappen versehen war, befestigt, meistens aufgeschraubt. Damit das hierbei frei aufserhalb des Schiffes liegende Wellenende nicht vom Rost angegriffen wurde, gab man ihm einen Überzug aus Kupfer oder Hartgummi. Durch Anwendung der Böcke ging der Hintersteven im grofsen und ganzen wieder in die einfache Form der Segelschiffs- und Raddampfersteven über, da er, abgesehen von den beiden seitlich sitzenden Wellenböcken, nur das Ruder zu tragen hatte.

In der Handelsmarine ist man jedoch von dieser Bauweise wieder vollständig abgegangen, da sie mehrere Übelstände besitzt. Zu diesen gehören in erster Linie, dafs sich die Wellen über eine grofse Länge hin frei tragen, und dafs man sie dabei nicht unter Aufsicht haben kann. Eine Besichtigung ist nur im Dock möglich. Die Lagerung durch die Böcke ist oft zweifelhaft. Denn da sie ganz im Wasser liegen und den Schiffswiderstand vermehren, gibt man ihren Armen einen hierfür möglichst günstigen Querschnitt, nämlich den einer längsschiffs liegenden Ellipse, die aber für die Aufnahme der querschiffs gerichteten Seitenkräfte geradezu unzweckmäfsig ist, da das Widerstandsmoment einer liegenden Ellipse verhältnismäfsig klein ist.

Ferner müssen die beiden Schraubenwellen einen so grofsen Abstand voneinander haben, dafs sowohl die Steuerbord- als auch die Backbordschraube vollkommen frei von der Bordwand schlagen. Bei scharfen Hinterschiffen, wie sie in der Kriegsmarine üblich sind, würden infolgedessen die Wellen sehr weit frei tragen, weshalb man dann zwei und mehr Lagerböcke aufsenbords anordnen mufs oder sich dadurch zu helfen sucht, dafs man die Wellen in den Maschinenräumen dichter zusammenlegt und sie nach hinten auseinandergehen läfst. Die Bauausführung wird dadurch jedoch etwas erschwert.

In der Handelsmarine hat man jetzt eine andere Konstruktion in Anwendung. Man legt die Wellenmitten so nahe als möglich zusammen und läfst die beiden Schrauben, die eine hinter der anderen, achtern durch den Steven schlagen. Die Schraubenkreise decken sich dabei um einen gewissen

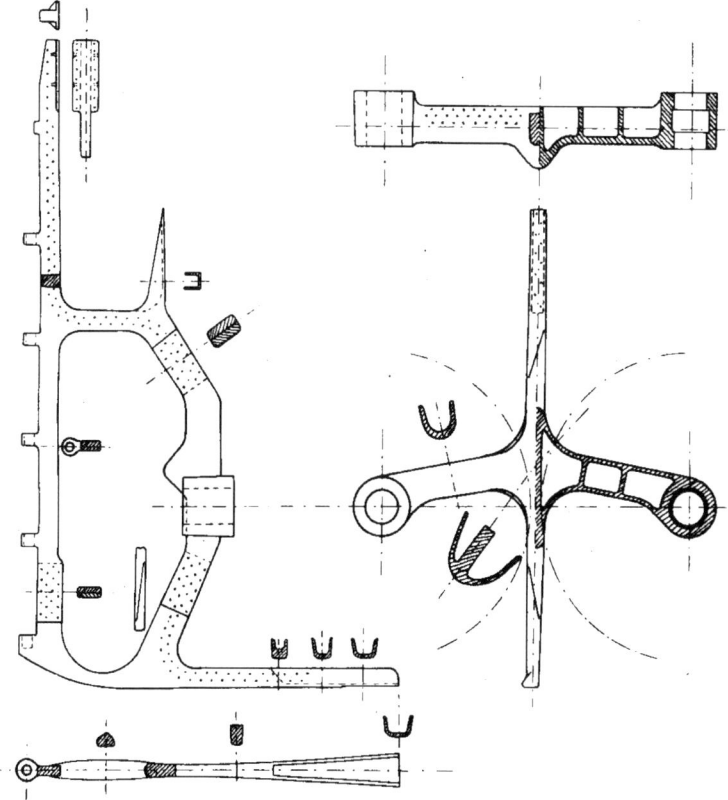

Abb. 151. Hintersteven für Zweischraubendampfer mit geraden Armen.

Teil, wodurch die Nutzleistung der Schrauben allerdings etwas sinkt. Der grofse Vorteil dieser Anordnung liegt aber darin, dafs die Wellen erst unmittelbar vor der Schraube aus dem Schiff heraustreten, also auf ihrer ganzen Länge im Schiff sicher und gut und vor Beschädigungen geschützt gelagert sind und beaufsichtigt werden können. Die letzte Lagerung unmittelbar vor der Schraube erfolgt in je einem mit dem Hintersteven aus einem Stück gegossenen geraden oder schrägen Arm (Abb. 151 u. 152). Die anschliefsenden Spanten biegt man alle so weit nach aufsen heraus, dafs sie um die Schrauben-

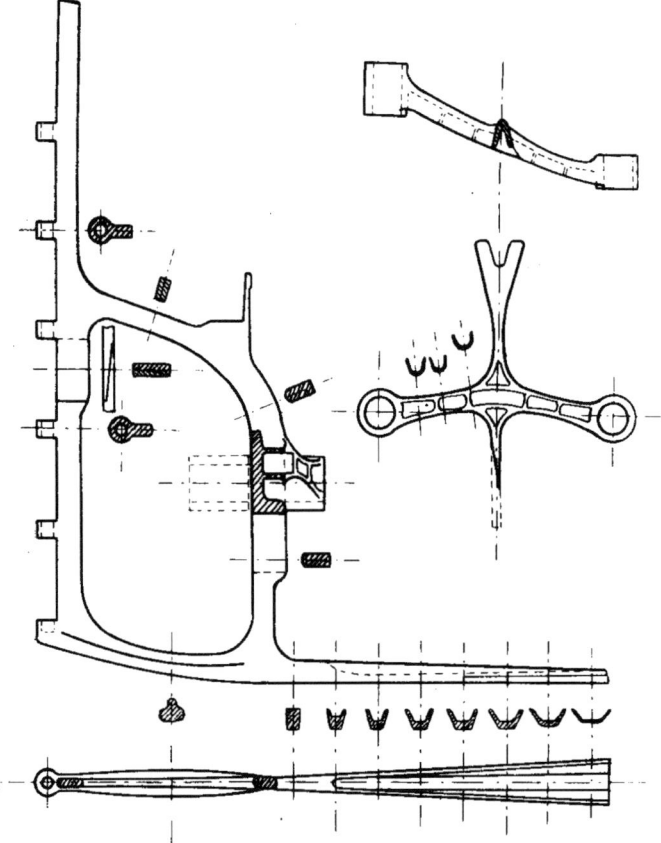

Abb. 152. Hintersteven für Zweischraubendampfer mit schrägen Armen.

welle herumgehen und diese vollständig in das Schiffsinnere bringen (Abb. 153). Es entstehen so die sog. **Wellenhosen.**
Da die beiden Schrauben durch den Steven durchschlagen, so mufs er ähnlich wie bei Einschraubenschiffen wieder als Rahmen mit einer allerdings etwas kleineren Öffnung und ohne Auge im Schraubensteven ausgebildet werden. Anfänglich liefs

man die Öffnung für die Schrauben nach unten zu offen und verkürzte den Rudersteven in seinem untersten Teil. Diese Ausführung erwies sich jedoch als unsolide, weshalb man sie heute in der Handelsmarine wieder aufgegeben hat und die beiden Steven in alter Weise durch die Kielsohle verbindet.

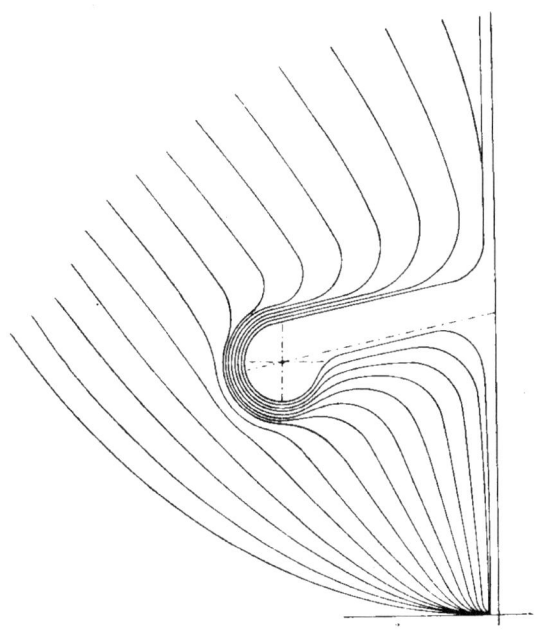

Abb. 153. Bauspantenrifs für die Wellenhosen eines Zweischraubendampfschiffes.

29. Das Ruder.

(Abb. 154÷159 und Tafel 11.)

Das Ruder dient dazu, das Schiff zu steuern, ihm seinen Kurs zu geben.

Es besteht aus dem Ruderschaft, dem Ruderpfosten und dem Ruderblatt (Abb. 155).

Das **Ruderblatt** wurde früher meistens und wird auch jetzt noch vielfach bei kleineren Fahrzeugen aus einem schmiedeeisernen Rahmen mit zwei oder mehr eingeschweifsten Armen in Abständen von 1220÷1680 mm hergestellt, auf welchen beiderseitig schmiedeeiserne Platten (3 ÷ 14 mm stark) aufgenietet werden, während man den Hohlraum zwischen den Platten mit Holz ausfüllt (Abb. 154).

Neben dem Schmiedeeisen wird, wie für den Hintersteven, auch für das Ruder vielfach Stahlguſs verwendet und das

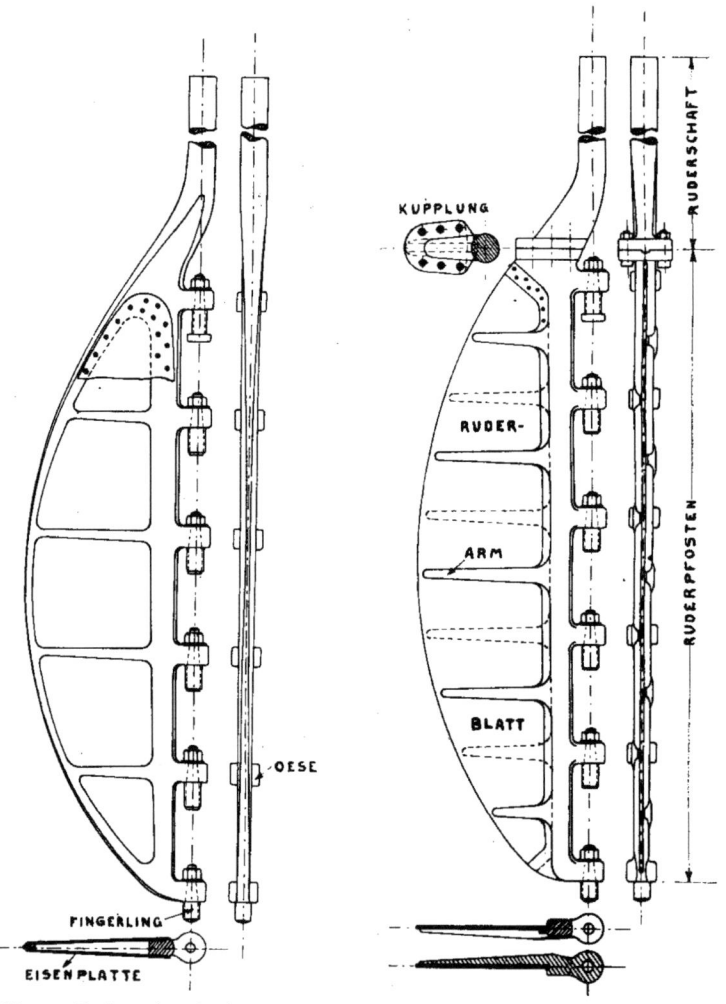

Abb. 154. Ruder mit schmiedeeisernem Rahmen.

Abb. 155. Plattenruder mit Stahlguſsrahmen.

Ruder dann als sog. **Plattenruder** (mit einer Platte) konstruiert (Abb. 155). Bei diesem setzen sich an den Ruderpfosten nach hinten zu angegossene Arme an, abwechselnd rechts und links liegend, zwischen welche eine Eisenplatte, die Ruderplatte, von 7÷32 mm Stärke eingeschoben und mit den Armen vernietet wird.

Dem **Ruderpfosten** (Verlängerung des Ruderschaftes nach unten zu, im Bereich des Ruderblattes) gibt man in seinem rechteckigen oberen Querschnitt den gleichen Querschnittsinhalt, wie ihn der Schaft besitzt (Schaftdurchmesser = 30÷670 mm) und läfst ihn sich nach unten zu allmählich bis auf die Hälfte des oberen Querschnitts verjüngen.

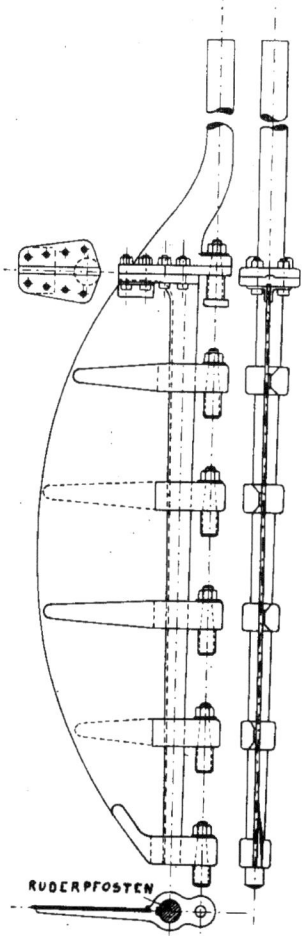

Abb. 156. Ruder mit rundem Pfosten und aufgezogenen Stahlgufsarmen.

Entfernung der Arme voneinander: 600÷950 mm,

Anzahl der Arme auf beiden Seiten zusammen = 2÷10,

Abmessungen der Arme am Pfosten: 55 × 16 bis 200 × 370 mm,

Abmessungen der Arme an den Enden: 55 × 10 bis 120 × 43 mm.

Bisweilen wird der Ruderpfosten in seinem Querschnitt **kreisförmig** ausgeführt (Abb. 156) und die Stahlgufsarme einzeln warm aufgezogen und durch Feder und Nute gegen Drehen gesichert. Die Anzahl der Arme, welche gleichzeitig die Ruderösen enthalten, wird dann meistens gleich der Anzahl der Ruderösen (Abstand 1220÷1680 mm) gewählt.

Wandstärke der Augen um den Pfosten = 14÷159 mm.

Die **Ruderfingerlinge** wurden früher gleich am Ruder

angeschmiedet, heute dagegen trägt sowohl der Steven als auch das Ruder **Ösen**, in welche leicht auswechselbare Zapfen mit Mutter und Konus eingesetzt werden.

Es hat sich hierfür folgende Konstruktion allgemein eingeführt (Abb. 157), die sich vorzüglich bewährt hat. Die stählernen Fingerlinge werden von unten her in die konisch ausgebohrten Ösen am Ruder eingesteckt und durch eine Mutter befestigt. Um eine rasche Abnutzung zu verhindern, werden die Fingerlinge in ihrem zylindrischen Teil mit Bronze oder Weißmetall von $8 \div 10$ mm Dicke überzogen und die am Hintersteven angeschweißten Ösen mit Pockholz ausgefüttert, welches ebenfalls von unten her eingeschoben und durch einen vorgeschraubten Ring gehalten wird.

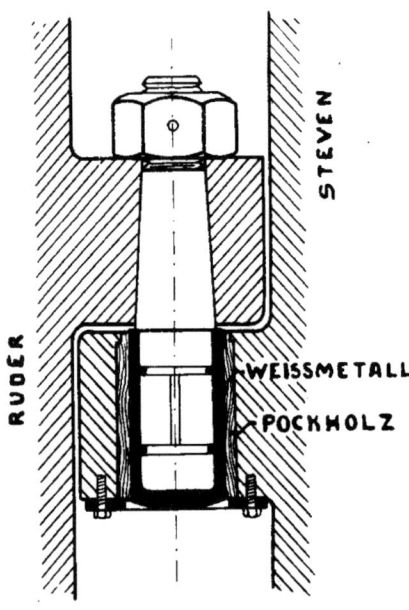

Abb. 157. Ruderfingerling mit Buchse.

Da alle Teile von unten eingeführt werden, so ist bei einer Auswechslung der Fingerlinge ein Anheben des Ruders vollständig unnötig.

Der **Durchmesser der Fingerlinge** schwankt bei Segelschiffen von $22 \div 140$ mm, bei Dampfschiffen von $24 \div 180$ mm. Der **Durchmesser der ausgebuchsten Ösen** ist etwa doppelt so groß ($= 44 \div 360$ mm) und die **Höhe der Ösen** ungefähr gleich dem $1^1/_2$ fachen Durchmesser der Fingerlinge (d. h. $= 33 \div 270$ mm) zu wählen.

Der **Ruderschaft** wird bei kleineren schmiedeeisernen Rudern mit dem Ruderblatt aus einem Stück hergestellt (Abb. 154), bei größeren, des bequemeren Einsetzens und Herausnehmens wegen, und bei den Ruderrahmen aus Stahlguß dagegen aus zwei getrennten Teilen, welche durch eine **Kupplung** miteinander verbunden werden (Abb. 155 u. 156).

Der Ruderschaft wird an seinem oberen Ende abgedreht und im Hauptdeck durch eine Stopfbuchse oder ein Lager geführt. Der **Durchmesser** des Ruderschaftes schwankt je nach der Schiffsgröfse (entsprechend $QL = 45 \div 6400$):

bei Segelschiffen von $34 \div 290$ mm,
„ Dampfschiffen „ $38 \div 380$ mm.

Für Schiffe mit einer Geschwindigkeit von mehr als 12 Knoten sowie für alle Schiffe mit einem verhältnismäfsig breiten Ruderblatt ist der Durchmesser des Ruderschaftes am Kopf wie folgt auf Drehung zu berechnen:

Es sei:

d der Durchmesser des Ruderschaftes in cm,
F die Ruderfläche in qm,
r der Abstand des Schwerpunktes dieser Fläche von der Drehachse in cm,
v die Schiffsgeschwindigkeit in Knoten,
α der gröfste Ausschlagwinkel des Ruders, $= 40°$,
P der Ruderdruck, nach Rankine $P = 11 F \cdot v^2 \cdot \sin^2 \alpha$,
M_d das Drehmoment, $= P \cdot r$,
W_d das Widerstandsmoment, $= \dfrac{\pi d^3}{16} = \sim \dfrac{d^3}{5}$,
k_d die zulässige Drehungsspannung, $= 300$ kg/qcm, bei wechselnder Drehrichtung der Belastung (nach steuerbord und nach backbord);

dann ist:
$$M_d = k_d \cdot W_d$$

oder $\quad P \cdot r = 11 F \cdot v^2 \cdot \sin^2 \alpha \cdot r = 300 \cdot \dfrac{\pi \cdot d^3}{16} = \sim 60 d^3$,

$\alpha = 40°$,
$\sin \alpha = 0{,}643$,
$\sin^2 \alpha = 0{,}413$,

folglich $\quad 60 d^3 = 11 \cdot F \cdot v^2 \cdot 0{,}413\, r = 4{,}54\, F \cdot r \cdot v^2$,

$$d^3 = \dfrac{4{,}54}{60} \cdot F \cdot r \cdot v^2 = 0{,}076\, F \cdot r \cdot v^2, \text{ also}$$

Durchmesser des Ruderschaftes:

$$\boldsymbol{d_{cm} = 0{,}42 \sqrt[3]{F \cdot r \cdot v^2}} \quad \text{(Formel des germanischen Lloyds.)}$$

Meistenteils ist es nicht nötig, das Ruder weiter umzulegen, als $35 \div 40°$ nach jeder Bordseite. Man begrenzt deswegen diesen Winkel dadurch, dafs man an dem Ruder seitliche Knaggen anbringt, welche sich gegen entsprechende Knaggen des Hinterstevens gegenlegen und **Ruderstopper** genannt werden. Sie kommen hauptsächlich beim Rückwärtsgang zur Anwendung (siehe Tafel 11).

Die **Form des Ruders** wählte man früher so, daſs die gröſste Fläche und damit der Schwerpunkt möglichst tief lagen.

Heutzutage ist man jedoch davon abgekommen, weil eine derartige Tieflage des Schwerpunktes beim Legen des Ruders während der Fahrt ein Überholen (Krängen) des Schiffes und eine groſse Beanspruchung des Rudersteven zur Folge hat. Man verlegt deshalb Areal und Schwerpunkt weiter nach oben.

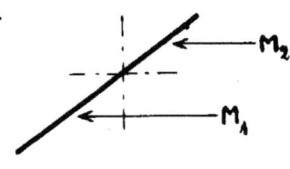

In der Kriegsmarine wird vielfach das sog. **Balanceruder** (Abb. 158) angewendet, von dessen Fläche etwa zwei Drittel h i n t e r und ein Drittel v o r der Drehachse liegen. Es erfordert w e n i g e r K r a f t z u m L e g e n, was

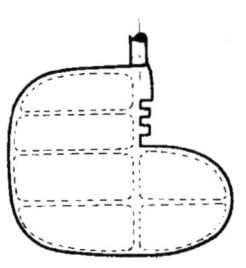

Abb. 158. Balanceruder.

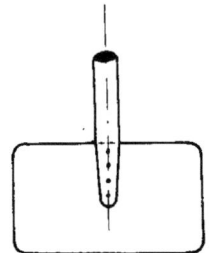

Abb. 159. Bugruder.

bei der weit gröſseren Ruderfläche der Kriegsschiffe, die der Manövrierfähigkeit wegen gewählt werden muſs, wesentlich ist. Das zum Legen notwendige Drehmoment M wird nur noch $M_1 - M_2$ (Abb. 158). Die Wirkung des Balanceruders auf die Drehung des Schiffes bleibt aber dieselbe, als wenn die ganze Fläche auf nur e i n e r Seite der Drehachse vorhanden wäre. Ein Nachteil des Balanceruders besteht darin, daſs der als herabhängender Arm ausgebildete und zur Lagerung des Ruders dienende Rudersteven keineswegs als besonders sicher angesehen werden kann.

Zu erwähnen sind schlieſslich noch das sog. S u e z k a n a l r u d e r und das B u g r u d e r.

Das erstere wird im Suezkanal auf das Heckruder aufgesetzt, um dadurch die Steuerfähigkeit, welche bei langsamer Fahrt geringer ist als bei schneller — im Suezkanal ist nur eine Geschwindigkeit bis zu 10 km i. d. Stde. = 5,4 Knoten gestattet —, auf das alte Maſs zurückzubringen.

Ebenfalls zur Erhöhung der Steuerfähigkeit bei besonders langen Fahrzeugen oder in schmalen Gewässern dient das **Bugruder** (Abb. 159), welches im Vorderteil des Schiffes angeordnet ist. Torpedoboote besitzen gewöhnlich solche Bugruder, die in einem Schlitz im Vorschiff hochgeheiſst oder herabgelassen werden können und durch gleichzeitige Drehung das Heckruder wesentlich unterstützen.

30. Einbauten.

a) Kohlenbunker. (Abb. 160 ÷ 162.)

Die Kohlenbunker sind Räume, welche durch eingebaute Längs- bzw. Querschotte begrenzt werden und zur Aufnahme des nötigen Brennmaterials dienen.

Sie liegen als **Längsbunker** zu beiden Seiten der Kesselräume, bisweilen auch zu beiden Seiten der Maschinenräume, als **Querbunker** vor und hinter und bei mehreren Kesselräumen auch zwischen diesen.

Die **Kohlenbunkerschotte** werden in derselben Weise gebaut wie die wasserdichten Schotte, und durch Winkel bzw., wo notwendig, auch durch Zugbänder versteift. Nach oben zu werden die Wände über den Kesseln vielfach nach innen geneigt angeordnet, um dadurch mehr Bunkerraum zu gewinnen (Abb. 161 u. 162).

Da man bei kleineren Schiffen ohne Doppelboden die Kohlen zwischen den Bodenwrangen nicht gut herausschaufeln könnte und dieser Raum somit so wie so für die Mitnahme von Kohlen verloren wäre, so wird er bis zu der Oberkante der Bodenwrangen mit einem porösen, spezifisch leichten Material (Koks oder Bimsstein) ausgefüllt und hierauf eine Lage Zement aufgetragen. Man erhält auf diese Weise eine glatte Oberfläche, auf welcher das Schaufeln der Kohlen gut ausgeführt werden kann.

In der Nähe der Kesselfeuerungen erhalten die Bunkerwände Öffnungen oder Türen von etwa 800 mm Höhe und 500 mm Breite zur Entnahme der Kohlen.

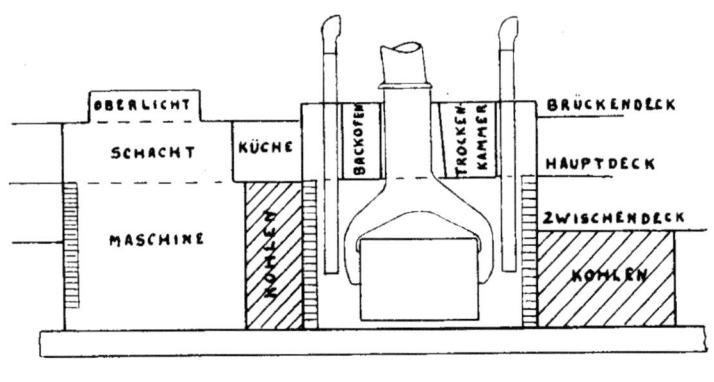

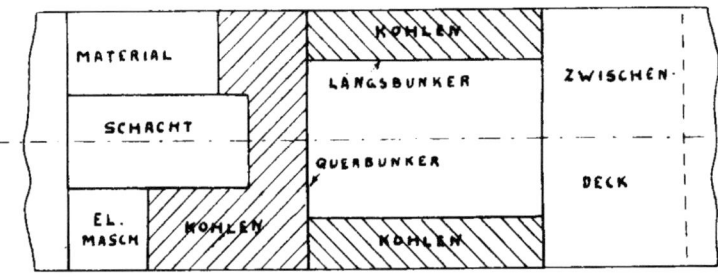

Abb. 160. Kohlenbunker.

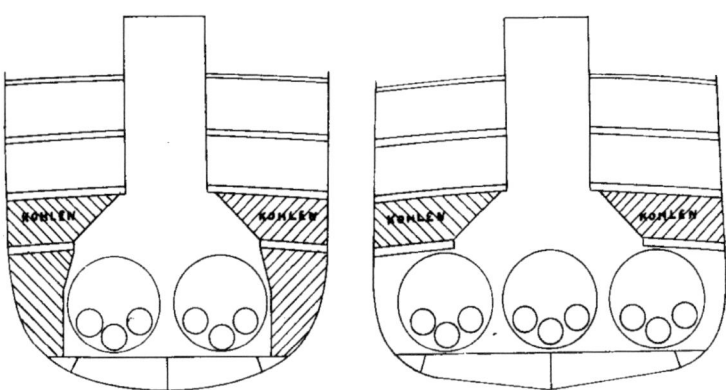

Abb. 161. Kohlenbunker.   Abb. 162. Kohlenbunker.

Die Größe der Kohlenbunker ist abhängig von der für die längsten Fahrten des betreffenden Schiffes notwendigen Kohlenmenge. Bei der Inhaltsbestimmung rechnet man auf 1 cbm Bunkerraum 0,77 t (1 t = 1000 kg) Kohlen, oder auf 1 t Kohlen 1,3 cbm Bunkerraum.

Das Füllen der Bunker geschieht durch Kohlenlöcher und Kohlenschütten. Die Kohlenlöcher im Deck erhalten einen Durchmesser von etwa 400 mm und werden durch gußeiserne Deckel mit Verschraubung und Gummidichtung geschlossen. Müssen die Kohlen durch mehrere Decks hindurchfallen, so werden die Decksöffnungen durch wegnehmbare, aus zwei halbzylindrisch gebogenen Blechen bestehende Kohlentrichter verbunden, oder es werden feste Kohlenschächte von meistens rechteckigem Querschnitt eingebaut.

Bei großen Schiffen sind außerdem in der Außenhaut Kohlenpforten eingeschnitten, die durch wasserdichte Türen geschlossen werden. Alle Verschwächungen des Längsverbandes sind dabei durch Dopplungen wieder auszugleichen (vergl. S. 135).

Der Transport der Kohlen in den Bunkern geschieht durch Kohlenwagen, Körbe oder Säcke, welche mittelst Laufkatzen auf Laufschienen unterhalb der Decke weiterbewegt werden.

Da Fälle von Selbstentzündung in den Bunkern vorgekommen sind, so bringt man in ihnen Temperaturrohre an, welche vom Boden des Bunkers bis zum Deck reichen, wo sie durch eine Verschraubung verschlossen sind. Durch ein heruntergelassenes Thermometer wird die Wärme der Kohlen gemessen. Ist dieselbe zu groß, so bilden sich Gase, welche abgeleitet werden müssen. Dies geschieht durch die Kohlenlöcher und -schütten, deren Deckel durch eingepaßte Grätings ersetzt werden, oder durch besondere über das oberste Deck herausragende Luftrohre.

b) Kesselraum und Kesselschacht.

In den Kesselräumen sind ebenso wie in den Maschinenräumen die Schiffsverbände zu verstärken. Näheres darüber siehe unter c) Maschinenraum auf S. 161.

Die Kesselräume werden durch wasserdichte Längs- und Querschotte derartig begrenzt, daß für die Kessel und ihren

Betrieb der nötige Raum vorhanden ist. Man unterscheidet zwischen dem **Aufstellungsraum der Kessel** und dem eigentlichen **Heizraum**. Dieser letztere ist in seiner Länge ungefähr gleich der Rostlänge + 700 mm zu wählen, damit die Feuer gut beschickt werden können. Es mufs in ihm genügender Platz für die Niedergänge, die Kohlenbunkeröffnungen, ferner für die Aufstellung der Dampfspeisepumpen, Lenzpumpen, Aschejektoren usw. vorhanden sein.

In ihrem oberen Teil sind die Kesselräume durch den **Kesselschacht** und die **Kesselluke** begrenzt, welche so bemessen sein mufs, dafs sich die Kessel durch sie einbringen lassen (Abb. 161 u. 162), und durch welche auch der Schornstein und die Ventilatoren geführt werden. Der Schornstein ist aufserdem noch mit einem Schornsteinschacht umgeben, welcher die Hitze abhält. Der zwischen ihm und den Kesselschachtwänden vorhandene Raum wird vielfach zum Einbauen von Trockenkammern oder für die Anordnung eines Backofens oder der Küche benutzt.

Die **Niedergänge** zu den Heizräumen sind bei kleineren Schiffen offene Luken, durch welche man an Leitern oder Steigeisen, die an der Schottwand befestigt sind, in den Heizraum gelangt. Bei gröfseren Schiffen und besonders Kriegsschiffen werden Niedergänge mit Treppen angeordnet, die umschottet sind, um die Heizer bei Rohrbrüchen vor dem Verbrühen zu schützen. Breite der Niedergangsschächte etwa 800 mm mit 600 mm breiten Treppen. Die Türen zu diesen Niedergängen sind etwa 1400 mm hoch, 550 mm breit und haben eine Süllhöhe von 350 mm. Sie sind durch Gummistreifen am Rand abgedichtet und werden durch Vorreiber geschlossen (vergl. S. 227). Wird mit Luftüberdruck geheizt, so ist der Niedergang als Luftschleuse mit zwei Türen auszuführen, welche sich durch eine Federkraft selbsttätig schliefsen und so eingerichtet sein müssen, dafs sich jede Tür nur öffnen läfst, wenn die andere geschlossen ist. Der Platzersparnis wegen werden die Niedergangsschächte bisweilen in die Kohlenbunker eingebaut.

c) Maschinenraum und Maschinenschacht.

Der Maschinenraum geht gewöhnlich von einer Schiffsseitenwand bis zur anderen durch und wird von den sonstigen Räumen durch wasserdichte Schotte getrennt.

Verstärkung der Schiffsverbände im Maschinen- und Kesselraum:

Wegen der grofsen Beanspruchungen der Schiffsverbände durch das Gewicht der Maschinen und Kessel sind dieselben im Bereich des Maschinen- und Kesselraums zu verstärken, indem die Bodenwrangen in ihrer Dicke um 1,5 mm erhöht werden (auf $4,5 \div 18$ mm) und an ihrer Oberkante zwei Gegenspantwinkel statt eines erhalten.

Ebenso werden bei Anwendung eines Doppelbodens die Träger und Winkel desselben verstärkt. Ferner sind im Maschinen- und Kesselraum und in dem etwa dazwischen liegenden Kohlenbunker Rahmenspanten von $320 \div 875$ mm Breite und einer Dicke gleich derjenigen der Gegenspanten anzuwenden, und zwar in erheblich geringeren Abständen als für die Laderäume vorgeschrieben ist, nämlich:

bei $RT =\ \ 3,96 \div\ \ 6,10$ m an jedem 6. Spant
„   „ $=\ \ 6,10 \div\ \ 8,23$ „   „   „ 5. „
„   „ $=\ \ 8,23 \div 10,36$ „   „   „ 4. „
„   „ $= 10,36 \div 12,50$ „   „   „ 3. „
„   „ $= 12,50$ u. mehr „   „   „ 2. „

Bei Anwendung von Hochspanten im Maschinen- und Kesselraum können die vorstehend angegebenen Entfernungen der Rahmenspanten um je drei Spantentfernungen vergröfsert werden.

Die Rahmenspanten reichen von den Bodenwrangen bzw. dem Doppelboden bis zu dem untersten durchlaufenden Deck, bei grofsen Maschinenanlagen bisweilen auch noch höher hinauf und werden im übrigen wie die sonstigen Rahmenspanten (siehe S. 76 u. 81) mit Winkeln und Fächerplatten versehen.

Die Seitenstringer läfst man durch die Rahmenspanten hindurch gehen, so dafs die letzteren aus einzelnen von Stringer zu Stringer reichenden Platten bestehen. Die Rahmenspantplatten werden an ihren Enden bis auf die Breite der Unterdeck- und Orlopdeckstringer verbreitert und mit ihnen durch doppelte Winkel verbunden.

Um dem Maschinenraum Licht zuzuführen, endigt er auf dem Oberdeck in einer Luke, dem **Maschinenoberlicht.** Das Süll dieser Luke macht man auf dem Oberdeck von Volldeck- und Spardeckschiffen mindestens $= 760$ mm hoch, auf dem Oberdeck von Sturmdeckschiffen wenigstens $= 460$ mm. Die einfallenden Lichter sind durch starke Gitterroste gegen Beschädigung zu schützen und durch Klappen mit Fenstern bei schwerem Wetter verschliefsbar einzurichten.

Der **Maschinenschacht** ist in Abständen von 760 mm durch senkrechte Winkel vom Profil der Gegenspanten zu versteifen.

Im übrigen sind die Decks neben den Maschinen- und Kesselschächten ebenso wie bei sonstigen grofsen Luken zu verstärken, d. h. bei Anwendung hölzerner Decks sind breite Längsschienen zu legen und bei eisernen Decks die Decksplatten zu verstärken, bzw. zu doppeln.

d) Der Wellentunnel (Abb. 163÷164 u. Tafel 3).

Bei allen Schraubenschiffen mufs die aus dem Maschinenraum in den Laderaum austretende Schraubenwelle in dem letzteren von der Ladung ferngehalten werden und andererseits auch vom Maschinisten beaufsichtigt werden können. Sie wird deshalb mit einem wasserdichten Tunnel umgeben, welcher oben meistens halbkreisförmig (Abb. 163), bisweilen auch flach (Abb. 164) gestaltet ist.

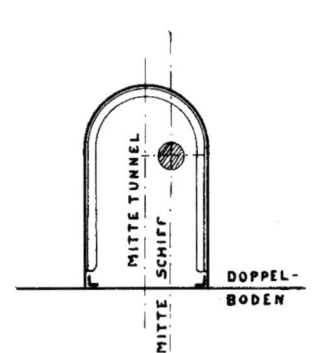
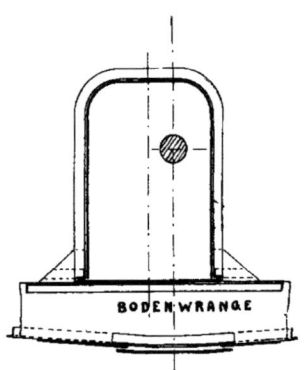

Abb. 163. Wellentunnelquerschnitt.   Abb. 164. Wellentunnelquerschnitt.

Die Stärke der Tunnelplatten ist gleich derjenigen der wasserdichten Schotte (in ihrem untersten Teil) zu wählen und beträgt 7÷10,5 mm. Unter den Ladeluken werden die Tunnelplatten zum Schutz gegen Beschädigung durch die Ladegüter etwas stärker genommen oder der Tunnel wird durch 50 mm starke hölzerne Planken bekleidet (siehe Tafel 3).

Die Seitenwände und die Decke des Tunnels werden in Abständen von 1220 mm, unter den Luken in Abständen von höchstens 910 mm durch innen oder aufsen angenietete Winkel vom Profil der Gegenspanten abgesteift.

Am Vorderende des Tunnels, d. h. am Maschinenraumschott, ist eine **Vorkammer** (Abb. 165) angeordnet, welche das Drucklager enthält, und durch welche die Welle mittelst Stopfbuchse hindurchgeführt wird. Die Vorkammer ist entweder als eine in das Schott eingebaute Nische zum Maschinenraum zu rechnen, und es führt dann an ihr entlang ein Gang zu dem anschliefsenden Wellentunnel oder sie besteht mit dem Wellentunnel aus einem zusammenhängenden Raum und ist gegenüber dem Maschinenraum abgegrenzt. In beiden Fällen ist die Öffnung im Maschinenraumschott durch eine wasserdichte Schiebetür (vergl. S. 227 u. ff.), welche vom Oberdeck aus bedient werden kann, verschliefsbar einzurichten.

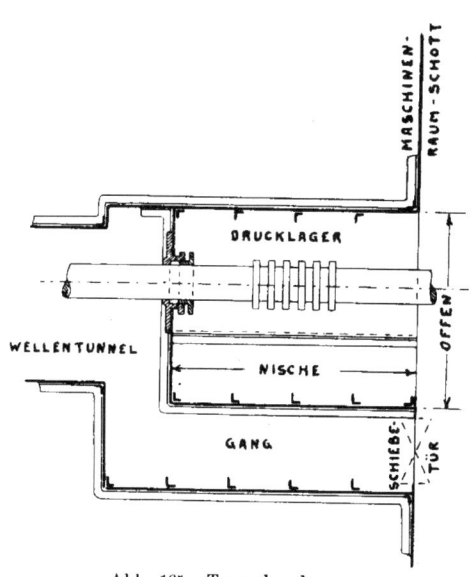

Abb. 165. Tunnelvorkammer.

An seinem hinteren Ende stöfst der Tunnel gegen das Stopfbuchsenschott, von welchem aus die Welle im Stevenrohr weiter geführt wird. Ist dieser Raum im Hinterschiff schon so eng, dafs der Tunnel sich nicht mehr in seinem normalen Profil ausführen läfst, so ordnet man etwa $4 \div 10$ Spantentfernungen vorher ein weiteres wasserdichtes Schott an, läfst den Tunnel bereits hier aufhören und schliefst den Teil bis zum Stopfbuchsenschott durch ein unmittelbar darüber liegendes wasserdichtes Deck ab.

Die Welle liegt der Raumersparnis wegen im Tunnel

seitlich, d. h. der Tunnel liegt nicht symmetrisch zur Mittelebene des Schiffes, sondern etwas seitlich, gewöhnlich nach Steuerbord, seltener nach Backbord verschoben (Abb. 163÷165). Als kleinste Tunnelbreite genügen 800÷900 mm und eine Höhe von 1400 mm; diese Abmessungen steigen bei den gröfsten Dampfern bis auf 1400 mm Breite und auf 1800 mm Höhe.

Bei Schiffen mit Doppelboden wird der Tunnel unmittelbar auf diesem durch längslaufende Winkel wasserdicht vernietet (Abb. 163), bei Schiffen ohne Doppelboden ist eine besondere auf der Oberkante der Bodenwrangen entlang laufende Tunnelbodenplatte notwendig (Abb. 164).

Die Dichtigkeit des Tunnels wird durch Wasserdruck mit einer Wassersäule von der Höhe des gröfsten Tiefganges des Schiffes erprobt.

e) **Die Tunnellagerböcke oder Traglagerböcke** (Abb. 166).

Die Welle mufs innerhalb des Tunnels in gewissen Abständen durch Lager unterstützt werden, welche lediglich das

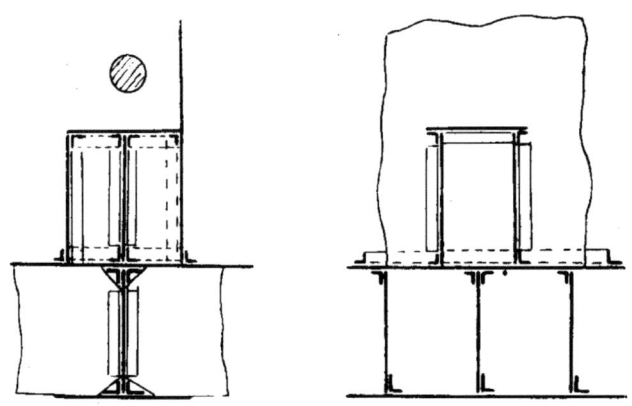

Abb. 166. Tunnellagerbock.

Gewicht der Welle zu tragen haben und auf Lagerstühlen oder Lagerböcken befestigt werden. Diese Lagerböcke werden gewöhnlich als rechteckige Kasten aus Platten und Winkeleisen so eingebaut, dafs eine Seite derselben von der Tunnelwand selber gebildet wird. Die obere wagerechte Platte wird sehr kräftig gewählt oder gedoppelt, damit auf ihr das gufseiserne Lager gut aufgeschraubt werden kann. Bei grofsen Schiffen wird gewöhnlich in der Mitte der einzelnen Lagerböcke zur Versteifung noch eine senkrechte Stützplatte angebracht, die sich bis auf das Kielschwein bzw. den Doppelboden fortsetzt.

f) Der Drucklagerbock.

Das Drucklager hat den Zweck, den von der Schraube in der Längsrichtung der Welle ausgeübten Druck auf das Schiff zu übertragen. Da derselbe sehr grofs ist, so mufs die Verbindung eine äufserst solide sein und alle Abmessungen des Drucklagerbockes müssen sehr stark gewählt werden. Im übrigen unterscheidet sich der Drucklagerbock nur durch seine erheblich gröfsere Länge und etwas gröfsere Breite von den Traglagerböcken.

Das Drucklager ist stets an der mit der Kurbelwelle gekuppelten ersten Übertragungswelle, der sog. Drucklagerwelle, angeordnet und wird entweder in der Tunnelvorkammer aufgestellt oder in einer im Maschinenraumschott angeordneten Nische (Abb. 165).

Zu einer genauen Aufstellung des Drucklagers ebenso wie der übrigen Tunnellager wird zwischen diese und den Lagerbock eine 20 ÷ 30 mm starke Teakholz- oder Pockholzplatte eingebracht, die leicht bis zur erforderlichen Dicke abgehobelt werden kann.

g) Das Maschinenfundament (Abb. 167).

Um die Maschine in dem Schiffskörper zu befestigen und mit ihm in gute Verbindung zu bringen, ordnet man als Vermittlungsglied ein aus Platten und Winkeleisen hergestelltes Fundament an, das gewöhnlich aus durchgehenden Längsträgern und dazwischen eingebauten Querträgern besteht.

Das Fundament wird auf die Bodenwrangen bzw. den Doppelboden als ein Teil des Schiffskörpers aufgenietet und trägt die gufseiserne oder Stahlgufsgrundplatte der Maschine, welche durch Schraubenbolzen auf ihm befestigt wird. Das Maschinenfundament mufs dabei so fest mit dem Schiffskörper verbunden sein, dafs es das Gewicht der Maschine und vor allem die durch die hin und her gehenden Massen (Kolben, Kolbenstangen, Kreuzköpfe, Schubstangen usw.) hervorgerufenen

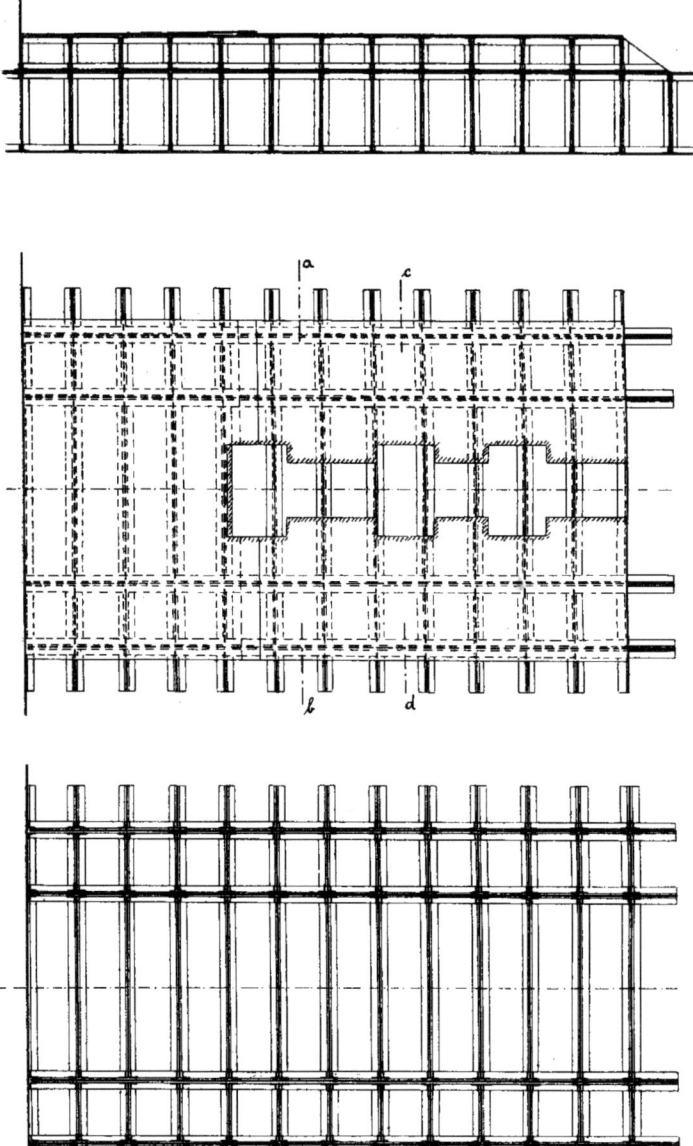

Abb. 167. Maschinenfundament.

Kräfte und Erschütterungen aufzunehmen imstande ist. Bei Schiffen mit Doppelboden überträgt dieser in genügender

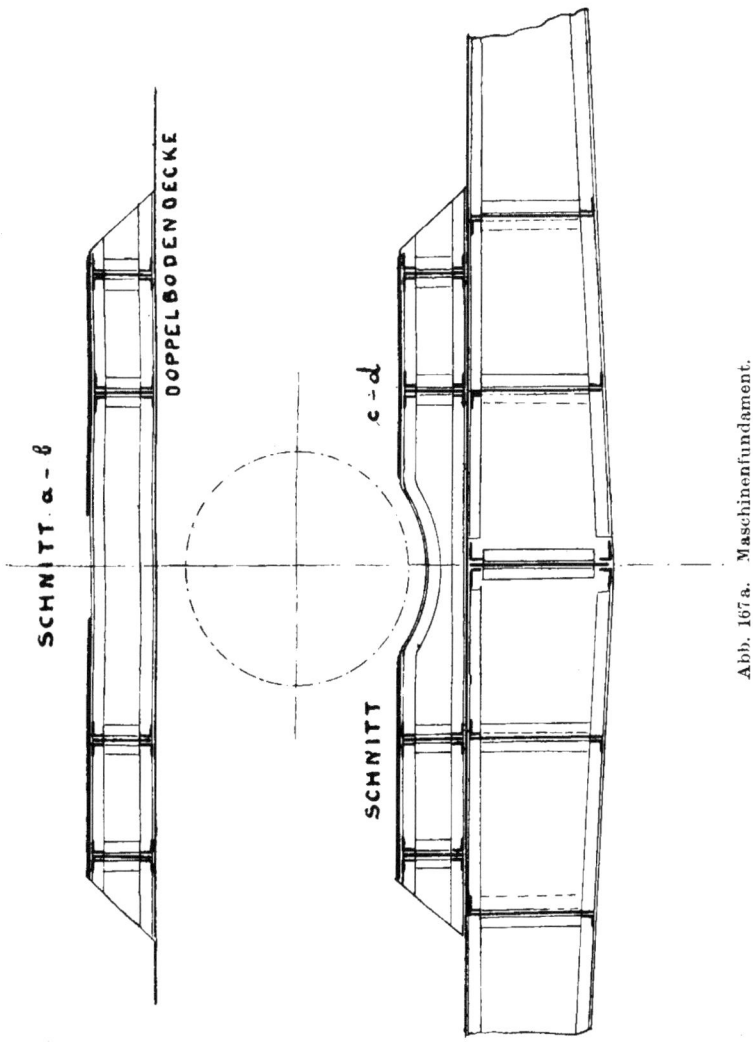

Abb. 1678. Maschinenfundament.

Weise die Kräfte auf den übrigen Schiffskörper; bei Schiffen ohne Doppelboden jedoch müssen die auf den Bodenwrangen stehenden Maschinenfundamente unbedingt bis zur Aufsenhaut durchgeführt werden, weil sonst leicht ein Nachgeben und Ausweichen des Fundamentes bei starkem Arbeiten der Maschine eintreten kann.

Nur selten, und zwar nur bei kleineren Schiffen, stellt man die gufseiserne Grundplatte der Maschine unmittelbar auf den Doppelboden. Denn in den meisten Fällen liegt die Schraubenwelle so hoch, dafs zwischen Oberkante des Doppelbodens und Unterkante der Grundplatte noch ein gewisser Abstand übrig bleibt, der durch das Maschinenfundament ausgefüllt wird. Es ist hierbei darauf zu achten, dafs die Längs- und Querträger so angeordnet werden, dafs sie sich in der Nähe der Schraubenbolzen befinden, welche zur Verbindung von Grundplatte und Fundament dienen, damit keine Durchbiegungen eintreten.

Das Fundament wird oben durch eine kräftige, $18 \div 25$ mm starke Platte abgedeckt, auf welche für die genauere Aufstellung der Maschine noch eine Lage Teakholz aufgelegt wird.

Liegt die Grundplatte unmittelbar auf der Doppelbodendecke, so ist diese und die darunter stehenden Bodenwrangen, Seitenträger bzw. Längsspanten angemessen zu verstärken, und statt der einfachen sind **doppelte Verbindungswinkel** anzuwenden. Mit dem Nietabstand geht man dabei, um möglichst viele Niete unterzubringen, bis auf $4\,d$ herunter, sowohl für die genieteten Fundamentträger, als auch für die darunter liegenden Verbandteile des Schiffes.

h) Die Kesselfundamente (Abb. 168).

Die Kesselfundamente haben ebenso wie die Maschinenfundamente den Zweck, die auf ihnen lastenden grofsen Gewichte, hier also das Gewicht der Kessel und des in ihnen befindlichen Wassers, zu tragen und den Schiffsboden unter ihnen zu versteifen.

Sie bestehen bei den in der Handelsmarine noch hauptsächlich verwendeten Zylinderkesseln für jeden Kessel aus zwei Querträgern,

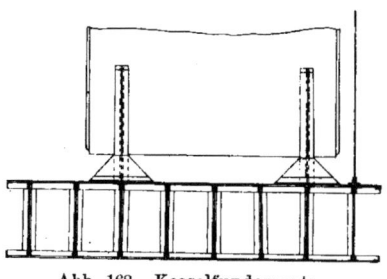

Abb. 168. Kesselfundamente.

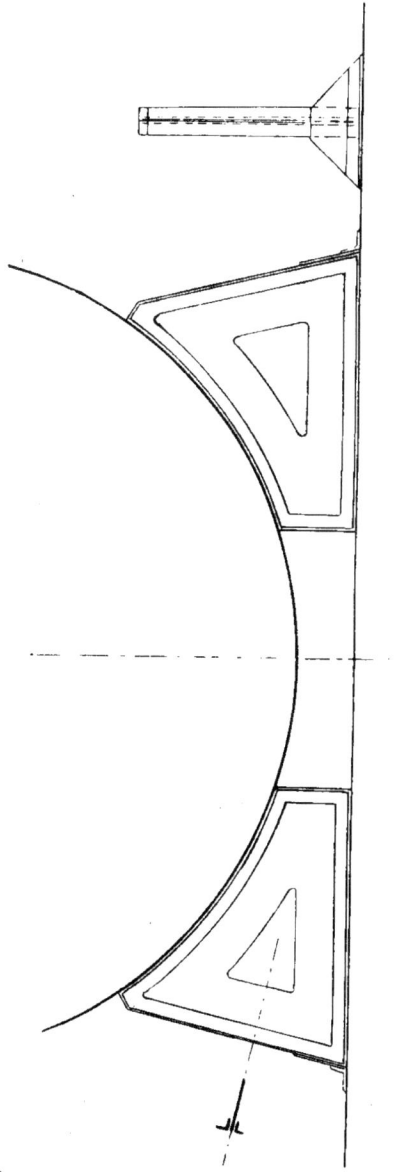

Abb. 168a. Kesselfundament.

die sich der Form der Kessel anschliefsen und eine feste Lagerung gewährleisten, so dafs eine Bewegung der Kessel weder längsschiffs noch querschiffs möglich ist. Jeder Querträger besteht gewöhnlich aus zwei dreieckähnlichen Platten, welche am Umfang mit zwei Garnierwinkeln versehen sind. Die Querträger werden mit den Bodenwrangen oder dem Doppelboden kräftig vernietet und erhalten zur Absteifung in der Längsschiffsrichtung vielfach noch Stützplatten.

Zur besseren Konservierung der Doppelbodendecke (Abhalten der Hitze) empfiehlt es sich, zwischen Unterkante Kessel und Oberkante Doppelboden einen Spielraum von etwa 300 mm zu lassen.

i) Die Mastspuren.

Die Mastspur dient dazu, das untere Ende des Mastes, den Fufs, auf dem Doppelboden oder auf den Bodenwrangen zu lagern und zu befestigen.

Handelt es sich um die Verbindung mit Bodenwrangen, so werden die Mastspuren aus einer angenieteten kurzen Querschiffs- und einer Längsschiffsplatte, welch letztere meistens dem Trägerkielschwein angehört, gebildet. Auf dieses Trägerkreuz wird eine wagerechte Platte aufgelegt, die der Rostbildung wegen gewöhnlich gedoppelt wird, und auf diese der Mastring genietet, welcher in seiner Form dem Ende und dem Fall (der Neigung) des Mastes entsprechend anzupassen ist.

Um ein Drehen des Mastes im Mastring zu verhindern, werden zwei Rücken an Rücken genietete Winkel als Durchmesser des Ringes auf die Platte genietet und in dem hohlen eisernen Mast ein entsprechender Schlitz angeordnet. Hölzerne Masten spitzt man an ihrem unteren Ende vierkantig zu und macht den Mastring ebenfalls viereckig.

Kommt der Mast auf den Doppelboden zu stehen, so wird an der betreffenden Stelle wegen der Abnutzung durch die hier leicht eintretende Rostbildung eine Dopplungsplatte angebracht und der Mastring ohne ein besonderes Trägerkreuz oder einen besonderen Bock ohne weiteres auf dem Doppelboden aufgenietet.

Bei Einschraubenschiffen steht der hinterste Mast stets auf dem Wellentunnel oder der Vorkammer. Die Stelle mufs deshalb durch Stützplatten oder ein Trägerkreuz genügend verstärkt werden (Abb. 169 u. Tafel 3).

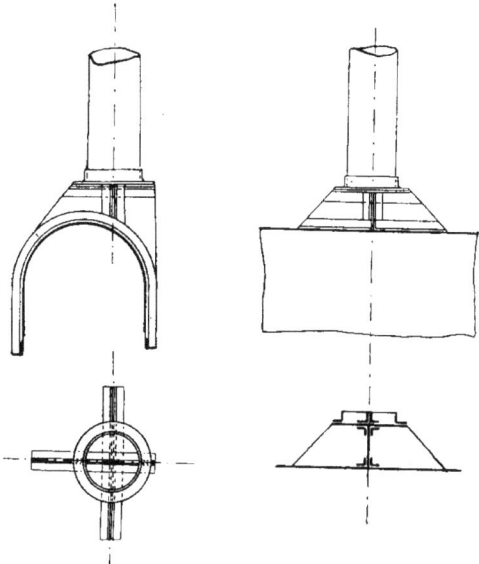

Abb. 169. Mastspur auf einem Wellentunnel.

31. Die Durchführung der Masten durch die Decks.

Wo Masten ein Deck, das nicht mit einer eisernen Beplattung versehen ist, durchdringen, wird eine mit einem entsprechenden Loch versehene Mastplatte oder Fischung über mehrere benachbarte Balken gelegt und mit diesen gut vernietet. Ihre Länge und Breite mufs mindestens gleich dem doppelten Durchmesser des Mastloches sein, die Stärke gleich derjenigen der Deckstringerplatten (4,5 ÷ 11,5 mm). Am besten macht man die Platten gleich so breit, dafs sie den Raum zwischen den Lukenstringern ausfüllen (siehe Abb. 172).

Um den von den Masten ausgeübten seitlichen Druck, der besonders bei Segelschiffen beträchtlich werden kann, über eine gröfsere Länge der Stringerplatten zu verteilen, ordnet man an jeder Mastplatte vier unter etwa 45° zur Schiffsachse liegende Diagonalbänder an, deren Kreuzungspunkt möglichst in der Mitte des Mastes liegen mufs (Abb. 172).

Die Befestigung der Masten in den Mastlöchern geschieht durch hölzerne Keile (die sog. Mastkeile). Zu dem Zweck werden um die Löcher herum oben und unten an die Mastplatte Winkeleisenringe (Mastringe) vom Profil der Kielschweinwinkel angenietet (Abb. 170); bisweilen wird auch ein 300÷500 mm hohes Rohrstück, das durch das Deck hindurchgeht, angewendet (Abb. 171).

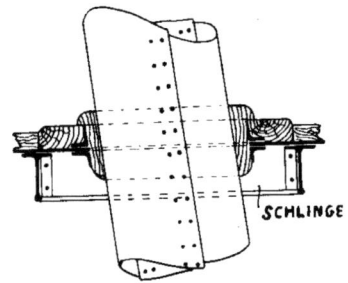 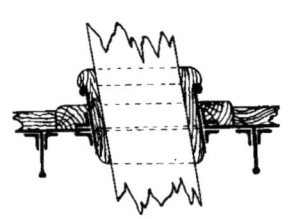

Abb. 170. Mastring mit Verkeilung.   Abb. 171. Mastring mit Verkeilung.

Um an der Verkeilung das Eindringen von Wasser zu verhindern, wird um den Mast ein rohrförmig gestaltetes Stück Segeltuch, der sog. Mastkragen, durch Umwinden einer Schnur befestigt und auf dem Holzrahmen mit kleinen Stiften (Nägeln) angeheftet. Der Mastkragen soll aufserdem die Verkeilung vor dem Einfluſs der Witterung schützen.

32. Diagonalschienen

oder Diagonalbänder, auch Diagonalstringer genannt.

Bei allen Schiffen, welche keine eisernen Decks haben (vergl. S. 99), sind aufser den Diagonalkreuzen an den Masten (vergl. S. 171) noch weitere Diagonalen an den Enden von grofsen Luken, deren Länge sechs Spantentfernungen überschreitet, anzuordnen. Ferner soll das oberste Deck bei Schiffen, deren Längsnummer QL über 950 beträgt, mit mindestens fünf bis sechs aneinander anschliefsenden Diagonalkreuzen versehen werden (Abb. 172).

Die Abmessungen der Diagonalschienen schwanken, je nach der Schiffsgröfse bzw. QL, in der Breite von 80÷420 mm, in der Dicke von 4,5 ÷ 13 mm, entsprechend $QL = 45 \div 1800$.

Bei $QL \cdot \dfrac{L}{10\,H'}$ über 1210 wird ein **halbes** und über 1500 wird bereits ein **volles** Eisendeck verlangt (vergl. S. 103). Wo die Diagonalschienen die Längsschienen (siehe diese Kap. 33) kreuzen, werden sie durchschnitten und mittelst einer untergelegten **einfachen Lasche** (von der Stärke der Diagonalschienen) miteinander und mit den Längsschienen durch mindestens **dreifache** Nietung verbunden. Ebenso werden sie an den Deckstringern mindestens **dreifach** vernietet, hier jedoch mit Hilfe einer **Doppellasche** von $8/5$ der Dicke der Schienen. Auf den Decksbalken erhalten sie auf jedem derselben mindestens zwei Niete, bei ⊥-Profil in **jedem** Flansch mindestens ein Niet.

33. Lukenstringer und Längsschienen.

Alle Decks **ohne** Eisenbeplattung erhalten zu beiden Seiten längs den Lukenöffnungen je einen Plattenstreifen, den man über die ganze Länge des Decks weiter laufen läfst (Abb. 172) und mit allen Decksbalken durch wenigstens zwei Niete verbindet. Die Längsschienen endigen vorne und hinten im Schiff in den Stringerplatten,

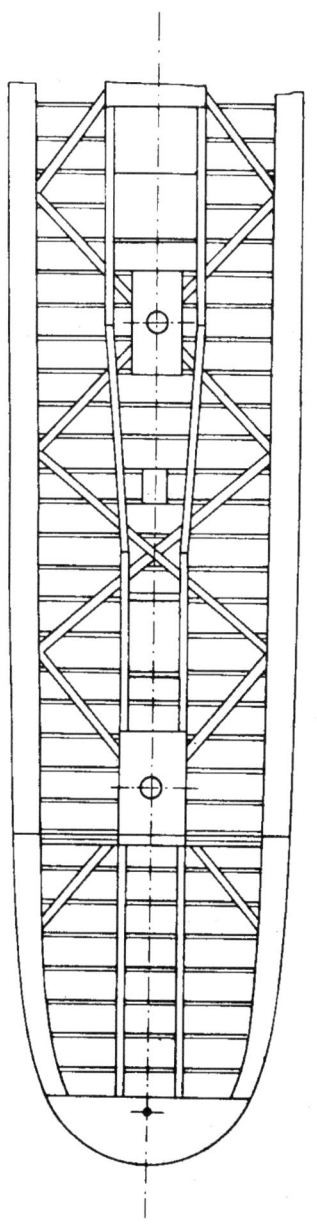

Abb. 172. Diagonalbänder und Längsschienen (Lukenstringer).

mit welchen sie durch Doppellaschen mit mindestens dreifacher Nietung gut verbunden werden.

Die Abmessungen der Längsschienen schwanken je nach der Schiffsgröfse in der Breite von 80÷700 mm, in der Dicke von 4,5÷20 mm. Eine Verjüngung nach den Schiffsenden tritt nicht ein, sondern es werden die Mittschiffsabmessungen über die ganze Schiffslänge beibehalten.

Bei Luken, deren Länge sechs Spantentfernungen übersteigt, wird die Breite der Längsschienen in dem Verhältnis der Länge der Luke zu sechs Spantentfernungen vermehrt, und zwar auf mindestens zwei Spantentfernungen über die Luke hinaus, von wo ab man sie allmählich bis zur normalen Breite der Längsschienen abnehmen läfst. Hat z. B. eine Luke eine Länge von zehn Spantentfernungen, so ist die vergröfserte Breite der Längsschienen $b_1 = \frac{10}{6} b$, wenn mit b die sonst vorgeschriebene tabellarische Breite der Längsschienen bezeichnet wird.

Da die Luken eines Decks nicht immer alle dieselbe Breite haben, so laufen die Längsschienen auch nicht immer parallel zueinander, sondern nähern sich stellenweise, gewöhnlich nach den Schiffsenden zu (Abb. 172).

Sind im unteren Schiffsraum in Abständen von zwei Spantentfernungen angeordnete Balken vorhanden, die nicht mit einem Deck belegt sind (bisweilen an Stelle der schweren Raumbalken angewendet), so sind gleichfalls Lukenstringer erforderlich. Man ersetzt jedoch hier die Plattenstreifen, da sie sich durch das Auftreffen von Ladegut leicht verbiegen würden, durch Rücken an Rücken genietete Winkeleisen, welche auf der Oberkante der Balken mit diesen verbunden werden.

Schwere Raumbalken erhalten keine Lukenstringer.

34. Aufbauten und Deckshäuser.

Zur Erzielung einer gröfseren Seetüchtigkeit oder Bequemlichkeit oder eines gleichen Tiefganges vorne und hinten (bei gleichmäfsiger Ladung) werden oft Aufbauten auf Deck angebracht, z. B. ein erhöhtes Quarterdeck, eine Hütte, Brücke, Back, ein Schattendeck, Promenadendeck, Bootsdeck usw.

Alle Aufbauten, in welchen Ladung gefahren wird, erhalten bei grofsen Schiffen in Abständen von höchstens 40 m Querschotte, sog. Feuerschotte.

a) Erhöhtes Quarterdeck.

Die Spantwinkel läfst man sämtlich, die Gegenspantwinkel ein Spant um das andere bis zum Stringer des Quarterdecks hinaufreichen, wenn RT + Höhe des Quarterdecks kleiner als 3,96 m ist; bei gröfserer Tiefe reichen alle Gegenspanten bis zum Quarterdeck.

Die Front des Quarterdecks wird durch ein wasserdichtes Querschott von $6 \div 12,5$ mm Dicke abgeschlossen. Schliefst sich, wie in den meisten Fällen üblich, ein Brückenhaus an, so genügt eine Wanddicke von 6 mm.

Türen dürfen im Quarterdeckfrontschott nicht angebracht werden.

Da an der Stelle, wo das Hauptdeck und Quarterdeck zusammentreffen, bei dem sog. Bruch, eine starke Schwächung der Längsverbände vorhanden ist, so mufs für einen entsprechenden Ausgleich gesorgt werden. Man verstärkt zu dem Zweck den Hauptdeckschergang am Quarterdeckfrontschott über $5 \div 10$ Spantentfernungen um $^1/_{10} \div ^6/_{10}$ seiner sonstigen Dicke, und vor und hinter dieser verstärkten Platte noch je eine Platte um $^1/_{20} \div ^6/_{20}$ ihrer sonstigen Dicke. Im übrigen wird der Schergang des Hauptdecks bis zum Heck durchgeführt.

Hat das Hauptdeck und das Quarterdeck noch keine eiserne Beplattung, d. h. bei $QL \cdot \dfrac{L}{10\,H'}$ unter 1210, so läfst man den Hauptdeckstringer je nach der Höhe des Quarterdecks über dem Hauptdeck (von unter 750 bis über 1250 mm) und je nach dem Verhältnis der Länge l des Quarterdecks zur Schiffslänge L ($l = 0,2\,L$ bis $0,4\,L$) durch das Frontschott hindurch um $3 \div 10$ Spantentfernungen unter dem Quarterdeck weitergehen und verjüngt ihn allmählich bis zur doppelten Breite der Spantwinkel (Abb. 173).

Wählt man an Stelle der Holzdecks eiserne und verringert demnach die Breite des Stringers neben dem Eisendeck auf $^2/_3$ seiner sonstigen Breite (vergl. S. 86), so ist die Dicke des Stringers auf $^3/_2$ seiner sonstigen Dicke zu erhöhen, damit der Querschnitt des Stringers derselbe bleibt wie vorher. Ferner werden zur Verbindung der eisernen Beplattung des Haupt- und Quarterdecks vor und hinter dem Quarterdeckfrontschott Knieplatten angebracht, und zwar:

bei QL unter 625 . . . . . 2 Paar und
„   „   = 625 und mehr 4 „

Ebenso wird der **Quarterdeckstringer** über das Frontschott um 3÷10 Spantentfernungen in das Brückenhaus hinein verlängert, bzw. wenn ein solches nicht vorhanden ist, am Schanzkleid entlang geführt und allmählich verjüngt (Abb. 173).

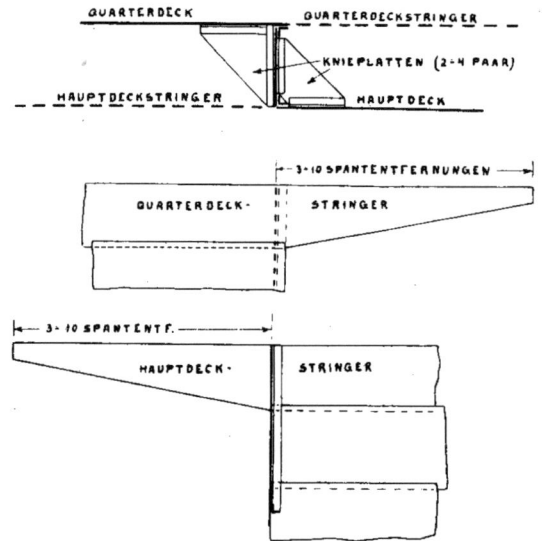

Abb. 173. Verbindung des Quarterdecks mit dem Hauptdeck am „Bruch" (bei Schiffen, bei welchen noch kein Eisendeck vorgeschrieben ist).

Die verlängerten Stringerplatten werden unter dem Quarterdeck und im Brückenhaus durch Gegenspantwinkel mit der Aufsenhaut verbunden und an jedem zweiten Spant durch eine an den Spanten befestigte Knieplatte abgestützt. Vielfach durchschneidet man die beiden ersten Spanten im Quarterdeck und auch im Brückenhaus, damit die Stringerplatte ihre volle Breite behält.

Handelt es sich um Schiffe, bei welchen **eiserne** Decks **vorgeschrieben sind** ($QL \cdot \dfrac{L}{10\,H'} = 1210$ und mehr), so läfst man nicht nur die Stringer, sondern die **gesamte Be-**

plattung des Hauptdecks um 3÷5 Spantentfernungen in das Quarterdeck hineinschiefsen und ordnet zwischen den beiden Decks zwei bzw. vier rechteckige Zwischenplatten an (Abb. 174).

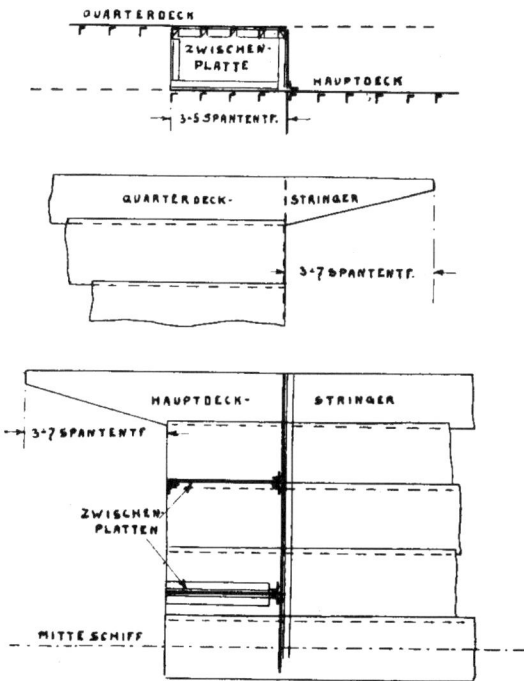

Abb. 174. Verbindung des Quarterdecks mit dem Hauptdeck bei Schiffen, bei welchen ein Eisendeck vorgeschrieben ist.

Der Stringer des Hauptdecks ist aufserdem um 3÷7 Spantentfernungen, von der Hinterkante der Deckbeplattung ab gerechnet, unter dem Quarterdeck weiter zu führen, und der Quarterdeckstringer um ebensoviel über dem Hauptdeck nach vorne hin, und zwar von der Vorderkante der Quarterdeckbeplattung an gerechnet.

b) Hütte, Brückenhaus und Back.

Die Spantwinkel gehen sämtlich bis zum Stringer des Aufbaudecks durch, die Gegenspanten jedoch nur bis zum

Hauptdeck, sofern QL weniger als 3000 beträgt. Ist QL über 3000, so gehen auch die Gegenspanten, jedoch nur an jedem zweiten Spant, bis zum Aufbaudeck durch. Nur bei grofsen Schnelldampfern erhält in der Back jedes Spant einen Gegenspantwinkel.

Bisweilen läfst man auch die Spanten am Hauptdeckstringer endigen und setzt dann oberhalb besondere Spantstücke mit Knieplatten auf. Man kann auf diese Weise die Stringerwinkel an der Aufsenhaut ununterbrochen durchlaufen lassen und somit eine leichtere Abdichtung des Hauptdecks erzielen.

Die Decksbalken des Hütten-, Brückenhaus- und Backdecks können an jedem Spant oder an jedem zweiten Spant angeordnet werden; sie behalten jedoch, auch wenn ihre Länge weniger als $3/4\ Mb$ beträgt, stets das gleiche Profil bei. Dasselbe besteht, entsprechend der gröfsten Balkenlänge Mb von $5{,}75 \div 24$ m, :

für das **Backdeck** aus:

$\left. \begin{array}{l} \ulcorner\ 110 \times 75 \times 8 \text{ bis } 130 \times 75 \times\ 9\text{ mm} \\ \lbrack\ 130 \times 65 \times 8{,}5\text{ „ }\ 165 \times 75 \times 11\text{ „} \\ \text{u. }\lbrack\ 140 \times 10 \times 80 \times 13 \text{ bis } 300 \times 15 \times \\ \quad 100 \times 17\text{ mm} \end{array} \right\}$ an jedem zweiten Spant,

oder aus:

$\left. \begin{array}{l} \ulcorner\ \ \, 90 \times 60 \times 7\text{ bis }130 \times 75 \times\ 9\text{ mm} \\ \lbrack\ 130 \times 65 \times 8{,}5\text{ „ }\ 165 \times 75 \times 11\text{ „} \\ \text{u. }\lbrack\ 140 \times 10 \times 80 \times 13 \text{ bis } 240 \times 14 \times \\ \quad 95 \times 15{,}5\text{ mm} \end{array} \right\}$ an jedem Spant;

für das **Hütten- und Brückendeck** aus:

$\left. \begin{array}{l} \ulcorner\ 100 \times 65 \times 6{,}5\text{ bis } 130 \times 75 \times\ 9\text{ mm} \\ \lbrack\ 130 \times 65 \times 8{,}5\ \ \text{„}\ \ 165 \times 75 \times 11\text{ „} \\ \lbrack\ 140 \times 10 \times 80 \times 13 \text{ bis } 280 \times 13 \times \\ \quad 100 \times 16{,}5\text{ mm} \end{array} \right\}$ an jedem zweiten Spant,

oder aus:

$\left. \begin{array}{l} \ulcorner\ \ \, 75 \times 55 \times 6 \text{ bis } 140 \times 75 \times\ 9\text{ mm} \\ \lbrack\ 130 \times 65 \times 8{,}5\text{ „ }\ 165 \times 75 \times 11\text{ „} \\ \lbrack\ 140 \times 10 \times 80 \times 13 \text{ bis } 200 \times 14 \times \\ \quad 90 \times 17\text{ mm} \end{array} \right\}$ an jedem Spant.

Die Balken unter dem Ankerspill, bei Segelschiffen unter dem Fufs des Bugspriets, unter den Dampfwinden, Pollern usw. werden etwas stärker gewählt, nämlich ebenso stark wie die Mittschiffsbalken des Hauptdecks, wenn sie an jedem zweiten Spant angeordnet werden (vergl. S. 86). Aufserdem werden die Balken, wenn k e i n eisernes Deck vorhanden ist, an den betreffenden Stellen mit eisernen Decksplatten von $7 \div 9{,}5$ mm Dicke belegt (vergl. S. 106).

Auf den Balken des Hütten-, Brücken- und Backdecks werden Stringerplatten von 140×5 bis $1530 \times 14{,}5$ mm (entsprechend $QL = 135 \div 7400$) mit Stringerwinkeln vom Profil der Gegenspanten angebracht. Sind Luken vorhanden, so erhalten die Balken aufserdem Lukenstringer von einer Breite von $70 \div 700$ mm und einer Dicke von $5 \div 14{,}5$ mm.

Ferner erhält die **Back**:

wenn $QL \cdot \dfrac{L}{10\,H'} = 400 \div 2250$ ist: mindestens ein Diagonalkreuz (vergl. S. 172) auf den Decksbalken;

wenn $QL \cdot \dfrac{L}{10\,H'} = 1300 \div 2250$ ist und das Schiff das Fahrtzeichen L oder $Atl.$ erhalten soll:
ein eisernes Deck o h n e Holzplanken von 7,5 mm Stärke oder ein eisernes Deck m i t Holzplanken von 6 mm Plattenstärke.

Die **Hütte** und das **Brückenhaus** erhalten:

wenn $QL \cdot \dfrac{L}{10\,H'} = 1100 \div 1860$ ist: e i n Diagonalkreuz auf den Decksbalken;

wenn $QL \cdot \dfrac{L}{10\,H'} = 1860 \div 5050$: m e h r e r e Diagonalkreuze oder besser eine eiserne Beplattung von $7 \div 9{,}5$ mm Dicke.

Beträgt die Länge der Hütte oder des Brückenhauses mehr als $^3/_{10}\,L$, so wird das betreffende Deck schon bei

$QL \cdot \dfrac{L}{10\,H'} = 2500$ b e p l a t t e t,

und ist $QL \cdot \dfrac{L}{10\,H'} = 5050$ und mehr, so wird ein e i s e r n e s Hütten- bzw. Brückendeck angeordnet, auch wenn dessen Länge u n t e r $^3/_{10}\,L$ bleibt.

Die S t ö f s e d e r D e c k s b e p l a t t u n g e n von Aufbauten werden im allgemeinen mindestens d o p p e l t genietet, nur auf dem vorderen und hinteren Viertel der Schiffslänge genügt

12*

für die Stöfse, welche zwischen den Luken liegen, einfache Nietung.

Das **vordere Schott** einer Hütte oder eines Brückenhauses wird $5{,}5 \div 15$ mm stark gemacht und auf eine um 1,5 mm stärkere Süllplatte aufgesetzt. Oben wird es mit der Beplattung des Decks oder (bei Holzdecks) mit einer querschiffs auf dem letzten Decksbalken aufgenieteten genügend breiten Platte durch einen Winkel vom Profil der Stringerwinkel verbunden. Zur Versteifung werden in Abständen von höchstens 710 mm senkrechte Wulstwinkel von einer Steghöhe gleich der Breite des gröfseren Schenkels der Spantwinkel angeordnet, welche unten und oben durch starke Knieplatten mit den Decks verbunden werden.

Bei Welldeckschiffen (vergl. S. 19) und grofsen Schnelldampfern bestehen die Versteifungswinkel des Brückenhausfrontschottes aus Spant- und Gegenspantwinkeln oder einem Ersatzprofil für beide.

Das **hintere Querschott** einer Back oder eines Brückenhauses erhält eine etwas geringere Plattenstärke ($5{,}5 \div 12{,}5$ mm) als die Vorderschotte, da es dem Anprall der überkommenden Seen weniger ausgesetzt ist. Aus demselben Grunde wird auch das Profil der senkrechten Versteifungswinkel etwas kleiner (Spantwinkel ohne Wulst) gewählt und ihr Abstand voneinander etwas gröfser ($= 760$ mm). Ferner können die Knieplatten oben und unten fortfallen.

Im übrigen erfolgt die Befestigung der Schottplatten ebenso wie bei den Vorderschotten an einer Süllplatte bzw. oben an dem Deck.

c) Promenadendecks und Bootsdeck.

Der Querschnitt der Decksbalken, Stringer, Lukenstringer und Diagonalen von Promenadendecks ist mindestens $= 8/10$ und derjenige von Bootsdecks mindestens $= 6/10$ vom Querschnitt der entsprechenden Teile des darunter liegenden Brückendecks zu wählen. Sind viele und schwere Boote unterzubringen, so sind die Querschnitte, dem Gewichte der Boote entsprechend, zu vergröfsern.

Bei grofsen Dampfern werden die Decks der oberen Aufbauten vollständig beplattet und zwar bei $QL \cdot \dfrac{L}{10\,H'}$ über 2250: das Brückendeck mit $7 \div 9{,}5$ mm starken Eisenplatten,

„　„　„ 7800: dazu noch das Promenadendeck mit 7 . 7,5 mm starken Eisenplatten,

„　„　„ 9900: dazu noch das Bootsdeck mit 7 mm starken Eisenplatten.

d) Deckshäuser und Niedergangskappen.

Einzeln stehende Deckshäuser und Niedergangskappen erhalten eine Plattenstärke von der Dicke des Schanzkleides $(2{,}5 \div 10$ mm$)$ und werden durch senkrechte Spant- und Gegenspantwinkel in Abständen von $500 \div 700$ mm versteift.

35. Besondere Konstruktionen im Vorderschiff.

a) Allgemeine Anordnungen und Verstärkungen.

Wegen des engen Raumes dicht hinter dem Vorsteven werden die **Bodenwrangen** (entlang einer Kurve) höher hinaufgezogen; die ersten drei bis vier **Spantwinkel** können nur durch diese Bodenwrangen, welche die Form von schmalen Plattenstreifen haben, miteinander verbunden werden, während an ihrer Oberkante aus Platzmangel keine Gegenspantwinkel, wie sonst üblich, angebracht werden. Als Ersatz dafür läfst man deshalb die Gegenspanten noch etwa $500 \div 1000$ mm auf den Spantwinkeln nach abwärts weiterlaufen.

Bei den **nächsten** Spanten ist es gewöhnlich schon möglich, die Gegenspanten an der Oberkante der Bodenwrangen entlang zu führen.

Das **Mittelkielschwein** führt man so weit wie irgend möglich nach vorne durch und zieht es entsprechend den im Vorschiff höher gewordenen Bodenwrangen nach dem Steven zu hinauf.

Am besten läfst sich dies beim **Trägerkielschwein** ausführen, doch mufs man auch bei ihm schliefslich die auf der Oberkante der Bodenwrangen ruhende wagerechte Grundplatte so schmal wie die Kielschweinswinkel machen oder ganz fortlassen. Gewöhnlich läfst man das Mittelkielschwein an dem vordersten Schott, dem Kollisionsschott, aufhören und verbindet es mit ihm durch eine Knieplatte. In derselben Weise endigen hier auch die etwa vorhandenen Seitenkielschweine.

Da bei schwerem Seegang der Druck auf die Wände des Vorschiffes sehr stark ist, so müssen die Spanten gehörig abgesteift werden. Man führt deshalb die Stringerplatten aller Decks und alle Raum-, Seiten- und Kimmstringer durch das Kollisionsschott bis zum Vorsteven durch, wo sie in eine Dreiecksplatte, das sog. **Bugband oder Bugknie,** (Abb. 175), auslaufen. Ebenso verfährt man mit den Kimmkielschweinen.

Das Bugband reicht über drei bis vier Spanten und wird an ihnen so ausgeschnitten, dafs es gegen die Aufsenhaut stöfst, mit welcher es durch kurze Winkel verbunden wird.

Bei Schiffen mit sehr starkem Sprung des Decksstrakes wird im Vorschiff die Entfernung zwischen den untersten Decksbalken bzw. dem etwa vorhandenen Raumbalkenstringer und dem Kimmstringer bisweilen so grofs, dafs man die Spanten dazwischen, etwa in halber Höhe, noch durch einen weiteren **eingeschalteten Stringer** unterstützen mufs. Diesen führt man nach hinten meistens noch etwas über die Vorderkante der vordersten Luke hinaus und versteift vor der Luke die Schiffsseiten durch mehrere Raumbalken in Höhe des eingeschalteten Stringers. Im übrigen endigt auch dieser Stringer in einem Bugknie.

Es genügt im allgemeinen für Frachtdampfer mit geringer Geschwindigkeit, wenn die im Bug angeordneten Stringer, auf dem Umfang der Spanten gemessen, an keiner Stelle mehr als 2,44 m (das ist die normale Deckshöhe) voneinander entfernt liegen.

Bei Schiffen, deren QL gröfser als 2725 oder deren RT gröfser als 8,5 m ist, bringt man über $1/5\,L$ (vom Vorsteven gemessen) unter der untersten Decksbalkenlage mehrere Stringer in Abständen voneinander von nicht mehr als 1,6 m an, deren Verbindungswinkel mit der Aufsenhaut durch doppelte Zickzacknietung vernietet werden.

Bei gröfseren Dampfern (RT über 6,71 m) werden über eine Länge von $1/8\,L$ (vom Vorsteven gemessen) vor und vielfach auch hinter dem Kollisionsschott **Verstärkungsbalken** (Abb. 175) an jedem vierten bis zweiten Spant angeordnet, bzw. ein eisernes Deck von $1/8\,L$ Länge gelegt.

Die Verstärkungsbalken erhalten das Profil der

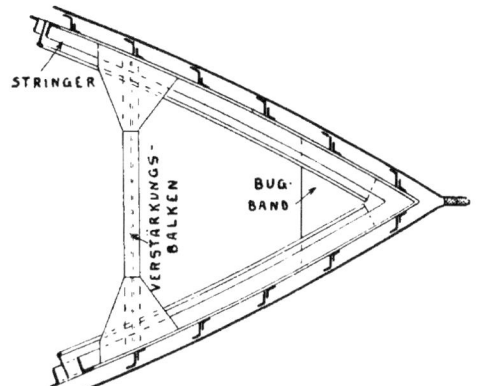

Abb. 175. Bugband und Verstärkungsbalken im Vorschiff.

Zwischendecksbalken $\lbrack$ 140 × 65 × 9,5 bis 165 × 75 × 11 mm und $\lbrack$ 140 × 10 × 80 × 13 bis 340 × 18 × 100 × 18 mm und werden (entlang der Aufsenhaut) durch eine Stringerplatte von der Dicke und von $6/10$ der Breite des Stringers des nächsten darüber liegenden Decks belegt. Diese Stringerplatten (über $1/8$ L reichend) werden an ihrer Innenkante durch einen Kielschweinwinkel verstärkt und zwischen den Spanten mit der Aufsenhaut durch kurze Winkel vom Profil der Gegenspanten verbunden. Die Stringer der Verstärkungsbalken und ihre Winkel brauchen nicht durch das Kollisionsschott hindurchgeführt zu werden.

b) Eisverstärkungen.

Schiffe, welche, wie alle Schiffe im nördlichen Europa, häufig durch Eis fahren, und welche in der Klassifikation das Zeichen E (Eisverstärkung) erhalten sollen, bekommen aufser den vorerwähnten noch weitere Bugversteifungen.

Die Spanten werden in einer Entfernung von $1/2$ B vom Vorsteven in ihren Abständen auf $2/8$ ihrer sonstigen Abstände verringert (d. h. auf 280 ÷ 520 mm).

Die Aufsenhautgänge werden über eine Länge von mindestens der Schiffsbreite B, vom Vorsteven gemessen, in einem Bereich von 610 mm unter der ledigen Wasserlinie (Schiff ohne Ladung) bis 610 mm über der Tiefladelinie auf das $1^{1}/_{2}$ fache der für $1/2$ L mittschiffs vorhandenen Dicke verstärkt, höchstens jedoch auf 25 mm. Die dahinter folgenden ein bis zwei Übergangsplatten werden um die Hälfte bzw. ein Viertel verstärkt. Ferner werden im Bereich der oben angegebenen 610 mm-Grenze in Abständen von 1,22 m Bugbänder mit daranschliefsenden Stringern, bestehend aus zwei Rücken an Rücken genieteten Winkeln und kurzen Zwischenplatten (siehe Abb. 83) angebracht. Der geringen Spantentfernung wegen ist es dann allerdings bisweilen nicht möglich, die Stringerplatten mit der Aufsenhaut zu verbinden. Um die letztere dennoch abzustützen, keilt man vielfach den Raum zwischen dem inneren Stringerwinkel und der Aufsenhaut auf eine Höhe von etwa 300 mm mit Teakholz aus.

c) Die Konstruktion der Back.

Die Spantwinkeleisen reichen sämtlich ununterbrochen bis zum Stringer des Backdecks hinauf, die Gegenspanten nur bei QL über 3000, und zwar nur an jedem zweiten Spant.

Ausgenommen davon sind Schnelldampfer, bei welchen jedes Spant durch ein Gegenspant bis zum Backdeck hinauf versteift wird.

Die Dicke der Aufsenhautbeplattung der Back ist immer etwas schwächer als diejenige der Schiffsseiten selber, nämlich $= 4 \div 14{,}5$ mm, und bei Schiffen von über 20 Knoten Geschwindigkeit bis zu 16,5 mm Dicke.

Die Backdecksbalken können an jedem zweiten oder jedem Spant angeordnet werden und erhalten im ersteren Falle als Abmessungen:

$$\left.\begin{array}{l} \ulcorner\ 110\times75\times8 \text{ bis } 130\times75\times\ 9 \text{ mm} \\ \llbracket\ 130\times65\times8{,}5\ „\ \ 165\times75\times11\ \ „ \\ \text{und } \llbracket\ 140\times10\times80\times13 \text{ bis } 300\times15\times \\ \qquad 100\times17 \text{ mm} \end{array}\right\} \begin{array}{l}\text{an jedem}\\ \text{zweiten}\\ \text{Spant;}\end{array}$$

im zweiten Falle:

$$\left.\begin{array}{l}\ulcorner\ \ 90\times60\times7 \text{ bis } 130\times75\times\ 9 \text{ mm} \\ \llbracket\ 130\times65\times8{,}5\ „\ \ 165\times75\times11\ \ „ \\ \llbracket\ 140\times10\times80\times13 \text{ bis } 240\times14\times \\ \quad 95\times15{,}5 \text{ mm}\end{array}\right\}\begin{array}{l}\text{an jedem}\\ \text{Spant.}\end{array}$$

Sind auf dem Backdeck Spille, Krane usw. aufgestellt, bezw. bei Segelschiffen unter demselben das Bugspriet gelagert, so werden die Balken unter diesen Teilen verstärkt und erhalten die Abmessung der Mittschiffsbalken an jedem zweiten

Spant (größtes Profil). Ferner werden sie an diesen Stellen mit Decksplatten belegt (vergl. S. 106).

Die Balken werden durch Stützen, wie bei den anderen Decks üblich, abgesteift, und zwar besonders stark unter den Spills usw.

Die Stringerplatten der Back werden 140÷1530 mm breit und 5÷14,5 mm stark gewählt mit Stringerwinkeln vom Profil der Gegenspanten.

Bei $QL \cdot \dfrac{L}{10\,H'} = 400 \div 2250$ wird mindestens ein Diagonalkreuz (60÷360 mm breit und 5÷10 mm dick) angeordnet.

Bei $QL \cdot \dfrac{L}{10\,H'} = 1300 \div 2250$ wird für Schiffe mit dem Fahrtzeichen L und $Atl.$ das Backdeck aus 7,5 mm Eisenplatten ausgeführt, bzw. aus 6 mm Platten, wenn noch eine Holzbeplankung darauf gelegt wird.

Besondere Aufmerksamkeit erfordert die Abdichtung der bis zum Backdeck durchgehenden Spanten bei ihrer Durchdringung durch das Oberdeck, besonders dann, wenn die Back, wie es bei Segelschiffen meistenteils üblich, hinten ganz offen ist. Man erzielt eine Abdichtung dadurch, daſs man die Gegenspanten um 250 mm über das Hauptdeck hinaufführt, an ihrer Innenkante eine etwa 300 mm hohe senkrechte Platte, die sogenannte Klampplatte anordnet und den Raum zwischen dieser und der Außenhaut mit Zement ausfüllt (Abb. 176). Eine andere Art der Abdichtung besteht darin, daſs man die kurzen Winkeleisen, welche auf der

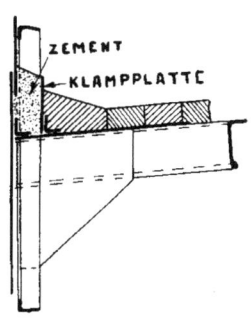

Abb. 176. Abdichtung des Hauptdecks in der Back.

oberen Seite zur Verbindung der Stringerplatte mit der Außenhaut dienen, kröpft und miteinander verbindet (Abb. 177). Diese Abdichtung ist sehr zuverlässig, aber kostspielig.

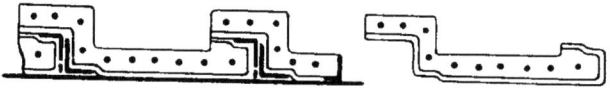

Abb. 177. Abdichtung durch gekröpfte Winkel.

d) Bugsprietlagerung (Abb. 178).

Bei Segelschiffen ist für die Lagerung (Bettung) des Bugspriets am vorderen Schiffsende ein Querschott anzuordnen, in welchem eine dem Durchmesser des Bugspriets entsprechende Öffnung vorgesehen ist, die mit starken Winkeleisenringen umgeben wird. Die Befestigung des Bugspriets findet durch Holzkeile statt, ähnlich wie diejenige der Masten in den Decks.

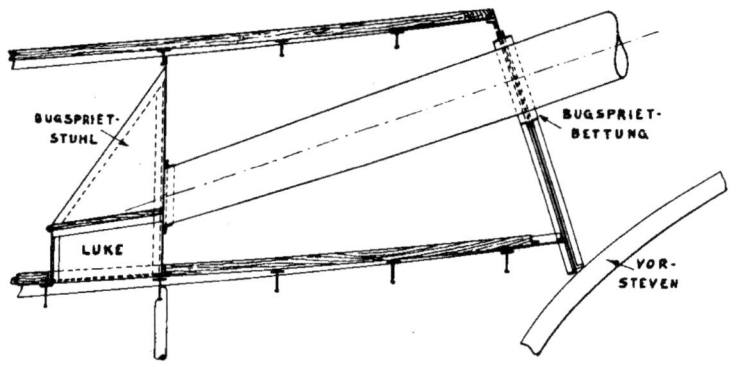

Abb. 178. Bugsprietlagerung.

Mit seinem inneren Ende wird das Bugspriet in dem sog. Bugsprietstuhl gelagert. Er besteht aus einer $12 \div 15$ mm dicken und $600 \div 800$ mm breiten Platte, welche unten auf dem eisernen Hauptdeck oder, wenn dasselbe aus Holz besteht, auf einer besonders zu dem Zweck angeordneten Eisenplatte und oben an einem Balken des Backdecks befestigt wird. Die beiden senkrechten Kanten dieser Platte werden durch zwei starke parallel zur Schiffslängsachse stehende Platten versteift, so dafs ein hinten offener Kasten entsteht. An der Vorderfläche desselben wird ein Winkeleisenring zur Aufnahme des Fufses des Bugspriets angenietet.

Es ist sehr wichtig, dafs das Deck unterhalb des Bugsprietstuhls besonders gut unterstützt ist, da bei dem Stampfen das Bugspriet das Bestreben hat, sich auf und nieder zu bewegen. Am besten ist es, wenn die Querplatte des Bugsprietstuhls gerade über dem Kollisionsschott liegt. Ist dieses nicht möglich, so müssen an der betreffenden Stelle besonders starke Deckstützen angebracht werden, welche nicht nur Druckkräfte, sondern auch Zugkräfte aufzunehmen imstande sind.

Ist keine Back vorhanden, so wendet man einen Lagerstuhl in Form eines Bockes an (Abb. 179).

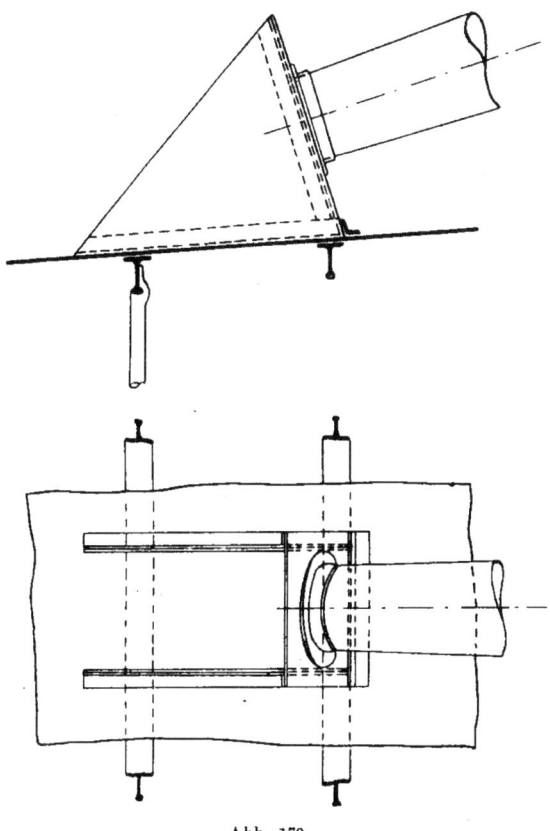

Abb. 179.

e) Klüsen.

Jedes Schiff besitzt zu beiden Seiten des Vorstevens mindestens je eine Klüse, durch welche die Ankerketten fahren. Grofse Schiffe haben bisweilen an jeder Seite zwei Klüsen.

Der lichte Durchmesser der Klüsen wird $1,6 \div 2$ mal

größer gewählt, als die größte Breite der Glieder der zugehörigen Kette beträgt.

Die Klüsen bestehen bei kleineren Schiffen, bei welchen das Spill unter dem Backdeck steht, aus einfachen gußeisernen Ringen mit stark abgerundeten wulstartigen Flanschen und werden in der meist elliptischen Öffnung der Außenhaut an dieser vernietet (Abb. 180).

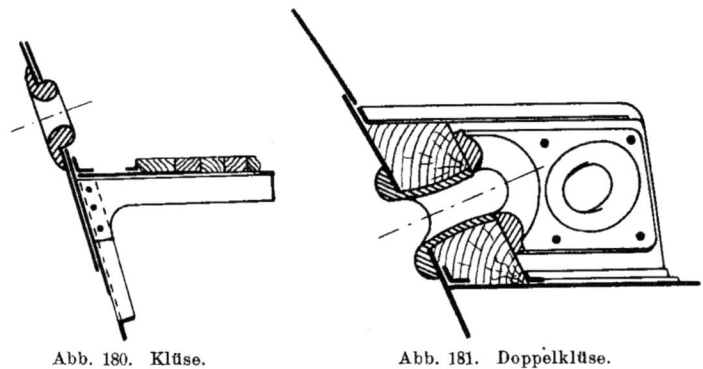

Abb. 180. Klüse.   Abb. 181. Doppelklüse.

Bei größeren Schiffen bringt man auf der Innenseite der Beplattung eine starke Fütterung aus Teakholz an, in welche ein kurzes, gußeisernes Klüsenrohr eingelagert wird. Rohr und äußerer Flansch werden aus einem Stück gegossen, während der innere Flansch auf der Holzfütterung liegt und mittelst durchgehender Bolzen mit dieser, der Außenhaut und dem äußeren Flansch verbunden wird (Abb. 181).

Der Achse der Klüse gibt man stets eine Neigung nach vorn, damit die Ankerkette keinen zu kurzen Knick bildet, wodurch beim Aufwinden größere Kräfte notwendig sein würden.

Bei großen Dampfern liegen die Klüsen gewöhnlich unter demjenigen Deck, auf welchem das Spill aufgestellt ist. Man muß deshalb der Klüse die Form eines längeren, starken, gußeisernen Rohres geben, das, unter einer Neigung von $30 \div 40^{\circ}$, von dem betreffenden Deck nach der Außenhaut geht. Unter dem Spill und der Klüsenöffnung auf Deck muß eine eiserne Platte angeordnet werden, wenn nicht das Deck selber bereits mit Eisen belegt ist. Die hölzernen Decksplanken werden an der betreffenden Stelle durch eine

150÷250 mm starke Aufklotzung aus Eichen- oder Teakholz verstärkt, die mit der Decksbeplattung gut zu verbolzen ist. Auf ihr wird der obere Flansch des Klüsenrohres durch 4÷6 starke durchgehende Bolzen befestigt.

Besteht das Klüsenrohr mit dem unteren Flansch aus einem Stück, so mufs es von unten her eingeschoben werden und oben mit der Oberkante der Aufklotzung abschneiden (Abb. 182).

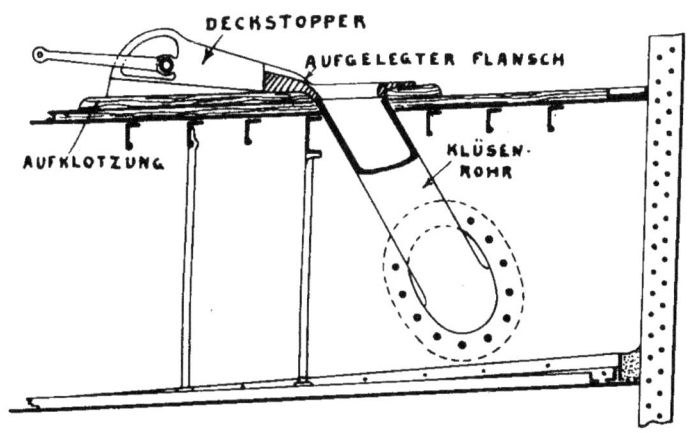

Abb. 182. Klüsenrohr für stocklose Anker.

Bei sehr scharfen Schiffen werden die Klüsenrohre bisweilen sehr lang. Man fertigt sie dann aus Schmiedeeisen, flanscht sie an den Enden um und vernietet die Flanschen an der Aufsenhaut und dem Deck. Die eigentlichen Öffnungen müssen aufserdem mit einem starken Wulstring eingefafst werden, um die Kanten möglichst rund zu gestalten.

Da heutzutage meistens stocklose Anker verwendet werden, so mufs man die Klüsenrohre in ihrem lichten Durchmesser entsprechend gröfser herstellen und in einer möglichst steilen Lage anordnen, damit beim Aufwinden des Ankers das Einholen desselben in das Klüsenrohr gut vor sich geht (Abb. 182).

36. Besondere Konstruktionen im Hinterschiff.

1. Im allgemeinen und bei Segelschiffen.

Zum Teil werden dieselben oder ähnliche Konstruktionen wie im Vorschiff angewendet, zum Teil weichen sie jedoch erheblich von den Bugkonstruktionen ab.

a) **Spanten und Bodenwrangen.**
Die dem Hintersteven zunächst liegenden Spanten hatten bei den älteren Schiffen in ihrem unteren Teil (von aufsen gesehen) fast stets eine konkave Form, wodurch die Bodenwrangen so schmal ausfielen, dafs man die Spantwinkel mit ihnen nicht mehr vernieten konnte. Man legte deshalb die querschiffs stehenden Spantwinkelschenkel übereinander oder liefs sie nur so weit reichen, wie eine Vernietung möglich war, und ordnete in dem untersten Teil einen massiven schmiedeeisernen Keil an, auf welchem man die Aufsenhaut durch durchgehende Niete befestigte (Abb. 183).

In neuerer Zeit wendet man lieber Spanten mit konvexer Form in dem untersten Teil, sogenannte Sackspanten, an. Man hat dann genügenden Raum, um die gewöhnliche Verbindung zwischen Bodenwrangen und Spanten anzuwenden.

Der enge Raum in der Hinterpiek ist vollständig mit Zement auszufüllen.

b) **Das Mittelkielschwein** wird wie im Vorschiff auch im Hinterschiff etwas höher hinaufgezogen und endigt in einem Querschott (Abb. 184). Das Querschott wird hier weniger wegen einer Gefahr des Leckwerdens angeordnet, als vielmehr zur Erhöhung der Querschiffsfestigkeit. Beim Legen des Ruders würden sonst die $\textit{l}$-förmigen Spanten leichter nachgeben und sich durchbiegen. Man sollte deshalb stets das Schott bis zum Oberdeck hinaufreichen lassen oder es wenigstens in Form von Rahmenspanten fortsetzen.

c) **Die Stringerplatten** der unteren Decks endigen ebenso wie im Vorschiff in einer bis zum Steven reichenden Dreiecksplatte, dem **Heckband,** welches bei dem zweiten Deck von oben mehr schon eine halbkreisförmige Gestalt annimmt und bei dem Oberdeck vollkommen nach der Kurve des Hecks verläuft.

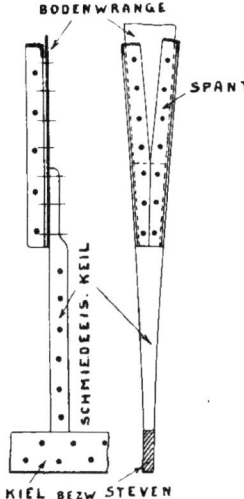
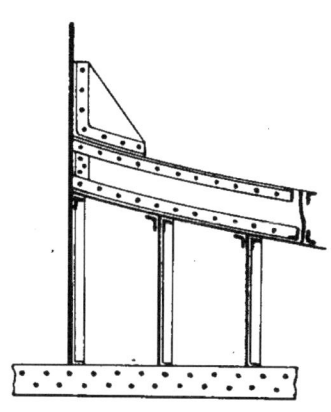

Abb. 183. Die ersten Spanten im Hinterschiff.

Abb. 184. Mittelkielschwein im Hinterschiff, in einem Querschott endigend.

d) die **Heckbalkenplatte** (auch Transomplatte genannt) (Abb. 185).

Man versteht darunter eine senkrechte, querschiffs stehende Platte an dem mit dem Hintersteven zusammenfallenden Spant 0 (Null), welche zur guten Verbindung des Hinterstevens mit dem Schiffskörper und zur Versteifung des Hecks dient.

Sie ersetzt gewissermaſsen die Bodenwrange an der betreffenden Stelle, erhält auch die Dicke derselben (3 ÷ 12,5 mm) und als Höhe deren 1 ½ fache Höhe (d. h. 155 ÷ 1680 mm), sofern es der vorhandene Raum zuläſst. Mit dem darüber liegenden Decksbalken am Spant 0, dem sog. **Heckbalken,** wird sie bei geringer Höhe selber, bei gröſserer nur in dem mittleren Teil durch eine starke Platte verbunden (Abb. 185). Mit dieser wird der Hintersteven durch zwei senkrechte, an seinen beiden Flanken vom Heckbalken bis unten gehende Winkel vernietet, falls nicht bei einem Stahlguſssteven besonders angegossene Flansche hierfür vorgesehen sind.

e) **Heckspanten** oder **Gillingsspanten** (185 a).

Sie dienen dazu, die Auſsenhautbeplattung des konsolartig überhängenden Schiffsendes, des **Hecks**, zu tragen und abzusteifen. Sie bestehen gewöhnlich aus Winkeln von dem

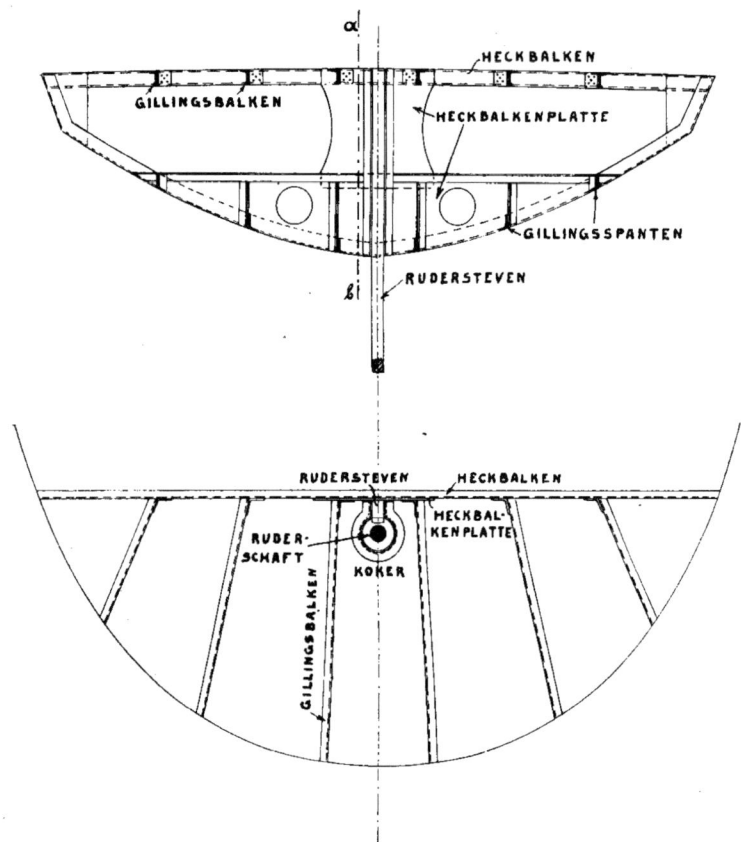

Abb. 185. Heckbalkenplatte und Konstruktion des Hecks.

Profil der Spanten, welche der Form des Hecks entsprechend gebogen und ausgewinkelt werden. Die Heckspanten gehen strahlenförmig von der Unterkante der Heckbalkenplatte aus, mit der sie durch Kniebleche verbunden werden, und endigen mit ihrem oberen Teil an den sogenannten Gillingsbalken, die von der Oberkante der Heckbalkenplatte bzw. dem Heckbalken aus ebenfalls strahlenförmig nach dem Umfang des Hecks verlaufen. Auch hier findet zwischen den Gillingsspanten und den Gillingsbalken eine kräftige Verbindung durch Kniebleche statt. Die radial laufenden Decksbalken (Gillingsbalken)

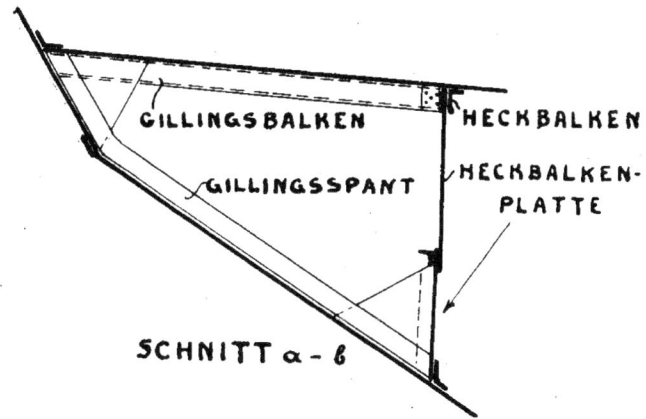

Abb. 185a. Heckbalkenplatte und Konstruktion des Hecks.

werden mit dem Heckbalken durch kurze Winkel oder umgebogene Plattenstreifen vernietet. Sie bilden so zusammen mit den Heckspanten und der Heckbalkenplatte eine Anzahl nahezu dreieckiger Rahmen, an welchen die Außenhaut und die Decksbeplattung befestigt werden kann. Um eine größere Festigkeit in die gesamte Heckkonstruktion hineinzubringen, wird das ganze Heck bis zu dem ersten Decksbalken vor dem Heckbalken mit eisernen Decksplatten belegt.

f) Der **Koker** (Abb. 186). Man versteht darunter die rohrartige Umhüllung des Ruderschaftes, welche dazu dient, an der Eintrittsstelle des Ruderschaftes in das Schiffsinnere das Eindringen des Wassers zu verhindern.

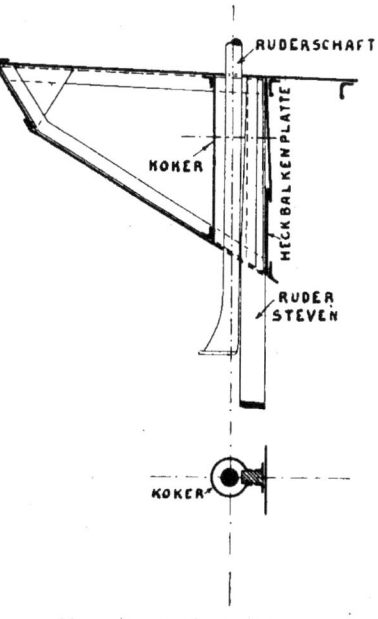

Abb. 186. Der Ruderkoker.

Bohnstedt, Praktischer Schiffbau. 13

Der Koker wird aus einer Platte hergestellt, die man rohrförmig zusammenbiegt und an beiden Enden unten und oben so umflanscht, dafs sie sich genau an die Gillingsbeplattung bzw. an das Deck anschliefst, während ihre beiden senkrechten Kanten lappenförmig den Hintersteven zwischen sich nehmen und mit ihm vernietet werden.

Statt der Rohrflanschen unten und oben wählt man auch vielfach besondere Winkeleisenringe. Auch kommen Koker aus Gufseisen und Stahlgufs vor.

Der Koker mufs einen erheblich gröfseren lichten Durchmesser haben als der Ruderschaft, damit man diesen beim Ein- und Aushängen des Ruders erforderlichenfalls seitlich oder nach hinten neigen kann. Aus demselben Grunde mufs der Koker einen um so gröfseren Durchmesser erhalten, je länger das Kokerrohr ist.

2. Besondere Konstruktionen des Hinterschiffes bei Einschraubendampfern.

Um für den Austritt der Welle am Schraubensteven den nötigen Raum zu gewinnen, müssen die Spanten an der betreffenden Stelle eine kreisförmige Ausbauchung erhalten und die mit ihnen vernieteten Bodenwrangen (in diesem Teil des Schiffes auch Piekstücke genannt) mit kreisförmigen Öffnungen versehen werden, durch welche das Wellenrohr (auch als Stevenrohr oder Sternbuchse bezeichnet) hindurchgeht (Abb. 187). Das Stevenrohr wird aus Gufseisen oder Stahlgufs, seltener aus Bronze hergestellt und endigt einerseits im Schraubensteven, andererseits in einem wasserdichten Schott, dem sogenannten Stopfbuchsenschott.

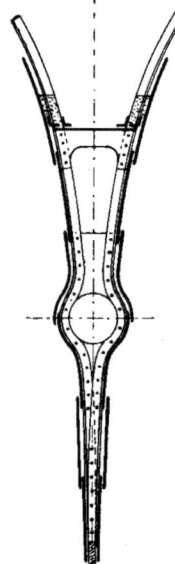

Abb. 187. Piekstücke für Einschraubendampfer.

Die kreisförmige Öffnung in den Piekstücken ist etwa 30÷50 mm gröfser als der äufsere Durchmesser des Wellenrohrs. Nur bei sehr grofser Länge unterstützt man das Rohr noch einmal in der Mitte, indem man ihm dort eine Rippe gibt und diese genau in das dort befindliche etwas stärkere Piekstück einpafst.

(Die Konstruktion des Stevenrohres gehört in das Gebiet des Schiffsmaschinenbaues.)

Das **Stopfbuchsenschott** soll zur Verhütung von Leckagen bei einem Bruch des Wellenrohres bis über die Tiefladelinie wasserdicht durchgeführt werden; oder wenn dieses wegen der Einteilung der Räumlichkeiten nicht möglich ist, so soll es sich an ein wasserdichtes Deck oder eine Plattform anschliefsen.

Die gewöhnliche Abdichtung dieses Decks mit Zement an denjenigen Stellen, an welchen die Spantwinkel hindurchgehen, genügt hier nicht mehr, da durch die Erschütterungen und Stöfse der Schraube sich der Zement bald lösen würde. Man ordnet deshalb **gekröpfte** Winkel an, welche geschmiedet oder aus schmiedbarem Gufs hergestellt, vollständige Wasserdichtigkeit gewährleisten (Abb. 188).

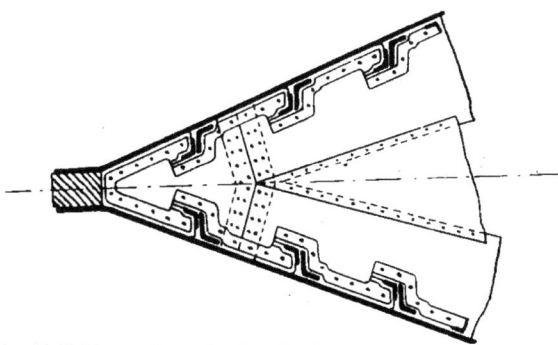

Abb. 188. Abdichtung eines ein Stopfbuchsenschott abschliefsenden Decks.

Läfst sich das Stopfbuchsenschott nicht bis zum Oberdeck durchführen, so wendet man zweckmäfsig über dem Schott an jeder Schiffsseite ein Rahmenspant an.

Bei grofsen Dampfern (QL über 1300) ist die Verbindung des **Rudersteven**s mit der Heckbalkenplatte allein zur Steifigkeit des Hinterschiffes nicht mehr ausreichend, selbst wenn die Heckbalkenplatte als volles Schott ausgeführt wird. Man führt deshalb **auch** den **Schraubensteven** bis zu dem nächsten darüberliegenden Deck hinauf und ordnet an ihm ebenfalls eine Heckbalkenplatte an, mit welcher er in derselben Weise wie der Rudersteven gut verbunden wird (Abb. 149). Häufig bringt man an den seitlichen Endpunkten der Platte über derselben noch ein Rahmenspant an, welches bis zum obersten Deck hinaufreicht.

Die Decks im Hinterschiff werden (ebenso wie unter 1.), wenn sie nicht an und für sich mit einer Eisenbeplattung versehen sind, von ihrem hintersten Punkt bis mindestens zu dem ersten Balken vor dem Rudersteven bzw. Schraubensteven beplattet.

3. Über besondere Konstruktionen des Hinterschiffes bei Zweischraubendampfern

siehe unter Hintersteven für Zweischraubenschiffe auf S. 147 u. ff.

37. Die Radkasten.

Sie umhüllen die obere Hälfte der Schaufelräder bei Raddampfern und haben den Zweck, einerseits die Räder vor Beschädigungen zu schützen, andererseits das Spritzwasser vom Deck fernzuhalten.

Früher wurden auch für eiserne Schiffe die Radkasten noch vielfach aus Holz hergestellt, heutzutage jedoch ausschließlich aus Eisen.

Der Radkasten besteht in der Hauptsache aus zwei halbkreisförmigen Wänden (einer inneren und einer äußeren) und aus einer halbzylindrischen Mantelfläche. Das Hinter- und Vorderende der letzteren ruht entweder auf einem balkenartigen Träger, dem sogenannten Radkastenbalken, welcher von der Außenkante des einen Radkastens quer durch das Schiff bis zur Außenseite des anderen geht (Abb. 189), oder sie stützen sich auf Konsolen (Abb. 190), welche an den Schiffsseiten angebracht werden. Die erstere Art wird bei Seedampfern, die letztere bei Dampfern für glattes Wasser angewendet. Bei See-

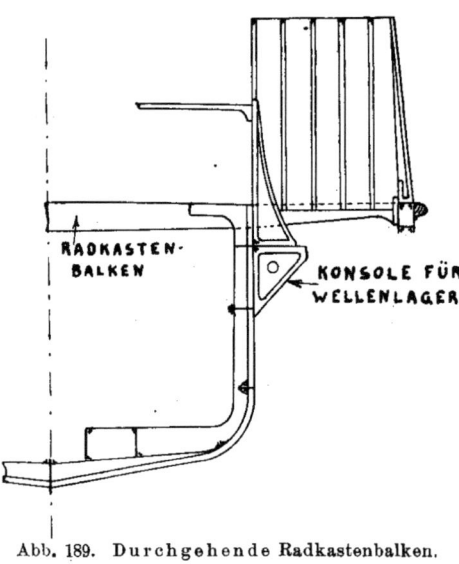

Abb. 189. Durchgehende Radkastenbalken.

dampfern sind Konsolen unzweckmäfsig, da sie bei Schlingerbewegungen in das Wasser eintauchen und so die Fahrt hemmen würden. Die Radkastenbalken werden als hohle Rechteckträger aus Platten und Winkeln zusammengebaut und dienen im Schiffsinneren gleichzeitig als Decksbalken. Sie treten durch entsprechende Aussparungen im Schergang nach aufsen heraus und werden bisweilen noch durch eine starke Strebe aus Rundeisen gegen die Schiffsseiten abgestützt.

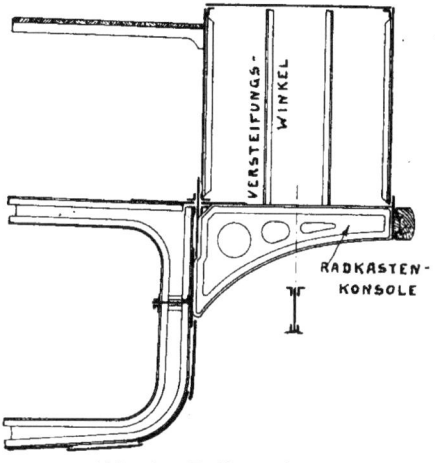

Abb. 190. Radkastenkonsole.

Da man hinten des besseren Wasserabflusses wegen den Zwischenraum zwischen den aus dem Wasser austretenden Schaufeln und dem zylindrischen Radkastenmantel gröfser macht als vorne, so liegen die beiden Balken nicht symmetrisch zur Radachse, sondern der zweite etwa um eine Spantentfernung weiter zurück.

Die äufsere Umrahmung des Radkastens wird durch einen starken, längsschiffs liegenden Balken hergestellt, der das Ende des einen Radkastenbalkens mit dem des anderen verbindet und gleichzeitig die äufsere Radkastenwand und das äufsere Lager der Radwelle trägt. Er wird bei gröfseren Schiffen als hohler Balken, bei kleineren als I-Träger ausgeführt.

Zur Versteifung erhalten die Radkastenwände im Inneren senkrechte Winkel in Abständen von etwa 750 mm.

Da der Schergang durch das Einschneiden der Öffnung für die Radkastenbalken und für die Radwelle geschwächt ist, so mufs er entsprechend dicker gewählt oder an der betreffenden Stelle gedoppelt werden. Zweckmäfsig ist es, auch den darunterliegenden Aufsenhautgang im Bereich des Radkastens zu verstärken. Ferner werden unter den Radkastenbalken und auf jeder Seite der Radwelle Rahmenspanten von 480 ÷ 800 mm Breite angebracht (Abb. 189 und 190).

38. Abdichten, Zementieren und Streichen des Schiffskörpers.

Alle wasserdichten Nähte und Nietköpfe müssen sorgfältig verstemmt und danach auf Dichtigkeit durch Abspritzen mit einem kräftigen Wasserstrahl oder durch Wasserdruck geprüft werden.

Die Landungen (Berührungsflächen) aller wasserdichten Teile brauchen nicht gestrichen zu werden und werden ohne Dichtungsmittel (etwa Leinwand, Filz oder dergl.) Eisen auf Eisen genietet.

Bei nicht wasserdichten Teilen erhalten die aufeinanderliegenden Flächen der Platten, Winkel usw. mindestens einen Mennige- (Bleioxyd-)Anstrich. Sie sind vorher sorgfältig von Rost zu reinigen und vollständig zu trocknen.

Die unteren Eisendecks, welche dem Wetter nicht ausgesetzt sind, brauchen nicht verstemmt zu werden, wenn sie mit einer vorschriftsmäfsig abgedichteten Holzbeplankung (vergl. S. 102) versehen sind.

Der Boden der Schiffe wird inwendig bis oberhalb der Kimm mit einer Zement- oder Asphaltschicht von $10 \div 50$ mm Dicke belegt, so dafs alle Bodenplatten, Stofsbleche und Nietköpfe überall gut bedeckt sind und eine ebene Oberfläche gebildet wird.

Am Kiel mufs die Zementschicht so dick aufgetragen werden, dafs die Kielschwein- und Spantwinkel bis zu der Unterkante der Wasserlauflöcher bedeckt sind, damit das zwischen je zwei Bodenwrangen vorhandene Bilgewasser in den benachbarten Raum abfliefsen kann. Da diese Löcher dicht über den Spantwinkeln eingeschnitten werden, so mufs die Zementschicht hier eine Dicke von der Spantschenkelhöhe besitzen.

Vom Kiel nach den Seiten zu läfst man die Zementschicht in ihrer Dicke in der Weise abnehmen, dafs die Oberfläche derselben noch eine geringe Neigung nach dem Kiel zu behält, damit sich dort das Wasser ansammeln kann.

Oberhalb der Kimm werden die Schiffsseiten im Inneren mit einem Ölfarbenanstrich versehen.

Die engen Räume vorn und hinten in der Piek werden zwischen den Platten und Winkeln vollständig mit Zement ausgefüllt.

Da Zement ziemlich schwer ist (spezifisches Gewicht = 2,7÷3 kg/cdm), so verwendet man bei kleinen Schiffen ohne Doppelboden als Füllmaterial, besonders in den Kohlenbunkern, Koks (spez. Gew. = 0,4÷0,6) oder Bimsstein (spez. Gew. = 0,4÷0,9) und trägt hierauf eine Schicht Zement auf.

Das Abdichten der Decks an der Aufsenhaut erfolgt ebenfalls meistens durch Zement. Es werden hier zunächst die Aussparungen der Stringer an den Spanten und Gegenspanten durch eingetriebene Holzpflöcke geschlossen und darauf der Raum zwischen der Aufsenhaut und dem inneren durchlaufenden Stringerwinkel mit Zement ausgefüllt (vergl. Abb. 91 u. 176).

39. Einiges über den Holzschiffbau.

Bis etwa zum Jahre 1840 baute man fast alle Schiffe ausschliefslich aus Holz; dann wurden sie allmählich durch eiserne verdrängt. Den Übergang bildeten die sogenannten Kompositschiffe, die eine Verbindung von Holz und Eisen darstellen (s. diese auf S. 202).

Eiserne Kanalboote gab es zwar schon im Jahre 1787 (vergl. Geschichtliches S. 10), und es wurden hin und wieder weitere Eisenschiffe gebaut, doch richteten sich die meisten Werften erst um die Mitte des 19. Jahrhunderts allmählich für den Eisenschiffbau ein.

Hölzerne Schiffe werden heute fast nur noch in kleinen Abmessungen als Fischerfahrzeuge, Küstensegler und als Jachten für Sportzwecke gebaut.

Der Vorteil eiserner Schiffe gegenüber hölzernen besteht darin, dafs das Eisen als Material eine etwa fünfmal so grofse Festigkeit besitzt wie Holz, sich leicht in jede Form bringen läfst, dafs sich die einzelnen Teile gut miteinander verbinden lassen, und dafs das Eisen dauerhafter ist als Holz.

Für grofse Schiffe, wie sie heute gebaut werden, kommt ferner in Betracht, dafs so starke Verbände, wie sie für solche Gröfsen nötig sind, sich durch Holzverbindungen nicht mehr erzielen lassen, und dafs auch früher schon bei kleineren Fahrzeugen die Abmessungen der Holzverbände und Holzteile so grofs gewählt werden mufsten, dafs die hölzernen Schiffe im Verhältnis zu eisernen trotz des viel kleineren spezifischen Gewichtes ($1/9$ von demjenigen des Eisens, welches = 7,8 kg/cdm beträgt) doch schwerer ausfielen. Die Gewichtsersparnis der eisernen Schiffe gegenüber hölzernen beträgt 25÷30%, welche der nützlichen Zuladung (Tragfähigkeit) zugute kommen.

Nur ein Nachteil läfst sich bei den eisernen Schiffen angeben, nämlich der, dafs der im Wasser befindliche Schiffsrumpf trotz des Anstrichs mit den besten Farben schon nach einigen Monaten mit Pflanzen und Seetieren bewächst, welche die Fahrgeschwindigkeit erheblich beeinträchtigen. Bei gekupferten Holzschiffen kommt dieser Übelstand nicht vor.

Als Material wurde im Holzschiffbau hauptsächlich Eichenholz verwendet, und zur Verbindung Holznägel, Dübel, Bolzen und Schrauben, daneben verzinkte eiserne und bronzene Beschläge, Bänder usw.

Der **Kiel** (Abb. 191) erhielt zur Aufnahme der benachbarten Aufsenhautplanken eine **Sponung** (Rinne von Dreiecksquerschnitt) und gewöhnlich noch 1÷2 **Loskiele**, welche mit dem eigentlichen Kiel verbolzt wurden und diesen bei Grundberührungen gegen Verletzungen schützen sollten.

Vor- und Hintersteven erhielten ebenfalls Sponungen und wurden durch hölzerne innenliegende Kniee, sogenannte **Binnenstevenkniee** oder **Reitkniee**, mit dem Kiel verbunden.

Die **Spanthölzer** wurden aus einer Anzahl (vier und mehr) von einzelnen krumm **gewachsenen** Hölzern zusammengesetzt und an den stumpfen Stofsstellen durch ebenfalls krumm gewachsene Verbindungshölzer mittelst Bolzen verlascht. Die auf dem Kiel liegenden Hölzer nannte man **Bodenwrangen**; an sie schlossen sich zu beiden Seiten die **Bodenstücke** an, darauf die **Kimmstücke** und schliefslich die sogenannten **Auflanger** als erster, zweiter usw.

Das **Kielschwein** wurde als längsliegender Holzbalken von quadratischem oder Rechtecksquerschnitt auf die Innenfläche der Bodenwrangen gelegt und mit ihnen und dem Kiel verbolzt. Die übrigen inneren Längsverbände wurden als **Wegerung** bezeichnet.

Die **Decksbalken** erhielten ebenso wie heute bei dem Eisenschiffbau etwa $^1/_{50}$ ihrer Länge als Bucht (Wölbung nach oben), stützten sich seitlich auf die **Balkweger** und wurden in der Mitte durch **Stützen** bzw. Unterzüge gegen Durchbiegung nach unten gesichert.

Die **Aufsenhaut** bestand aus einzelnen Planken, die in ihrer Breite nach dem Vor- und Hinterschiff hin abnahmen bzw. als verlorene Gänge ausliefen. Die Nähte wurden durch

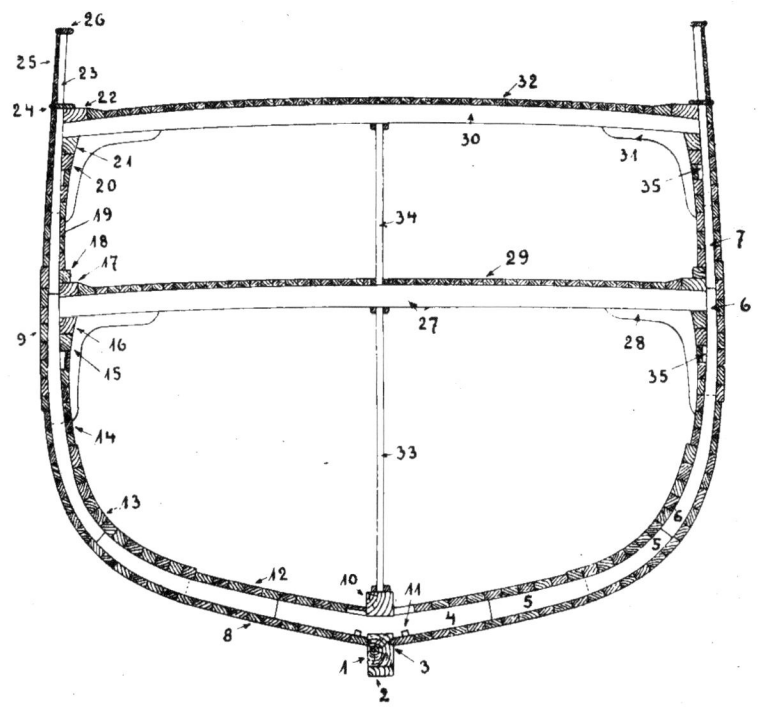

Abb. 191. Hauptspant eines hölzernen Zweideckschiffes.

1 = Kiel.
2 = Loskiel.
3 = Sponung oder Spundung.
4 = Bodenwrange.
5 = Boden- bzw. Kimmstück.
6 = erster Auflanger.
7 = zweiter Auflanger.
8 = Bodenbeplankung, Bodengänge.
9 = Seitenbeplankung, Seitengänge.
10 = Kielschwein.
11 = Wasserlauf.
12 = Bodenwegerung (Flachweger).
13 = Kimmweger.
14 = Seitenweger.
15 = Unterdeck- (Zwischendeck-)Unterbalkweger.
16 = Unterdeck-Balkweger.
17 = „ „ Wassergang.
18 = „ „ Setzweger.
19 = Zwischendeckweger.
20 = Oberdeck-(Hauptdeck-)Unterbalkweger.
21 = „ „ Balkweger.
22 = „ „ Wassergang.
23 = Reling- bzw. Schanzkleidstütze.
24 = Schandeck oder Schandeckel.
25 = Schanzkleidbeplankung.
26 = Reling.
27 = Unterdeck- (Zwischendeck-)Balken.
28 = „ „ Balkenknie.
29 = Unterdeck oder Zwischendeck.
30 = Oberdeck- (Hauptdeck-)Balken.
31 = „ „ Balkenknie.
32 = „ oder Hauptdeck.
33 = Raumstütze.
34 = Oberdeck- (Hauptdeck-)Stütze.
35 = Luftgänge.

Wergstränge (sogenannte Dochte) abgedichtet. Zu dem Zweck liefs man die Fugen aufsen um etwa $^1/_{20}$ der Plankendicke aufklaffen und trieb auf je 25 mm Plankendicke einen Docht ein. Die Arbeit wurde mit einem schmalen Dichteisen (Klamaieisen) ausgeführt und als sogenanntes K l a m a i e n bezeichnet. Auf den letzten Docht wurde dann noch heifses Pech gebracht und dadurch die Rille vollständig ausgefüllt und gegen Eindringen von Seewasser gesichert.

Zum Schutz gegen die Zerstörung durch den Bohrwurm wurde die Aufsenhaut unter der Wasserlinie noch mit dünnen Kupfer- oder Gelbmetallblechen benagelt. Diese verhinderten gleichzeitig ein Bewachsen mit Pflanzen und Seetieren.

40. Einiges über den Komposit-Schiffbau.

Die Spanten und die Hauptlängsverbände wurden aus Eisen hergestellt, die Aufsenhaut aus Holz. Infolgedessen war es möglich, diese Schiffe zu kupfern und dadurch den Nachteil des Bewachsens der rein eisernen Schiffe zu vermeiden, während andererseits die Schwächen der Holzschiffe beseitigt sind.

Der K i e l (Abb. 192) bestand aus Holz und erhielt Sponungen, ebenso die S t e v e n, die jedoch auch aus Eisenplattenstreifen mit umgebogenen Rändern hergestellt wurden, zwischen welche die hölzernen Steven eingepafst wurden.

Die B e p l a n k u n g bestand entweder aus e i n e r oder z w e i Holzlagen. Die Stöfse der inneren Lage (und ebenso verfuhr man bei Anwendung von nur e i n e r Lage) ordnete man zwischen zwei Spanten auf einer darunterliegenden kurzen Eisenplatte an, auf welcher die Plankenenden durch je zwei Schraubenbolzen befestigt wurden. Breite der Planken bis zu 300 mm. Die Köpfe der Schraubenbolzen waren rund, mit Schlitz versehen und wurden in den Planken versenkt. Gegen das Seewasser wurden sie durch Marineleim (eine Gummilösung) und Holzpfropfen abgedichtet.

Sollten die Schiffe g e k u p f e r t werden, so mufsten die Befestigungsbolzen aus Kupfer oder Bronze bestehen, oder es mufste bei Anwendung von E i s e n bolzen eine z w e i t e Plankenlage angewendet werden. Diese wurde auf der ersteren mit Spiekern (Nägeln), Bolzen oder Holzschrauben aus Kupfer oder Bronze befestigt, und zwar so, dafs keine Berührung zwischen den Kupferteilen der äufseren und den Eisenteilen

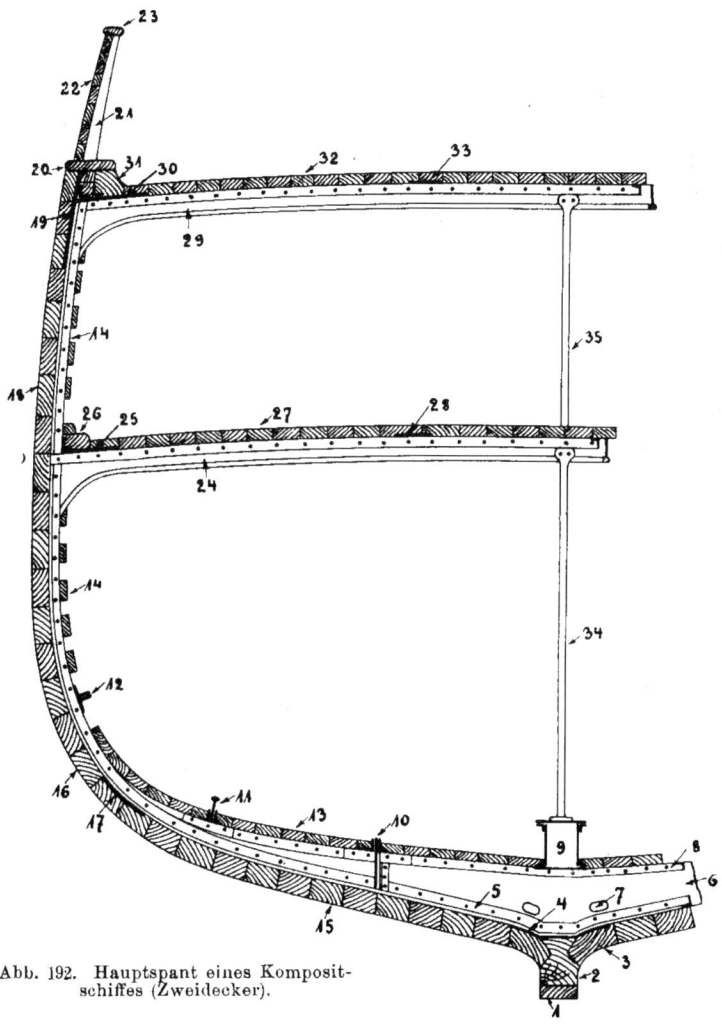

Abb. 192. Hauptspant eines Kompositschiffes (Zweidecker).

1 = Loskiel.
2 = Kiel.
3 = Kielgang.
4 = Kielplatte.
5 = Spant.
6 = Bodenwrange.
7 = Wasserlauf.
8 = Gegenspant.
9 = Kastenkielschwein.
10 = Seitenkielschwein.
11 = Kimmkielschwein.
12 = Kimmstringer.
13 = Bodenwegerung (dichte).
14 = Seitenwegerung (offene).
15 = Bodengänge.
16 = Kimmgänge.
17 = Kimmplatte.
18 = Seitengänge.
19 = eiserner Schergang.
20 = Schandeckel.
21 = Schanzkleid- bzw. Relingstütze.
22 = Schanzkleid.
23 = Reling.
24 = Unterdeck- (Zwischendeck-)Balken.
25 = „ „ Stringer.
26 = „ „ Wassergang.
27 = „ oder Zwischendeck.
28 = Längs- bzw. Diagonalschiene.
29 = Oberdeck- (Hauptdeck-)Balken.
30 = „ „ Stringer.
31 = „ „ Wassergang.
32 = „ oder Hauptdeck.
33 = Längs- bzw. Diagonalschiene.
34 = Raumstütze.
35 = Deckstütze.

der inneren Plankenlagen stattfand. Es würde sonst unter gleichzeitigem Zutreten von Seewasser, das sich nicht vollständig vermeiden läfst, ein galvanischer Strom entstehen, welcher die Eisenteile zerstört. Zwischen die beiden Plankenlagen, welche bisweilen auch diagonal angeordnet wurden, brachte man eine Schicht Marineleim oder geteerten Filz.

Bei Anwendung von zwei Aufsenhautlagen brauchte jede nur etwa halb so stark zu sein wie bei Anordnung einer einzigen.

Auch bei vollständig eisernen Schiffen wird noch heutzutage, um solche Schiffe kupfern zu können, auf die eiserne Aufsenhaut eine aus zwei Lagen bestehende hölzerne Aufsenhaut aufgebracht. Es geschieht dieses hauptsächlich bei unseren Auslandkreuzern und Kanonenbooten, welche sich in tropischen Gewässern aufhalten und keine Gelegenheit haben, zum Zweck der Erneuerung ihres Bodenanstrichs und Entfernung des Anwuchses in ein Dock zu gehen. Auch hier wird die innere Lage mit eisernen Bolzen, die zweite mit kupfernen Holzschrauben befestigt und jede Berührung des Eisens mit dem Kupfer vermieden, ebenso auch jeder Zutritt des Wassers verhindert. Das letztere geschieht durch Abdichten der versenkten Köpfe mit Kitt und Eintreiben von Holzpfropfen. Kupfer und Eisen würden sonst in dem säurehaltigen Seewasser ein galvanisches Element bilden, welches das Wasser in Wasserstoff und Sauerstoff zersetzt. Der erstere schlägt sich auf dem Kupfer nieder und schützt es vor weiterer Zersetzung, während der Sauerstoff sich mit dem Eisen verbindet und eine fortschreitende Rostbildung und Zerstörung verursacht. Der Kupferbeschlag ist aber nur so lange imstande, das Bewachsen zu verhindern, als er selber zersetzt wird und sich infolgedessen mit den anhaftenden Seetieren und Pflanzen in unendlich dünner Schicht von den Kupferplatten loslöst, indem er bei der Fahrt des Schiffes fortgeschwemmt wird. Es würde somit beim Eintreten eines galvanischen Stromes nicht blofs eine Zerstörung der Eisenteile des Schiffes stattfinden, sondern auch die ganze Kupferung zwecklos sein.

Es mufs deshalb die Abdichtung zwischen den Eisen- und Kupferteilen auf das allersorgfältigste ausgeführt werden, damit lediglich eine Zersetzung an der Oberfläche der kupfernen Aufsenhaut stattfindet, welche für das Loslösen des Anwuchses unbedingt notwendig ist.

41. Masten und Takelage.
(Abb. 193 ÷ 195.)

(Vergl. auch Kap. 3. Einteilung der Segelschiffe auf S. 23 ÷ 30.)

Für die Art der Takelung sind aufser der Gröfse des Schiffes die Wünsche und Erfahrungen der Reeder und Kapitäne mafsgebend.

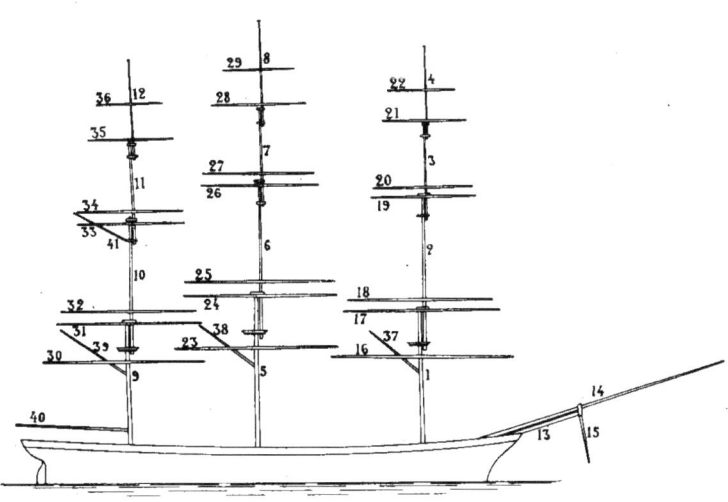

Abb. 193. Takelage eines Segelschiffes.

1 = Fockmast.
2 = Vormarsstenge.
3 = Vorbramstenge.
4 = Vorroyalstenge.

5 = Grofsmast.
6 = Grofsmarsstenge.
7 = Grofsbramstenge.
8 = Grofsroyalstenge.

9 = Kreuzmast.
10 = Kreuzmarsstenge.
11 = Kreuzbramstenge.
12 = Kreuzroyalstenge.

13 = Bugspriet.
14 = Klüverbaum.
15 = Stampfstock.

16 = Fockrahe.
17 = Vor-Untermarsrahe.
18 = „ -Obermarsrahe.
19 = „ -Unterbramrahe.
20 = „ -Oberbramrahe.

21 = Vor-Royalrahe.
22 = „ -Skysegel- (Scheisegel-)Rahe.

23 = Grofsrahe.
24 = Grofs-Untermarsrahe.
25 = „ -Obermarsrahe.
26 = „ -Unterbramrahe.
27 = „ -Oberbramrahe.
28 = „ -Royalrahe.
29 = „ -Skysegelrahe.

30 = Kreuzrahe oder Bagienrahe.
31 = Kreuz-Untermarsrahe.
32 = „ -Obermarsrahe.
33 = „ -Unterbramrahe.
34 = „ -Oberbramrahe.
35 = „ -Royalrahe.
36 = „ -Skysegelrahe.

37 = Vor-Gaffel, Vor-Treisegelgaffel.
38 = Grofs-Gaffel, Grofs-Treisegelgaffel.
39 = Besangaffel.
40 = Besanbaum.
41 = Flaggengaffel.

Am häufigsten werden die Segelschiffe als Dreimastschuner, Schunerbarks und Barks getakelt, als Briggs nur noch selten, und Vollschiffe werden da gewählt, wo man bei Anwendung einer Barktakelage entsprechend einem gegebenen Segelareal auf zu grofse Abmessungen der Rahen kommen würde.

Abb. 194. Besegelung eines Vollschiffes.

1 = Aufsenklüver.
2 = Klüver.
3 = Binnenklüver.
4 = Vorstengestagsegel.

5 = Vor-Unter-Leesegel.
6 = „ -Ober- „
7 = „ -Bram- „
8 = „ -Royal- „

9 = Fock
10 = Vor-Untermarssegel.
11 = „ -Obermarssegel.
12 = „ Unterbramsegel.
13 = „ Oberbramsegel.
14 = „ Royal.
15 = „ Sky-(Schei-)segel.

16 = Grofssegel.
17 = Grofs-Untermarssegel.
18 = „ -Obermarssegel.
19 = „ -Unterbramsegel.
20 = „ -Oberbramsegel.
21 = „ -Royal.
22 = „ -Skysegel.
23 = Mondgucker.

24 = Bagiensegel.
25 = Kreuz-Untermarssegel.
26 = „ -Obermarssegel.
27 = „ -Unterbramsegel.
28 = „ -Oberbramsegel.
29 = „ -Royal.
30 = „ -Skysegel.
31 = Besan (Besahn).

Man soll mit der Länge der Unterrahen nicht über 30 m und nicht über $1{,}34 \times$ der Entfernung der Masten voneinander gehen, damit einerseits die Rahen nicht zu unhandlich werden und sich anderseits die Segel nicht gegenseitig den Wind stehlen.

Die Gröfse des Segelareals wird entsprechend der

Abb. 195. Besegelung einer Fünfmastbark.

1 = Aufsenklüver.
2 = Klüver.
3 = Binnenklüver.
4 = Vorstengestagsegel.

5 = Fock.
6 = Vor-Untermarssegel.
7 = „ -Obermarssegel.
8 = „ -Bramsegel.
9 = „ -Royal.

10 = Grofssegel.
11 = Grofs-Untermarssegel.
12 = „ -Obermarssegel.
13 = „ -Bramsegel.
14 = „ -Royal.

15 = Mittelgrofssegel.
16 = Mittel-Untermarssegel.
17 = „ -Obermarssegel.
18 = „ -Bramsegel.
19 = „ -Royal.

20 = Kreuzsegel od. Bagiensegel.
21 = Kreuz-Untermarssegel.
22 = „ -Obermarssegel.
23 = „ -Bramsegel.
24 = „ -Royal.

25 = Besan.
26 = Gaffeltopsegel.

Stabilität des Schiffes berechnet und danach die Länge der Masten, Rahen usw. gewählt.

Der Standort der Masten richtet sich nach der Lage des Segelschwerpunktes und nach der Lage des letzteren zum Schwerpunkt des eingetauchten Längsplanes (Lateralplanes).

Der **Abstand der Masten voneinander** und von den Steven beträgt nach den bei ausgeführten Schiffen gemachten Erfahrungen in Teilen der Schiffslänge L ausgedrückt:

a) bei Fünfmast-Vollschiffen:

von Vorkante Vorsteven bis Mitte Fockmast	= 0,1082 L
„ Mitte Fockmast „ „ Grofsmast	= 0,1954 „
„ „ Grofsmast „ „ Mittelmast	= 0,1954 „
„ „ Mittelmast „ „ Hauptmast	= 0,1954 „
„ „ Hauptmast „ „ Kreuzmast	= 0,1729 „
„ „ Kreuzmast „ Hinterkante Hintersteven	= 0,1327 „
zusammen	= 1,0000 L

b) bei Dreimast-Vollschiffen:

von Vorkante Vorsteven bis Mitte Fockmast $= 0{,}1906 \div 0{,}2070\ L$
„ Mitte Fockmast „ „ Großmast $= 0{,}3338 \div 0{,}3205$ „
„ „ Großmast „ „ Kreuzmast $= 0{,}3013 \div 0{,}2935$ „
„ „ Kreuzmast „ Hinterkante Hintersteven
$\qquad\qquad = 0{,}1743 \div 0{,}1790$ „

c) bei Barkschiffen:

von Vorkante Vorsteven bis Mitte Fockmast $= 0{,}2085 \div 0{,}220\ L$
„ Mitte Fockmast „ „ Großmast $= 0{,}3488 \div 0{,}342$ „
„ „ Großmast „ „ Besanmast $= 0{,}2719 \div 0{,}270$ „
„ „ Besanmast „ „ Hinterkante Hintersteven
$\qquad\qquad = 0{,}1708 \div 0{,}168$ „

d) bei Schunerbarks:

von Vorkante Vorsteven bis Mitte Fockmast $= 0{,}2057\ L$
„ Mitte Fockmast „ „ Großmast $= 0{,}2982$ „
„ „ Großmast „ „ Besanmast $= 0{,}2825$ „
„ „ Besanmast „ Hinterkante Hintersteven $= 0{,}2136$ „

e) bei Dreimastschunern:

von Vorkante Vorsteven bis Mitte Fockmast $= 0{,}2000\ L$
„ Mitte Fockmast „ „ Großmast $= 0{,}2983$ „
„ „ Großmast „ „ Besanmast $= 0{,}2822$ „
„ „ Besanmast „ Hinterkante Hintersteven $= 0{,}2195$ „

Der **Fall** (die Neigung) **der Masten** wird gewählt:

beim Fockmast 3^0 (bis 4^0)
„ Großmast 4^0 (bis 5^0)
„ Mittelmast $4\tfrac{1}{2}^0$
„ Hauptmast 5^0
„ Besan- bzw. Kreuzmast $\Big\}\ 5^0$ (bis 6^0).

Die Steigung des Bugspriets beträgt etwa $17 \div 19^0$.

Die **Durchmesser** der Masten, Rahen usw. sind so zu wählen, daß die Takelage einerseits möglichst leicht, andererseits aber außerordentlich fest und widerstandsfähig ist.

Die **Beanspruchung** der Masten besteht aus Biegung (durch den Segeldruck, gefährlicher Querschnitt im Oberdeck), Druck bzw. Knickung (infolge des Anspannens der Wanten und Stage) und aus etwas Drehung (infolge des verschieden großen Abstandes der Rahen von der Mastmittellinie).

In derselben Weise wird auch die Marsstenge beansprucht, die Bramstenge dagegen bleibt frei von Drehung, wenn keine

Royalstenge mehr auf ihr sitzt, sonst wird auch sie auf Drehung beansprucht, und nur die oberste Stenge, die Royalstenge, bleibt frei davon.

Die Rahen und Gaffeln werden hauptsächlich auf Biegung, die Bäume auf Biegung und vor allem auf Knickung beansprucht.

Da es jedoch kaum möglich ist, die Gröfse der wirkenden Kräfte durch Rechnung zu ermitteln, so ist man auf Erfahrungswerte angewiesen, die in genügender Anzahl zur Verfügung stehen und von den Klassifikationsgesellschaften in Tafeln niedergelegt sind.

Material der Takelage:

Bei kleinen Schiffen besteht die ganze Bemastung aus Holz (Pitch-pine und Föhrenholz für die unteren Teile, Tannen- und Fichtenholz als leichteres und weniger festes Holz für die oberen Teile).

Bei mittelgrofsen Schiffen besteht die Takelage ebenfalls aus Holz, bis auf die Untermasten und das Bugspriet, welche aus Eisen gefertigt werden.

Bei grofsen Schiffen werden nur noch die Bramstenge bzw. Royalstenge, die oberen Rahen, Gaffeln und Bäume aus Holz hergestellt, vielfach aber auch diese aus Eisen.

Alle Masten, Rahen usw. aus Eisen erhalten denselben äufseren Durchmesser, welchen die Teile haben würden, wenn sie aus Holz hergestellt wären, damit man dieselben Beschläge, Ringe u. a. m. für Eisen und Holz verwenden kann. Unter Zugrundelegung gleicher Festigkeit kann man dann die Wandstärke der eisernen Masten, Rahen usw. bestimmen.

Abmessungen der Masten, Rahen usw.:

Die Länge der **Untermasten** vom Fufs (unteres Ende auf den Bodenwrangen oder dem Doppelboden stehend) bis zum Eselshaupt (höchster Punkt) schwankt je nach der Gröfse des Schiffes . . . . von 14 ÷ 34 m,

der äufsere Durchmesser:

am Fufs . . . . von 300 ÷ 710 mm,
in der Fischung (im Oberdeck) „ 390 ÷ 920 „
an der Längssaling . . . . . „ 310 ÷ 760 „
am Eselshaupt . . . . . . „ 260 ÷ 610 „

Die Wandstärke der eisernen Masten beträgt:

    am Fuß . . . . . 5,5 ÷ 11,5 mm,
    in der Fischung . . 7 ÷ 15 „
    an der Längssaling . 5,5 ÷ 11,5 „
    am Eselshaupt . . . 5 ÷ 10,5 „

Die eisernen Masten werden bis zu 21 m Länge aus **zwei** Plattenreihen (Abb. 196 a) und über 21 m Länge aus **drei** Plattenreihen (Abb. 196 b u. c) zusammengenietet. Die Längsnähte sind hierbei überlappt und doppelt zu nieten, die Stöße überlappt oder stumpf und dreifach zu nieten. Laschendicke = 1,25 mal der Plattendicke.

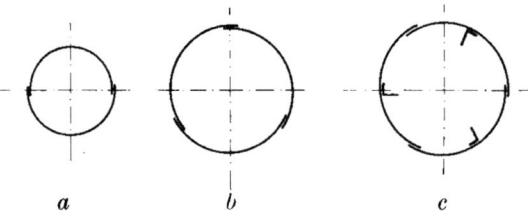

      a   *b*   *c*
bis 21 m Länge.   über 21 m Länge.   über 25,5 m Länge.
Abb. 196. Querschnitte durch eiserne Masten.

Die stumpfen Stöße mit innenliegenden Stoßblechen geben den Masten ein glatteres Aussehen, sind aber wegen der konischen Gestalt der Masten schwieriger herzustellen, weshalb man meistens die Überlappungsnietung wählt.

Bei den **Stengen** jedoch ist wegen des Auf- und Niedergehens der Racken der Rahen eine glatte Oberfläche und Anordnung **stumpfer** Stöße notwendig, damit die Racken nicht festhaken. Doch läßt man neuerdings die Rahen vielfach an Gleitschienen auf- und niedergehen, so daß auch hier Überlappungen in den Querstößen angängig sind.

Die oberen Enden der eisernen Masten und Stengen werden durch einen Blechdeckel geschlossen.

Masten über 25,5 m Länge erhalten im Inneren auf der Mitte jeder der drei Plattenreihen einen durchlaufenden Versteifungswinkel (75 × 75 × 9 bis 150 × 75 × 13 mm) (Abb. 196 c)

In den Fischungen (Durchführungen durch die Decks), an der Saling und an sonstigen stark beanspruchten Stellen sind die Masten zu doppeln.

Die eisernen **Marsstengen** (siehe Abb. 193) werden ebenso wie die Untermasten aus Platten (zwei Reihen) zusammengenietet, jedoch nicht mit stumpfen Querstöfsen und ohne innere Versteifungswinkel. Sie kommen in Längen von $9,5 \div 21$ m vor; ihr Durchmesser beträgt:

am Fufs . . $290 \div 620$ mm, die Dicke daselbst $6 \div 10$ mm,
„ Unterende
des Tops $250 \div 570$ „ „ „ „ $6 \div 9,5$ „
„ Eselshaupt $220 \div 450$ „ „ „ „ $4 \div 9$ „

Die **Bram- und Royalstengen** (siehe Abb. 193) können ebenfalls aus Stahl hergestellt werden und erhalten dieselben Abmessungen wie die zugehörigen Rahen derart, dafs an denjenigen Stellen, an welchen die Rahen in geheifstem Zustand hängen, die Durchmesser und Plattenstärken der Stengen dieselben sind wie die der entsprechenden Rahen ($= 200 \div 600$ mm).

Alle Stengen sind im Eselshaupt, beim Schlofsholz und bei den Scheibegaten durch Dopplungsplatten oder Winkel zu versteifen.

Die Längsnähte der Stengen werden gewöhnlich nur einfach genietet, die Stöfse hingegen dreifach, meistens gelascht. Laschendicke $= 1,3$ mal Plattenstärke.

Die **Rahen** (siehe Abb. 193) kommen in Längen von $l = 10 \div 30$ m vor. Ihr Durchmesser beträgt:

in der Mitte . . $= 200 \div 600$ mm, die Plattendicke daselbst
$= 4,5 \div 11,5$ mm,
auf $1/8 \, l$ von der Mitte $= 195 \div 585$ mm, die Plattendicke daselbst
$= 4,5 \div 10$ mm,
„ $2/8 \, l$ „ „ „ $= 180 \div 540$ mm, die Plattendicke daselbst
$= 4,5 \div 9$ mm,
„ $3/8 \, l$ „ „ „ $= 150 \div 450$ mm, die Plattendicke daselbst
$= 4,5 \div 8$ mm,
an den Nocken . $= 100 \div 300$ mm, die Plattendicke daselbst
$= 3 \div 7$ mm.

Die Enden (Nocken) der Rahen werden durch Holzpfropfen geschlossen.

Die Rahen werden aus zwei Plattenreihen zusammengenietet und erhalten keine Versteifungswinkel; die Längsnähte werden einfach, die Stöfse dreifach genietet. In der Mitte sind die Rahen bis über die Rackbügelbänder hinaus durch Dopplungsplatten, eiserne Bänder oder Winkel zu versteifen.

Die **Bäume** (siehe Abb. 193) für Gaffelsegel haben Längen von $l = 10 \div 20$ m. Der Durchmesser beträgt:

am äufseren Ende des Baumes $= 160 \div 320$ mm, die Plattendicke daselbst $= 4 \div 6{,}5$ mm,

auf $^1/_3\, l$ vom äufseren Ende $= 210 \div 410$ mm, die Plattendicke daselbst $= 4{,}5 \div 7{,}5$ mm,

„ $^1/_3\, l$ vom Mast $= 185 \div 370$ mm, die Plattendicke daselbst $= 4{,}5 \div 7$ mm,

am Mastende $= 150 \div 295$ mm, die Plattendicke daselbst $= 4 \div 6{,}5$ mm.

Die Bäume erhalten keine Versteifungswinkel. Die Längsnähte der beiden Plattenreihen werden einfach, die Stöfse dreifach genietet.

Das **Bugspriet** (siehe Abb. 193) erhält stets Versteifungswinkel ($55 \times 55 \times 6$ bis $110 \times 110 \times 12{,}5$ mm) und bei einem Durchmesser über 710 mm im Inneren noch eine senkrechte Platte (Abb. 197), welche oben und unten mit Winkeln an den Aufsenplatten befestigt wird und von der Bugsprietbettung (gewöhnlich in einer Art Schottplatte angebracht, vergl. Abb. 178) bis aufserhalb der Steven- oder Gallionlagerung reicht.

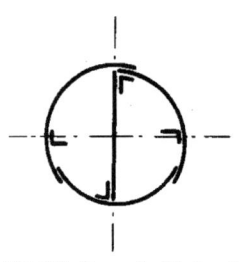

Abb.197. Querschnitt durch ein Bugspriet (Durchmesser über 710 mm).

Die Länge beträgt aufserhalb der Bettung $4 \div 9$ m, der Durchmesser:

am Fufs (inneres Ende am Bugsprietstuhl) $= 320 \div 740$ mm, die Plattendicke daselbst $= 6{,}5 \div 11$ mm,

in der Bettung $= 400 \div 900$ mm, die Plattendicke daselbst $= 6{,}5 \div 12$ mm,

am Eselshaupt (äufseres Ende) $= 280 \div 600$ mm, die Plattendicke daselbst $= 5{,}5 \div 9$ mm.

Bei Längen bis zu 6 m werden zwei Plattenreihen angewendet, darüber drei Reihen; die Längsnähte werden doppelt, die Stöfse dreifach genietet.

Die Entfernung von der Bugsprietbettung bis zum Fufs (Bugsprietstuhl) mufs mindestens das vierfache des Bugsprietdurchmessers betragen (d. h. $= 1{,}6 \div 3{,}6$ m).

Das **Hornbugspriet** (d. h. Bugspriet und Klüverbaum aus einem Stück):

Länge l aufserhalb der Bettung $= 8 \div 18$ m,

Durchmesser:

am Fuſs $= 320 \div 740$ mm, Plattendicke daselbst $= 6,5 \div 11$ mm,
in der Bettung $= 400 \div 900$ mm, Plattendicke daselbst $= 6,5 \div 12,5$ mm,
auf $^{1}/_{2}\, l$ (zwischen Bettung und Nock) $= 350 \div 800$ mm, Plattendicke daselbst $= 6 \div 11,5$ mm,
an der Nock (äuſseres Ende) $= 160 \div 360$ mm, Plattendicke daselbst $= 3,5 \div 8,5$ mm.
Versteifungswinkel von $55 \times 55 \times 6$ bis $110 \times 110 \times 12$ mm.

Bis zu 11 m Länge, gemessen von der Bettung bis zur Nock, werden zwei Plattenreihen, darüber drei Plattenreihen angeordnet. Die Längsnähte sind doppelt, die Stöſse dreifach zu nieten.

Der **Klüverbaum** (siehe Abb. 193) aus Holz oder Eisen:
Ist l die Länge des Klüverbaumes **auſserhalb** des Eselshauptes am Bugspriet, so macht man seinen Durchmesser:

am Fuſs (inneres Ende) . . $= 0,026\, l$,
im Eselshaupt . . . . . . $= 0,034\, l$,
an der Nock (äuſseres Ende) . $= 0,014\, l$,

Gaffeln (siehe Abb. 193) aus Holz oder Eisen erhalten bei einer Gaffellänge l:

einen Durchmesser am Mast (an der Klaue) $= 0,015\, l$,
„ „ auf $^{1}/_{3}\, l$ vom Mast . . $= 0,022\, l$,
„ „ an der Piek (Auſsenende) $= 0,006\, l$.

In neuerer Zeit werden bisweilen die Nähte der Masten, Bugspriete, Bäume usw. zusammengeschweiſst. In diesem Falle ist die Blechdicke um $5\,^{0}/_{0}$ gröſser zu nehmen und bei Weglassung der Versteifungswinkel auch um deren Querschnitt zu erhöhen. Auch nahtlose Masten (nach dem Mannesmann-Verfahren) werden neuerdings mehrfach verwendet. Von einer Verstärkung der Wandstärke wird bei ihnen abgesehen.

Zubehör zu den Masten (siehe auch Abb. 193):

An ihrem oberen Teil erhalten die Masten zwei **Mastbacken** (Abb. 198); das sind parallel zur Längsachse des Schiffes stehende konsolartige Platten, welche durch doppelte Nietung mit dem Mast verbunden werden. Sie sind an ihrer Vorderkante durch Winkel-, Halbrundeisen oder Wulstschienen

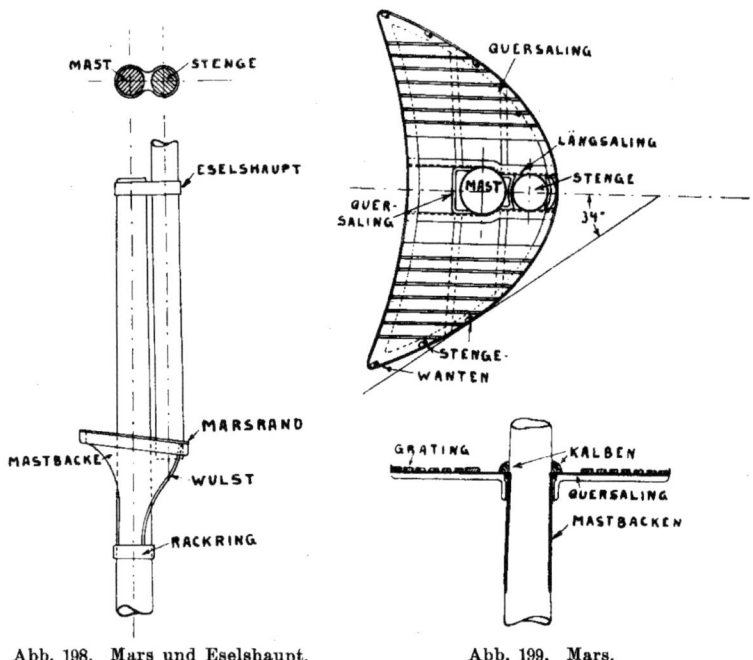

Abb. 198. Mars und Eselshaupt.   Abb. 199. Mars.

versteift und an ihrer wagerechten Oberkante mit Winkeln versehen. Die Länge der Mastbacken, in senkrechter Richtung gemessen, soll bei Masten ohne Rahtakelage mindestens das $2\,^1/_2$ fache des Mastdurchmessers betragen und bei Masten mit Rahtakelage bis auf den Rackring (Ring um den Mast, Abb. 198) hinabreichen.

Die Mastbacken erhalten eine Plattendicke von $9{,}5 \div 17{,}5$ mm, die Salingswinkel ein ungleichschenkliges Profil $85 \times 65 \times 8$ bis $170 \times 115 \times 15$ mm.

Die **Längssalings** (Abb. 199) bestehen aus den vorstehend erwähnten Winkeln oder aus zwei kurzen hölzernen Längsbalken, welche auf den Mastbacken ruhen. Auf ihnen liegen senkrecht dazu die **Quersalings**, welche den Mars tragen. Die vordere Quersaling mufs dabei so weit vor dem Mast liegen, dafs der Fufs der Marsstenge genügenden Platz dazwischen hat.

Der **Mars** (Abb. 199) ist eine Plattform (Gräting), welche mit einem Rand aus Holz oder Winkeleisen umgeben ist und den Stengewanten die erforderliche Spreizung geben soll. Gleichzeitig soll er die Bedienung der Takelage erleichtern. Der Zutritt zum Mars von unten her erfolgt durch das Soldatenloch, zu dessen beiden Seiten Nagelbänke zum Belegen des Oberbramguts angeordnet werden.

Auf den Winkeleisen der Längssalings liegen gewöhnlich noch die sogenannten Kalben, das sind Kissen oder Polster aus Holz von viertelkreisförmigem Querschnitt, welche als Auflager für die Wanten des Mastes dienen.

Die Wanten sind Drahttaue, welche den Mast nach beiden Seiten absteifen, während die Stage dasselbe mittschiffs nach vorne und die Pardunen es schräg nach hinten tun. Backstage sind mittschiffs nach hinten führende Stage.

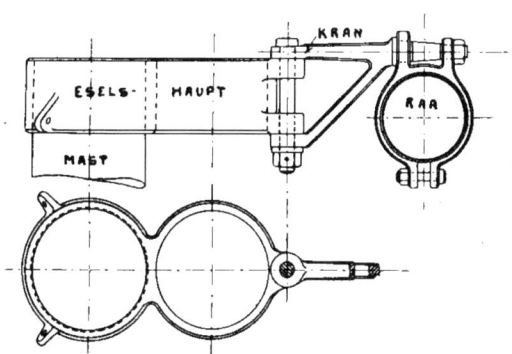

Abb. 200. Eselshaupt mit Rackkran.

Der Teil des Mastes oberhalb der Salings heifst der Top. Auf das oberste Ende des Tops wird das **Eselshaupt** (Abb. 200) aufgesetzt. Es besteht aus zwei durch einen Steg verbundenen Ringen, von welchen der eine auf dem Masttop befestigt ist, während der andere zur Aufnahme der Marsstenge dient. Als Material für Eselshäupter wird Schmiedeeisen oder Stahlgufs verwendet. Der Ring für die Stenge wird mit Leder ausgefüttert, damit die Stenge beim Fieren und Heifsen nicht schamfielt.

Hängt die Untermarsrahe an einem Rackkran, so erhält das Eselshaupt entsprechende Augen dafür. Aufserdem trägt der auf dem Masttop aufgesetzte Ring noch eine Anzahl Augen für die Stage und Wanten.

Zubehör zu den Rahen (siehe auch Abb. 193):

Die Unterrahen werden durch Racken und Hanger mit den Untermasten, die Untermarsrahe und Unterbramrahe durch Racken mit den betreffenden Eselshäuptern und die übrigen Rahen durch Racken mit den Stengen verbunden (Abb. 201).

Es ist erwünscht, dafs sich alle Rahen bis zu einem Winkel von 34° anbrassen (voraus bzw. achteraus holen) lassen, ohne mit den Wanten und Stagen in Berührung zu kommen.

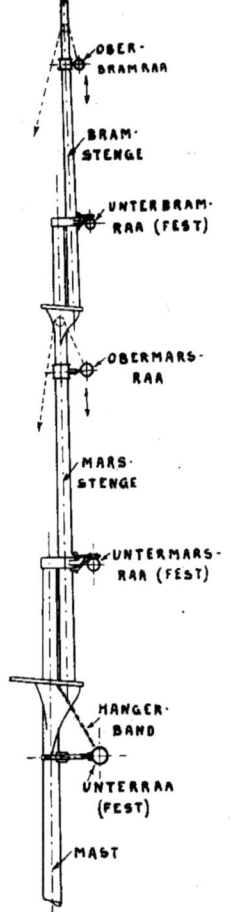

Abb. 201. Aufhängung der Rahen.

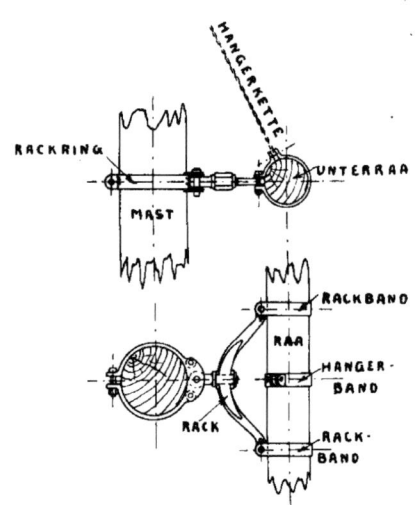

Abb. 202. Das Rack.

Das **Rack** (Abb. 202) besteht gewöhnlich aus einem um Zapfen drehbaren Bügel, der einerseits durch einen Rackring mit dem Mast verbunden ist und andererseits mit zwei Rackbändern die Rahe umfafst. Zwischen den beiden letzteren liegt das Hangerband, das aus einem Ring mit Auge für die Hangerkette besteht, welche unterhalb der Saling aufgehängt ist.

Zweck des Racks ist, der Rahe nach allen Seiten hin eine Drehbewegung zu gestatten. Die Racken für die Untermarsrahe und Unterbramrahe bestehen meistens aus kleinen **Rackkranen,** die am Eselshaupt hängen (s. Abb. 200). Es können aber auch gewöhnliche Racken mit Hanger oder Unterstützungsstrebe (Abb. 203) gewählt werden.

Die Racken für die Obermarsrahe und Oberbramrahe müssen an den entsprechenden Stengen geheifst und gefiert werden können und erhalten deshalb an Stelle eines am Mast befestigten Ringes einen mit Leder ausgefütterten Blechzylinder, eine sogenannte Tonne (siehe Abb. 201), weshalb man solche Racken auch **Tonnenracken** nennt. Die Beschläge an der Obermarsrahe und Oberbramrahe bleiben dieselben wie für die anderen Rahen: zwei Rackbänder und ein Hangerband.

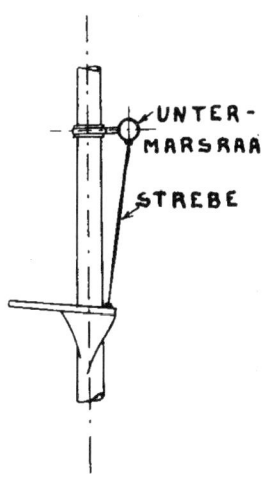

Abb. 203. Unterstützungsstrebe für Unterrahen.

An Stelle der Tonnenracken werden auch vielfach Racken mit Gleitklotz und Gleitschiene, dem sogenannten Jackstag, benutzt (Abb. 204). Länge des Stahlgufsgleitklotzes mindestens = dem Rahedurchmesser.

Nockbänder: Alle Rahen

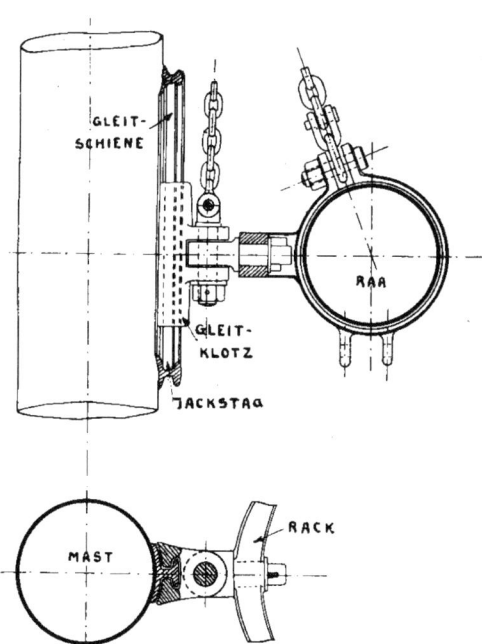

Abb. 204. Jackstag und Gleitklotz.

erhalten in der Nähe der Nocken einen eisernen Ring mit Augen zur Befestigung der Toppnanten, der Brassen und der Refftaljen. (Toppnant = Draht- oder Hanfende zum Auftoppen der Rahen, geht über einen Block am Eselshaupt, am Mast entlang, zu einer Talje.) Beim **Auftoppen** bewegen sich die Enden der Rahen in senkrechter Richtung, beim **Brassen** in wagerechter.

Beschläge der Bäume und Gaffeln (siehe auch Abb. 193):

Jeder **Baum** muſs mit dem Mast so verbunden sein, daſs er sich von einem Punkt am Mast aus strahlenförmig nach allen Richtungen hin einstellen lassen kann. Zur Aufnahme eines hierzu notwendigen doppelscharnierartigen Gelenkes erhält der Mast ein bis zwei Ringe, von welchen der untere vielfach als **Nagelband** ausgebildet ist (Abb. 205).

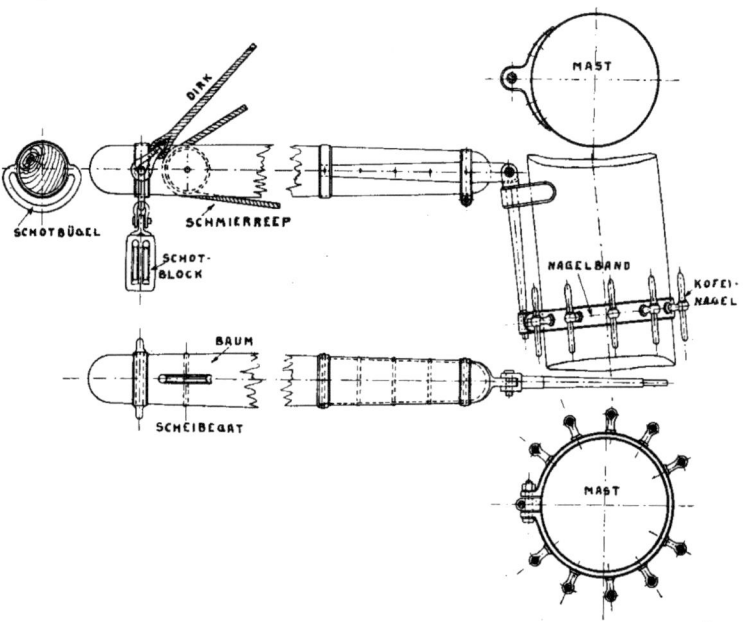

Abb. 205. Die Beschläge des Baumes und seine Lagerung am Mast.

Der Baum erhält an seinem am Mast befindlichen Ende eine ihn umfassende Klaue, welche mit zwei Eisenbändern und Bolzen an dem Baume befestigt wird (Abb. 205).

Die Beschläge am Aufsenende des Baumes bestehen meistens nur aus einem oder zwei Ringen mit Augen für die Dirken und Schoten. Für letztere wird auch vielfach ein Schotbügel angeordnet (Abb. 205). Die Dirken oder Baumtoppnanten sind Enden, welche über Blöcke unterhalb der Saling fahren und zum Tragen des Gewichtes des Baumes und zum Hieven, Anheben des Baumes dienen. Bisweilen sind noch Rollen für die Schmierreeps (zum Reffen) und die Schmierreepsklampen am Baum angebracht.

Die **Gaffel** mufs ebenfalls um einen Punkt am Mast drehbar nach allen Richtungen frei bewegt werden können und erhält infolgedessen an dem am Mast befindlichen Ende eine ähnliche Konstruktion wie der Baum, aufserdem aber zum

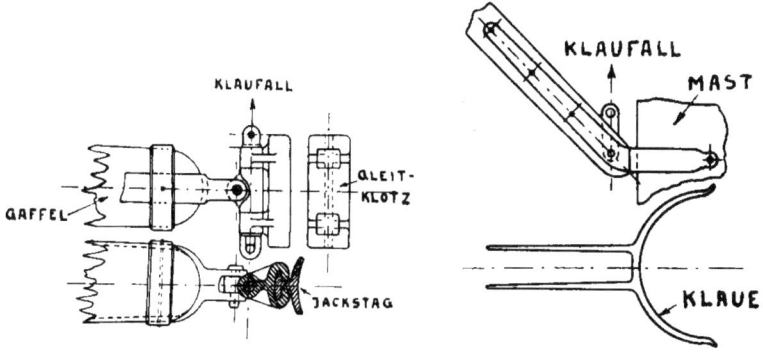

Abb. 206. Jackstag und Gleitklotz für Gaffeln.   Abb. 207. Gaffelklaue.

Heifsen und Fieren noch einen Gleitschuh aus Stahlgufs, welcher auf einer Gleitschiene, dem Jackstag, am Mast entlang läuft (Abb. 206). Statt dessen kann auch eine gabelförmige Klaue aus Eisen mit Lederfütterung oder aus Holz angewendet werden (Abb. 207).

An der Nock und meistens noch zwischen Nock und Klaue erhält die Gaffel je ein Band (Eisenring) für das Piekfall; dasjenige an der Nock hat vielfach noch ein Auge mit einem Block für die Topsegelschot, oder aber es ist die Nock mit einer Scheibe versehen, durch welche die Topsegelschot läuft.

42. Wasserdichte Verschlüsse.

a) Luken.

Alle im Oberdeck befindlichen Luken und Niedergangsöffnungen erhalten einen Rand (Einfassung) aus starken Platten, welcher 530÷800 mm über dem Deck hervorragt und der Scherstock oder das **Süll** genannt wird. Dasselbe soll das Eindringen der überflutenden See in das Schiffsinnere verhindern.

Die Luksülle der unteren Decks erhalten nur eine Höhe bis zu 300 mm.

Ist die Länge der Luke größer als der Abstand zweier Decksbalken voneinander, so sind die zwischen ihnen liegenden Balken als sogenannte halbe oder Bastardbalken (vergl. Abb. 97) auszuführen. Sie bestehen aus kurzen Stücken, welche von der Schiffsseite bis zur Lukenöffnung reichen und dort an der Schlinge (Abb. 208) durch kurze Winkel oder

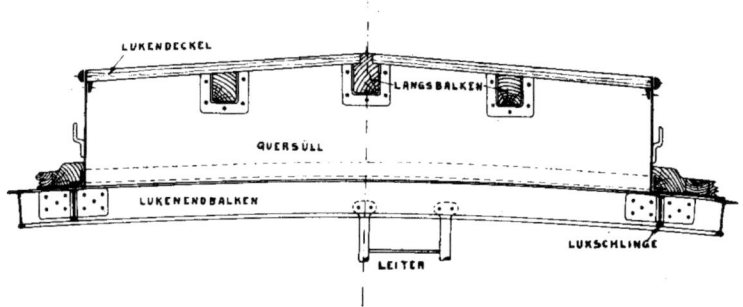

Abb. 208. Quersüll einer Luke.

umgebogene Blechstreifen vernietet werden. Die **Schlinge** ist ein längsschiffs laufender Balken von dem Profil der Mittschiffs-Decksbalken, wenn diese an jedem zweiten Spant angeordnet werden (vergl. Kap. 17), und wird mit den beiden die Luke vorn und hinten begrenzenden Decksbalken, den sogenannten Lukenendbalken, durch starke Winkel oder im Winkel gebogene Bleche verbunden.

Auf den Längsschlingen liegen bei Schiffen ohne Eisendeck die Lukenstringer, an welchen mit Hilfe eines Winkeleisens die längslaufenden Luksüllplatten befestigt werden. Ebenso wird auf den beiden Querseiten der Luke je ein

Plattenstreifen auf die Lukenendbalken genietet, um die querschiffs stehenden Luksüllplatten zu tragen, und um den Enden der Decksplanken als Auflager zu dienen (vergl. Abb. 97).

Da die Lukenendbalken besonders stark beansprucht werden, weil sie das auf den halben Balken und den Schlingen lastende Gewicht mittragen müssen, so gibt man ihnen ein stärkeres Profil als den übrigen Decksbalken, etwa so, daſs ihr Widerstandsmoment um $1/10 \div 1/5$ mehr beträgt als bei den Mittschiffsbalken desselben Decks, wenn diese an jedem zweiten Spant angeordnet werden (also stärkstes Profil).

Die halben Balken dagegen dürfen im Widerstandsmoment um $10 \div 15\,^0/_0$ kleiner gewählt werden als die übrigen durchgehenden Decksbalken. Sie sind mindestens auf jedem zweiten Spant, bei eisernen Decks ohne Holzbelag auf jedem Spant anzubringen (vergl. auch S. 90).

Es empfiehlt sich, den Lukenendbalken solche Profile zu geben, welche sich zur Verbindung mit den Längsschlingen gut eignen, also [-Balken und Wulstschienen mit nur einem auſsen liegenden Winkel, dagegen keine T-Profile und Schienen mit innen liegendem Winkel.

In neuerer Zeit wendet man vielfach keine besonderen Längsschlingen mehr an, sondern läſst statt dessen die Süllplatten so tief herabreichen, daſs die halben Balken an ihnen befestigt werden können (Abb. 209).

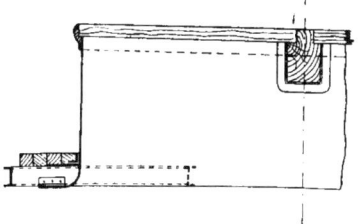

Abb. 209. Längssüll, die Lukenschlinge ersetzend.

Die Längs- und Querplatten eines Luksülls können in den vier Ecken der Luke miteinander durch Winkeleisen vernietet werden. Besser ist es jedoch, wenn solche scharfen Kanten vermieden werden, damit sich nicht Stückgüter, ferner das Tauwerk und die überzulegende Persenning (Segeltuchüberzug) daran schamfielen. Man rundet deshalb meistens die Ecken ab, indem die beiden Querplatten des Sülls umgebogen und mit den Längsplatten durch eine Lasche vernietet werden (vergl. Abb. 97). Krümmungshalbmesser $= 70 \div 100$ mm und mehr.

Maschinenoberlichter und Schächte werden mit Hilfe senkrechter Winkel eckig zusammengenietet.

Die Unterkante der Süllplatten erhält eine innen entlang laufende eiserne Halbrundleiste oder wird stark nach aufsen umgebogen (Abb. 209), damit die Ketten beim Laden und Löschen leichter darüber hinweggleiten können.

Die Oberkante des Luksülls wird zur Aufnahme der Lukendeckel mit einer kräftigen eisernen Leiste von besonderem Profil (Abb. 210) garniert, welche von aufsen angenietet wird.

Die Dicke der Längssüllplatten beträgt bei einer Länge der Luke unter 3 m = 8 mm, steigt bei 9 m Länge auf 12 mm und darüber hinaus auf 12,5 mm.

Abb. 210. Profil für Lukensüllleisten.

Die Dicke der Quersüllplatten beträgt bei einer Lukenbreite unter 3,5 m = 8 mm und steigt bei 8 m Breite auf 11 mm.

Zwischen den Längssüllen werden starke lose Balken, sogenannte **Schiebebalken** in Abständen von höchstens 2,44 m angeordnet. Sie bestehen

bei einer Lukenbreite von weniger als 3,5 m aus einer Wulstplatte 200 × 10 mm und zwei Winkeln an der Oberkante

und bei einer Lukenbreite von 3,5 ÷ 4,88 m aus einer Wulstplatte 220 × 12 mm und zwei Winkeln an der Oberkante,

sofern die Lukenlänge unter 4,88 m beträgt (Abb. 211).

Bei einer Länge der Luke über 4,88 m bestehen die Schiebebalken aus einer Platte von der Dicke der Quersülle und werden oben mit doppelten Winkeln und unten mit doppelten Halbrundeisen zum Schutz gegen seitliches Verbiegen versehen. Die Breite der Platte wird so grofs bemessen, dafs sie bis zur Unterkante des Luksülls reicht (Abb. 212).

Die Schiebebalken werden von oben her zwischen zwei Führungswinkeln eingeschoben. Damit sie nicht nach unten durchfallen, müssen die Führungswinkel an den Süllplatten auf senkrechten Keilstücken liegen, welche nach unten zu an Dicke zunehmen, oder sie müssen sich auf kurze Winkelstücke oder Wulste auflegen. Bisweilen gibt man auch den Schiebebalken Winkel und schiebt diese zwischen Falze, die an den Süllplatten durch Blechstreifen hergestellt werden. Diese Anordnung ist aber nicht so gut, da die Falze sich beim Laden und Löschen leicht verbiegen. Das Aus- und Einheben der Schiebebalken wird durch das Ladegeschirr bewerkstelligt.

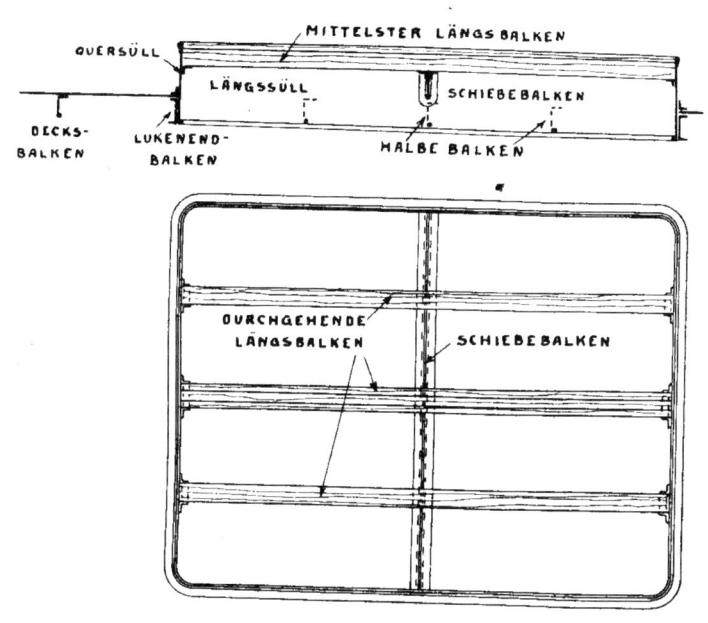

Abb. 211. Schiebebalken (f. Luken bis zu 4,88 m Länge) und hölzerne Längsbalken.

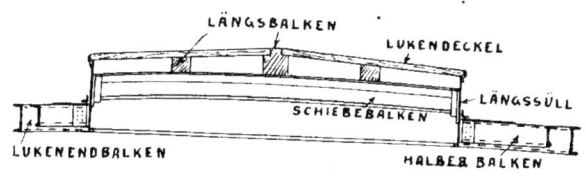

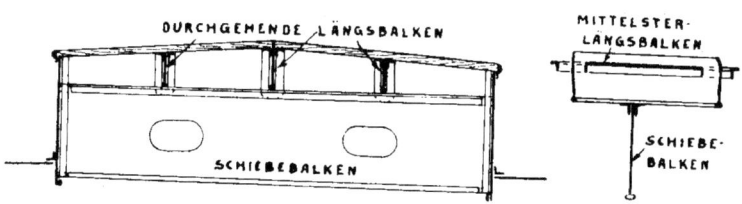

Abb. 212. Schiebebalken (für Luken über 4,88 m Länge) und eiserne Längsbalken.

Zum Einhaken für die Ladekette bringt man zu dem Zweck an der Oberkante des Schiebebalkens zwei Löcher an.

Ladeluken von weniger als 3 m Breite erhalten einen, von 3÷4 m Breite zwei und darüber hinaus drei von einem Quersüll bis zu dem anderen reichende eiserne **Längsbalken,** welche aus einer Wulstplatte mit doppelten Winkeln an der oberen Kante bestehen.

Die Abmessungen dieser Wulstplatte betragen:

bei Anwendung eines Längsbalkens (in der Mitte):
180 × 8 bis 220 × 10 mm,

bei Anwendung von zwei Längsbalken: 200 × 9 bis 220 × 10 mm,

bei Anwendung von drei Längsbalken
- für den mittleren Balken: 260 × 12 bis 280 × 13 mm,
- für die beiden seitlichen Balken: = 180 × 9 bis 200 × 10 mm.

Statt der eisernen Längsbalken können auch hölzerne von genügender Festigkeit verwendet werden (Abb. 208, 209 u. 211). Sie erhalten an ihren Enden einen Eisenbeschlag und werden an den Süllquerplatten, bei grofser Länge der Luke bisweilen auch am Schiebebalken in U-förmig gebogene Winkel eingelegt (Abb. 208, 209 u. 213).

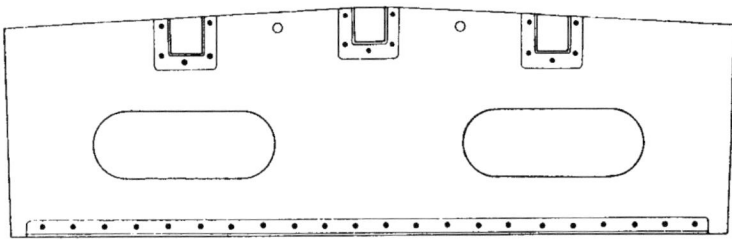

Abb. 213. Schiebebalken älterer Konstruktion für hölzerne Längsbalken.

Der **Verschlufs** der Ladeluke erfolgt durch hölzerne Deckel von 50÷70 mm Dicke und 300÷400 mm Breite, die sich einerseits auf den Lukenrand, andererseits auf die Längsbalken auflegen (Abb. 208, 209, 211 u. 212). Zum Abheben sind sie an zwei diagonal gegenüberliegenden Ecken mit eingelassenen Eisenringen versehen.

Die Abdichtung der Luken erfolgt durch einen Segeltuchbezug, die Persenning, welche beinahe bis auf das Deck herunterreicht und an den Ecken umgeschlagen wird. Der Rand wird durch hölzerne oder eiserne Leisten, sogenannte Schalkleisten, die an hakenförmigen Klampen (Abb. 208) verkeilt oder verschraubt werden, gegen das Süll angepreſst und auf diese Weise festgehalten. Abstand der Klampen voneinander etwa 700 mm.

Bei Dampfern, die ausschlieſslich zur Kohlenbeförderung dienen, stellt man die Süllplatten schräg nach innen gerichtet unter 45° gegen das Deck (Abb. 214). Die Kohlen können dadurch besser in das Schiff stürzen und lassen sich dort leichter verteilen, während die Verschluſsöffnung der Luke verhältnismäſsig klein ausfällt. (Selbsttrimmende Luken.)

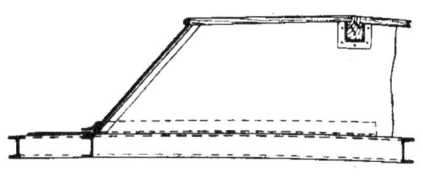

Abb. 214. Selbsttrimmende Luke.

Ganz kleine Luken und Mannlöcher erhalten vielfach Gummidichtung an den schlieſsenden Rändern und werden durch Vorreiber oder Verschraubungen geschlossen.

b) Wasserdichte Türen.

Wie die Luken für den Verkehr von Deck zu Deck notwendig sind, so die Türen auf ein und demselben Deck für den Verkehr von einer durch Schotte begrenzten Abteilung zu der nächsten. Sind hierbei die Schotte wasserdicht[*]), so müssen auch die Türen in ihnen wasserdicht ausgeführt werden. Man unterscheidet:

1. Klapptüren, welche hauptsächlich dem Verkehr dienen und oberhalb der Tiefladelinie angewendet werden,
2. Schiebetüren und Falltüren, welche unterhalb der Tiefladelinie, im Schott zwischen Maschinen- und Kesselraum und am Eingang zum Wellentunnel angeordnet

---

[*]) In den wasserdichten Querschotten sind im allgemeinen alle Öffnungen tunlichst zu vermeiden und nur da anzubringen, wo es für den Betrieb unbedingt erforderlich ist.
Im Kollissionsschott dürfen überhaupt keine Öffnungen (auch keine wasserdicht verschlieſsbaren) angebracht werden.

Bohnstedt, Praktischer Schiffbau.

werden oder als Verschlüsse in den Kohlenbunkerschotten dienen. Sie müssen vom obersten Deck aus geschlossen und geöffnet werden können.

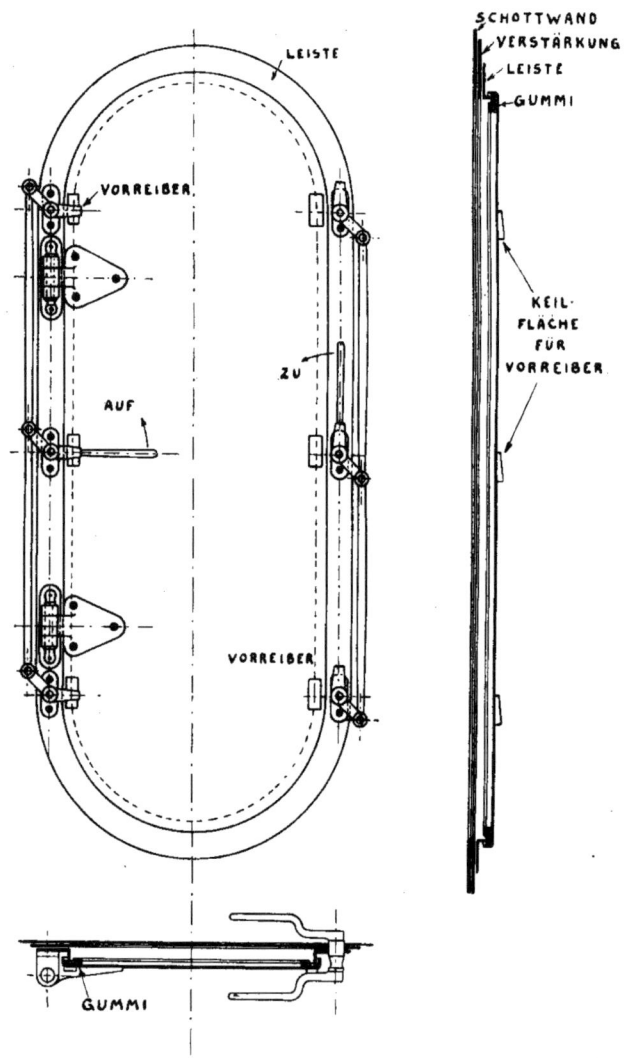

Abb. 215. Wasserdichte Klapptür.

Zu 1. Die **Klapp**türen (Abb. 215) sind oben und unten halbkreisförmig abgerundet oder auch viereckig, ungefähr 1,5 m hoch, 0,6 m breit und erhalten ein Süll von 150÷350 mm Höhe. Die Wasserdichtigkeit wird durch Gummistreifen erzielt, die entweder am Rand der Tür oder am Rand der Schottöffnung zwischen Leisten eingelegt und befestigt sind. Gegen diese Streifen wird ein umgebördelter Rand oder ein Winkel angepreſst, welcher entsprechend an der Schottöffnung bzw. der Tür befestigt sein muſs. Das Anpressen erfolgt durch sogenannte Vorreiber, von denen an jeder Längsseite 2÷3 und nötigenfalls noch oben und unten je einer angeordnet

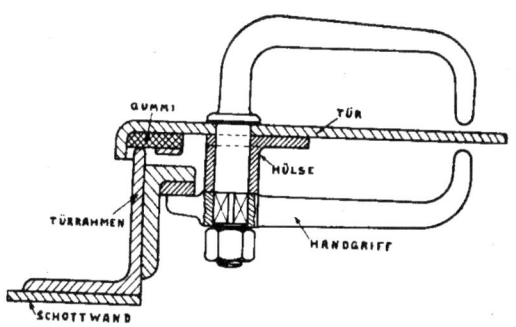

Abb. 216. Vorreiher mit Handgriff.

werden. Der Vorreiber ist ein Hebel mit Keilanzug, welcher durch einen Handhebel auf einem entsprechend geneigten Keilstück, das auf dem Rand der Schottwand bzw. der Tür befestigt ist, entlang geführt wird, so daſs ein Aneinanderpressen von Tür und Schottwand eintritt (Abb. 215 und 216).

Zu 2. **Schiebe**türen, meistens als senkrechte, seltener als wagerechte Schieber ausgebildet, werden hauptsächlich in den untersten Räumen angeordnet und müssen, da sie tief unter Wasser liegen, im Falle eines Lecks auch vom Oberdeck aus leicht und schnell geschlossen werden können. Sie werden zu dem Zweck durch eine Schraubenspindel und Mutter (Abb. 217) oder durch Zahnstange und Zahnrad unter Zuhilfenahme von Schnecke und Schneckenrad mittelst einer Welle vom Deck aus bewegt (Abb. 218).

15*

Die Wasserdichtigkeit wird bei ihnen dadurch erzielt, dafs der geschliffene Türrand in einem Rahmen am Schott gleitet, und dafs durch den keilförmigen Anzug der Schliefsflächen diese aufeinander geprefst werden.

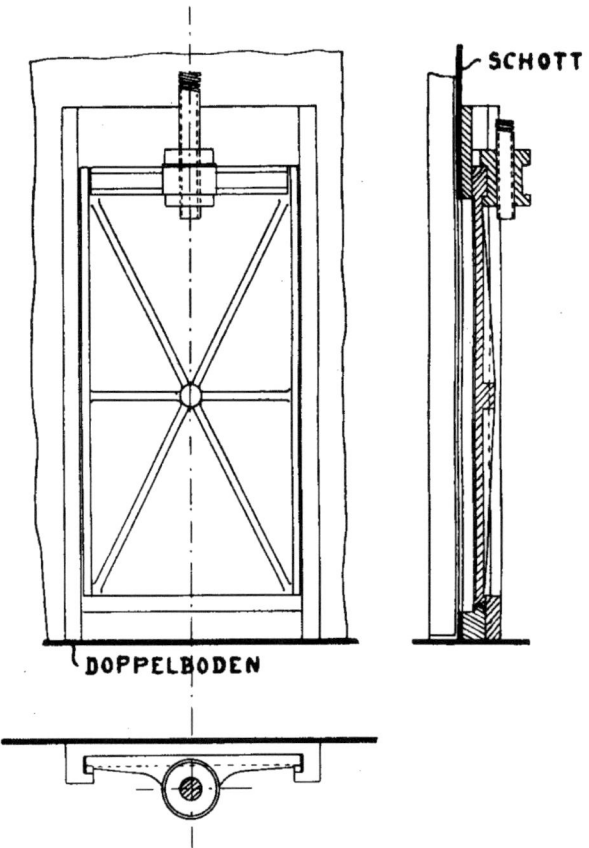

Abb. 217. Wasserdichte Schiebe-(Fall-)tür.

Im allgemeinen lassen sich diese Türen gut schliefsen, nur in den Kohlenbunkern verstopfen sich vielfach die Fugen durch den Kohlenstaub; sie müssen deshalb hier häufig gereinigt und die Türen oft bewegt werden.

Die Türen werden aus Gußeisen und Stahlguß mit Rippenversteifung oder aus einer schmiedeeisernen Platte ohne Versteifung hergestellt. Je nach dem senkrechten Abstand der

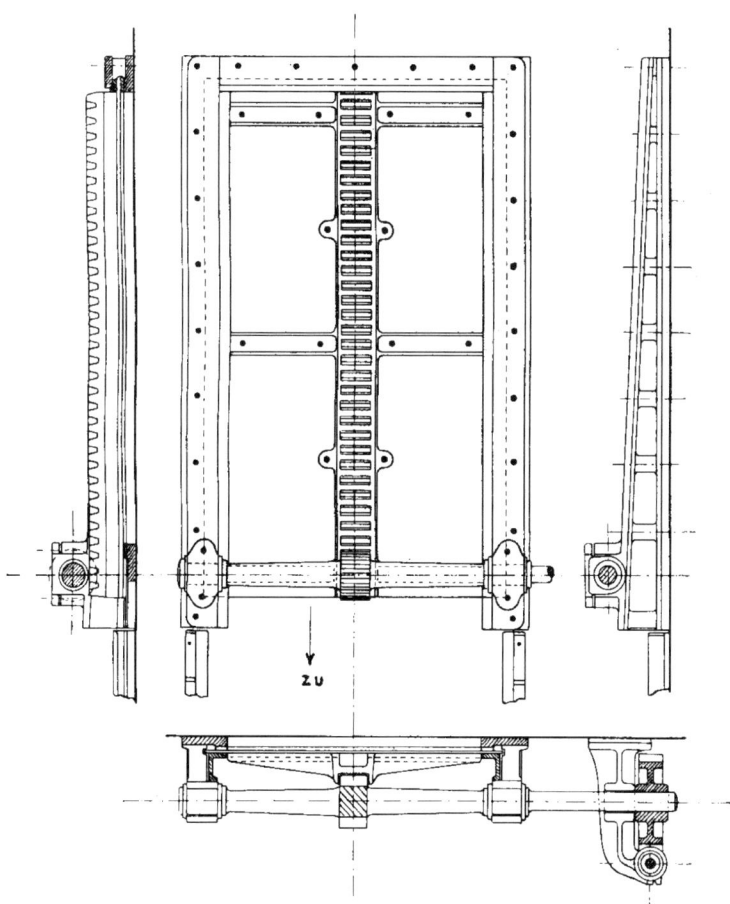

Abb. 218. Wasserdichte Schiebetür.

Unterkante der Tür bis zum Oberdeck (unter $2,5 \div 15$ m), und je nach der Türbreite von unter $0,5 \div 1$ m schwankt die Dicke der Eisenblechplatte von $5,5 \div 20$ mm.

c) Fenster.

Man unterscheidet **Seiten-** und **Decksfenster**. Sie haben den Zweck, Luft und Licht in die bewohnten Räume zu bringen.

Meistens sind sie rund, mit einem lichten Durchmesser von 300 ÷ 350 mm; neuerdings wählt man jedoch in den obersten Decks (Salon- und Promenadendeck) wieder die alten rechteckigen Fenster.

Die runden **Seitenfenster**, auch Bullaugen genannt (Abb. 219), bestehen aus einem äufseren Bronzerahmen a, welcher von innen an die Aufsenhaut angenietet wird, und einem inneren Rahmen b, welcher die Glasscheibe c enthält

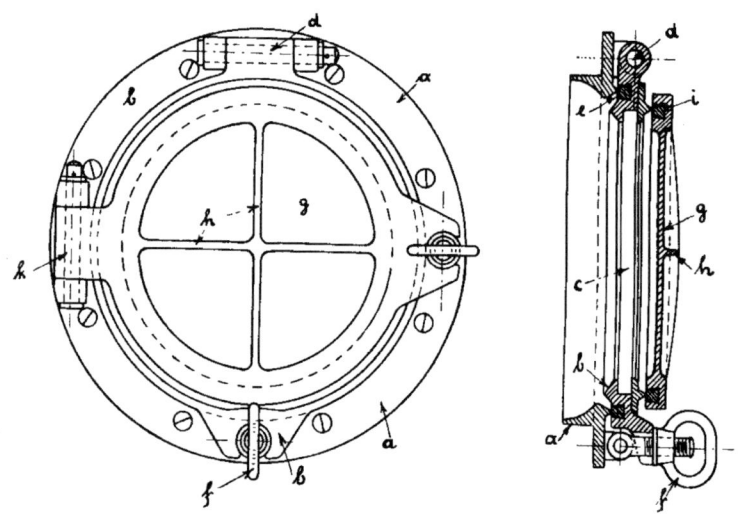

Abb. 219. Rundes Seitenfenster.

und mit einem Scharnier d an dem äufseren Rahmen befestigt ist. Die Glasscheibe besteht aus hartem Prefsglas von 10 ÷ 15 mm Dicke. Wasserdichtigkeit wird durch einen in den inneren Rahmen eingelassenen Gummiring c erzielt, welcher gegen einen vorstehenden Rand des äufseren Rahmens mittelst Schraube und Flügelmutter f geprefst wird.

Gegen Seeschlag erhalten die Fenster noch Deckel, sogenannte Blenden, g. Sie bestehen aus einer durch ein Rippenkreuz h versteiften Bronzeplatte, welche, ebenfalls mit Gummidichtung i versehen und um ein am äufseren Rahmen befindliches Scharnier k drehbar, gegen einen vorstehenden Rand des inneren Glasfensterrahmens gegengeprefst wird.

Um besser die frische Luft in das Schiff eintreten zu lassen, wendet man an den runden Seitenfenstern vielfach Luftfänger an; sie bestehen aus Blechschirmen, welche durch die geöffneten Fenster nach aufsenbords herausgeschoben und durch die Reibung festgeklemmt oder durch Flügelmuttern befestigt werden.

Die **Decksfenster** werden meistens in den Lukendeckeln der Lichtschächte und des Maschinenoberlichtes als rechteckige oder runde Fenster angeordnet und mit messingenen Schutzgrätings belegt. Sie sind für sich gewöhnlich nicht zu öffnen, sondern nur durch Aufklappen der um Scharniere drehbaren Lukendeckel.

Daneben kommen auch kleine runde Fenster, unmittelbar im Decksbelag angeordnet, vor. Sie werden entweder fest eingebaut oder mit einem Handgriff (Bügel) von unten her in einen Rahmen im Deck eingeschraubt, ähnlich wie es mit den runden Kohlenlukendeckeln von oben her im Deck geschieht.

43. Boote.

Jedes Schiff sollte so viele Boote haben, dafs diese alle an Bord befindlichen Personen aufnehmen können.

Man teilt die Boote ein

1. nach der Art ihrer Fortbewegung in:
   a) Ruderboote,
   b) Segelboote,
   c) Dampfboote,
   d) Motorboote;
2. nach ihrer Verwendung in:
   a) Schiffsboote, welche zum Verkehr mit dem Lande, zum Heranschaffen von Proviant und Materialien, zum Vertäuen, Ausbringen des Ankers usw. dienen,
   b) Rettungsbote;
3. nach ihrer Gröfse und Form in:
   a) Kutter: $7{,}5 \div 10$ m lang, $2 \div 2{,}5$ m breit, $0{,}77$ bis $0{,}92$ m hoch; Gewicht $870 \div 1320$ kg, dazu $480 \div 600$ kg Ausrüstung,

b) Jollen: 5,5 ÷ 6 m lang, 1,8 ÷ 1,9 m breit, 0,72 ÷ 0,77 m hoch; Gewicht 510 ÷ 550 kg, dazu 220 ÷ 270 kg Ausrüstung,
c) Gigs: 8 ÷ 10 m lang, 1,77 ÷ 1,9 m breit, 0,7 bis 0,77 m hoch; Gewicht 480 ÷ 630 kg, dazu 310 ÷ 400 kg Ausrüstung,
d) Dingis: 3,6 m lang, 1,3 m breit, 0,55 m hoch; Gewicht 135 kg, dazu 40 kg Ausrüstung,
e) Ruderbarkassen: 10 ÷ 14 m lang, 2,8 ÷ 3,6 m breit, 1 ÷ 1,2 m hoch; Gewicht 1600 ÷ 3600 kg, dazu 860 ÷ 1100 kg Ausrüstung,
f) Ruderpinassen: 9,5 ÷ 11 m lang, 2,6 ÷ 3 m breit, 1 m hoch; Gewicht 1600 ÷ 2500 kg, dazu 650 ÷ 720 kg Ausrüstung,
g) und noch einige andere Arten;

4. nach ihrer **Bauart** in:
   a) Karwēlboote (auch Krawēlboote genannt),
   b) Klinkerboote,
   c) Diagonalboote,
   d) eiserne Boote,
   e) Segeltuchboote,
   f) Rettungsboote.

Der Bau der Boote: Als Material wird für Holzboote am besten Eichen- oder Zypressenholz, für eiserne Schiffbaustahl (Siemens-Martin-Flufseisen) verwendet.

Die Abmessungen der einzelnen Teile sind durch Erfahrung festgelegt, und zwar nach den gröfsten Beanspruchungen, welche bei dem Ein- und Aussetzen der Boote vom Schiff eintreten. Im Wasser ist die Beanspruchung fast null.

Zu 4 a. Karwelboote (Abb. 220).

Die Holzplanken werden hochkant auf hochkant gesetzt, auf den Spanthölzern durch vierkantige Kupfernägel vernagelt und im Inneren an jedem Spant auf einer kleinen Kupferscheibe vernietet. Die aufeinanderstofsenden Flächen werden mit Bleiweifs gestrichen und die Fugen mit Baumwollsträngen abgedichtet. Die Spantentfernung beträgt 300 ÷ 400 mm.

Die Spanten bestehen gewöhnlich aus niedrigen Bodenwrangen und den daneben ansetzenden und mit ihnen durch Bolzen verbundenen eigentlichen Spanthölzern, den sogenannten Auflangern.

Die hintere Begrenzung des Bootes wird bei den meisten

durch den **Spiegel** gebildet, eine nahezu senkrechte ebene Holzplatte am Hintersteven.

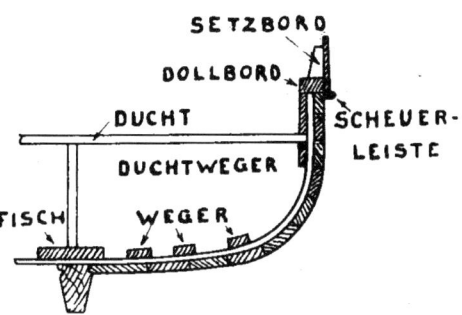

Abb. 220. Karwelboot.

Kiel und Steven erhalten Sponungen (ausgesparte Rinnen), in welche die Planken einlaufen.

Auf den Bodenwrangen wird ein Kielschwein (auch **Fisch** genannt) befestigt, das aus einer flachen Eichenplanke besteht und für die Bodenreinigung abnehmbar eingerichtet ist.

Entlang jeder Bootsseite läuft der **Duchtweger**, welcher den **Duchten** (Sitzbänken) als Auflager dient. Der obere Abschluſs wird durch den **Dollbord** gebildet (Dolle = Riemen- oder Rudergabel), auf welchem zur Vergröſserung der Seitenhöhe vielfach noch ein **Setzbord** befestigt ist.

Der Abstand von Oberkante Ducht bis zur Auflagestelle der Riemen (das ist bis zu den Ruderpforten bzw. dem Dollbord) beträgt, senkrecht gemessen, 230÷240 mm, der Abstand von Hinterkante Ducht bis zur Auflagestelle der Riemen, wagerecht gemessen, 260÷275 mm.

Breite der Duchten: 185÷210 mm,

Entfernung von Mitte bis Mitte Ducht:
 bei einrudrigen Booten: 800 mm,
 bei doppelrudrigen (2 Mann auf jeder Ducht): 840 mm.

Im übrigen ist die Anordnung der Duchten abhängig von der Lage der Segel- oder Mastduchten, in welchen die Masten den nötigen Halt finden. Sie werden durch den Standort der Masten bestimmt.

Ist die Entfernung der Duchten vom Boden des Bootes gröſser als 400 mm, so sind Fuſsleisten anzubringen.

Zur Schonung der Spanten und der Auſsenhaut erhalten gröſsere Boote noch eine auf den Spanten liegende **Wegerung** oder Grätings als Bodenbelag.

Zu 4 b. Klinkerboote (Abb. 221).

Die Planken fassen mit Überlappung übereinander und werden durch Kupfernägel miteinander vernietet. Abstand

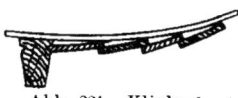

Abb. 221. Klinkerboot.

der Nägel voneinander = 75 mm, von den Rändern = 10 mm. Zwischen die Landungen (Berührungsflächen) ist als Dichtungsmaterial in Leinöl getränkter Flanell, Leinwand oder Bootsfilz zu legen.

Durch die überlappende Längsnaht wird eine grofse Festigkeit und Steifigkeit erzielt, weshalb die Plankendicke etwa nur halb so grofs zu sein braucht wie bei den Karwelbooten; auch die Spanten können dünner gemacht werden und brauchen erst nachträglich hineingebogen zu werden.

Klinkerboote sind leichter, Karwelboote dagegen billiger und bequemer auszubessern.

Zu 4c. Diagonalboote (Abb. 222).

Die Aufsenhaut besteht aus zwei Lagen Planken, die unter einem Winkel von $45 \div 50°$ gegen den Kiel geneigt liegen. Auf die untere Lage kommt ein Anstrich einer Mischung von einem Teil Holzteer und drei Teilen Marineleim oder einer Mischung aus Bleiweifs und Firnis und darauf eine Lage Leinwand, dann wieder ein Anstrich mit einer der beiden Mischungen, und darauf die äufsere Plankenlage.

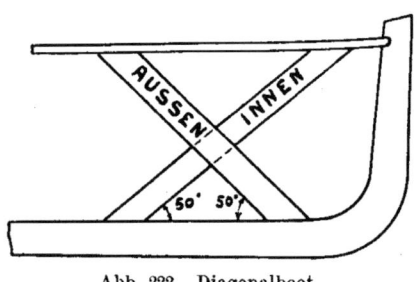

Abb. 222. Diagonalboot.

Die Verbindung beider Plankenlagen miteinander erfolgt durch zahlreiche Kupfernägel, welche im Inneren auf Unterlagscheiben vernietet werden. Die Spanten werden bei diesen Booten überflüssig, da die Diagonalbauart eine überaus feste ist. Sie wird hauptsächlich für die Dampfbeiboote verwendet und gewöhnlich hier in der Art und Weise, dafs die innere Lage diagonal, die äufsere horizontal verläuft.

Zu 4d. Eiserne Boote.

Bei der einen Bauart derselben wird jede Bootsseite aus einer einzigen dünnen Eisenplatte entsprechend der Bootsform glatt geprefst und Kiel und Steven aus Eisen oder Holz dazwischen eingebaut. Die Aufsenhaut ist also vollständig nahtlos. Spanten sind unnötig. Es genügen zur seitlichen Absteifung die Duchten.

Eine andere Bauart, nach dem Francis-Patent, besteht darin, daſs die Bootsseiten aus mehreren vom Kiel bis zum Bord reichenden Querplatten durch Nietung und Verlötung der Stöſse zusammengesetzt werden. Jede einzelne Platte ist auſserdem im Querschnitt, entsprechend der Klinkerüberlappung, eingeknickt, wodurch eine gröſsere Steifigkeit erzielt wird (Abb. 223).

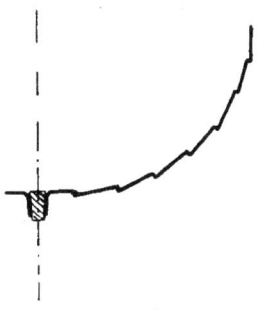

Abb. 223. Eisernes Francis-Patentboot.

Zu 4 e. Segeltuchboote.

Sie bestehen aus einem Holz- oder Eisengerippe, das mit einem Segeltuchüberzug versehen wird; darüber kommt ein Ölfarbeanstrich. Die Boote sind gewöhnlich zum Zusammenklappen oder zum Auseinandernehmen in einzelne Teile eingerichtet.

Zu 4 f. Rettungsboote.

Sie werden als eiserne Francis-Patentboote oder eichene Diagonalboote gebaut und sind, wie alle Brandungsboote vorn und hinten scharf. An den Seiten, im Bug, Heck und Boden befinden sich Luftkästen aus verzinktem Eisenblech, Gelbmetall oder Kupfer in solcher Anzahl und Gröſse, daſs das Bootseigengewicht nebst der Zuladung bei vollgeschlagenem Boot noch schwimmfähig bleibt. Auſserdem erhalten die Boote selbsttätige Abfluſsventile, die das hineingeschlagene Wasser abflieſsen lassen, bei gröſserem Aufsendruck sich jedoch von selber schlieſsen. Um dieses zu erreichen, muſs der innere Boden der Boote so hoch angeordnet werden, daſs er höher liegt als der äuſsere Wasserspiegel.

Bootsbeschläge.

Sie werden aus Bronze oder verzinktem Schmiedeeisen hergestellt. Die hauptsächlichsten sind:

die Vorstevenschienen zum Schutze des Stevens und des vorderen Endes des Kieles beim Auflaufen;

die Stevenschwalben (doppelschwalbenschwanzförmige Bleche) zur Verstärkung der Laschung zwischen Kiel und Steven; sie werden auf beiden Seiten in das Holz beider Teile eingelassen und vernietet;

die Ruderfinger und Ösen; ferner Augbolzen,

Klampen, der Leuwagen (Bügel für den Block der Schot) usw.

Die wichtigsten Beschläge sind die Heifsbolzen, in welche die Blöcke der Bootstaljen eingehakt werden. Bei kleinen Booten bestehen sie aus einem Ringbolzen im oberen Ende des Vor- und Hinterstevens. Bei schwereren Booten sind aufserdem noch zwei Ringbolzen durch den Kiel geschlagen und an der Unterfläche auf eisernen Scheiben vernietet. Die Ringe der Kiel- und Stevenbolzen werden dann durch je ein Heifsstropp verbunden.

Bei den schwersten Booten, wie den Dampfbeibooten, genügen die Kielbolzen allein nicht mehr. Man ordnet deshalb lange eiserne Schienen an den Bootsseiten an, welche mit der Aufsenhaut verbolzt werden, und welche sich zu je zweien im Dollbord in einem Auge vereinigen.

44. Boots-Davits.

Sie dienen dazu, die Schiffsboote zu Wasser zu fieren bzw. an Deck zu heifsen.

Man unterscheidet Drehdavits und Klappdavits, von welchen im Handelsschiffbau hauptsächlich die ersteren verwendet werden.

1. Die **Drehdavits** (Abb. 224) bestehen aus drehbaren Säulen mit einem ausladenden Arm und werden aus Rundeisen oder einem Stahlrohr gefertigt, selten aus Blechen und Winkeln kastenförmig zusammengebaut.

Für jedes Boot sind zwei Davits notwendig, deren Abstand voneinander so zu wählen ist, dafs das Boot zwischen ihnen aus- bzw. eingeschwenkt werden kann. Denselben Abstand gibt man auch den durch den Kiel des Bootes gehenden Heifsbolzen.

Jeder Davit erhält entweder innerhalb oder aufserhalb der Bordwand je ein Fufs- und ein Halslager. Ist es infolge Fehlens eines Schanzkleides nicht möglich, innen ein Halslager anzuordnen, so bildet man das auf Deck stehende Fufslager als eine lange gufseiserne Hülse mit einem Fufsflansch aus, welcher durch Bolzen auf dem Deck befestigt wird.

Die ausladenden Arme erhalten an ihren Enden einen kugelförmigen Kopf, in welchem ein drehbarer Augbolzen für den oberen Block der Bootstalje angeordnet wird, aufserdem noch seitliche Augen für den Verbindungsstander (Drahtstropp, welches die Köpfe zweier zusammengehöriger Davits zum Zweck gleichmäfsiger Drehung miteinander verbindet) und für die nach vorn und hinten laufenden Seitenstander.

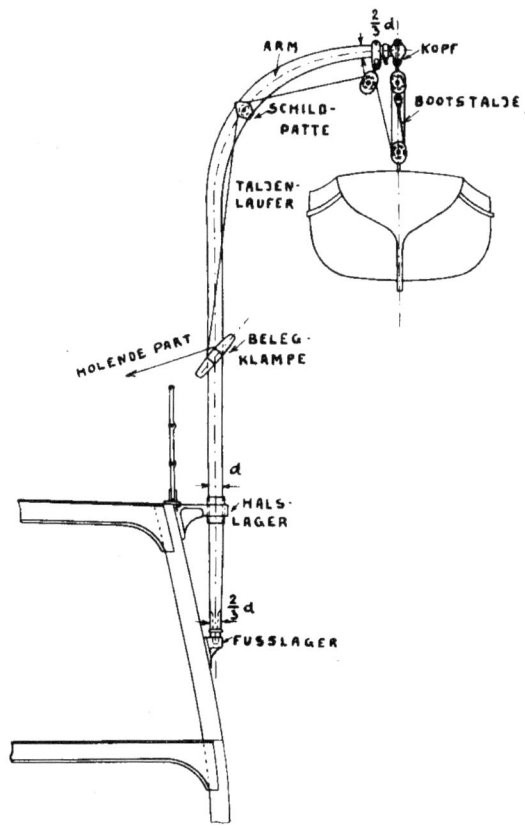

Abb. 224. Drehdavit.

An den Seiten der Drehsäulen der Davits (und zwar bei ausgeschwenktem Boot an der Aufsenseite) sind sogenannte Schildpatten mit Bronzescheiben angebracht, welche zur Führung des Bootstaljenläufers dienen (damit derselbe bei der Drehung der Davits die Bewegung mitmacht); ferner befindet sich an der Säule noch eine Klampe zum Belegen der holenden Part. Die Davits werden auf Biegung beansprucht und entsprechend dem gröfsten Biegungsmoment im Halslager am stärksten (Durchmesser $= d$) ausgeführt, während sie nach dem Fufslager und nach dem Kopf auf $^2/_3\, d$ abnehmen. Der Abstand des Fufslagers vom Halslager beträgt etwa $1 \div 1{,}5$ m.

2. Klappdavits (Abb. 225) werden da angewendet, wo die obere Bordwand eines Schiffes stark eingezogen ist, z. B. bei den Turmdeck- und Kofferschiffen. Drehdavits sind hier nicht anwendbar, da ihre ausladenden Arme sehr lang werden müfsten, die Boote sich ferner schlecht ausschwenken lassen würden und in eingeschwenktem Zustand fast in die Mitte des Schiffes zu stehen kämen, wo sie vielfach wegen der Aufbauten, Laufbrücken, Ventilatoren usw. hinderlich sein würden.

Je zwei Klappdavits werden in ihrem oberen Teil miteinander durch wagerechte Winkel oder Rohre und durch Kreuzstangen verbunden und versteift; die Verbindungsstander (siehe bei den Drehdavits) werden infolgedessen überflüssig. Der obere Teil der Davits ist der Form der Boote entsprechend ausgeschweift, so dafs die Boote, ohne nach innen geschwenkt zu werden, in den Davits seefest gezurrt werden können. Schwerere Boote legt man jedoch in Klampen. Am Fufs sind die Davits um wagerechte Zapfen drehbar gelagert. Sie werden durch Toptaljen aus- und eingeklappt, welche nach etwa vorhandenen Aufbauten, nach dem Maschinen- und

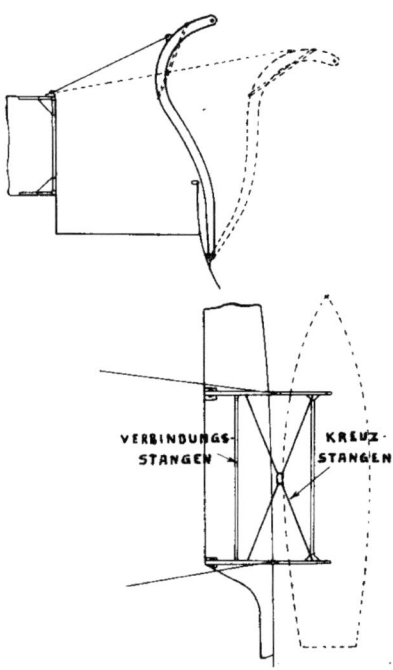

Abb. 225. Klappdavits.

Kesselschacht oder nach besonderen Böcken mittschiffs laufen. Der Schwerpunkt der Davits+Boot liegt gewöhnlich über dem Drehzapfen oder etwas nach innen zu. Im letzteren Falle müssen die Davits beim Ausklappen durch Stellschrauben so weit herausgedrückt werden, bis ihr Schwerpunkt über den unteren Zapfen hinausfällt.

Der Querschnitt der schmiedeeisernen Klappdavits ist rechteckig oder I-förmig.

Die **Berechnung** des einzelnen Davits erfolgt nach der Biegungsgleichung

$$M_b = k_b \cdot W$$

Hierin ist (Abb. 226):

M_b = Biegungsmoment = $G \cdot a$,
G = halbes Gewicht des Bootes + halbem Gewicht der Bemannung in kg,

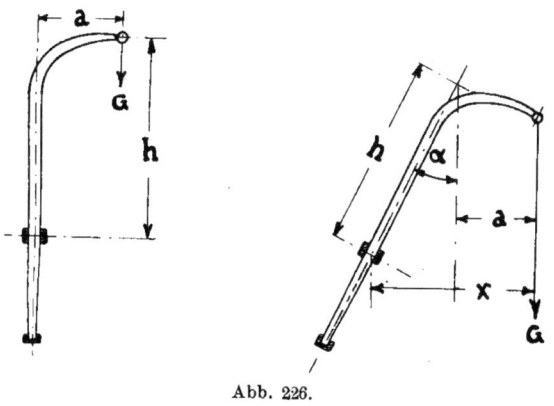

Abb. 226.

a = Ausladung des Armes in cm. Dieselbe ist dadurch bedingt, daſs bei einer Neigung von 10^0 die Boote der Luvseite noch 0,5 m frei von der Bordwand kommen sollen,
k_b = zulässige Biegungsspannung = 900 kg/qcm,
W = Widerstandsmoment = $\dfrac{\pi d^3}{32} = \sim \dfrac{d^3}{10}$,
d = Durchmesser des Davits im Halslager, in cm
h = Abstand des Halslagers vom Kopf, senkrecht gemessen, in cm.

Mit Rücksicht darauf, dafs beim Überneigen des Schiffes um $10°$ der Hebelarm des Gewichtes G sich vergröfsert, ist statt a der Hebelarm x zu setzen.

Derselbe ist $x = a + h \cdot \sin \alpha$,
$\alpha = 10°$,
$\sin \alpha = 0{,}18$,
folglich $x = a + 0{,}18\,h$.

Es ist infolgedessen:

$$M_b = G(a + 0{,}18\,h) = k_b \cdot W = 900 \cdot \frac{\pi d^3}{32} = \sim 90\,d^3$$

$$d^3 = \frac{G(a + 0{,}18\,h)}{90}$$

$$\boldsymbol{d_{cm} = \frac{1}{4{,}48}\sqrt[3]{G(a + 0{,}18\,h)} = 0{,}223\sqrt[3]{G(a + 0{,}18\,h)}}$$

(Formel des Germanischen Lloyds).

Für **hohle** Davits mit dem äufseren Durchmesser d_1 und dem inneren Durchmesser d_2 ergibt sich bei ebenso grofsem Widerstandsmoment gegen Biegung wie bei vollen Davits:

$$\frac{\pi}{32} \cdot \frac{d_1^4 - d_2^4}{d_1} = \frac{\pi}{32} \cdot d^3$$

oder $\quad \dfrac{d_1^4 - d_2^4}{d_1} = d^3$,

woraus sich d_2 nach Wahl von d_1 bzw. die Wandstärke $s = \dfrac{d_1 - d_2}{2}$ ermitteln läfst.

45. Das Ankergeschirr.

Es umfafst alle Gegenstände und Apparate an Bord eines Schiffes, welche zum Zuankergehen und zum Ankeraufgehen erforderlich sind.

Es gehören dazu: die Anker, die Ankerketten, die Vorrichtungen zum Stauen und Fallenlassen (Kettenkasten, Ankerlagerung), zum Einhieven der Ankerkette (das Ankerspill), zum Abstoppen (die Kettenstopper) und zum Transportieren (der Ankerdavit oder Ankerkran).

a) Der Anker.

Er hat den Zweck, das Schiff im Hafen und auf der Reede mit Hilfe der Ankerkette an einer bestimmten Stelle festzuhalten. Er mufs daher so konstruiert sein, dafs er einesteils beim Fallenlassen durch seine eigene Schwere möglichst schnell mit seinen Armen oder Pflügen in den Grund eindringt und beim Steifkommen der Kette sicher haften bleibt, andererseits jedoch beim Lichten des Ankers, wenn die Ankerkette auf und nieder zu stehen kommt, sich derart um das Ankerkreuz drehen kann, dafs die im Boden vergrabenen Arme aus dem Boden herausgebrochen werden.

Der ursprünglichste und in der Handelsmarine auch jetzt noch bisweilen verwendete Anker ist der Normal- oder Admiralitätsanker (Abb. 227). Er besteht aus dem

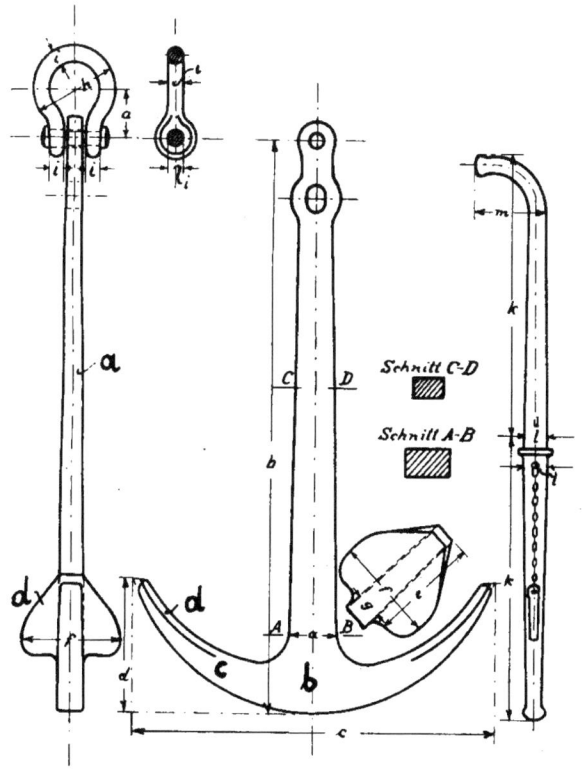

Abb. 227. Normal- oder Admiralitätsanker.

Ankergewicht in kg $= G$	$c = 7{,}63\ a$	$h = 1{,}70\ a$
Grundmafs $= a$	$d = 2{,}75\ a$	$i = 0{,}33\ a$
	$e = 2{,}26\ a$	$k = 5{,}72\ a$
$a = 22{,}6922\ \sqrt[3]{G}$	$f = 2{,}14\ a$	$l = 0{,}52\ a$
$b = 11{,}43\ a$	$g = 0{,}60\ a$	$m = 1{,}53\ a$

Bohnstedt, Praktischer Schiffbau.

Schaft a, welcher durch das Kreuz oder die Krone b in die Arme c mit den Händen, Pflügen oder Flügeln d übergeht. Am anderen Ende des Schaftes ist ein Ring angeordnet, an welchem die Ankerkette angeschäkelt wird. Der Ankerstock, bei den früheren Normalankern aus Holz und fest gelagert, bei den späteren aus Eisen und zum Beiklappen eingerichtet, steht bei klarem (zum Fallenlassen fertigem) Anker senkrecht zu der Ebene der Arme. Dadurch wird beim Aufliegen auf dem Grund stets ein Arm gezwungen, von oben her senkrecht oder etwas geneigt in den Boden einzudringen.

Ein noch besseres Fassen wird durch den Trotman-Anker bewirkt, bei welchem die Arme um einen Zapfen im Schaft drehbar angeordnet sind (Abb. 228).

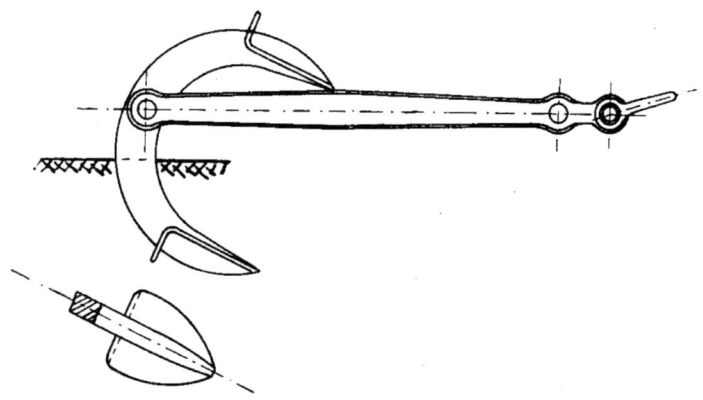

Abb. 228. Trotman-Anker.

Da der Normalanker wegen seiner sperrigen Form, namentlich mit festem Stock, sich nur schlecht verstauen und lagern läfst, so suchte man die Ankerform zu vereinfachen, dazu das Greif- und Haltevermögen zu verbessern. Es entstanden so die sogenannten Patentanker von Inglefield, Hall usw.

Dieselben werden durchweg ohne Stock ausgeführt, und ihr Haltevermögen wird dadurch vergröfsert, dafs beide Pflüge zugleich zum Eingriff in den Grund kommen.

Der Inglefield-Anker (Abb. 229) besteht aus dem Schaft a mit den beiden Transportschäkeln b und dem Kettenschäkel c. Die beiden Arme d mit den Händen oder Spaten e sind mit dem Schaft durch den Bolzen f sowie mit dem Paßstück g mittelst der entsprechend verlängerten Arme durch den Bolzen h verbunden. Das Paßstück, welches den Zweck

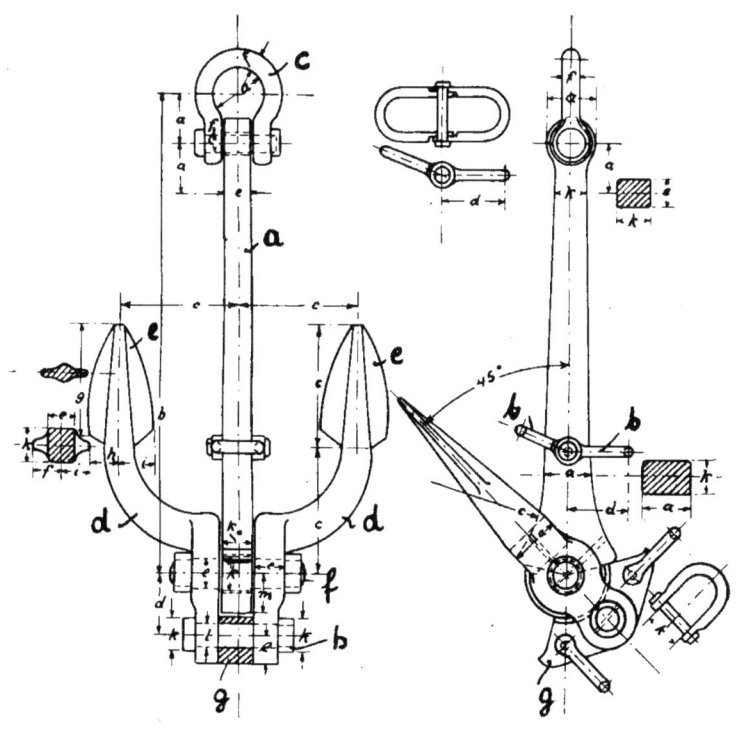

Abb. 229. Inglefield-Anker.

Ankergewicht in kg = G
Grundmaß = a
$a = 18{,}8215 \sqrt[3]{G}$
$b = 9{,}5\ a$

$c = 2{,}5\ a$
$d = 1{,}25\ a$
$e = 0{,}6\ a$
$f = 0{,}37\ a$
$g = 2{,}24\ a$

$h = 0{,}624\ a$
$i = 0{,}773\ a$
$k = 0{,}7\ a$
$l = 0{,}5\ a$
$m = 0{,}85\ a$

hat, das Eingreifen der Arme in den Grund zu begünstigen und den Ausschlag der Arme zu begrenzen, ist etwas stärker als der Schaft, damit zwischen diesem und den geraden Teilen der Arme etwas Spielraum bleibt; es liegt mit der abgerundeten Seite an dem unteren abgerundeten Ende des Schaftes mit

Spielraum an. Der Schaft hat im Anschlufs an die Abrundung an beiden Seiten Ansätze (Knaggen) zur Begrenzung der Bewegung des Pafsstückes und somit auch der Arme. Der Ausschlagwinkel der Arme beträgt etwa 45°.

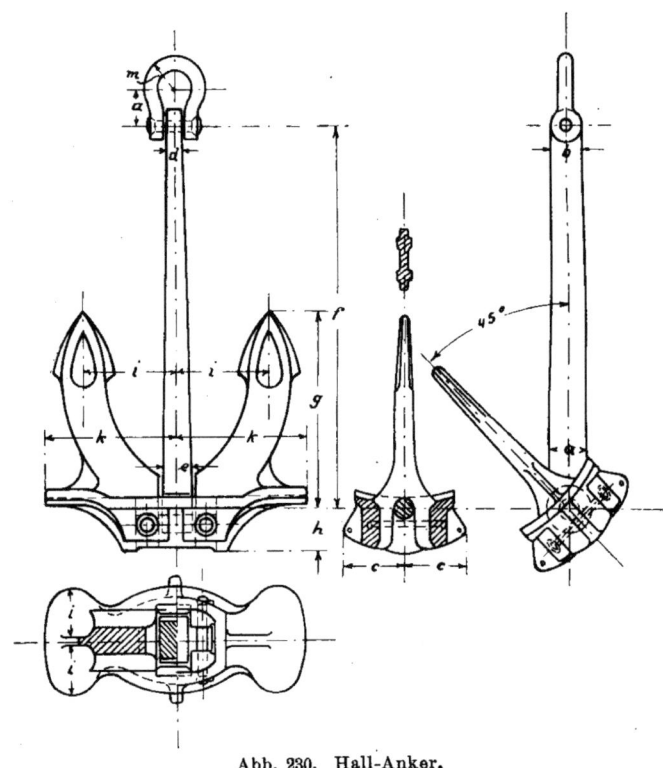

Abb. 230. Hall-Anker.

Ankergewicht in kg $= G$
Grundmafs $= a$
$a = 18{,}5 \sqrt[3]{G}$
$b = 0{,}622\ a$

$c = 1{,}599\ a$
$d = 0{,}412\ a$
$e = 0{,}857\ a$
$f = 9{,}616\ a$
$g = 4{,}803\ a$

$h = 1{,}177\ a$
$i = 2{,}401\ a$
$k = 3{,}412\ a$
$l = 1{,}323\ a$
$m = 0{,}72\ a$

Bei dem Hall-Anker (Abb. 230), welcher den Inglefield-Anker verdrängt hat und heute fast ausschliefslich angewendet wird, bestehen beide Arme zusammen aus einem Stahlgufsstück, dem sogenannten Armstück, welches mit breiten Rippen versehen ist, damit die Spaten besser zum Eingriff kommen.

Das Armstück hat in der Mitte eine rechteckige Öffnung, durch welche der Ankerschaft, der in seinem unteren Ende einen Querbolzen trägt, von unten her durchgesteckt wird.

Zu beiden Seiten des rechteckigen Loches im Armstück sind zwei lagerförmige Aussparungen angeordnet, in welche sich der Querbolzen legt und so den Zug der Kette und des Ankerschaftes auf das Armstück überträgt. Um ein Verschieben des Armstücks auf dem Schaft zu verhindern, werden nach eingesetztem Schaft hinter dem Querbolzen noch zwei Sicherheitsbolzen senkrecht dazu eingebracht und in dem Armstück vernietet. Die Öffnung im Armstück und die Abschrägungen der Seitenwandungen der Öffnung sind so groſs gewählt, daſs sich das Armstück und somit auch die Arme gegenüber dem Schaft um etwa 45° drehen können.

Die Anker der älteren Bauart (Admiralitätsanker) wurden meistens aus Schmiedeeisen hergestellt und nach ihrer Fertigstellung auf Zug und Biegung geprüft; für die neueren Arten wird vielfach auch Stahlformguſs verwendet, besonders für die komplizierteren Teile der zusammengesetzten Anker, so z. B. für das Armstück des Hall-Ankers. Dieses wird neben den sonstigen Proben noch einer Fallprobe unterworfen, indem man es aus einer Höhe von $3{,}5 \div 4{,}5$ m auf eine 10 cm dicke Eisenunterlage auffallen läſst, die ihrerseits wieder auf Mauerwerk von 1 m Höhe ruht.

Die Schwere der Anker hängt von der Gröſse des Schiffes und dem Verwendungszweck der Anker ab. Man unterscheidet danach:

Buganker für den gewöhnlichen Gebrauch;

Rüst- oder Reserveanker von gleichem Gewicht wie die beiden Buganker;

Heckanker, am Heck gelagert, zum Vertäuen des Schiffes und Abhieven desselben bei Grundberührungen.

Stromanker und Warp- oder Wurfanker zum Verholen und zu vorübergehenden Ankerungen im Strom. Sie sind in ihrer Gröſse und in ihrem Gewicht kleiner als die Buganker.

Jedes Schiff erhält mindestens zwei Buganker von je $60 \div 6000$ kg Gewicht (ohne Stock) bzw. bei stocklosen Ankern um $1/4$ schwerere ($75 \div 7500$ kg), entsprechend einem Rauminhalt (annähernd bestimmt $= 0{,}75 \cdot L \cdot B \cdot H + 1/2$ Inhalt der Aufbauten) von $60 \div 65\,000$ cbm.

Schiffe von über 1340 cbm Rauminhalt erhalten dazu noch einen Reserveanker von demselben Gewicht wie die Buganker.

Ferner erhält jedes Schiff einen Stromanker von 25÷2850 kg; und Schiffe über 325 cbm Rauminhalt noch einen Warpanker von 30÷1430 kg.

Segelschiffe erhalten im allgemeinen etwas schwerere Anker.

b) Die Ankerketten.

Man unterscheidet K e t t e n o h n e S t e g (für Bojen, Feuerschiffe und Fischereifahrzeuge) und solche mit S t e g, welche für alle gröfseren Schiffe verwendet werden.

Die G l i e d e r oder S c h a k e n werden aus Rundeisen zusammengeschweifst und bei Stegketten ein gufseiserner Steg dazwischen eingeklemmt. Er dient zur Erhöhung der Festigkeit, indem er bei grofsen Zugkräften das Einbiegen der langen Gliedseiten nach innen verhindert. Die Glieder werden mit Kohlenteer gestrichen.

Jede Ankerkette wird aus 2÷8 K e t t e n l ä n g e n oder K e t t e n e n d e n von je 25 m Länge zusammengesetzt. Jede Kettenlänge besteht aus sogenannten g e w ö h n l i c h e n Gliedern mit Steg, vom Ketteneisendurchmesser d (Abb. 231), an welche

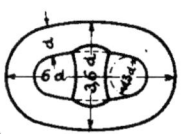
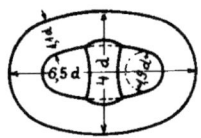
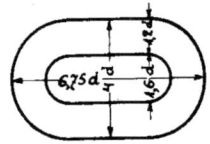

Abb. 231. Gewöhnliches Glied.   Abb. 232. Mittelgrofses Glied.   Abb. 233. Grofses oder Endglied.

sich an den beiden Enden je ein mittelgrofses Glied mit Steg von 1,1 d Ketteneisendurchmesser (Abb. 232) und dann ein grofses oder Endglied ohne Steg von 1,2 d Durchmesser (Abb. 233) anschliefst. Das letztere dient zur Aufnahme des Verbindungsschäkels, der die einzelnen Kettenlängen miteinander verkoppelt (Abb. 234). Aufserdem wird in der ersten und letzten Kettenlänge je ein W i r b e l (Abb. 235) angeordnet, damit die Törns, die beim Schwojen des Schiffes um den Anker einerseits und beim Verstauen der Kette im

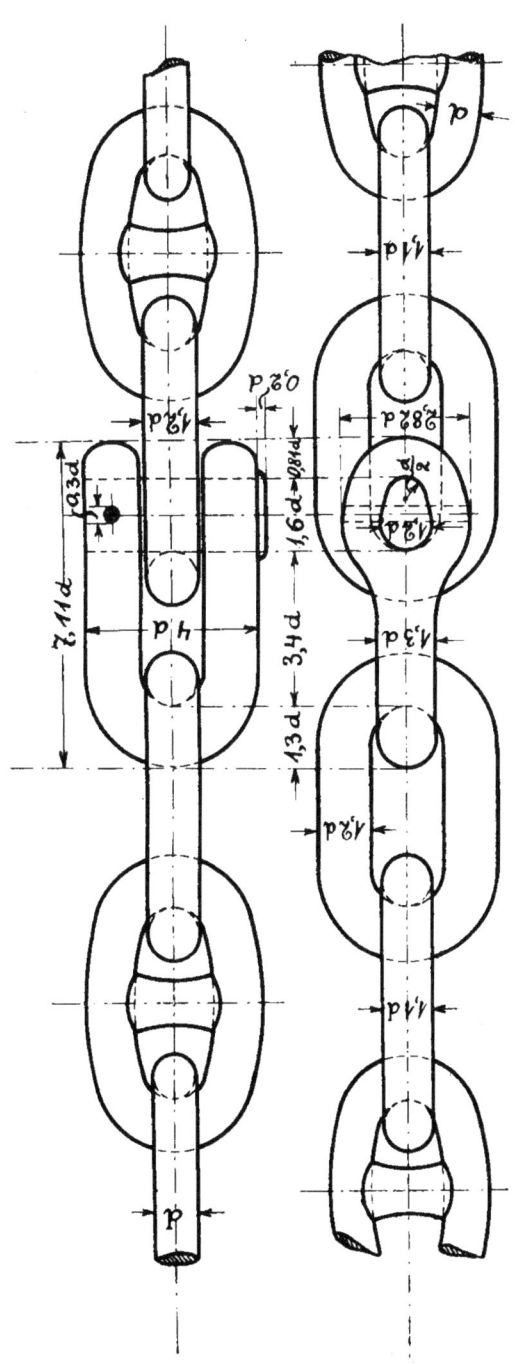

Abb. 234. Verbindungsschäkel.

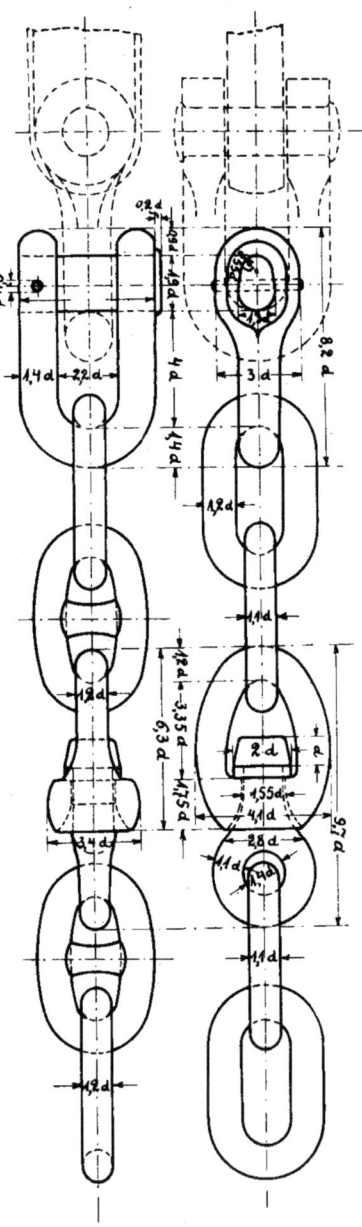

Abb. 235. Ankerschäkel und Wirbel.

Kettenkasten andererseits hineingeraten können, sich wieder ausdrehen lassen. Seit 1898 werden vielfach Patentwirbel aus Tiegelstahl hergestellt, die infolge ihrer runden Form nirgend hinterhaken können (Abb. 236). Die Verbindungsschäkel bestehen aus einem hufeisenförmigen Glied von 1,3 d Ketteneisendurchmesser mit durchgestecktem ovalem Bolzen, welcher durch eine Stahlpinne mit Bleiplombe gesichert wird (Abb. 237).

Jede Kette muſs vor dem Gebrauch mittelst einer Kettenprobiermaschine auf ihre Festigkeit geprüft werden. Zu dem Zweck werden aus jedem Kettenende (~ 25 m lang) drei Glieder herausgelöst und einer Bruchprobe unterzogen; ferner wird jedes ganze Ende von 25 m Länge einer Reckprobe ausgesetzt.

Die Abmessungen der Ketten hängen von der Gröſse der Schiffe ab. Sie schwanken (entsprechend einem Raumgehalt der Schiffe von $60 \div 65\,000$ cbm) im Ketteneisendurchmesser von $11 \div 88$ mm und in ihrer Länge von $50 \div 200$ m.

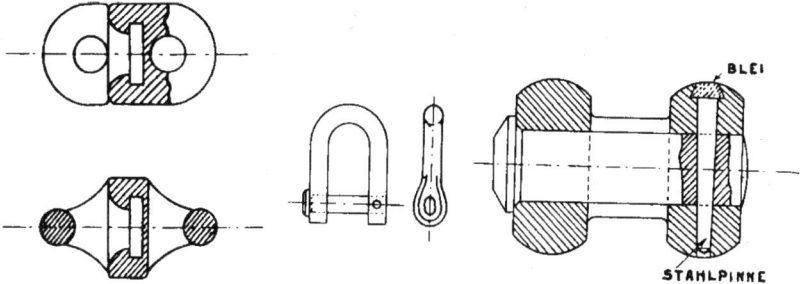

Abb. 236. Patentwirbel.   Abb. 237. Schäkel.

c) Die Lagerung der Anker.

Die Lagerung muſs derart sein, daſs die Anker jederzeit fallen gelassen werden können. Früher lagerten die Anker auf einem besonderen Bett, dem sogenannten Schweinsrücken, welcher aus geneigten Schienen oder Konsolen in Höhe des Oberdecks oder der Back bestand, von welchem der Anker durch sein eigenes Gewicht, frei von der Bordwand, herabgleiten konnte.

Bei den heutzutage fast ausschlieſslich angewendeten stocklosen Patentankern bedarf man zur Lagerung nur eines weiten Klüsenrohres, in welches der Ankerschaft hineingeholt wird, während die Arme sich an die Schiffswand anlegen. Der Ankerkran kann fortfallen.

d) Die Ankerspille.

Sie dienen zum Einhieven der Ankerkette und werden durch Menschenkraft (Gang- oder Spakenspill und Pumpspill) oder maschinell betrieben. Sie gehören zum Kapitel der Schiffshilfsmaschinen.

e) Die Kettenstopper (Abb. 238).

Von den in früherer Zeit zum Abstoppen der ausrauschenden Kette beim Ankern und zum Festlegen derselben verwendeten Vorrichtungen wie Kneif- und Zungenstopper (in der Klüse angeordnet), Betings (eine Art Poller zum Festlegen), Schlippstopper (an Deck befestigte Kettenenden mit Schlipphaken zum Festhalten für kurze Zeit) und Deckstopper, hat sich bei den heutigen modernen Ankerlagerungen und Spillkonstruktionen

(Abb. 239) nur der letztere erhalten. Er wird auch Patentstopper oder Kontroller genannt und liegt unmittelbar hinter der Klüsenrohrmündung auf Deck. Der Deckstopper besteht aus einem Gufskörper mit einer Längsrinne, in welcher die senkrecht stehenden Kettenglieder über den Stopper hinweggleiten, während die wagerecht liegenden Glieder sich in eine entsprechend ausgesparte Vertiefung des hinteren Teiles des Stopperkörpers hineinlegen und so ein Zurückgehen der Kette verhindern.

Der Stopper wird benutzt beim Zuankerliegen (wobei die Kette gegen Herausspringen oder Loskommen noch durch

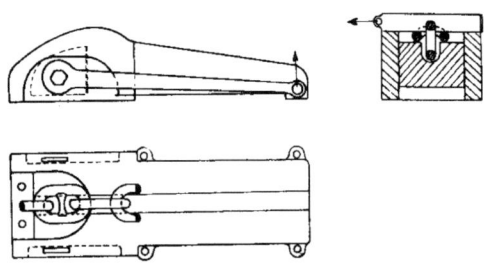

Abb. 238. Kettenstopper.

einen Querriegel besonders gesichert wird) und beim Ankerhieven. In dem letzteren Falle macht der Kettenstopper ein Zurückgehen der schon eingehievten Kettenglieder unmöglich und entlastet, ebenso wie beim Liegen vor dem Anker, das Spill von dem Zug und den etwaigen Rucken der Kette.

Beim Ausrauschen der Kette wird der Stopper aufser Tätigkeit gesetzt, indem ein in der Vertiefung des Stopperkörpers befindliches Gufsstück mittelst Daumen und Hebel gehoben wird, so dafs ein Hinterhaken der wagerechten Glieder unmöglich ist.

Da der vorerwähnte Deckstopper, wenn er beim Ausrauschen der Kette benutzt würde, und ebenso alle älteren Stoppvorrichtungen mehr oder weniger plötzlich wirken und dadurch Rucke in der Kette verursachen, so verwendet man heutzutage die Ankerspille selber zum Abstoppen und Belegen der Ketten, indem die Spilltrommel, welche nicht fest auf ihrer Welle verkeilt ist, durch eine Lamellen- oder Kegelbremse allmählich eingekuppelt und festgeholt wird. Auf diese Weise wird ein sanftes Abstoppen der von der lose mitlaufenden Wellentrommel abrauschenden Kette ermöglicht (Abb. 239). Auch der Deckstopper wird bisweilen fortgelassen.

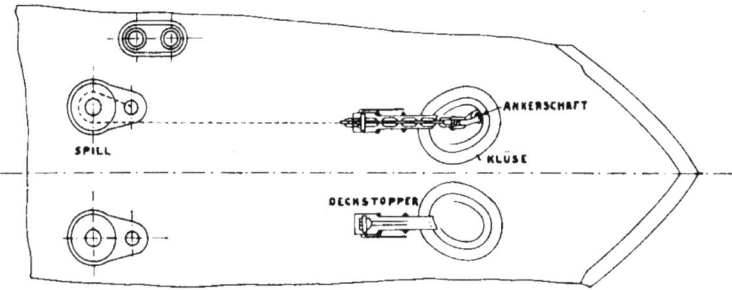

Abb. 239. Moderne Ankerlagerung und Heifsvorrichtung.

46. Die Fallreeps.

Sie dienen zum bequemen Von- und Anbordgehen im Hafen und bestehen aus einem oberen Podest, der eigentlichen Fallreepstreppe, und einem unteren Podest (Abb. 240).

Der obere Podest ist um Scharniere drehbar zum Auf- und Beiklappen eingerichtet und bildet vielfach gleichzeitig einen Teil des Schanzkleides. Er wird durch Stützen gegen die Schiffswand abgesteift.

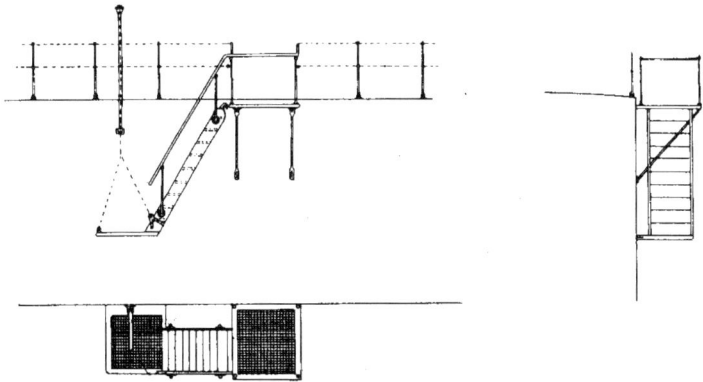

Abb. 240. Fallreep.

Die **Fallreepstreppe** wird mit Hilfe der Fallreepsdavits am oberen Podest mit Haken eingehängt und durch eine Kette mit Bügel in der gewünschten Lage gehalten.

Die Treppe besteht aus Holz; die Treppenwangen erhalten Geländer; die Treppenstufen werden mit Messingleisten zum Schutz gegen Abtreten belegt und sind bei Treppen, die für erhebliche Tiefgangsunterschiede des Schiffes benutzt werden sollen, selbsttätig verstellbar eingerichtet, so dafs sie bei verschiedenen Neigungswinkeln der Treppe immer wagerecht liegen und dadurch stets bequem begangen werden können.

Der **untere Podest** wird ebenfalls vom Fallreepsdavit getragen, oder er wird ähnlich wie der obere Podest gegen die Schiffswand abgestützt. Die Podeste erhalten eingelegte Holzgrätings, der untere ist aufserdem seitlich mit Leder gepolstert zum Schutz für die anlegenden Boote.

Das Einnehmen des Fallreeps geschieht mit Hilfe des Davits.

Befindet sich das Schiff in Fahrt, so werden die vorbeschriebenen Fallreepstreppen nicht benutzt, sondern es dienen dann bisweilen zum Anbordkommen die sogenannten **Seefallreeps**. Sie bestehen aus Steigeisen, welche in Bügelform an der Bordwand befestigt sind. Die Bügel werden aus Rundeisen von etwa 20 mm Durchmesser hergestellt, sind 500 mm lang und haben einen Abstand voneinander von etwa 300 mm. Sie reichen von Oberkante Schanzkleid bzw. bei einer offenen Reling von Oberkante Aufsenhaut bis zum Wasserspiegel hinab. Handelsschiffe besitzen diese jedoch selten.

47. Ruder- und Maschinentelegraphen.

Sie dienen zur Übertragung der Befehle von der Kommandobrücke nach dem Ruderapparat (wenn nicht von der Brücke aus gesteuert wird) und nach dem Maschinenraum.

Die einfachsten bestehen aus **Sprachrohren** von $30 \div 40$ mm Durchmesser, die aus Kupfer oder Messing hergestellt werden. Sie sind da, wo sie wasserdichte Schotte durchdringen müssen, nicht mit Flanschen an denselben zu befestigen, sondern mittelst Stopfbuchsen hindurchzuführen. An Krümmungsstellen, wo sich Wasser und Schmutz in den

Rohren ansammeln kann, sind Entwässerungsschrauben und Reinigungsklappen vorzusehen. Um die Schalleitung vor der Beeinträchtigung durch Geräusche (z. B. von Maschinen) zu schützen und die Bildung von Schwitzwasser zu verringern, werden die Rohre zweckmäfsig mit Segeltuch umwickelt.

Bisweilen gabelt man, um mit möglichst wenig Sprachrohren auszukommen, die Rohre in Zweigrohre, so dafs dann mehrere Stellen durch dasselbe Rohr von der Brücke angerufen werden können.

Bei den Telegraphen gröfserer Schiffe wendet man meistens **mechanisch oder elektrisch wirkende Apparate** zur Befehlsübertragung an, die aus einem **Kommandogeber** auf der Brücke, einem **Kommandoempfänger** oder **-anzeiger** an der betreffenden Stelle, an welche der Befehl gegeben werden soll, und aus der Zwischenleitung bestehen. In der Regel wird aufserdem noch ein sogenannter **Quittungsanzeiger** auf der Kommandobrücke angeordnet.

Durch Verstellen eines Hebels wird in dem Kommandogeber eine Kette bewegt, die über Rollenleitungen zu dem Kommandoempfänger führt und dort einen Zeiger auf das betreffende Kommandowort einstellt unter gleichzeitigem Ertönenlassen eines Glockensignals. Durch Umlegen eines zweiten Hebels im Kommandoempfänger wird andererseits ein Zeiger im Kommandogeber so eingestellt, dafs er mit dem Hebel des Kommandogebers auf demselben Kommandowort steht und somit das gegebene Kommando als verstanden quittiert.

Statt der Ketten- und Drahtleitung findet heute vielfach elektrische Übertragung statt.

Die Anzahl der möglichen Kommandos ist nur eine beschränkte. Bei dem **Ruder** lauten sie gewöhnlich:

Ruder backbord, | Ruder steuerbord,
hart „ | hart „
komm auf (nach der Mitte zu),
mittschiffs,
recht so,
Kurs.

Bei der **Maschine** sind die Kommandos, welche mit den Maschinentelegraphen gegeben werden können, meistens folgende:

Achtung,
halt oder stopp,

langsam vorwärts,	langsam rückwärts,
halbe Fahrt voraus,	halbe Fahrt „
grofse „ „	grofse „ „
ganze Kraft „	ganze Kraft „

Bei Zweischraubenschiffen erhält jede Maschine ihre besonderen Befehle.

48. Lüftung.

Da der an Bord zum Wohnen bestimmte Raum im Verhältnis zur untergebrachten Menschenzahl sehr klein ist, und da die an und für sich auf See feuchte Luft durch die Verdunstung des Leckwassers im Schiffsinneren noch feuchter wird, so müssen alle **bewohnten Räume** aus gesundheitlichen Rücksichten gehörig gelüftet werden.

Ferner mufs auch in den **Laderäumen** für gute Luft gesorgt werden, damit empfindliche Ladungen nicht verderben, und in den **Kohlenbunkern**, damit Explosionen vermieden werden.

Schliefslich mufs auch in die **Kessel- und Maschinenräume** der dort herrschenden grofsen Hitze wegen sehr viel frische Luft eingeführt werden.

Da Seitenfenster, Pforten und Luken mit dem durch sie hindurchtretenden natürlichen Luftzug meistenteils nicht ausreichen, so mufs man fast alle Räume mit **künstlicher Lüftung** versehen. Sie wird in der Weise hergestellt, dafs entweder frische Luft in das Schiff **hineingetrieben** oder die schlechte **herausgesaugt** wird, oder, was am besten ist, dafs gleichzeitig ein Einpressen und Aussaugen stattfindet. Am häufigsten und einfachsten werden hierzu Windsäcke und feste Ventilatorrohre verwendet. — Die letzteren können auch zum Aussaugen benutzt werden.

Bei einer guten Lüftungsanlage ist auf folgendes zu achten:

a) Die Mündung für die **eintretende** Luft mufs sich möglichst am **Fufsboden** des betreffenden Raumes, die Mündung für die **abziehende** schlechte oder warme Luft mufs sich möglichst nahe der **Decke** befinden.

b) Die frische Luft mufs so eingeführt werden, dafs sie sich möglichst gleichmäfsig über den ganzen betreffenden Raum erstrecken kann.
c) Die Ventilatorrohre sollten möglichst weit und geradlinig und mit Schliefsklappen versehen sein; die Ventilatorköpfe müssen frei über die Reling oder etwaige Decksaufbauten hinausragen.
d) Jeder Raum und jede Abteilung sind gesondert zu lüften. Es darf also z. B. ein Ventilator für einen Laderaum nicht zugleich zur Lüftung des Zwischendecks dienen.

Im allgemeinen wirken die Vorrichtungen, welche die schlechte Luft heraussaugen, besser als solche, welche frische Luft einführen.

Die Luftmenge.

Die stündlich ein- und auszuführende Luftmenge hängt ab von dem Zweck der Räume und von der in ihnen vorhandenen Wärme (z. B. in den Kessel- und Maschinenräumen).

Bei bewohnten Räumen rechnet man in den gemäfsigten Zonen ungefähr 20 cbm Luft für eine Person und die Stunde oder viermaligen Luftwechsel des bewohnten Decks in einer Stunde. In den Tropen wird eine Erhöhung auf $30 \div 40$ cbm angenommen.

Lazarette erhalten eine zwölffache Lufterneuerung in der Stunde.

Maschinenräume sollten so gelüftet werden, dafs die Wärme in ihnen $30 \div 35\,^{\circ}$ nicht überschreitet. Hierzu ist eine so rapide Erneuerung der Luft erforderlich, dafs dieselbe nur durch Ventilationsmaschinen zu erreichen ist. Erneuerung in der Stunde etwa 60 fach.

Für die Heizräume ist die verlangte Verbrennung mafsgebend.

Die Geschwindigkeit der Luft ist in dem Hauptrohr der Entlüftungsanlage einer Schiffsabteilung immer am gröfsten, verlangsamt sich allmählich in den einzelnen Zweigrohren und ist an den untersten Mündungen am geringsten. Die Geschwindigkeit beträgt etwa $1,8 \div 2$ m/sek. im Hauptrohr, $1 \div 1,4$ m/sek. in den Zweigrohren und $0,4 \div 0,7$ m/sek. an den Rohrenden.

Aus der Luftmenge Q in Kubikmetern in der Sekunde und der Geschwindigkeit v in Metern in der Sekunde läfst sich der Querschnitt F des Ventilationsrohres in Quadratmetern bestimmen aus

$$F = \frac{Q}{v}.$$

Als Mittel zum Entlüften werden angewendet: Rauchfänge, Schächte, Ummantelungen von wärmeausstrahlenden Kanälen, Sauger oder Exhaustoren, gewöhnliche Ventilatoren und Ventilationsmaschinen.

1. Die gewöhnlichen Ventilatoren und Exhaustoren.

Sie bestehen aus Ventilatorrohren von $100 \div 1400$ mm Durchmesser, auf welche oberhalb der obersten Decks oder der Aufbauten ein abnehmbarer drehbarer Kopf aufgesetzt wird, welcher den Zweck hat, den meistens nahezu wagerecht wehenden Wind in senkrechter Richtung in den Schiffsraum

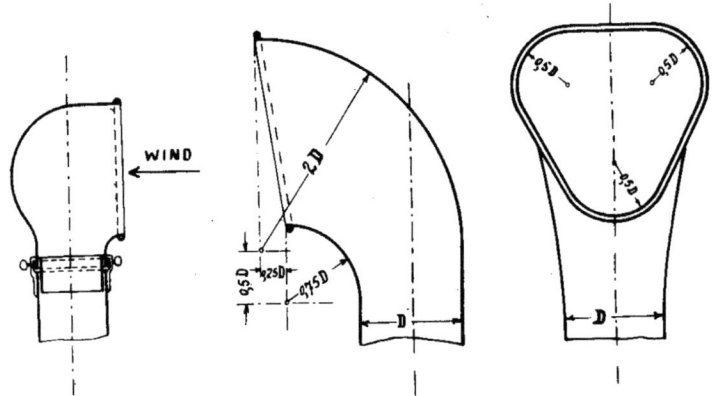

Abb. 241. Ventilatorkopf.   Abb. 242. Ventilatorkopf nach Rauchfuſs.

überzuführen oder den senkrecht aus dem Schiffsraum aufsteigenden Luftstrom in wagerechter Richtung abzuleiten. Im ersteren Fall wird frische Luft zugeführt, im letzteren die schlechte abgesaugt. Dementsprechend muſs die Form der Köpfe und ihre Konstruktion eine verschiedene sein. Für die Luftzuführung erhalten die Ventilatorköpfe eine bauchige Form nach Abb. 241 oder Abb. 242 (nach Rauchfuſs), für das Absaugen dagegen die Köpfe der Exhaustoren zwei Öffnungen

(Abb. 243). Der Wind bläst hier in den Trichter a, durch dessen konische Form die Windgeschwindigkeit gesteigert und die in dem Ventilatorrohr stehende Luft mit fortgerissen wird. Der Trichter a mufs stets dem Winde zugekehrt sein, ebenso wie bei den Ventilatorköpfen die Öffnung. Die Köpfe werden durch Flügelschrauben festgestellt. Grofse Ventilatorköpfe erhalten an ihrem unteren Ende einen Zahnradkranz (Schnekkenrad) und werden mittelst einer Schnecke in die gewünschte Lage gedreht.

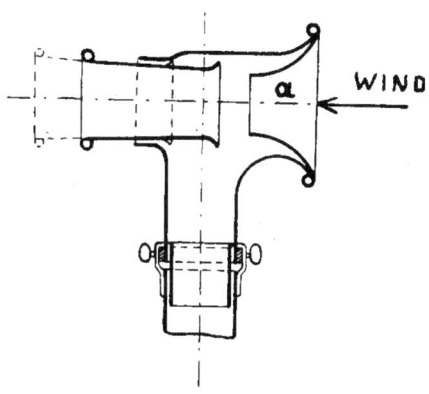

Abb. 243. Saugerkopf.

Die Leistungsfähigkeit der Sauger ist im allgemeinen keine sehr grofse, was daran liegt, dafs die Austrittsöffnung der abgesaugten Luft im Verhältnis zum Luftschachtquerschnitt zu klein ist. Ein weiterer Nachteil liegt darin, dafs sie stets in die Windrichtung eingestellt werden müssen, wenn sie wirken sollen. Bei dem Entlüftungssaugekopf von Grove (Abb. 244) ist dieses nicht nötig. Er wirkt, o h n e gedreht zu werden, bei jeder Windrichtung gut saugend.

Bisweilen werden auch die hohlen eisernen Masten als Exhaustoren benutzt, indem man aus den unteren

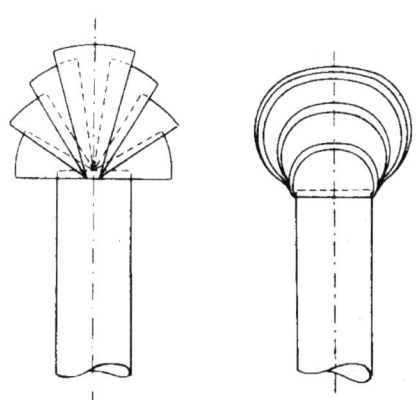

Abb. 244. Saugerkopf von Grove.

Räumen Rohre in sie hineinleitet. Auch Poller benutzt man mitunter zum Ventilieren, indem man Köpfe auf sie aufsetzt, die als Luftzuführer oder Sauger wirken.

Bohnstedt, Praktischer Schiffbau. 17

Neuerdings sind auch sogenannte Spantventilatoren aufgekommen (Abb. 245), welche von einem Spant bis zum nächsten reichen und dadurch gebildet werden, dafs auf die [-Spanten bzw. die angenieteten Gegenspanten parallel zur Aufsenhaut eine Platte genietet wird, wodurch sich ein kastenförmiger Kanal von Rechtecksquerschnitt ergibt. Die Aussparung der Stringer an den Spantwinkeln mufs in diesem Falle naturgemäfs von einem Spant bis zum nächsten durchgehen.

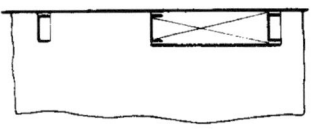

Abb. 245. Spantventilator.

2. Die Ventilationsmaschinen.

Sie sind meistens Flügelradventilatoren, die durch Elektromotoren getrieben werden. Zum Hineindrücken werden gewöhnlich Zentrifugalventilatoren, zum Heraussaugen Schraubenventilatoren benutzt; doch können die ersteren auch zum Saugen dienen. Die Anzahl der Sauger und Presser soll nicht zu gering gewählt werden. Es ist besser, viele kleine als wenige grofse Ventilationsmaschinen anzuwenden, damit die einzelnen Räume voneinander unabhängig werden. Die Luftgeschwindigkeit kann bei kleineren Apparaten erheblich gröfser sein, da die Luftströmung bei ihnen nicht so unangenehm empfunden wird wie bei grofsen Apparaten. Daraus folgt, dafs auch die Rohrleitungen kleiner gewählt werden können. Die Rohre, welche die Luft abführen, kann man zu einem Bündel vereinigen und in einem gemeinsamen Schacht über Deck führen.

Der Querschnitt der Luftkanäle bei den Ventilationsmaschinen ist gewöhnlich rechteckig, da sich ein solcher am bequemsten einbauen läfst.

49. Entwässerung.

In den einzelnen wasserdichten Abteilungen und in den sonstigen Räumen des Schiffes sammelt sich infolge des Niederschlages der in der atmosphärischen Luft enthaltenen Feuchtigkeit an den kalten Wänden oder infolge kleiner Undichtigkeiten der Aufsenhaut mehr oder weniger Wasser an, welches entfernt werden mufs. Hierzu und zur Beseitigung derjenigen

Wassermassen, die infolge eines Lecks in das Schiffsinnere eindringen können, dient die Entwässerungseinrichtung nebst den verschiedenen Pumpen.

Die Zuleitung des Wassers zu den Pumpen wird durch die Entwässerungsrohre und deren Zubehörteile wie Stutzen, Zweigrohre, Schleusenschieber, Hähne, Ventile usw. bewerkstelligt. Von den tiefsten Stellen jeder wasserdichten Abteilung führen die Saugrohre zunächst zu einem **Wechselventilkasten** (Abb. 246), welcher vor jeder vorhandenen Pumpe

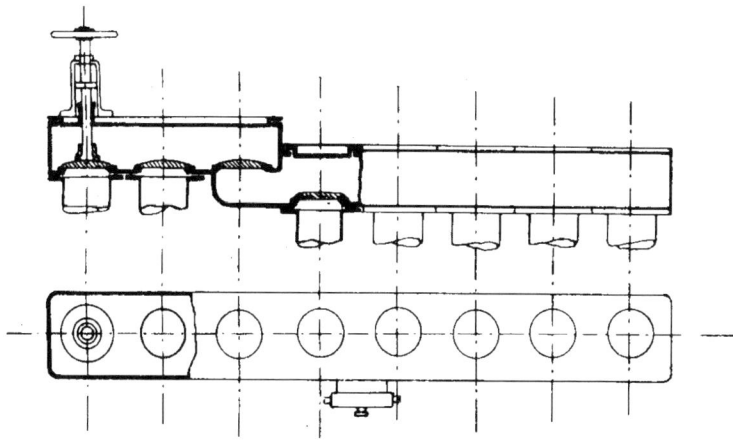

Abb. 246. Wechselventilkasten.

angeordnet wird, damit diese jeweilig nicht nur aus **einer** Abteilung, sondern aus **verschiedenen** saugen kann. Der Wechselkasten besteht aus einem gegossenen Gehäuse, welches eine Reihe von Niederschraubventilen enthält, deren jedes ein entsprechendes Rohr abschließt. Je nachdem das eine oder andere Ventil geöffnet wird, kann aus den verschiedenen Abteilungen oder aus See gesaugt werden. Für den letzteren Fall ist der Wechselkasten geteilt, damit man nicht seinen **ganzen** Inhalt mit Wasser anzufüllen braucht.

In demjenigen Saugrohr, das zur Pumpe führt, ist ein **Rückschlagventil** angeordnet, welches verhindert, dafs das durch den Pumpenkolben angesaugte Wasser beim Rückgang des Kolbens in die Leitung wieder zurückgeprefst wird. Ein ebensolches Ventil befindet sich in einem besonderen Gehäuse in der Nähe der Enden der einzelnen Saugrohre. Es hat den Zweck, die Rohrleitung bis zum Ventilkasten voll Wasser zu halten, damit die Pumpen im Gebrauchsfall sofort anschlagen können. Von diesem Rückschlagventil führt jedes Saugrohr unmittelbar nach dem tiefsten Punkt der betreffenden Abteilung. Es endigt ungefähr 30 mm über dem Boden und erhält dort einen Saugkorb, welcher aus verzinktem, siebartig durchlöchertem Eisenblech besteht und den Zweck hat, gröfsere Unreinigkeiten von dem Eintritt in die Rohrleitung fernzuhalten.

Ordnet man hinter der Pumpe nochmals einen Wechselkasten an, so kann man auch nach verschiedenen Stellen hin drücken, z. B. nach aufsenbords, auf Deck zum Waschen, nach den Feuerlöschanschlüssen usw.

Die Rohrleitungen bestehen gewöhnlich aus Eisen, das am besten noch verzinkt wird, und endigen in den obenerwähnten losnehmbaren Saugkörben. Sie sind so anzuordnen, dafs aus jeder wasserdichten Abteilung über dem Doppelboden, und zwar aus den beiden Kimmen daselbst, gesaugt werden kann. Eine zweite von dieser unabhängige Leitung mufs ferner die Doppelbodenabteilungen leeren und füllen können.

Der Aufstellungsort der Pumpe ist aufser von anderen Rücksichten von der Saughöhe abhängig, welche weniger als 10 m betragen mufs (Luftdruck auf 1 qcm = 1 kg = 10 m Wassersäule). Man geht jedoch nicht über 7 m hinaus.

5o. Die Arbeiten des praktischen Schiffbaues im Konstruktionsbureau.

Dem praktischen Schiffbau fällt im Konstruktionsbureau hauptsächlich die Anfertigung der sogenannten **Bestell- und Bauzeichnungen** zu, welche einerseits für die Bestellung des erforderlichen Materials an Platten, Winkeln, Profilen usw. und andererseits als Arbeitszeichnungen für die Werkstätten bzw. den Bauplatz nötig sind.

Als Grundlage hierfür dient der Konstruktionsrifs und die Einrichtungszeichnungen. Bei mittelgrofsen Schiffen sind diese gewöhnlich im Mafsstab 1 : 50 hergestellt, bei grofsen Schiffen in 1 : 100.

Man ermittelt zunächst aus den Hauptabmessungen des Schiffes die Leitnummern Q und QL (vergl. S. 34 u. f.) und an der Hand derselben mit Hilfe der Tabellen und Vorschriften des Germanischen Lloyds (bzw. anderer Klassifikationsgesellschaften) die Abmessungen der einzelnen Verbandteile, welche in einer besonderen Zeichnung, dem sogenannten **Hauptspant**, im Maßstab 1 : 25 angegeben und zusammengestellt werden (Tafel 1). — Das Hauptspant unterliegt der Genehmigung der Zentralstelle des Germanischen Lloyds in Berlin.

Ferner zeichnet man nach dem Konstruktionsriß den sogenannten **Bauspantenriß** (Tafel 2) im Maßstab 1 : 25 bis 1 : 10, d. h. die wirklich einzubauenden Spanten in ihren vorgeschriebenen Abständen voneinander (je nach der Schiffsgröße $= 420 \div 790$ mm), und schnürt diese Bauspanten in natürlicher Größe auf dem Schnürboden ab.

Ebenso werden auch die Wasserlinien und die Senten (geneigte Schnitte) in ihrer Breite in natürlicher Größe, in ihrer Länge jedoch (des Platzmangels wegen) vielfach in verkürztem Maßstab abgeschnürt.

Es geschieht dieses zur Kontrolle und zur genaueren Bestimmung der Maße der Konstruktionszeichnung.

Der **Schnürboden** ist ein überdachter großer Raum, ohne Säulen oder Stützen; er erhält eine Breite, die für den Spantenriß des größten auf der Werft zu bauenden Schiffes genügt, und, wenn möglich, eine Länge gleich der wirklichen Länge dieses Schiffes. Gewöhnlich befindet er sich über einer Werkstatt, meistens der Tischlerei.

Sein Fußboden muß vollständig eben sein und sich nicht werfen. Man erreicht dieses durch zwei unter 90° zueinander gerichtete Lagen von schmalen, gut ausgetrockneten Planken, welche dicht und ohne klaffende Fuge gelegt werden müssen. Die Planken erhalten darauf einen mehrmaligen hellgrauen Ölfarbeanstrich.

Die Spanten, Wasserlinien, Senten usw. werden mit Hilfe von langen Latten aus Pitch-pine oder Fichtenholz (für Spanten etwa vom Querschnitt 25×25 mm, für Wasserlinien etwa 45×30 mm, an den Enden ausgeschärft), die zwischen gewöhnlichen eingeschlagenen Nägeln festgelegt werden, in Blei oder mit einer Reißfeder in Tinte ausgestrakt.

Seltener wird die ältere Methode angewendet, nach welcher die Linien auf schwarzem Grund durch ein Reißeisen eingerissen werden.

Diese letztere Art und Weise erfordert vor der Neubenutzung des Schnürbodens für ein anderes Schiff ein vollständiges Abhobeln und neues Schwarzstreichen des Fufsbodens, das Aufreifsen in Blei oder Tinte dagegen nur ein Abwaschen des hellgrauen Bodens mit Sodalauge und hin und wieder einen Neuanstrich.

Nach dem in natürlicher Gröfse abgeschnürten Bauspantenrifs werden dünne Holzschablonen, die sog. Malle, hergestellt und nach ihnen die zunächst in rotglühendem Zustand roh gebogenen Spantwinkeleisen auf einer gufseisernen Plattform genau hergerichtet.

Unter Zugrundelegung der Bauspantenzeichnung (1 : 25) mit den in ihr eingetragenen Decks-, Stringerlinien usw. werden nun für die Bestimmung der Abmessungen der einzelnen Platten, Winkel und dergl., ferner für die Anordnung ihrer Nähte, Stöfse usw. und gleichzeitig als Werkstatts- und Bauzeichnung im Konstruktionsbureau folgende Zeichnungen angefertigt:

1. der Mittelkiel, Flachkiel bzw. der Doppelbodenmittelträger,
2. die Seitenträger des Doppelbodens bzw. die Kielschweine,
3. die Doppelbodendecke,
4. der Wellentunnel (Tafel 3),

gewöhnlich im Mafsstab 1 : 50.

5. die wasserdichten und sonstigen Schotte, gewöhnlich in 1 : 25 (Tafel 4÷6),
6. die Stringerpläne (Raum-, Seiten- und Kimmstringer) in 1 : 50,
7. die Decksplände (Hauptdeck, Zwischendeck, Backdeck, Brückendeck usw.) in 1 : 50 (Tafel 7 u. 8),
8. der Vorsteven in 1 : 10 bis 1 : 20 (Tafel 9),
9. der Hintersteven in 1 : 10 bis 1 : 20 (Tafel 10),
10. das Ruder in 1 : 10 bis 1 : 20 (Tafel 11),
11. die Längsschotte und Schächte für Maschinen- und Kesselräume, die Bunkerwände usw. in 1 : 50,
12. die Aufsenhautabwicklung in 1 : 50 (Tafel 12).

Für diese wird zunächst ein Halbmodell, das sogenannte **Blockmodell,** aus Holz (Erlen-, seltner Linden- und Pappelholz) in 1 : 50, seltener 1 : 100 hergestellt und auf ihm in Tusche mit der Ziehfeder sämtliche Bauspanten aufgerissen, ebenso die Decks, die Stringer, die Randplatte des Doppelbodens, die wasserdichten Schotte, dazu alle Längsnähte und Stöfse der Aufsenhautplatten, die Seitenfenster, Öffnungen usw. (vergl. S. 131).

Das Festlegen der Plattenstrake geschieht durch Aufnageln dünner Holzlatten mittelst kleiner Stecknadeln, nachdem man vorher die Straklatte der Form des Modells willig angeschmiegt hat. Ist die Arbeit am Blockmodell erledigt, so setzt man auf dem Zeichenpapier von einer Wagerechten, welche die Mittellinie des Kiels darstellt, auf Senkrechten dazu die Bauspanten ab, und zwar in ihrer ausgestreckten Länge, die man mittelst Papierstreifens auf dem Umfang des Modells abmifst. In gleicher Weise werden auch die Schnittpunkte aller Plattenstrake, Deckslinien, Stringer usw. auf den ausgestreckten (abgewickelten) Spanten angegeben. Man erhält so die sogenannte **Aufsenhautabwicklung,** d. h. eine Aufsenhaut, welche der Höhe nach in eine Ebene abgerollt ist.

Die Aufsenhautabwicklung dient hauptsächlich zur besseren Übersicht und als Werkstattszeichnung. Auf ihr kann man die wirkliche Länge der Spanten und die Breite der Aufsenhautplatten zum Zweck der Bestellung ohne weiteres herausmessen, nicht aber die Längen der Aufsenhautplatten. Diese müssen auf dem Blockmodell durch ein Papierbandmafs ermittelt werden.

Ferner sind noch herauszuzeichnen:
13. die Rahmenspanten,
14. die Maschinen- und Kesselfundamente,
15. die Kammerwände und Aufbauten,
16. die Deckshäuser und Niedergangskappen,
17. die Frontschotte,
18. die Ladeluken,
19. die Kohlenschütten,
20. die Masten bzw. die Takelage
u. a. m.

Dazu an **Einzelheiten**:
wasserdichte Türen, Fenster, Mannlochdeckel, Klüsen, Poller, Klampen, Davits, Geländerstützen usw., falls nicht hierfür bereits Normalien vorhanden sind.

In allen diesen Zeichnungen (Nr. 1 ÷ 20) werden die Platten und Winkel in ihren Hauptmafsen (Länge, Breite, Dicke bzw. in ihrem Profil) angegeben und durch besondere Buchstaben mit fortlaufenden Nummern, sogenannte Marken, bezeichnet (z. B.: H. D. Str. 1, 2, 3 usw. = erste, zweite, dritte .... Platte des Hauptdeckstringers).

Darauf werden die Abmessungen und die Anzahl der Platten usw. in Form von Listen zusammengestellt bzw. in ein besonderes **Bestellbuch** eingetragen und dem kaufmännischen Bureau zur Bestellung bei einem Hütten- und Walzwerk übergeben.

Bei der **Festsetzung der Maſse** sind mit Rücksicht auf den kleinen Maſsstab (1:25 und 1:50), ferner unter Berücksichtigung der Balkenbucht, des Decksprunges usw. etwa 1 % für die Länge und Breite **zuzugeben**, damit die Platten, Winkel usw. sich bei der Anlieferung als genügend groſs erweisen.

Je sorgfältiger die Maſse für die Bestellung ermittelt werden, um so vorteilhafter ist es für die Werft. Deshalb werden von Platten, welche keine Rechtecks- oder Trapezform haben, bei der Bestellung **kleine Skizzen** beigegeben. Diese werden nach dem Gesichtspunkte ausgeführt, daſs die angelieferte Platte möglichst wenig beschnitten werden soll. Man spart dadurch Zeit und Geld für die Bearbeitung, ferner an Frachtkosten für den Transport vom Walzwerk zur Werft und an Kosten für das Blech selber, da dieses im allgemeinen ohne Rücksicht auf seine Form lediglich nach dem Gewicht bezahlt wird.

Die **Bestellzeichnungen**, nach welchen die Maſse für die Bestelllisten ermittelt werden, dienen gleichzeitig als **Bauzeichnungen**. Sie geben dem Arbeiter an, wo und wie die angelieferten Bleche, Winkel, Profileisen usw., die in weiſser Farbe die den Marken der Zeichnungen entsprechenden **Bestellmarken** tragen, einzubauen sind.

Die Bauzeichnungen erhalten ferner meistens noch Angaben über die **Art der Vernietung**, über die **Nietdurchmesser** und die **Nietteilung**.

Um Zeit und Arbeit zu sparen, werden im Konstruktionsbureau die Bestell- und Bauzeichnungen nur in Blei ausgeführt und sofort (ohne daſs sie ausgezogen werden) auf Pausleinwand in Ausziehtusche gepaust. Nach diesen Leinwandpausen werden blaue oder weiſse Lichtpausen in beliebiger Zahl angefertigt.

Beispiele von Bestell- und Bauzeichnungen und Bestelllisten folgen nachstehend (Tafel 1÷12).

1. Bestellliste für ein Zickzackschott an Spant 1, 3 u. 4.
(Hierzu Tafel 3.)

S. S. Nr. 3.

Lfde Nr.	Stückzahl	Gegenstand	Marke	Abmessungen in mm Länge, Breite, Dicke, bzw. Profil	ungefähres Gewicht i. kg	Bemerkungen
1	2	Schottplatten	$\frac{S}{1}$. 1.	Skizze	300	
2	1	"	$\frac{S}{1}$. 2.	2560 × 1400 × 6	167	
3	1	"	$\frac{S}{3}$. 1.	2640 × 510 × 6,5	68	
4	1	"	$\frac{S}{4}$. 1.	Skizze	134	
5	1	Schottversteifungswinkel	S. V. 1.	11 000 L 90 × 75 × 7	96	
6	2	Schottverbindungswinkel	S. V. 2.	8000 L 90 × 75 × 7	140	

Sa. 905 kg

2. Bestellliste für Bodenwrangen im Doppelboden
(von Spant 10 bis Spant 113).

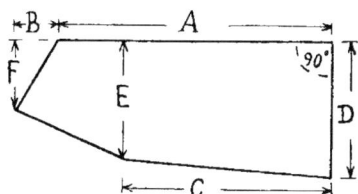

Lfde Nr.	Stückzahl	Marke	Abmessungen nach Skizze in mm							ungefähres Gewicht i. kg	Bemerkungen
			A	B	C	D	E	F	Dicke		
1	2	B.W. 10	890	890	1090	980	920	470	9		⎫
2	2	„ 11	1140	920	1270	980	910	470	9		⎪
3	2	„ 12	1340	940	1470	980	900	480	9		⎬ Laderaum
4	2	„ 13	1550	960	1660	980	890	490	9		⎪
5	2	usw.	usw.	usw.	usw.	usw.	usw.	usw.	usw.		⎭
.	6	„ 35÷37	4170	740	4290	980	870	590	10		⎫ Maschinen-
.	40	„ 38÷57	usw.	usw.	usw.	usw.	usw.	usw.	10		⎬ u. Kessel-
.	66	„ 58÷90							10		⎭ raum
.	2	„ 91							9		⎫
.	2	„ 92							9		⎬ Laderaum
		usw.							9		⎭
										Sa.....	

3. Bestellliste für Decksbalken eines Quarterdecks.
(Hierzu Tafel 7.)

Die Marken erhalten als Nummer die Nummer der entspr. Spanten.

Lfde Nr.	Stück	Marke	Profil in mm	Länge in mm	Bemerkungen
1	1	Q.D. —3	⎫	7 000	Heckbalken
2	1	„ —2	⎪	7 450	⎫
3	1	„ —1	[150 × 70 × 10	7 820	⎬ gewöhnliche Balken
4	1	„ 0	⎪	8 160	⎭
5	1	„ 1	⎭	6 980	Luke: 2 halbe
6	1	„ 2	⎫	8 770	Balken zu-
7	1	„ 3		9 040	sammen
8	1	„ 4		9 270	
9	1	„ 5	[165 × 75 × 11	9 480	⎫ gewöhnliche
10	1	„ 6		9 650	⎬ Balken
11	1	„ 7		9 820	⎭
12	1	„ 8		9 980	
13	1	„ 9	⎭	10 100	
14	1	„ 10	[180 × 11 × 90 × 16	10 210	Lukenendbalk.
15	1	„ 11	⎫	6 310	⎫ je 2 halbe
16	1	„ 12	⎬ 150 × 70 × 10	6 410	⎬ Balken zu-
17	1	„ 13	⎪	6 500	⎭ sammen
18	1	„ 14	⎭	6 580	

Fortsetzung von Bestellliste 3.

Lfde Nr.	Stück	Marke	Profil in mm	Länge in mm	Bemerkungen
19	1	Q.D. 15	⎫	6 660	⎫
20	1	„ 16		6 730	
21	1	„ 17		6 800	
22	1	„ 18	⎰ 150 × 70 × 10	6 880	je 2 halbe Balken zusammen
23	1	„ 19		6 950	
24	1	„ 20		7 000	
25	1	„ 21		7 050	
26	1	„ 22	⎭	7 100	⎭
27	1	„ 23	⎰ 180 × 11 × 90 × 16	11 200	Lukenendbalk.
28	1	„ 24	⎰ 165 × 75 × 11	11 250	gewöhnliche Balken
29	1	„ 25		11 300	
			usw. usw.		

4. Bestellliste für Decks. (Hierzu Tafel 7 und 8.)

Lfde Nr.	Stück	Gegenstand	Marke	Abmessungen			ungefähr. Gew. i. kg	Bemerkungen u. Skizzen
				Länge mm	Breite mm	Dicke mm		
1		Hauptdeckstringer	H.D.S. 1					
2		„	„ 2					
2		„	„ 3					
2		„	„ 4					
			usw.					
2		Hauptdeckplatten	H.D. 1					
2		„	„ 2					
2		„	„ 3					
2		„	„ 4					
			usw.					
1		Quarterdeckstringer	Q.D.S. 1					
2		„	„ 2					
2		„	„ 3					
2		„	„ 4					
			usw.					
2		Quarterdeckplatten	Q.D. 1					
2		„	„ 2					
2		„	„ 3					
2		„	„ 4					
			usw. usw.					

5. Bestellliste für die Aufsenhaut. (Hierzu Tafel 12.)

Lfde Nr.	Stück	Marke	Abmessungen			ungefähres Gew. in kg	Bemerkungen
			Länge mm	Breite mm	Dicke mm		
1 1 1 1		A. 1 „ 2 „ 3 „ 4 usw.					Skizze } Gang A, Flachkiel
1 1 1 1		B.S. 1 „ 2 „ 3 „ 4 usw.					Skizze } Gang B, steuerbord
1 1 1 1		B.B. 1 „ 2 „ 3 „ 4 usw.					Skizze } Gang B, backbord
2 2 2 2		C. 1 „ 2 „ 3 „ 4 usw.					} Gang C
			usw.	usw.			

Stichwörterverzeichnis.

(Die Zahlen bedeuten die Seiten.)

A.

Abdichten 101, **198, 199,** 202; s. auch Dichtungswinkel.
Abdichtung des Hauptdecks 178, 185.
abliegende Gänge der Aufsenhaut 130÷132, 140.
— der Decks 104.
— der Doppelbodendecke 128.
Abmessungen der Verbandteile eines Schiffes 32.
— Beispiel dazu 37÷39.
Abstand der Decksbalken voneinander 86.
— der Niete voneinander 52, 54.
— der Rahmenspanten voneinander 76, 161.
— der Raumbalken voneinander 91.
— der Spanten voneinander 61, 62.
— — bei Eisverstärkung 183.
Absteifung der Decks s. Deckstützen.
Abteilungen im Doppelboden 124, 127, 128, 260.
abtreiben 57.
Achterkreuzmast 30.
Achterpiek 110.
Achtersteven s. Hintersteven.
Admiralitätsanker 241.
anbrassen s. brassen.
Anker 189, **240÷246.**
— stocklose 189, 243, 244.
Ankerdavit 240.
Ankergeschirr 240÷251.
Ankerketten 187, 188, 240, **246, 247.**
Ankerklüsen 187÷189.

Ankerkran 240, 249.
Ankerlagerung 240, 249.
Ankerspill 94, 106, 178, 184, 186, 240, 249, 250.
Ankerstock 242.
anliegende Gänge der Aufsenhaut 130÷132, 136.
— der Decks 104.
Anstrich 107, 198÷200, 204.
Anzahl der Decks 20.
Arbeitszeichnung 260.
Asphalt 105, 198.
Atl. (atlantische Fahrt) 17, 33, 179, 185.
atlantische Fahrt 17, 33.
Aufbaudeck 177÷181.
Aufbauten 17÷19, 101, 109, 140, **174÷181,** 263.
aufdornen 46.
Aufkimmung 11, 58.
Aufklotzung 189.
Auflanger 200, 201, 232.
Aufräumer 46.
Aufsicht des Germanischen Lloyds 33.
auftoppen 218.
Augbolzen 235, 236.
Auge im Hintersteven 136, 146.
Ausrüstung der Schiffe 17, 33.
Ausschlagwinkel des Ruders 155.
Aufsenhaut 11, 31, 32, 54, 107, 110, 125, 129, **130÷140,** 159, 183, 184, 193, 200, 201, 262, 268.
Aufsenhautabwicklung 133, 262, 263.
Aufsenhautplanken 200.
Aufsenhautplatten 144.

Aufsenhautplatten, Abmessungen der 135÷137, 263, 268.
Aufsenkiel 53, 120.
Aufsenklüver 206, 207.
auswinkeln 64, 65, 192.
Awningdeck 21; s. auch Sturmdeck.

B.

B (Schiffsbreite) **34**, 108, 245.
Back 11, 18, 19, 21, 85, **177**÷**180**, **184**, **185**.
— versenkte 18, 19, 21.
Backdeck 11, 87, 90, 98, 99, 178, 179, 184, 185, 188.
Backdecksbalken 87, 90, 178, 184.
Backdeckstringer 179, 185.
Backen s. Mastbacken.
Backstag 215.
Bagienrahe 205.
Bagiensegel 206, 207.
Balanceruder 156.
Balken s. Decksbalken, Raumbalken usw.
— halbe oder kurze 89, 90, 94, 220, 221.
Balkenbucht 11, 87÷89, 200, 201, 264.
Balkenkiel 53, 54, **55**, **56**, 67, 68, 72, 137, 142, 146.
— flachliegender 59.
Balkenknie 54, **87**÷**89**, 201.
Balkweger 200, 201.
Ballast 129.
Bark 29, 206, 208.
Barkantine 28, 29.
Barkschuner 28.
Bastardbalken s. halbe Balken.
Bau unter Aufsicht des Germanischen Lloyds 33.
Baugewicht der Schiffe 129.
Baum 209, **212**, 213, **218**, 219.
Baumtoppnant s. Dirk.
Bauspanten 261, 263.
Bauspantenrifs 151, 261, 262.
Bauvorschriften 32, 33.
Bauzeichnung 260, 262, 264.
Bekleidung des Wellentunnels durch Holzplanken 162.
Bemastung s. Masten.
Benennung der Aufbauten 17÷19.
— der Decks 98, 99.

Beplankung, hölzerne 99, 198, 202, 203; s. auch Holzplanken.
Beplattung der Decks, eiserne 99.
— — teilweise 106.
— des Doppelbodens 125.
Bergungsdampfer 20.
Besan 206, 207.
Besanbaum 205.
Besangaffel 205.
Besanmast 29, 208.
Beschläge der Bäume, Gaffeln usw. 218.
— der Masten, Rahen usw. 209, 218.
Besegelung 206, 207.
Besteck 33, 36.
— Beispiel für ein 36÷41.
Bestellbuch 264.
Bestelliste 264÷268.
Bestellmarke 264.
Bestellzeichnung 260, 264.
Bestimmung der Abmessungen der einzelnen Verbandteile eines Schiffes 32÷41.
Beting 249.
Bettung des Bugspriets **186**, 212, 213.
bewachsen 200, 202, 204.
Bewegungsmechanismus der Schiffe 23.
Bilgewasser 127, 198.
Bimsstein 157, 199.
Binnenfahrt 33.
Binnengewässer, Schiffe für 17.
Binnenklüver 206, 207.
Binnenstevenknie 200.
Blechknie s. Knieblech.
Bleiweifs 101, 232, 234.
Blende 230.
Blockmodell **131**, 134, 137, **262**, 263.
Boden s. Schiffsboden.
Bodengänge (der Aufsenhaut) 134, 140, 201, 203.
Bodenplatten 198.
Bodenstück 62, 200, 201; s. auch Bodenwrange.
Bodenwegerung 107, 201, 203.
Bodenwrangen 11, 31, 32, 34, 35, 54, 60, **62**, 63, 65, 67÷69, 71, 72, 74÷76, 109, 110, 119, 123, 127, 157, 164, 170, 198, 265, 266.
—, hohe 119, 121, 122.

Bodenwrangen, wasserdichte 127.
— im Hinterschiff 190, 194.
— bei Holzschiffen 200, 201.
— in den Kohlenbunkern 157.
— bei Kompositschiffen 203.
— im Maschinen- und Kesselraum 161, 168.
— unter der Maschine 168.
— im Vorschiff 181.
Bodenwrangensystem des Doppelbodens 123, 124.
bördeln s. flanschen.
Boje 246.
Boote 180, 231÷236.
Bootsbeschläge 235, 236.
Bootsdavit 236÷240.
Bootsdavits, Berechnung der 239, 240.
Bootsdeck 98, 99, 103, 180÷181.
Bootstalje 236, 237.
Bramrahe 205.
Bramsegel 206, 207.
Bramstenge 27, 205, 208, 209, 211.
Brandungsboot 235.
Brasse 218.
brassen 216, 218.
Breite B eines Schiffes 34.
Brigantine 27.
Brigg 27, 206.
Briggschuner 26.
Britischer Lloyd 17.
Bronze 154, 194, 200, 202, 230, 231, 235.
Bruch (zwischen Hauptdeck und Quarterdeck) 175÷177.
Brückendeck 11, 87, 90, 95, 98, 99, 103, 178, 179, 181.
Brückendecksbalken 87, 90, 178.
Brückendeckstringer 179.
Brückenhaus 12, 18, 19, 21, 85, 175, 176, **177÷180**.
— versenktes 19.
— Frontschott 180.
Brunnen 127.
Bucht 12; s. auch Balkenbucht u. Decksbucht.
Bug 12.
Buganker 245, 246.
Bugband 72, 78, 83, 182÷184.
Bugknie s. Bugband.
Bugplatten der Aufsenhaut 135.
Bugruder 156, 157.

Bugspriet 90, 94, 142, 178, 184, 186, 205, 208, 209, **212**.
Bugsprietbettung 186, 212, 213.
Bugsprietfufs 186.
Bugsprietlagerung 186.
Bugsprietstuhl 186, 187, 212.
Bugverstärkungen für Eis s. Eisverstärkung.
Bugversteifungen 182÷184.
Bullaugen 230.
Bunker 12; s. auch Kohlenbunker.
Bunkerwand 262.
Bureau Veritas 17.

C.

Cypresse s. Zypresse.

D.

Dampf(bei)boot 231, 234, 236.
Dampfjacht 142.
Dampfschiff 23, 30, 65, 92, 108, 129, 134, 142, 143, 154, 155, 180, 182, 195.
Dampfwinde 94, 101, 106, 178.
Davit s. Ankerdavit bzw. Bootsdavit.
— für Fallreeps 252.
Deck 97÷**106**, 113, 135, 171, 172, 267.
Deckplatte bei Raumbalken 91÷93.
— beim Doppelboden 125, 126; s. auch Fächerplatte.
Decks, eiserne 36, **102**÷**105**, 162, 176, 177.
— hölzerne 86, 99÷102.
— wasserdichte 118, 163, 195.
— Abstand der 99.
— Anzahl der 20.
— Bezeichnung der 98, 99.
— Dicke der 36, 99, 103, 105, 106.
— Vernietung der 54, 104, 105.
Decksaufbauten, Art und Anordnung der 17÷19, 94÷96.
Decksbalken 12, 31, 54, **86**÷**90**, 94, 96, 100, 102, 106, 173, 178, 180, 221, 266, 267.
— bei Holzschiffen 200, 201.
— bei Kompositschiffen 203.
Decksband 83.
Decksbelag s. Decksplanken u. Decksplatten.
Decksbeplattung s. Decksplatten.

Decksbucht 86÷88.
Decksfenster 230, 231.
Deckshaus 12, 18, 21, 101, 174, 181, 263.
Decksplan 262.
Decksplanken 99÷102, 105, 106, 112, 188, 221.
Decksplatten 31, 54, 103÷107, 111, 179, 185, 193, 196, 267.
Deckssprung 12, 182, 264.
Decksstrak 182.
Deckstopper 249÷251.
Deckstringer 12, 31, 54, 63, 78, 83, 84, 99, 133, 135, 173, 175÷177, 179, 180, 182, 185, 190, 199, 203, 267.
Deckstützen 12, 32, 88, 93÷97, 185, 186, 200, 201, 203.
Decksverschraubung 159, 225.
Diagonalband s. Diagonalschiene.
Diagonalbauart 204, 234.
Diagonalboot 232, 234, 235.
Diagonalkreuz 99, 171, 172, 173, 179, 185.
Diagonalschiene 12, 31, 99, 171, 172, 173, 180.
Diagonalstringer s. Diagonalschiene.
Diamantplatte 12, 80, 81.
Dichten s. Abdichten.
Dichtungsmaterial 59.
Dichtungswinkel 117, 118, 185, 195.
Dingi 232.
Dirk 219.
Docht (aus Werg) 202.
docken 72, 142.
Dollbord 233, 236.
Dolle 12, 233.
Doppelboden 31, 34, 35, 38, 65, 75, 76, 96, 107, 109, 110, 119÷129, 134, 164, 167, 168, 170, 260, 262, 265, 266.
— im Maschinen- und Kesselraum 161.
— unter der Maschine 168.
Doppelbodenabmessungen 124, 125.
Doppelbodenabteilungen 124, 127, 128, 260.
Doppelbodendecke 97, 119÷121, 123, 125, 127, 128, 262.
Doppelbodenhöhe 124.
Doppelbodens, Vernietung des 128.

Doppelklüse 188.
Doppellasche 48, 50, 67, 104, 128, 133, 139, 140, 173, 174.
Doppelschraubendampfer 136; s. auch Zweischraubendampfer.
Doppel-T-Eisen s. I-Eisen.
— -Träger, gebauter, s I-Träger, gebauter.
Dopplung des Flachkiels 58.
— des Scherganges 135, 197.
— bei Öffnungen als Ausgleich für die Verschwächung 135, 159.
Dopplungsplatten auf dem Doppelboden 170.
— an Lukenecken 103.
— bei Masten 210.
— bei Rahen 211.
— im Schanzkleid 142.
Draht (aus Werg) 102.
Drehdavits 236÷238.
Dreideckdampfer 36, 40, 78.
Dreideckschiffe 36, 40, 78.
dreifache Nietung s. Nietung.
Dreimastschuner 28, 206, 208.
Dreimasttopsegelschuner 28.
Dreimastvollschiff 29, 205, 206, 208.
dreireihige Nietung s. Nietung.
dreischnittige Nietung s. Nietung.
Dreischraubendampfer 30, 146.
Drucklager 163, 165.
Drucklagerbock 165.
Ducht 233, 234.
Duchtweger 233.

E.

E (Eisverstärkung) 33, 135, 183.
Eckbleche s. Kniebleche.
Eichenholz 141, 189, 200, 232, 233, 235.
Einbauten 157÷171.
Eindeckschiffe 35, 40, 63, 87.
einfache Nietung s. Nietung.
eingeschalteter Stringer 182.
eingeschobenes Kielschwein 67÷69.
eingeschobene Platten s. Zwischenplatten.
— Seitenträger 121÷123.
— Winkel s. Zwischenwinkel, kurze.
einreihige Nietung s. Nietung.

Einrichtungszeichnung 260.
einschnittige Nietung s. Nietung.
Einschraubendampfer bzw.-schiffe 30, 136, 145, 146, 170, 194÷196.
Einzelheiten 263.
Eisbrecher 19, 132, 137, 143, 144, 147.
Eisendeck 36, 38, 86, 99, **102÷105**, 106, 111, 173, 175÷177, 179, 180, 182, 185, 193, 196, 198.
— mit Holzbeplankung 86, 99, **105, 106**, 179, 185.
— s, Anzahl und Anordnung der 103.
Eisenschiffbau 10, 199.
eisernes Backdeck 185.
eiserne Boote 232, 234, 235.
— Masten 210.
— Schiffe 31, 199.
Eisverstärkung 33, 135, **183, 184**.
Entwässerung 258÷260.
erhöhtes Quarterdeck s. Quarterdeck.
Erleichterungslöcher 122.
Ersatzprofil f. Spant+Gegenspant 125.
Erzdampfer 23, 102, 105, 141.
Eselshaupt 209, 210÷**215**, 216, 217.
Exhaustor s. Sauger.

F.

Fächerplatten beim Doppelboden 76, 125÷127, 161.
— bei Raumbalken 92, 93.
Fährdampfer 19.
Fahrgeschwindigkeit s. Schiffsgeschwindigkeit.
Fahrtzeichen 17, 33.
Fall der Masten 170, **208**.
Fallprobe für Anker 245.
Fallreep 12, 251, 252.
Falltür 118, 225, 228.
Fenster 131, 135, 162, **230, 231**.
Feuerschiff 20, 246.
Feuerschott 174.
Fichtenholz 209.
Fingerlinge 152÷154.
Fisch 233.
Fischdampfer 20.
Fischerfahrzeug 199, 246.

Bohnstedt, Praktischer Schiffbau.

Fischung 106, 171, 209, 210.
Flachkiel 53, 54, **57, 58**, 61, 69, 70, 72, 120, 130, 137÷139, 143, 144, 146, 262.
Flachkopf 41, 42, 105.
Flachweger 201.
Flaggengaffel 205.
Flansch bzw. flanschen 119, 122, 123, 126, 132, 188, 191, 194.
Flieger 23.
Flüsse, Schiffe für 17.
Flurplatte s. Bodenwrange.
Flußdampfer 196.
Flußeisen bzw. flußeisern 11, 31, 34, 41, 96, 232.
Fock 23, 206, 207.
Fockmast 26÷30, 205, 207, 208.
Fockrahe 205.
Föhrenholz 209.
Frachtdampfer bzw. -schiffe 19, 105, 112, 182.
Fracht- und Passagierdampfer 19, 109.
Francis-Patentboot 235.
Freibord 12 (109).
Frontschott 175, 176, 180, 263.
Füllblech \
Füllplatte ∫ s. Schottfüllplatte.
Füllstreifen 45, 128, 130; s. auch Unterlagstreifen.
Funfmastbark 30, 207.
Fünfmastgaffelschuner 29.
Fünfmastvollschiff 30, 207.
Fuge 105, s. auch Stoß u. stumpfer Stoß.

G.

Gänge 12, 268; s. auch an- und abliegende Gänge und Plattengang.
Gaffel 209, 213, 219.
Gaffelklaue 213, 219.
Gaffelschuner 25.
Gaffelsegel 23÷29, 212.
Gaffeltopsegel 23÷25, 207.
Gallion 12.
Gallionlagerung 212.
Gangspill 94, 106, 249.
Garnierwinkel 81, 126, 170.
Gase 159.
Gat 12; s. auch Speigat.

18

Gegenlasche 133, 138, 139.
Gegenspanten 12, 31, 54, 60, 61, 63÷65, 67, 72, 75, 78, 125, 126, 175, 177, 178, 181, 184, 203.
— in der Back 184, 185.
— im Maschinen- und Kesselraum 161.
Gegenwinkel 72, 74, 75, 78, 85, 88.
gekröpfte Winkel 62, 70, 117, 118, 185, 195.
Gelbföhre 100.
Gelbmetall 202, 235.
gemischtes System des Doppelbodens 124.
Germanischer Lloyd 17, 32÷34, 51, 103, 127, 155, 240, 261.
Geschwindigkeit s. Schiffsgeschwindigkeit.
gestreckte Zickzacknietung s. Zickzacknietung.
Gewicht, Schiffs- 129.
gewöhnliche Bodenwrangen, Doppelboden auf 119.
— Art der Schottversteifung 112, 113.
Gig 232.
Gillingsspanten s. Heckspanten.
Glattdeckschiff 17, 18.
Gräting 159, 214, 231, 233, 252.
Grofsbramsegel 205, 207.
grofse Fahrt 17, 33.
grofse Luken 94; s. auch Luken.
Grofsgaffel 205.
Grofsmarsstenge 205.
Grofsmast 27÷30, 205, 207, 208.
Grofsoberbramrahe 205.
Grofsoberbramsegel 206, 207.
Grofsobermarsrahe 205.
Grofsobermarssegel 206, 207.
Grofsrahe 205.
Grofsroyal 206, 207.
Grofsroyalrahe 205.
Grofsroyalstenge 205.
Grofssegel 23.
Grofsskysegel 205, 206.
Grofstreisegelgaffel 205.
Grofsunterbramrahe 205.
Grofsunterbramsegel 206, 207.
Grofsuntermarsrahe 205.
Grofsuntermarssegel 206, 207.
Grove-Sauger 257.

Grundberührungen 57, 119, 129, 146, 200, 245.
Grundplatte des Trägerkielschweins 66÷72.
— der Maschine 165, 168.
Gummi, Gummidichtung 159, 160, 225÷227, 230, 231.
Gurtplatte 66, 83.
Gufs, schmiedbarer 96, 117, 195.
—, Stahl- s. Stahlgufs.
Gufseisen 165, 188, 194, 229.

H.

H (Seitenhöhe eines Schiffes) 34, 35, 61, 63, 245.
H' (Höhe zur Bestimmung besonderer Verstärkungen) 34, 35, 73, 75, 104, 135.
Hafendeck 35.
halbe Balken 89, 90, 94, 220, 221.
halbes Eisendeck 173.
Halbmodell 131, 262.
Halbrundeisen 107, 141, 213, 222.
Halbrundkopf 41÷43.
Hall-Anker 244.
Handelsschiffe 17, 109, 129.
Handnietung s. Nietung.
Hanger 216, 217.
Hangerband 216, 217.
Hangerkette 216.
Hartgummi 148.
Hauptabmessungen eines Schiffes 32, 34, 261.
Hauptdeck 20, 21, 35, 78, 83, 85, 87, 95, 96, 98, 99, 103÷105, 116, 155, 175÷178, 201, 203.
Hauptdecksbalken 34, 35, 201.
Hauptdecksergang 134, 135, 137, 140, 175.
Hauptdecksplatten 177, 267.
Hauptdeckstringer 63, 104, 134, 175÷178, 267.
Hauptmast 207, 208.
Hauptspant 33, 261.
Heck 13, 191÷193, 245; s. auch Hinterschiff.
Heckanker 245.
Heckbalken 191÷193.
Heckbalkenplatte 191÷193, 195.
Heckband 72, 78, 190.
Heckplatten der Aufsenhaut 136.

Heckraddampfer 30.
Heckruder 157.
Heckspanten 191÷193.
Heifsbolzen 236.
Heizraum 160, 255.
Hilfswinkel s. Gegenwinkel.
Hinterdeck 18.
hinteres Frontschott 180.
Hinterpiek 190.
Hinterschiff 64, 90, 101, 128, 148, 163, **190÷196**.
Hintersteven 13, 32, 34, 54, 136, **145÷151**, 154, 156, 191, 194, 200, 262.
Hochspanten 77, 78, 82, 83, 93, 127.
— im Maschinen- und Kesselraum 161.
Höhe *H* siehe *H*.
Höhenversteifungen 31, 32, 186.
hölzerne s. Holz- . . .
hohe Bodenwrangen 119, 121, 125.
hohe Spanten s. Hochspanten.
hohle Bootsdavits 240.
— Deckstützen 96.
Holzarten f. Decksplanken 100.
Holz-Decks 86, **99÷102**, 103, 106, 111, 112, 172, 173, 175.
Holz-Masten 170, 209.
Holzplanken 31, 99÷102, 105, 106, 107, 111, 198, 232.
Holzschiffe 31, 199÷202.
Holzschiffbau 10, 199÷202.
Holzschrauben 100, 202, 204.
Hornbugspriet 212.
Hütte 13, 18, 21, 85, **177÷180**.
— lange 18, 21.
Hüttendeck 13, 18, 87, 90, 98, 99, 178, 179.
Hüttendecksbalken 87, 90, 178.
Hüttendeckstringer 179.
Hurricanedeck 13, 21.

J.

J (Binnenfahrt) 17, 33.
Jachten 20, 199.
Jackstag 217, 219.
Jagermast 30.
Jiggermast 30.
Inglefield-Anker 242, 243.
Innenboden s. Doppelboden.
interkostal 13; s. eingeschoben bzw. Zwischen . . .
interkostale Längsträger, im Doppelboden 121, 123, 124.
— Platten s. Zwischenplatten.
joggeln 132.
Jolle 232.

K.

K (grofse Küstenfahrt) 17, 33.
k (kleine Küstenfahrt) 17, 33.
Kabelleger 20.
Kalben 215.
kalfatern } 13, 101, 102.
Kalfaterung }
Kammerwände 263.
Kampanje 13; s. Back.
Kanäle, Schiffe für 17.
Karwelboot 232÷234.
Kastenkielschwein 203.
Keilstücke 45; s. auch Füllstreifen.
Kesselfundament 31, **168÷170**, 263.
Kesselluke 160.
Kesselraum 62, 108, 109, 121, 124, 125, 157, 158, **159**, **160**, 161, 225, 254.
Kesselraumschott 108, 225.
Kesselschacht 106, **159**, **160**, 262.
Ketsch 24, 25.
Ketten 246÷248.
Kettenende 246.
Kettenglied 188, 246, 250.
Kettenkasten 240, 248.
Kettenlänge 246.
Kettennietung 44, 46÷48, 50, 52, 137÷140.
Kettenschäkel 246÷249.
Kettenschake 246.
Kettenschleppschiffe 31.
Kettenstopper 240, 249, 250.
Kettenwirbel 246, 248, 249.
Kiefernholz 100.
Kiel 13, 31, 34, 35, **53÷59**, 133, 137, 200÷203, 233, 336; s. auch Balkenkiel, Flachkiel u. Kimmkiel.
— massiver 53.
— Mittelplatten- 53, 69.
— vorstehender 53, 57, 70, 120.
Kielbolzen 236; s. auch Augbolzen.

Kielgänge 55, 56, 58, 120, 130, 131, 133, 134, 138, 139, 203.
Kielgangsplatten 54÷56.
Kielplatte, senkrechte Mittel-, s. Mittelkielplatte.
— bei Kompositschiffen 203.
Kielplatten 143.
Kielschienen 57, 120.
Kielschwein 13, 56, 65÷75, 116, 165, 233, 262.
— mit durchlaufender Mittelkielplatte 69÷72.
— bei Holzschiffen 200, 201.
— Mittel- 65÷72.
— Träger- 66, 67, 72.
— Zwischenplatten- 67÷69, 72.
Kielschweinmittelplatte 66÷68, 71.
Kielschweinwinkel 54, 59, 66, 68, 70÷72, 74, 75, 198.
Kielsohle 146, 151.
Kimm 13, 59, 62, 63, 72, 78, 79, 107, 119, 134, 140, 198, 260.
Kimmgang 135, 140, 203.
Kimmkiel 13, 31, 59, 60.
Kimmkielschwein 31, 72, 73, 118, 182, 203.
Kimmplatte 203.
Kimmstringer 31, 78, 79, 81, 82, 118, 182, 203, 262.
Kimmstück 200, 201.
Kimmstützplatten 125÷127.
Kimmweger 201.
klamaien 13, 202.
Klampe 106, 219, 225, 236, 238.
Klampplatte 185.
Klappdavit 236, 238.
Klappe 162.
Klapptür 225÷227.
Klasse 32, 33.
Klassennummer 32.
Klassenzeichen 32.
Klassifikation 32÷34.
Klassifikationsgesellschaften 17, 32, 34, 209.
Klaue, Gaffel-, 213, 219.
— Baum- 218.
klinkerartig, klinkerförmig 104, 130÷133.
Klinkerboot 232÷234.
Klinkergang 132.
Klüse 13, 187÷189, 249.
Klüsenrohr 188, 189, 249.

Klüver 23, 206, 207.
Klüverbaum 23, 205, 212, 213.
Kneifstopper 249.
Knie s. Balkenknie.
Knieblech ⎱ 76, 79, 87÷89, 92, 112÷115, 117, 121, 123,
Knieplatte ⎰ 175, 176, 178, 180, 182, 192.
Kofferdampfer 22, 23, 34÷36, 238.
Kofferdeck 34, 35.
Kohlen 157÷159.
Kohlenbunker 121, 157÷159, 161, 199, 228, 254.
Kohlenbunkerschott 157, 226.
Kohlendampfer 102, 105, 141, 225.
Kohlenloch 159.
Kohlenlukendeckel 231.
Kohlenpforte 159.
Kohlenschacht 159.
Kohlenschütte 159, 263.
Kohlentrichter 159.
Kohlentür 157.
Koker 193, 194.
Koks 157, 199.
Kollisionsschott 108, 110, 118, 182, 183, 186, 225.
Kompositschiff 13, 31, 199, 202÷204.
Kompositschiffbau 202.
Kommando für Ruder u. Maschine 253, 254.
Kommandoanzeiger 253.
Kommandobrücke 252, 253.
Kommandoempfänger 253.
Kommandogeber 253.
Konsolplatten s. Stützplatten.
Konstruktionsrifs 131, 260, 261.
Kontroller 250.
Kopflastigkeit 13, 18.
krängen 13, 156.
Kran 184; s. auch Ankerkran.
krawel s. karwel.
Kreuzbramstenge 205.
Kreuzbramsegel 207.
Kreuzmarsstenge 205.
Kreuzmast 29, 30, 205, 207, 208.
Kreuzoberbramrahe 205.
Kreuzoberbramsegel 206.
Kreuzobermarsrahe 205.
Kreuzobermarssegel 206, 207.
Kreuzrahe 205.
Kreuzroyal 206, 207.
Krenzroyalrahe 205.

Kreuzroyalstenge 205.
Kreuzsegel 206, 207.
Kreuzskysegel 206.
Kreuzskysegelrahe 205.
Kreuzunterbramrahe 205.
Kreuzunterbramsegel 206, 207.
Kreuzuntermarsrahe 205.
Kreuzuntermarssegel 206, 207.
Kriegsmarine } 17, 130, 148, 156, 160.
Kriegsschiffe
kröpfen 62, 70, 117, 118, 185, 195.
Küstenfahrt, grofse 17, 33.
— kleine 17, 33.
Küstensegler 199.
Kupfer 148, 202, 235, 252.
Kupfernägel 232÷234.
Kupferung 200, 202, 204.
Kupplung am Ruderschaft 154.
kurze Balken s. halbe Balken.
Kutter (Segelschiff) 23, 24.
— (Boot) 231.

L.

L (Schiffslänge) 34, 73, 127, 135, 175, 245.
L (lange Fahrt) 17, 33, 179, 185.
$\dfrac{L}{10\,H'}$ (für besondere Verstärkungen) 135.
Ladeluke s. Luke.
Laderaum 18, 118, 124, 125, 129, 162, 254, 255.
Länge L eines Schiffes 34.
Längsbalken 223, 224.
Längsbunker 157, 158.
Längsfestigkeit des Schiffes 71, 72, 102, 117, 129, 137.
Längsnähte 13, 104.
— der Aufsenhaut 54, 134, 137.
— der Decksbeplattung 54, 104.
— der Deckstringer 54.
— des Doppelbodens 54, 128.
— der Masten, Stengen, Rahen usw. 210÷212.
— der wasserdichten Schotte 54.
Längsnummer QL 36.
Längssaling 209, 210, **214**, 215.
Längsschienen 31, 54, 99, 162, **173**, **174**, 203.
Längsschiffsfestigkeit s. Längsfestigkeit des Schiffes.

Längsschlinge 220, 221.
Längsschott 13, 31, 32, 108, 109, 157, 159, 262.
Längsspanten 13, 31, 119, 124, **129**, **130**.
— unter der Maschine 168.
Längsspantensystem bei Doppelböden 119÷121, 123.
Längssüll 221, 222.
Längsträger im Doppelboden 119, 120, 123, 124.
— eingeschobene 121, 123, 124.
— des Maschinen-Fundaments 165÷168.
Längsverbände 31, 32, 35, 36, 60, 80, 116, 159, 202.
Lärchenholz 100.
Lagerbock 148; s. auch Tunnellagerbock.
Landungen 198, 234.
lange Fahrt (L) 17.
lange Hütte 18, 21.
Lasche 51, 81, 104, 133, 138, 210, 211, 221.
— einfache 48, 49, 58, 84, 133, 173, 210, 211.
— doppelte s. Doppellasche.
Laschwinkel 61, 63, 70÷73, 85, 120.
Lazarett 255.
Leck, Leckage 60, 108, 119, 127, 129, 227, 259.
Leckwasser 62, 258.
Leesegel 206.
ledige Wasserlinie 13, 183.
leichte Wasserlinie 13, 183.
Leinwandpause 264.
Leitnummer 34, 261.
Leitzahl 34, 261.
Leuwagen 236.
Lichtpause 264.
Lichtschacht 231.
Lloyd, britischer 17.
— germanischer s. Germanischer Lloyd.
lochen 43, 44, 61.
Lochmaschine 43.
Lochstempel 43, 44.
loser Balken s. Schiebebalken.
Loskiel 14, 200, 201, 203.
Lotsendampfer 20.
Lüftung 254÷258.

Luftfänger 231.
Luftgänge 201.
Luftgeschwindigkeit 255, 256.
Luftkasten 235.
Luftlöcher 128.
Luftmenge 255, 256.
Luftrohre bei Doppelböden 128.
— bei Kohlenbunkern 159.
Luftschleuse 160.
Luftwechsel 255.
Lug s. Zwischenwinkel.
Lukbalken s. Lukenendbalken.
Luke 14, 90, 94, 101, 103, 104, 107, 142, 173, 174, 220÷225.
— grofse 94, 172, 173.
Lukenbreite 222.
Lukendeckel 222, 224, 231.
Lukenendbalken 88÷90, 94, 220, 221.
Lukenlänge 222, 223.
Lukenleiter 97.
Lukenschlinge 89, 220, 221.
Lukenstringer 14, 31, 99, **173, 174,** 179, 180, 220.
Lukenverschlufs 224.
Luksüll 14, 101, 220, 221.
Luksüllleiste 222.

M.

Malle 262.
Mannloch 121, 122, 124, 125, 225.
Manövrierfähigkeit 147, 156.
Marineleim 101, 202, 204, 234.
Marken 263÷268.
Mars 214.
Marsrahe 205.
Marssegel 206, 207.
Marsstenge 27, 205, 208, 210, 211, 214, 215.
Maschine 253, 254.
Maschinenfundament 31, **165÷168,** 263.
Maschinengrundplatte 165.
Maschinenoberlicht 161, 221, 231.
Maschinenraum 62, 108, 109, 121, 123÷125, 127, 157, 158, **160, 161,** 163, 225, 252, 254, 255.
Maschinenraumschott 108,127,163, 225.
Maschinenschacht 106, 108, **162,** 221, 262.

Maschinentelegraph 252÷254.
Mafse, Bestimmung der Mafse von Platten usw. 264.
massiver Kiel s. Balkenkiel.
Masten 23÷30, 170, **205÷219,** 233, 263.
— eiserne 209÷211.
— hölzerne 170, 209.
— Abstand der 207.
— Beanspruchung der 208.
— Durchführung der M. durch Decks 171, 172.
— als Luftsauger 257.
Mastbacken 213, 214.
Mastbalken 90, 106.
Mastducht 233.
Mastfufs 170, 209, 210.
Mastkeile 172.
Mastkragen 172.
Mastloch 106, 171.
Mastplatte 106, 171.
Mastring 170, 172.
Mastschlinge 106.
Mastspur 170, 171.
Masttop 215; s. auch Top.
Materialstärken der Schiffsverbände 32.
Matrize 43, 44.
Mb (Mittschiffsbalkenlänge) 86, 87, 91, 93, 94, 178.
Mennige 59, 198.
Mittelbramsegel 207.
Mittelgrofssegel 207.
Mittelkiel 262; s. auch Kiel.
Mittelkielplatte 61÷63, 69÷72, 119, 128.
Mittelkielschwein 31, **65÷72,** 117, 181, 190, 191.
— erhöhtes 119.
Mittelkielschweinwinkel 54, 61.
Mittelmast 30, 207, 208.
Mittelobermarssegel 207.
Mittelplattenkiel 53, **56, 57,** 69, 70.
Mittelroyal 207.
Mittelsegel 207.
Mittelspant 34, 36, 135.
Mittelstützen für Decksbalken 94.
Mittelträger im Doppelboden 120, 122, 124, 125, 127, 128.
Mitteluntermarssegel 207.
Mittschiffsbalken 86, 89, 90, 178, 184, 220, 221.

Mittschiffsplatten der Aufsenhaut 136.
Mondgucker 206.
Motorboot 231.
Motorschiffe 23, 31.

N.

Nagelband 218.
Nagelbank 215.
Naht 14, 198.
Nahtstreifen 132, 137.
Niedergänge 160, 181, 220.
Niedergangskappe 181, 263.
Niete 41÷53.
— Abstand der 52.
Nietdurchmesser 51, 55.
Nieten, das 45.
Niethammer, Prefsluft- 45.
Nietkopf 41÷43, 198.
Nietkopfformen 41, 42.
Nietlöcher 43, 44, 46.
Nietschaft 41, 43, 45.
Nietteilung 52÷54,137,138,168,264.
Nietung, dichte, s. wasserdichte.
— doppelte, s. zweireihige.
— dreifache od. dreireihige 46, 47, 49, 54, 58, 62, 67, 76, 84, 104, 137, 139, 140, 173, 174, 210÷212.
— dreischnittige 49.
— einfache oder einreihige 44, 47, 48, 54, 63, 68, 71, 77, 109, 110, 137, 141, 211, 212.
— einschnittige 49.
— feste 41, 44, 52.
— Hand- 45, 59.
— hydraulische 42, 45, 55, 57.
— öldichte 42, 52.
— vierfache oder vierreihige 47, 50, 58, 138÷140.
— warme 45.
— wasserdichte 41, 52, 131; s. auch Wasserdichtigkeit.
— zweifache oder zweireihige 44, 45, 47÷50, 54, 80, 104, 109, 137÷140, 179, 210, 212.
— zweischnittige 49, 50, 87.
Nietung, Prefsluft- 45.
—, Überlappungs- 48 s. Überlappung.
—, Zickzack-, s. Zickzacknietung.
Nietverbindungen 41÷53.

Nock, 14, 211, 213, 218, 219.
Nockband 217.
Normalanker 241.

O.

Oberbramrahe 205, 217.
Oberdeck 17, 98, 99, 105, 201, 203, 227.
— Art und Anordnung des 17÷19.
Oberdeckschergang 130.
oberes Promenadendeck 98, 99.
Obermarsrahe 205, 217.
Öffnungen in den Schotten 118.
— in der Aufsenhaut 135.
Ölfarbe 198.
Ösen s. Ruderösen.
Orlopdeck 87, 92, 96, 98, 99, 103, 111, 116.
Orlopdeckstringer 161.

P.

Pardune 215.
Parallelnietung s. Kettennietung.
Passagierdampfer 19, 98, 105, 109, 112.
Passagier- und Frachtdampfer 19, 109.
Patentanker 242, 249.
Patentstopper 250.
Patentwirbel 248, 249.
Pausen 264.
Pech 102, 202.
Persenning 14, 221, 225.
Petroleumtankschiffe 42, 109.
Pfahlmast 23.
Piek (enger Raum) 108, 198.
— Gaffel- 213.
Piekfall 219.
Piekschott 108.
Piekstück 194.
Pitch-pine 100, 209.
Planke 14, 112, 202, 233; s. auch Decksplanken.
Plankenlagen 202, 234.
Plattenabmessungen 83, 264.
Plattenabwicklung 133, 263.
Plattenbestellung 260, 263÷268.
Plattendicke 51.
Plattengang 14, 104, 105, 130, 133, 134, 137.

Plattenplan 133, 263.
Plattenruder 152, 153.
Plattenstrak 130, 131, 134, 263.
Pockholz 154, 165.
Poller 14, 106, 178, 249, 257.
Poop s. Hütte.
Poopdeck 18.
Prefsluftniethammer 45.
Promenadendeck 95, 98, 99, 103, 180, 181, 230.
— oberes 98, 99.
Propeller 14, 30.
Propellerrahmen 146.
Prüfung auf Wasserdichtigkeit 129.
Pumpen 62, 75, 259, 260.
Pumpsood 127.
Pumpspill 249.
Putzen, Loch- 43, 44.

Q.

Q (Quernummer) **35**, 36, 37, 40, 77, 261.
QL (Längsnummer) 36, 37, 83, 121, 124, 128, 136, 139, 140, 155, 172, 176, 178, 179, 182, 261.

$QL \cdot \frac{L}{10\,H}$ (Nummer für eiserne Decks) 36, 38, **103**, 105, 173, 175, 176, 179, 181, 185.
Quarterdeck 14, 18, 19, 21, 87, **175÷177**, 266, 267.
Quarterdeckfrontschott 175.
Quarterdecksbalken 266, 267.
Quarterdecksplatten 177, 267.
Quarterdeckschiffe 17.
Quarterdeckstringer 175, **176**, 177, 267.
Querbunker 157, 158.
Quernähte 14, 104; s. auch Stöfse.
Quernummer *Q* 35, 36.
Quersaling 214.
Querschott 14, 31, 32, 80, 94, 108, 110, 157, 159, 174, 180.
— im Hinterschiff 190.
Querspanten 14, 31, **60÷65**, 86.
Quersüll 220, 222.
Querträger des Maschinenfundaments 165÷168.
— für Kessel 168÷170.
Querverbände 31, 36, 60.
Quittungsanzeiger 253.

R.

Raa s. Rahe.
Rack 210, **216**, 217.
Rackband 216, 217.
Rackkran 215, 217.
Rackring 214, 216.
Raddampfer 30, 145, 196.
Radkasten 196, 197.
Radkastenbalken 196, 197.
Radkastenkonsole 196, 197.
Radpropeller 14.
Radwelle 197.
Rahe 14, **205÷211**, 216.
Rahmenspanten 14, 31, **76**, **77**, 80, 81, 93, 109, 127, 129, 263.
— im Maschinen- und Kesselraum 161.
— bei Raddampfern 197.
— über Schotten 190, 195.
Rahschuner 26.
Rahsegel 26, 27.
Rahtopsegelschuner 26.
Randplatte (des Doppelbodens) 65, 119÷121, 124÷128, 134.
Raumbalken, schwere 31, 76, 83, 91÷93, 116, 174, 182.
Raumbalkenstringer 31, 63, 78, **83**, 84, 92, 93, 182, 262.
Raumdeck 87, 92, **98**, **99**, 116.
Rauminhalt der Schiffe 245, 246, 248.
Raumstringer s. Raumbalkenstringer.
Raumstützen 201, 203.
Raumtiefe *RT* 34, 35, 38, 78, 79, 82, 91, 109, 114, 116.
reffen 218, 219.
Refftalje 218.
Reibahle 46.
Reitknie 200.
Reling 14, **141**, 201, 203, 252.
Relingsleiste 141.
Relingsstützen 141, 201, 203.
Reserveanker 245.
Rettungsboot 231, 232, 235.
Riemen 14, 233.
Riffelblech 105.
Ringbolzen s. Augbolzen.
Rinnstein 85.
Rinnsteinwinkel 85, 101, 106.
rollen s. schlingern.

Rohrleitung 259, 260.
Rostkratzen 124.
Royalrahe 205.
Royalsegel 206, 207.
Royalstenge 205, 209, 211.
RT(Raumtiefe)**34**, 35,38,39,92÷94, 109, 114, 116, 161, 175, 182.
Ruder 14, **151÷157**, 194, 253, 262.
Ruderapparat 252.
Ruderarm 151÷153.
Ruderbarkasse 232.
Ruderbeplattung 54.
Ruderblatt 151, 155.
Ruderboot 231.
Ruderdruck 146, 155.
Ruderfinger(ling) 152÷154, 235.
Ruderfläche 155, 156.
Ruderform 156.
Ruderkoker 193, 194.
Ruderöse 152÷154, 235.
Ruderpfosten 151÷153.
Ruderpinasse 232.
Ruderplatte 152, 153; s. auch Ruderblatt.
Ruderrahmen 54, 151, 152.
Ruderschaft 151÷155, 193, 194.
Rudersteven 14, 32, 34, 106, **146**, 156, 195, 196.
Ruderstopper 156.
Rudertelegraph 252, 253.
Rückschlagventil 127, 259, 260.
Rüstanker 245.

S.

Sackspanten 190.
Saling 214.
Sauger 256, 257.
Saugerkopf 257.
Saugkorb 260.
Saugrohr 259, 260.
Schäkel 246÷249.
Schake 246.
Schalkleiste 225.
Schandeck oder Schandeckel 15, 201, 203.
Schanzkleid 31, 32, **140÷142**, 176, 201, 203, 251, 252.
Schanzkleidpforte 142.
Schanzkleidstütze 141, 201, 203.
Schattendeck 19.
Scheisegel s. Skysegel.

Schelleisen 43.
Schellkopf 41÷43.
Schergang 86, 105, 130, 131, 133, 134, 138, 139, 141, 197, 203.
Scherstock s. Süll.
Schiebebalken 222÷224.
Schieber 118.
Schiebetür 118, 163, 225, **227÷229**.
Schiff (Begriff) 9.
Schiffbau 9.
Schiffbaustahl 31, 41.
Schiffe, Bauart der 17, 33.
— Baustoff der 31.
— Einteilung der 17÷31.
— Gröfse der 17, 33.
— Stärke der 17, 32, 33.
— Verbandteile der 31, 32.
— eiserne 31, 32, 34, 41.
— für atlantische Fahrt 17.
— für Binnengewässer und Flüsse 17.
— für grofse Küstenfahrt 17.
— für kleine Küstenfahrt 17.
— für lange oder grofse Fahrt 17.
— für Sund- und Wattenfahrt 17.
— grofse 58, 65, 104, 108, 121, 124, 133, 147, 159, 160, 165, 180, 181, 187, 188, 199, 209, 260.
— hölzerne 31.
— kleine 100, 109, 110, 121, 147, 151, 160, 168, 188, 199, 209.
— mittelgrofse 58, 72, 104, 108, 121, 124, 188, 209, 260.
— stählerne 31.
Schiffsboden 62, 73, 123, 129, 134, 198.
Schiffsboot 231.
Schiffsbreite B 34; s. auch B.
Schiffsenden 64, 130, 135, 174.
Schiffsgeschwindigkeit 155, 200.
Schiffsgewicht 129.
Schiffslänge L 34, 127; s. auch L.
Schiffsseiten 129, 134.
Schiffsverbände s. Verbandteile.
Schildpatte 237.
Schlagwasserplatten 15, 75, 76.
Schleppdampfer 19, 147.
Schleusenkiel 147.
Schliefskopf 41÷43.
Schlinge 89, 94, **220**, 221.
schlingern, Schlingerbewegungen 15, 57, 59, 60, 75, 86, 125, 197.

Schlingerplatten s. Schlagwasserplatten.
Schlingerschott 97.
Schlippstopper 249.
schmiedbarer Guſs 96, 117, 195.
Schmiedeeisen 142, 144, 151, 154, 188, 190, 215, 235, 245.
Schmierreep 219.
Schmierreepsklampe 219.
Schnürboden 261.
Schnelldampfer 19, 109, 178, 180, 184.
Schornstein 160.
Schot (die) 219, 236.
Schott (das) 15, 118; s. auch Längsschott, Querschott, Frontschott.
Schottanordnung 33.
Schotte (wasserdichte) 33, 54, **108** ÷**118**, 225, 227, 252, 262, 265.
— verstärkte 33.
— Abstand der 33.
— Versteifung der 33, **112**÷**117**.
Schottendeck 108, 112, 113, 116.
Schottfüllplatte 110, 111, 140.
Schottplatten 109.
Schottverstärkungsbalken 116.
Schottversteifung 112÷117.
Schottversteifungswinkel 112.
Schraubenböcke 148÷150.
Schraubendampfer ⎫ 30, 34, 108,
Schraubenschiffe ⎭ 134, 136, 162.
Schraubenkreis 149.
Schraubenpropeller 15.
Schraubenrahmen 15, 146.
Schraubensteven 15, 136, **146**, 194 ÷196.
Schraubenwelle 108, 136, 146, 148, 150, 162, 163, 168, 194.
Schuner 25.
Schunerbark 28, 29, 206, 208.
Schunerbrigg 27.
Schweinsrücken 249.
Schweiſseisen 41, 96.
schwere Raumbalken 91÷93; s. auch Raumbalken.
Schwimmfähigkeit 108.
Schwitzwasser 105, 253, 258.
schwojen 15, 246.
Sechsmastgaffelschuner 29.
Seeberufsgenossenschaft 33, 109, 112.
Seedampfer 196.

Seefallreep 252.
Seeschiffe 34.
Segel 206, 207.
Segelboot 231.
Segelducht 233.
Segelschiffe 23÷30, 35, 57, 63, 65, 90, 108, 112, 129, 134, 141÷143, 145, 154, 155, 171, 178, 184÷186, 190÷194, **205**÷**208**, 246.
Segeltuch 172, 221, 225, 235.
Segeltuchboot 232, 235.
Seilschleppschiff 31.
Seitenfenster 131, 135, 230, 231.
Seitengänge der Aufsenhaut 134, 140, 201, 203.
Seitenhöhe H 34, 35.
Seitenkielschwein 31, **73**÷**75**, 182, 203.
— eingeschobenes 74.
Seitenraddampfer 30.
Seitenpforten 142.
Seitenstander 237.
Seitenstringer 15, 31, 63, 77, 78, **79**÷**83**, 182, 262.
— im Maschinen- und Kesselraum 161.
Seitenstützen 88, 94.
Seitenträger im Doppelboden 75, 119, 120, 122÷125, 127, 128, 262.
— unter der Maschine 123, 168.
Seitenweger 201.
Seitenwegerung 107, 203.
selbsttrimmend 23.
selbsttrimmende Luken 225.
Senten 261.
Setzbord 233.
Setzeisen 41, 42.
Setzkopf 41, 42.
Setzweger 201.
Siebenmastgaffelschuner 29.
Siemens-Martin-Fluſseisen 31, 41; s. auch Fluſseisen.
Skysegel 206.
Skysegelrahe 205.
Slup 23, 24.
Soldatenloch 215.
Spakenspill 249.
Spanten bzw. Spantwinkel 15, 31, 32, 54, 60, **61**, 63, 64, 65, 72, 77, 78, 120÷123, 125, 126, 150, 175, 177, 178, 184, 185, 198, 232, 234, 261, 263.

Spanten bzw. Spantwinkel im Hinterschiff 190, 191, 194.
— im Vorschiff 181, 182, 184, 185.
— bei Kompositschiffen 202, 203.
Spantabstand, Spantentfernung, gewöhnliche 61, 62.
— bei Eisverstärkung 183.
Spanthölzer 200, 201, 232.
Spantumfang 34, 130, 134.
Spantventilator 258.
Spardeck 20, 34, 78, 96, **98, 99**.
Spardeckschergang 134.
Spardeckschiffe 20, 21, 34, 35, 87, 134, 161.
Speigat 15, 75, 86.
Spiegel 233.
Spill 15, 90, 101, 184, 185; s. auch Ankerspill.
Spitzkopf 41÷43.
Sponung 15, 143, 144, 200÷203, 233.
Sprachrohr 252.
Sprung 15, 182, 264.
Spundung s. Sponung.
stählerne Schiffe 31.
Stärkegrad der Schiffe 17, 32.
Stag 208, 215, 216.
Stagfock 23.
Stagsegel 23.
Stahl(form)gufs 144, 147, 152÷154, 165, 191, 194, 215, 217, 219, 229, 244, 245.
stampfen 15, 186.
Stampfstock 205.
Stangenkiel s. Balkenkiel.
stanzen 43, 70.
Stegkette 246.
stemmen s. verstemmen.
Stemmhammer 45.
Stenge 23÷29, 210, 211, 214, 216, 217.
Sternbuchse s. Stevenrohr.
Sternbuchsenschott s. Stopfbuchsenschott.
Steuerfähigkeit 57, 147, 156, 157.
Steven 16, 137, 202, 233, 236; s. auch Vorsteven und Hintersteven.
Stevenbolzen 236; s. auch Augbolzen.
Stevenrohr 108, 136, 146, 163, 194, 195.
Stevenschwalben 235.

stocklose Anker 189, 242, 249.
Stöpselkopf 41, 42.
Stopfbuchse für Schraubenwelle 108, 163.
— für Ruderschaft 155.
— für Sprachrohre 252.
Stopfbuchsenschott 108, 110, 163, 194, 195.
Stofs 16; s. auch stumpfer Stofs.
Stöfse der Aufsenhaut 54, 132, 133, 138÷140.
— der Decksplanken 102.
— der Decksplatten 54, 104, 105, 179.
— der Deckstringer 54.
— im Doppelboden 54, 128.
— der Kielgangsplatten 56, 133.
— des Kiels 55, 59, 153.
— in wasserdichten Schotten 54.
Stofsblech 48, 62, 138÷140, 198; s. auch Lasche u. Doppellasche.
Stofsüberlappung 138, 139.
Stofswinkel s. Laschwinkel.
Strak 16, 131, 134.
Streichen des Schiffskörpers 198, 199.
Stringer 16, 74, **78÷86**, 115, 117, 182, 184, 258; s. auch Kimmstringer, Seitenstringer, Raumstringer.
— eingeschaltete 182.
Stringerplan 262.
Stringerplatten 78, **83÷84**, 86, 105; s. auch Deckstringer.
Stringerwinkel 54, 83÷85, 178, 179, 185, 199.
Stromanker 245, 246.
Stützen s. Deckstützen.
Stützplatten 82, 83, 92, 119÷121, 123, 170.
Stützplattensystem des Doppelbodens 119÷121.
stumpfer Stofs 48, 62, 84, 104, 133, 138, 139, 200, 210.
Sturmdeck 21, 34, 87, 90, 95, **98, 99**.
—, teilweises 21.
Sturmdecksbalken 87, 90.
Sturmdeckschergang 134.
Sturmdeckschiffe 21, 34, 35, 87, 109, 134, 161.
Suezkanalruder 156, 157.
Süll 15, 161, 220; s. auch Luksüll.

Süll an Türen 160, 227.
Süllplatte 180, 221, 222.
Sundfahrt 17.

T.

Takelage 23÷30, 205÷219, 263.
Talje 16, 218, 238; s. auch Bootstalje.
Tank s. Doppelboden.
Tankschiffe 42.
Tannenholz 209.
Teakholz 100, 101, 106, 141, 165, 168, 184, 188, 189.
teilweises Sturmdeck 21.
T-Eisen 41, 60, 88, 95, 97.
T-Eisen 41, 86.
I-Eisen 41, 86, 97, 114, 116, 197, 239.
I-Träger, gebauter 66, 69, 79.
Temperaturrohr 159.
Tiefgang 16, 57, 60, 129, 174, 252.
Tieflade(wasser)linie 16, 34, 109, 118, 129, 142, 183, 195, 225.
Tiegelstahl 248.
Tonnenleger 20.
Tonnenrack 217.
Top 16, 211, 215.
toppen 218.
Toppnant 218.
Topplatte des Trägerkielschweins 66÷69, 75.
Topsegel 23÷25, 207.
Topsegelschot 219.
Topsegelschuner 26.
Torpedoboot 157.
tot auslaufen 131, 200.
tote Gänge 131, 200.
Trägerkielschwein s. Trägermittelkielschwein.
Trägerkreuz 170, 171.
Trägermittelkielschwein 66÷67, 72, 170, 181.
Traglagerböcke 164, 165.
Transomplatte s. Heckbalkenplatte.
Treibermast 24.
trimmen 129.
Trockenkammer 160.
Trotman-Anker 241.
Türen 135, 175.

Türen, wasserdichte 118, 159, 163, 225÷229.
— für Kohlenbunker 157.
— für Heizräume 160.
Tunnel s. Wellentunnel.
Tunnelboden 164.
Tunneldecke 162, 163.
Tunnellagerböcke 164, 165.
Tunnelvorkammer 163, 165, 170.
Turmdeck 34, 35.
Turmdeckdampfer 22, 23, 34÷36, 238.

U.

U (Schiffsumfang) 34÷36.
U-Balken 86, 113, 178, 183, 184, 221.
U-Eisen 41, 65, 77, 78, 82, 86, 88, 95, 113÷115, 125, 178, 183, 184.
U-Lasche 73.
U-Spanten 65, 77, 82, 125, 258.
überblatten 102.
überkröpfen s. kröpfen.
Überlappung 44÷48, 55, 59, 78, 104, 109, 110, 128, 132, 137, 138, 139, 142, 147, 210, 233.
umbördeln s. flanschen.
Umfang U 34÷36.
Unterbalkweger 201.
Unterbramrahe 205, 216, 217.
Unterdeck 87, 92, 96, 98, 99, 103, 111, 116, 201, 203.
Unterdeckstringer 161, 203.
Unterlagstreifen 70, 104, 131, 136; s. auch Füllstreifen.
Untermarsrahe 205, 215÷217.
Untermasten 209, 216.
Unterrahen 206, 216.
Unterraumdeck 87, 92, 98, 99, 116.
Unterzüge 88, 95, 200.

V.

Ventilation s. Lüftung.
Ventilationsmaschinen 255, 256, 258.
Ventilatoren 160, 256.
Ventilatorkopf 255, 256.
Ventilatorrohr 254÷256.
Ventile 118, 135, 259.
— Rückschlag- 127, 259, 260.

Verbände, Verbandteile eines Schiffes 31÷33, 199.
Verbände, Verbandteile eines Schiffes, Bestimmung der Abmessungen der 32÷41.
— Stärke der 32, 33.
Verbindungsschäkel 246÷248.
Verbindungsstander 237.
Veritas, Bureau 17.
verlorene Gänge s. tote Gänge.
Vernietung s. Nietung.
— der Aufsenhaut 137÷140.
— des Doppelbodens 128.
Verringerung der Querschnitte der Schiffsverbände 36.
verschiefsen 16, 56, 57, 73, 84, 102, 105, 133.
Verschlüfse, wasserdichte 220÷231.
Verschraubung, Decks- 159, 225.
Verschwächung, zulässige, der Aufsenhaut im Doppelboden 125.
— — infolge von Öffnungen 135, 159.
— im Schanzkleid 142.
— an den Schotten 110.
— am Radkasten 197.
Versenkkopf 41÷43, 105.
versenkte Back 18, 19, 21.
versenktes Brückenhaus 19.
Versicherungsgesellschaft 33.
verstärkte Schotte 33, 112÷116.
— Spanten, s. Hochspanten.
Verstärkungen, besondere, der Schiffsverbände 34, 75.
— — im Kesselraum 159, 161.
— — im Maschinenraum 161.
— — im Vorschiff 135, 181÷184.
Verstärkungsbalken bei Schotten 116, 117.
— im Vorschiff 182, 183.
Verstärkungsträger bei Schotten 112.
Verstärkungswinkel 81.
Versteifung der Schotte 33, **112÷117**.
— des Vorschiffes 123, 181÷183.
Versteifungswinkel der Masten 180, 210, 212, 213.
Versteifungsplatte des Bugspriets 212.

verstemmen 45, 55, 105, 110, 117, 198.
Vierdeckdampfer 36, 40.
Vierdeckschiffe 36, 40.
Viermastbark 30.
Viermastgaffelschuner 29.
Viermastvollschiff 30.
Volldeckschiffe 20, 34, 63, 161.
volles Eisendeck 173.
vollgetakelte Masten 27÷30.
Vollschiffe 29, 30, 206÷208.
Vorbramleesegel 206.
Vorbramsegel 207.
Vorbramstenge 205.
vorderes Schott 180.
Vorderdeck, erhöhtes 19, 21.
Vorderpiek 110.
Vorderschiff s. Vorschiff.
Vorderschott 180; s. auch Frontschott.
Vordersteven s. Vorsteven.
Vorgaffel 205.
Vorkammer des Wellentunnels 163, 165, 170.
Vormarsstenge 205.
Voroberbramrahe 205.
Voroberbramsegel 206.
Voroberleesegel 206.
Vorobermarsrahe 205.
Vorobermarssegel 206, 207.
Vorreiber 142, 160, 227.
Vorroyal 206, 207.
Vorroyalleesegel 206.
Vorroyalrahe 205.
Vorroyalstenge 205.
Vorschiff 16, 64, 90, 94, 101, 123, 128, 131, 135, **181÷189**.
Vorsegel 23.
Vorskysegel 206.
Vorskysegelrahe 205.
vorstehender Kiel 53, 57, 70, 120.
Vorstengestagsegel 206, 207.
Vorsteven 16, 32, 34, 54 136, **142 ÷144**, 200, 262.
Vorstevenschiene 235.
Vortreisegelgaffel 205.
Vorunterbramrahe 205.
Vorunterbramsegel 206.
Vorunterleesegel 206.
Voruntermarsrahe 205.
Voruntermarssegel 206, 207.

W.

W (Wattenfahrt) 17, 33.
Walrückenschiffe 20, 34.
Wanten 208, 215, 216.
Warpanker 245, 246.
Waschplatten s. Schlagwasserplatten.
Wasserballast 119, 129.
wasserdichte Bodenwrangen 127.
wasserdichtes Deck 163, 195.
wasserdichte Durchführung 117, 118.
— Schotte s. Schotte.
— Türen s. Türen.
— Vernietung s. Nietung u. Wasserdichtigkeit.
— Verschlüsse 220÷231.
Wasserdichtigkeit 41, 45, 110, 117, 118, 119, 125, 127, 129, 164, 185, 193, 195, 198, 199, 227, 228, 230.
Wasserdruck 62, 64, 76, 77, 86, 108, 109, 114, 164, 182, 198.
Wassergang 101, 106, 201, 203.
Wasserlauf 62, 85, 201, 203.
Wasserlauflöcher 125, 128, 198.
Wasserlinie 16, 261.
Wasserpforte 142.
Wattenfahrt 17, 33.
Wechsel(ventil)kasten 259, 260.
Wegerung 16, 32, **107**, 200, 201, 233.
Weifsföhre 100.
Weifsmetall 154.
Well, der 19.
Welldeck 18, 19.
Welldeckschiffe 19, 180.
Welle s. Schraubenwelle.
Wellenhosen 136, 150, 151.
Wellenrohr s. Stevenrohr.
Wellentunnel 16, 18, 97, **162÷164**, 170, 171, 225, 262.
Werg 101, 102, 202.
Werkstattszeichnungen 262, 263.
White-pine 100.
Wiederbesichtigungsperiode 32.
Windsack 254.
Winkel, gekröpfte 62, 70, 117, 118, 185, 195.
Winkeleisen, gleichschenklige 41.

Winkeleisen, ungleichschenklige 41.
Wirbel 246, 248, 249.
Wulstplatte bzw. -schiene 41, 59, 66, 68, 69, 73, 75, 79, 86, 91, 141, 213, 221, 222, 224.
Wulstwinkeleisen [65, 77, 78, 86, 178, 180, 183, 184.
Wurfanker 245.

Y.

Yacht s. Jacht.
Yawl 24, 25.
Yellow-pine 100.

Z.

]-Eisen 41, 64, 65, 86.
]-Spanten 64, 65.
]-Träger 60.
Zement 85, 105, 107, 157, 185, 190, 198, 199.
zementieren 198, 199.
Zickzacknietung 46, 47, 49, 52, 54, 55, 87, 109, 110, 137, 182.
— gestreckte 52÷54, 63, 67, 70.
— dreifache 136.
— vierfache 139.
Zickzackschott 118, 265.
Zugbänder 157.
Zungenstopper 249.
Zweideckschiffe 35, 36, 40, 63, 78, 87, 201, 203.
zweireihige Nietung s. Nietung.
zweischnittige Nietung s. Nietung.
Zweischraubendampfer 30, 109, 147÷151, 254.
Zwischendeck 87, 92, 96, **98, 99**, 103, 105, 111, 116, 201, 203.
Zwischendeckschergang 140.
Zwischendeckstringer 63, 74, 75, 104, 121.
Zwischenplatten 68, 79, 82, 121, 123, 124, 184.
— am Quarterdeck 177.
Zwischenplatten(mittel)kielschwein 67÷69, 72.
Zwischenplattenseitenkielschwein 74.
Zwischenwinkel, kurze 79, 81, 83, 84.
Zypressenholz 100, 232.

Dr. Max Jänecke, Verlagsbuchhandlung, Hannover

Grundriß des Maschinenbaues

Herausgegeben von

Dipl.-Ing. Ernst Immerschitt

Friedberg (Hessen)

Plan der Sammlung.

(Um Mifsverständnisse bei den Bestellungen auszuschliefsen, werden die Bände in der Reihenfolge des Erscheinens fortlaufend numeriert. Das Format ist, soweit nicht anders bemerkt, Oktav.)

Lauf. No.

- A. **Maschinen-Zeichnen.**
- 8 B. **Maschinenelemente.** Von Dipl.-Ing. K. Laudien, Oberlehrer a. d. Kgl. Höh. Maschinenbauschule in Hagen. Unter der Presse.
- C. **Allgemeine Maschinenlehre.**
- D. **Kinematik.** Von Dipl.-Ing. F. Preufs, Braunschweig.
- E. **Maschinen-Messungen.**
- F. **Mechanische Wärmetheorie.** Von Dipl.-Ing. Ernst Immerschitt, Friedberg.
- G. **Kraftmaschinen.**
    1) **Dampfkessel.**
    2) **Kolbendampfmaschinen.**
    3) **Steuerungen der Dampfmaschinen.**
- 1 4) **Die Dampfturbinen.** Ihre Theorie, Konstruktion und Betrieb. Von Hans Wagner, Ingenieur. Lex.-8°. Mit 150 Abbildungen im Text und einer Tafel. Nur gebunden. M. 8.—.
    5) **Kondensation.** Von Dipl.-Ing. A. Siebeck, Kiel.
    6) **Gasmaschinen.**
    7) **Wasserkraftmaschinen.**
    8) **Kraftmaschinenregler.**
- H. **Arbeitsmaschinen.**
    1) **Pumpen.**
        a) Kolbenpumpen.
        b) Zentrifugalpumpen.
    2) **Gebläse und Kompressoren.** Von Dipl.-Ing. M. Hirsch, Oberingenieur in Düsseldorf.
    3) **Eis- und Kältemaschinen.**
- 10 4) **Hebezeuge.** Von Dipl.-Ing. Hans Wettich, Lehrer a. d. höh. Ingenieurschule in Mannheim. Unter der Presse.
    5) **Werkzeugmaschinen.**
- J. **Eisenbahnmaschinenbau.**
    1) **Lokomotivbau.** Von Ing. Max Richter, Bingen.
    2) **Bahnausrüstung.**

Dr. Max Jänecke, Verlagsbuchhandlung, Hannover

Lauf. No.		
	K.	**Motorfahrzeug-Industrie.**
9		1) **Motorenbau.** } Von Dir. E. Valentin, Oberingenieur in Berlin, und Dr. Huth, Oberlehrer und Ingenieur. 2) **Motorwagenbau.** 3) **Motorbootbau.**
	L.	**Schiff- und Schiffsmaschinenbau.**
7		1) **Theorie des Schiffes.** Von Dipl.-Schiffbau-Ing. Heinrich Herner, Oberlehrer an der Kgl. Höh. Schiff- und Maschinenbauschule in Kiel. Preis brosch. ca. M. 4.80, geb. ca. M. 5.60.
4		2) **Praktischer Schiffbau.** Von Schiffbauing. Bohnstedt, Oberlehrer an der Kgl. Höh. Schiff- und Maschinenbauschule in Kiel. Preis brosch. M. 8.60, geb. M. 9.40.
		3) **Kriegsschiffbau.**
6		4) **Entwurf und Einrichtung von Handelsschiffen.** Von Dipl.-Schiffbau-Ing. Heinrich Herner, Oberlehrer an der Kgl. Höh. Schiff- und Maschinenbauschule in Kiel. Preis brosch. ca. M. 5.—, geb. ca. M. 5.80.
3		5) **Das Veranschlagen von Schiffen.** Von Dipl.-Schiffbau-Ing. Heinrich Herner, Oberlehrer an der Kgl. Höh. Schiff- und Maschinenbauschule in Kiel. Preis brosch. M. 1.60, geb. M. 2.—.
		6) **Schiffskessel.**
		7) **Schiffsmaschinen.**
5		8) **Schiffshilfsmaschinen.** Von Ing. Alb. Achenbach, Oberlehrer an der Kgl. Höh. Schiff- und Maschinenbauschule in Kiel. Preis brosch. ca. M. 6.—, geb. ca. M. 6.80.
	M.	**Bergbauwesen.**
		1) **Bergbaukunde.**
		2) **Bergwerksmaschinen.**
	N.	**Hüttenwesen.**
		1) **Eisenhüttenkunde.**
2		2) **Lehrbuch der Metallhüttenkunde.** Von Dr. H. Hildebrandt, Lehrer der technischen Chemie und Metallhüttenkunde a. d. Kgl. Hüttenschule zu Duisburg. gr. 8°. 531 Seiten mit 333 Abbildungen. Preis brosch. M. 13.—, geb. M. 14.—.
11		3) **Allgemeine mechanische Technologie der Metalle.** Von Dipl.-Ing. Meyer, Oberlehrer a. d. Kgl. Höh. Maschinenbauschule in Einbeck. Unter der Presse.
		4) **Aufbereitung der Erze und Brikettierung.**
	O.	**Papier-Fabrikation.**
	P.	**Textil-Technik.**
	Q.	**Heizung und Lüftung.**
	R.	**Gas-Technik.**
	S.	**Müllerei-Technik.**
	T.	**Brauerei-Technik.**
	U.	**Landwirtschaftliche Maschinenlehre.**

Dr. Max Jänecke, Verlagsbuchhandlung, Hannover

DIE
SCHIFFSMASCHINEN

IHRE BERECHNUNG UND KONSTRUKTION
MIT EINSCHLUSS DER DAMPFTURBINEN

VON

INGENIEUR HERMANN WILDA

Atlas in Mappe Mk. 50.—.   *Handbuch in Leinen geb. Mk. 20.—.*

Aus den Besprechungen

Mitteilungen aus dem Gebiete des Seewesens:

Dieses ungemein reichhaltige Werk bringt in dem 429 Seiten starken Textband die Berechnung der Schiffsmaschine und ihrer Teile. Bei Verfassung des Textes war der Verfasser bestrebt, weitläufige theoretische Ableitungen und Beschreibungen von Konstruktionen zu vermeiden, dagegen vornehmlich Daten der Praxis und Ausführungen heranzuziehen, um stets für die Berechnungsformeln die Probe auf Uebereinstimmung mit wirklichen Ausführungen zu ermöglichen. Das Handbuch bringt 364 Abbildungen im Text und 108 Zahlentafeln, sowie zahlreiche Beispiele nach Ausführung moderner Maschinen. Der Atlas im größten Folioformat enthält auf 64 Tafeln 1200 Konstruktionszeichnungen ausgeführter moderner Maschinen mit sämtlichen Arbeitsmaßen. Bei der heutigen Bedeutung der Dampfturbinen für den Schiffsbetrieb wurde ihrer Besprechung ein besonderer Abschnitt gewidmet. Der Verfasser, dessen Bemühungen von den hervorragendsten Maschinenbau-Anstalten Deutschlands und anderer Staaten wesentlich gefördert wurden, hat ein Standardwerk geschaffen, welches dem Schiffsmaschinen-Ingenieur, dem technischen Marine-Beamten im allgemeinen, sowie auch dem See-Offizier von größtem Nutzen sich erweisen wird.

Dr. Max Jänecke, Verlagsbuchhandlung, Hannover

Zeitschrift des österreich. Ingenieur- und Architekten-Vereins:
Dieses in die Vereinsbücherei eingereihte Werk bringt rechnerische und durch Versuche festgestellte Angaben über ausgeführte Schraubenschiffsmaschinen — denn um diese handelt es sich allein — von 600 PS. aufwärts in großer Zahl. Sie bekunden den großen Sammeleifer des Verfassers, der als Verfasser des Werkes „Der Schiffsmaschinenbau", Hannover 1901, Gebrüder Jänecke, eine deutsche Ausbildung des französischen Werkes von Bertin, bekannt ist. Es ist unmöglich, in diesen wenigen Zeilen den Inhalt zu würdigen, der in seiner knappen Fülle keine Einzelheit der Schraubenschiffsmaschine unerwähnt läßt. Von großem Werte ist der erste Abschnitt, der in deutscher Sprache das erstemal in Kürze alles vereint, was über den Schiffswiderstand und die Maschinenleitung in bezug auf den Schiffsmaschinenbau zu sagen ist und heute vorliegt. Leider wurden die Arbeiten von Paulus, Schütte und Rasmussen noch nicht herangezogen. Die folgenden zwölf Abschnitte sind den verschiedenen Gebieten des Schrauben-Schiffsmaschinenbaues gewidmet, als: (2) Untersuchung ausgeführter Maschinen; (3) Ermittlung der Leistung für Neubauten; (4) Bestimmung der Zylindergrößen; (5) Ermittlung der Wandstärken der Zylinder und ihr Zubehör; (6) Zylinderausrüstung und Dampfleitung; (7) Kolben, Kurbel, Gestänge, Gründung, Lagerung, Wellen, Kupplung und Stevenrohr; (8) Steuerung; (9) Kurbeltrieb und Massenausgleich; (10) Kondensation; (11) Luft, Umlauf, Speise- und Lenzpumpen; (12) Anordnung, Raumbedarf und Gewicht; (13) die Schraube. Der 14. Abschnitt ist dem Dampfrad gewidmet, und werden als Vertreter der Reaktionsturbine, dem Gegendruckrade, die Parsonsturbine; als Vertreter der Aktionsturbine, dem Druckrade, die Rateauturbine vorgeführt. Als Beispiele werden die jüngsten Ausführungen von Parsonsturbinen auf dem Dampfer „Manxman" und dem Kreuzer III. Klasse „Amethyst" und die etwas ältere Ausführung einer Rauteauturbine auf dem französischen Torpedoboot 243 vorgeführt. Auch die dem Dampfrad anhaftenden Mängel: der Mangel einer einfachen Umsteuerung und der Mangel eines Schnelligkeitswechsels (z. B. die Marschgeschwindigkeit für Kriegsfahrzeuge) werden besprochen. Die Ausführungen sind durch rechnerische Behandlung, 108 Zahlentafeln und 364 Holzschnitte unterstützt. Hierzu kommt noch ein besonderes Tafelwerk von 61 Tafeln mit gegen 1200 Abbildungen, welches Verkleinerungen von Werkzeichnungen mit Maßangaben gibt.

Zeitschrift des Vereins deutscher Ingenieure.
Seit dem bekannten Werk von Haak und Busley ist keine so vielseitige Konstruktionen umfassende Arbeit erschienen.

Dr. Max Jänecke, Verlagsbuchhandlung, Hannover

Le Mouvement Maritime:
Les ambitions grandissantes de l'Allemagne en matière maritime suscitent l'activité de nombre de ses techniciens, et ce non seulement au point de vue de l'application directe de l'art et de la science à la construction navale, mais encore au point de vue didactique. Il n'y a pas bien longtemps, nos voisins de l'Est étaient encore tributaires avérés de la Grande-Bretagne pour la construction de leurs paquebots; ils pastichèrent ensuite les bâtiments des Anglais; enfin, confiants dans leurs propres forces, ils lancèrent sur l'océan les transatlantiques rapides qui détiennent à présent le record de la vitesse.

L'art naval paraît donc n'avoir plus de secret pour eux; ils en sont passés maîtres, c'est-à-dire autorisés à faire état de science personnelle. C'est ainsi qu'il vient de se publier à Hanovre un ouvrage technique en deux volumes traitant des machines marines: *Die Schiffsmaschinen* (Ihre Berechnung und Konstruktion mit Einschluss der Dampfturbinen) (I). L'auteur, M. Hermann Wilda, a donné le jour à un travail présenté en deux langues: allemande et anglaise; il comble une lacune. *A l'exception de l'œuvre de M. Seaton, il n'existe guère d'ouvrage traitant des machines marines modernes et donnant la description des engins mécaniques intéressants livrés par les principaux chantiers de la Grande-Bretagne, de l'Allemagne, des Etats-Unis et d'ailleurs.* L'auteur a donc voulu conclure de l'expérience, sortir des chemins battus de la théorie, pour présenter aux ingénieurs des échantillons plus ou moins parfaits des appareils qu'ils seront appelés à construire ou à inspecter au cours de leur carrière.

L'ouvrage compte 64 planches et 1,200 gravures, et dans son ensemble donne une idée exacte des progrès réalisés jusqu'à présent par la mécanique navale. *C'est grâce au bienveillant concurs de nombre d'armateurs et de constructeurs que M. Wilda est parvenu à rassembler une série de documents de la plus grande valeur.*

Au cours de l'introduction de l'ouvrage, il ne laisse pas d'ailleurs de témoigner à ce propos sa plus vive gratitude à des firmes telles que: MM. Wigham, Richardson & Co. (Newcastle-on-Tyne), Amos & Smith (Hull), *The Union Iron Work* (San Francisco), MM. Harland & Wolf (Belfast), Georges Clarke Ld (Sunderland), *Hamburg-Amerika Linie* (Hambourg), MM. Blohm & Voss (Hambourg), *Vulcan* (Stettin), *Oder Werke* (Stettin), etc. Le nombre de documents reçus a été tel que l'auteur a dû se livrer à une sélection. L'atlas vient d'être publié; le livre le sera dans quelques jours, sa parution ayant dû être différée, une contribution importante ayant été récemment apportée à l'ouvrage par les applications des turbines. *Le travail de M. Wilda sera précieux non seulement pour l'ingénieur naval, mais encore pour l'armateur qui prend souci de s'intéresser à la technique de l'instrument qu'il exploite.*

Dr. Max Jänecke, Verlagsbuchhandlung, Hannover

Le Yacht, Paris:

Les Allemands nous donnent chaque jour de nouvelles preuves du développement nautique de leur pays, notamment par la publication de plus en plus fréquente d'ouvrages techniques relatifs à la marine.

Sous ce titre „Die Schiffsmaschinen, etc.", l'ingénieur mécanicien Hermann Wilda, lauréat de l'Association prussienne pour le progrès de l'activité industrielle, présente au public scientifique un Atlas accompagné de son texte explicatif sous forme de volume séparé, qui traite à fond et en détail de la construction, de l'installation, du montage, etc. des machines marines; un appendice traite la question des machines à turbines.

L'Atlas contient 1,200 dessins sur 64 feuillets grand format, et dans le texte, on trouve encore 364 profils et schemas partiels.

Cet ouvrage, qui est monument véritable élevé à la mécanique marine, se distingue de ses similaires par l'esprit de méthode et de détail propre aux productions germaniques.

Nous croyons qu'il peut rendre les plus grands services à tous les ingénieurs, architectes navals et mécaniciens de marine, à une époque surtout où le moteur à vapeur a pris une extension prépondérante.

L'Elettricita:

Trattasi in sostanza di una opera poderosa e completa, che, per chi si interessa dell' arte, rappresenta una vera inesauribile miniera di studio.

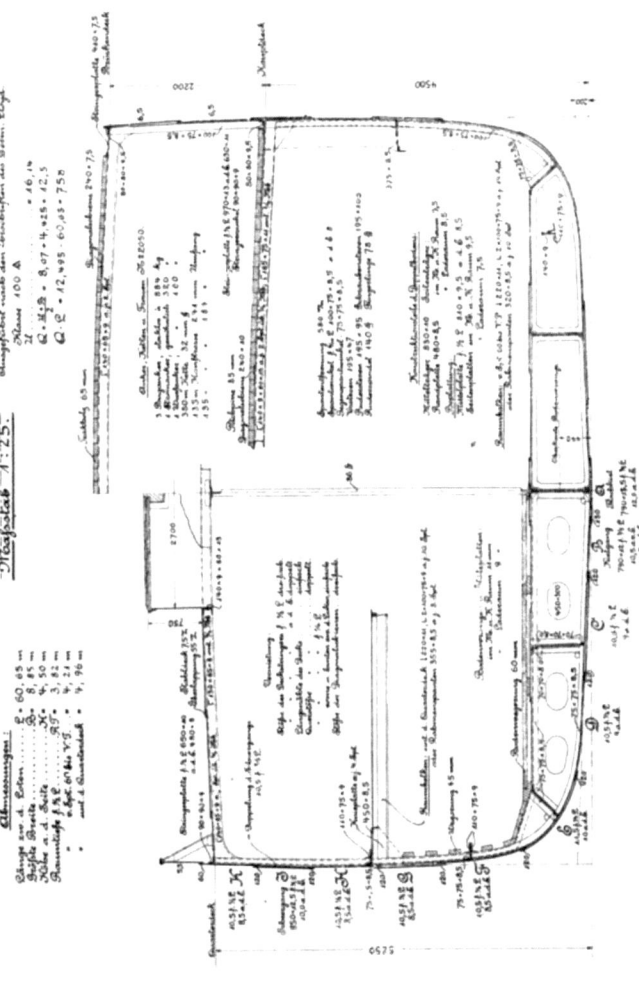

Hauptspant (Besteck) für einen Quarterdeckdampfer

TAFEL 1

Zu Bohnstedt, Praktischer Schiffbau.

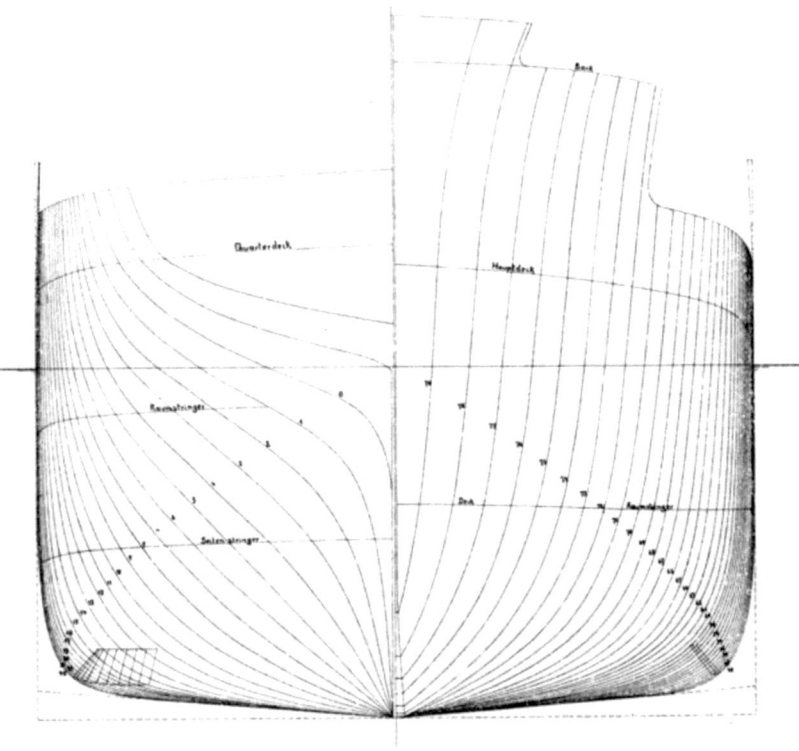

Zu Bohnstedt, Praktischer Schiffbau.

TAFEL 2.

(Der Maßstab ist verringert.)

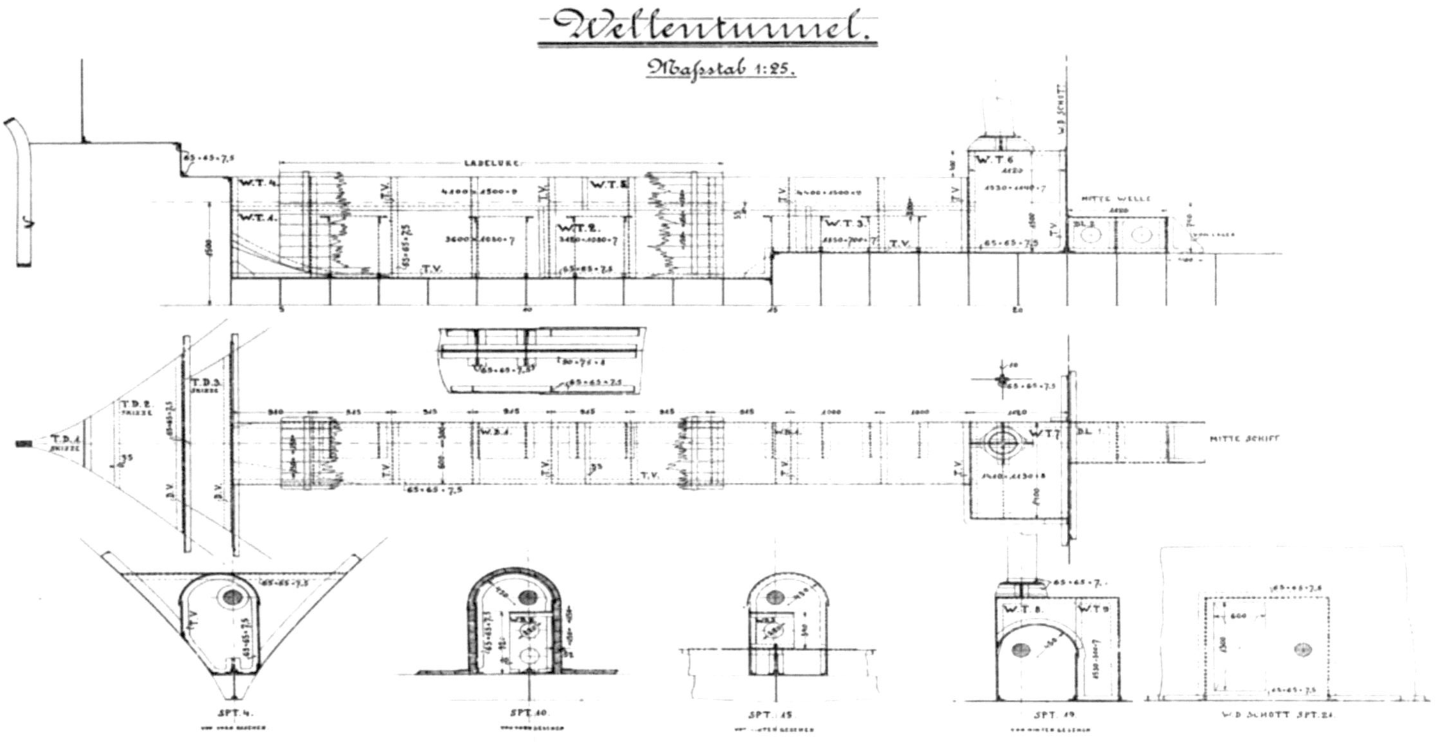

Wellentunnel.

Maßstab 1:25.

TAFEL 3.

(Der Maßstab ist verringert.)

Zu Bohnstedt, Praktischer Schiffbau.

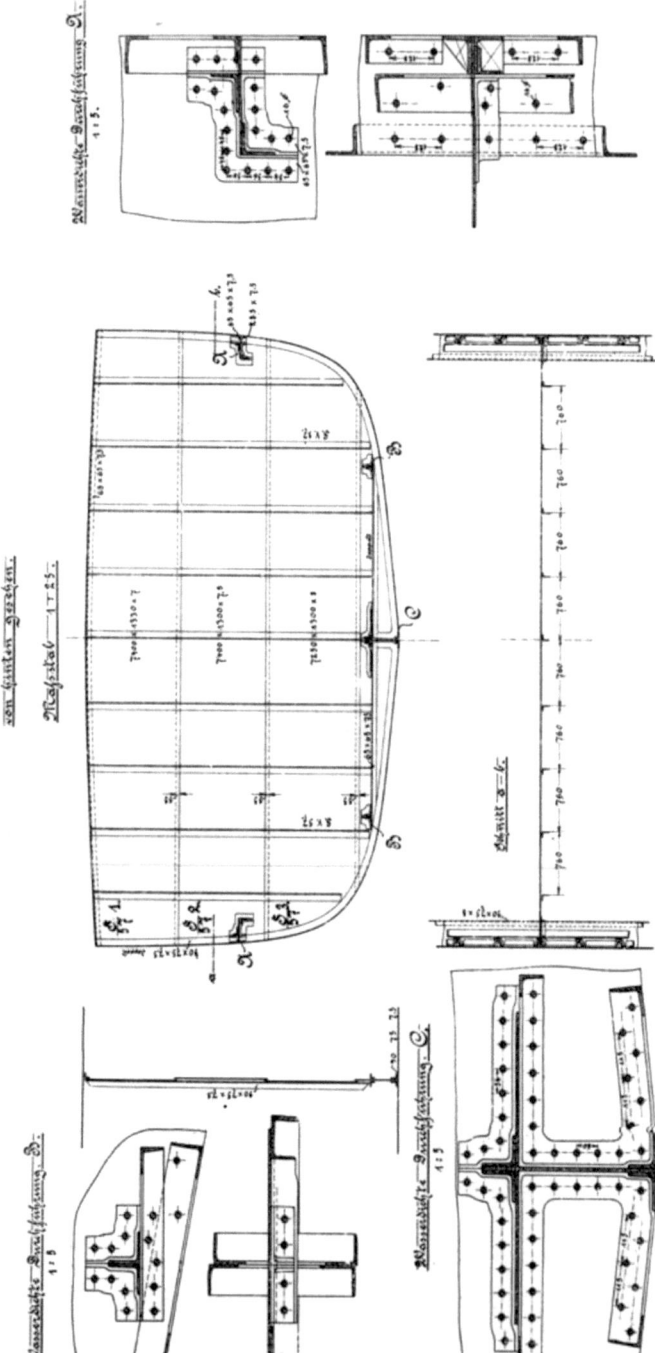

TAFEL 4.
(Der Maßstab ist verringert.)

Zu Bohnstedt, Praktischer Schiffbau.

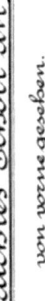

Wasserdichtes Schott an Sp. 62

von vorne gesehen.

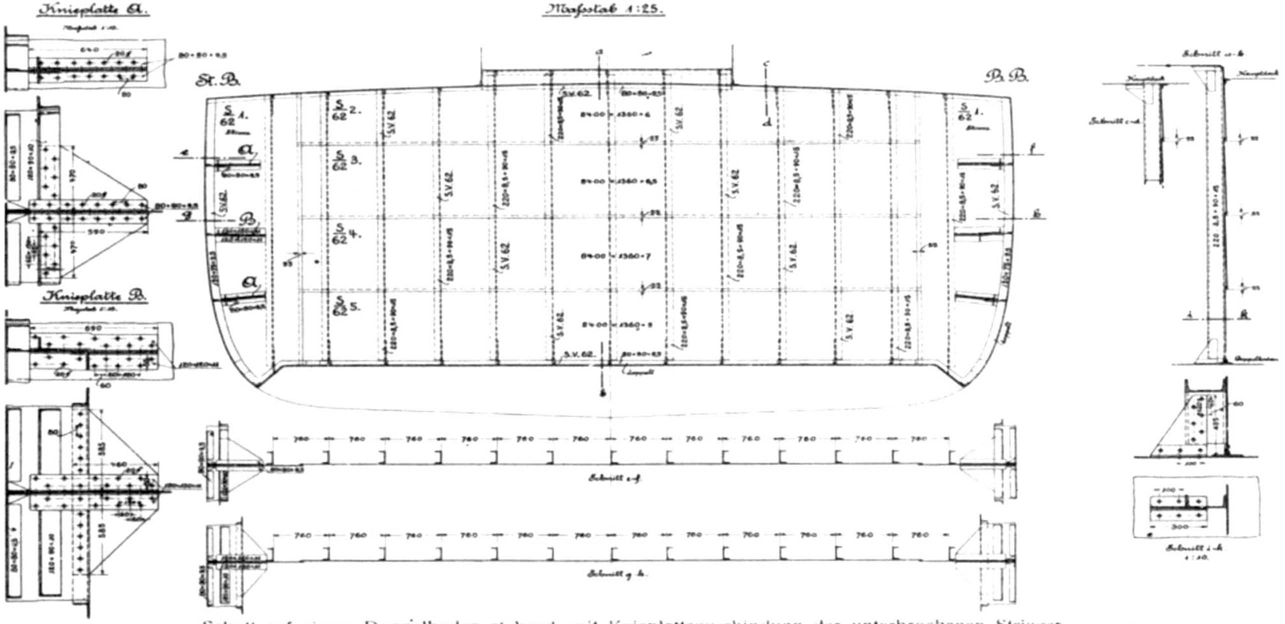

Schott auf einem Doppelboden stehend, mit Knieplattenverbindung der unterbrochenen Stringer.

Zu Bohnstedt, Praktischer Schiffbau.

TAFEL 5.

(Der Maßstab ist verringert.)

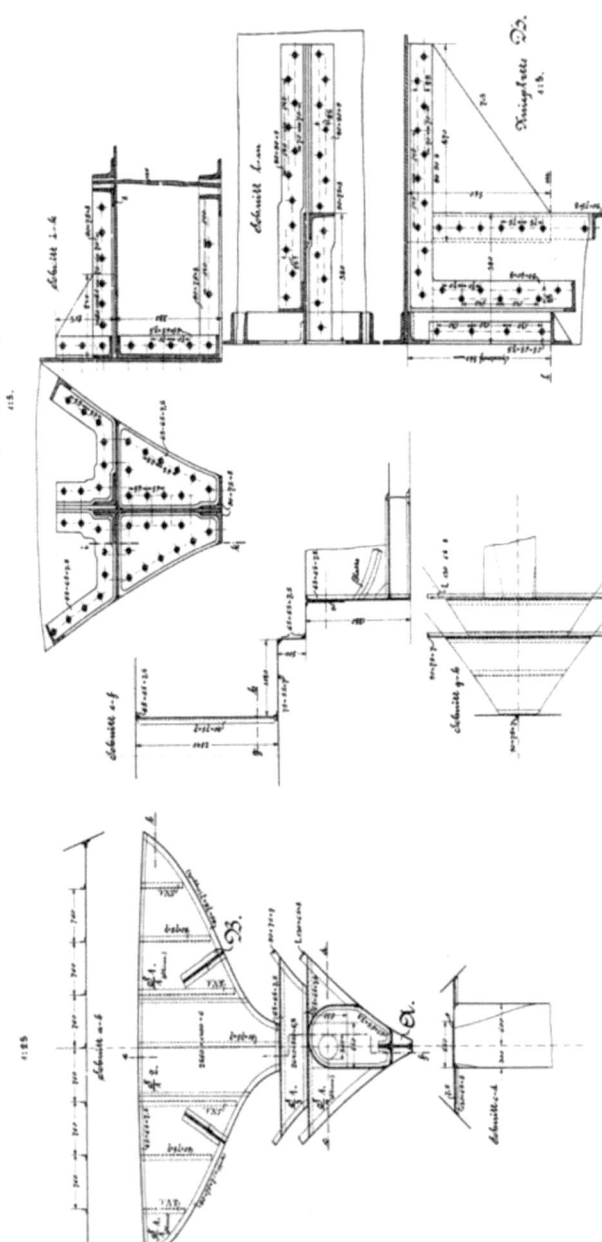

TAFEL 6
(Der Maßstab ist verringert.)

Zu Bohnstedt, Praktischer Schiffbau.

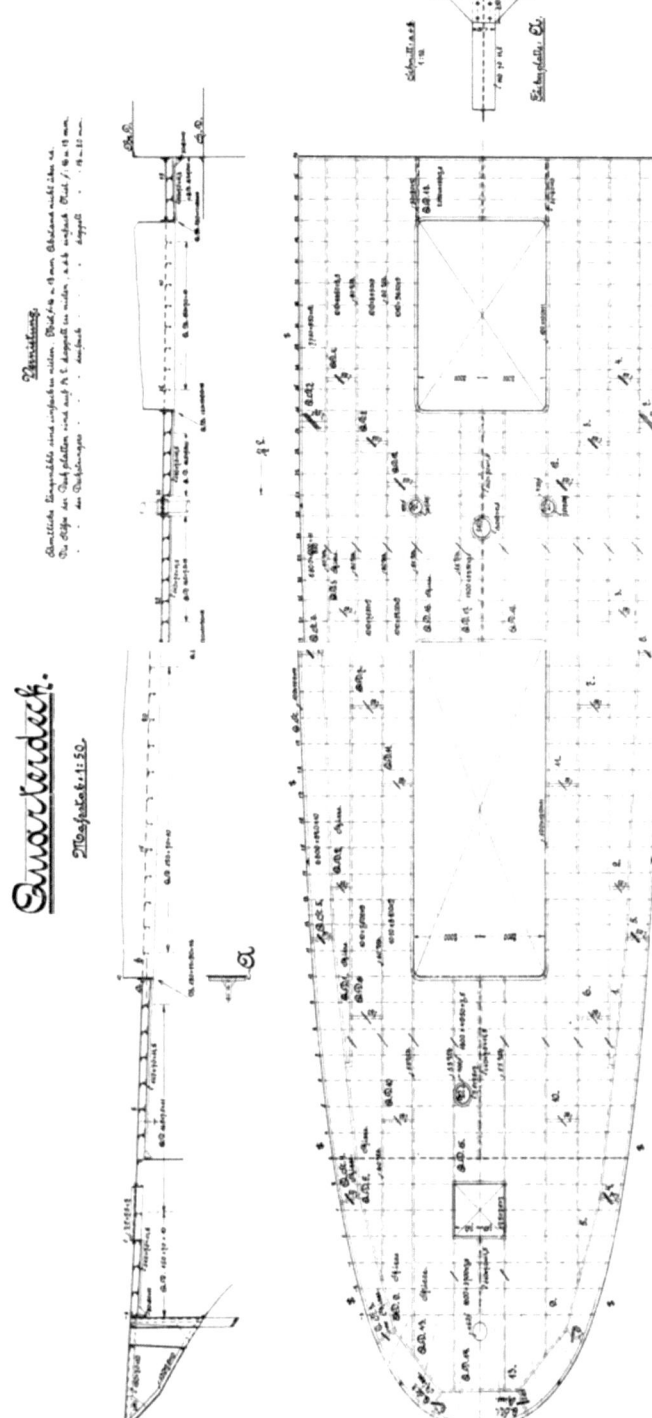

Zu Bohnstedt, Praktischer Schiffbau.

TAFEL 7.

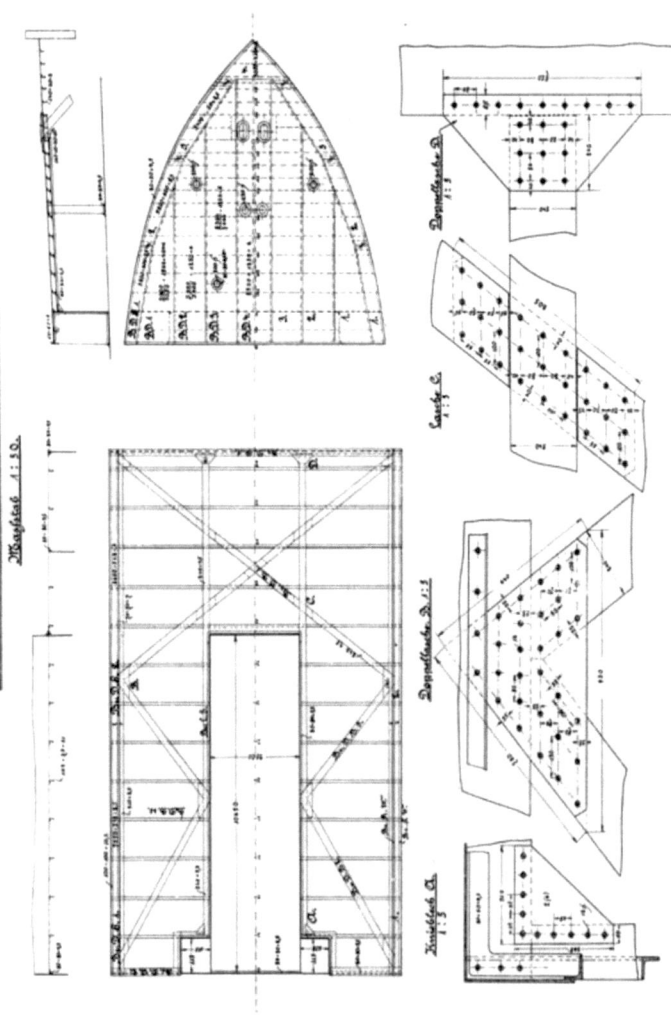

TAFEL 8.
(Der Maßstab ist verringert.)

Zu Bohnstedt, Praktischer Schiffbau.

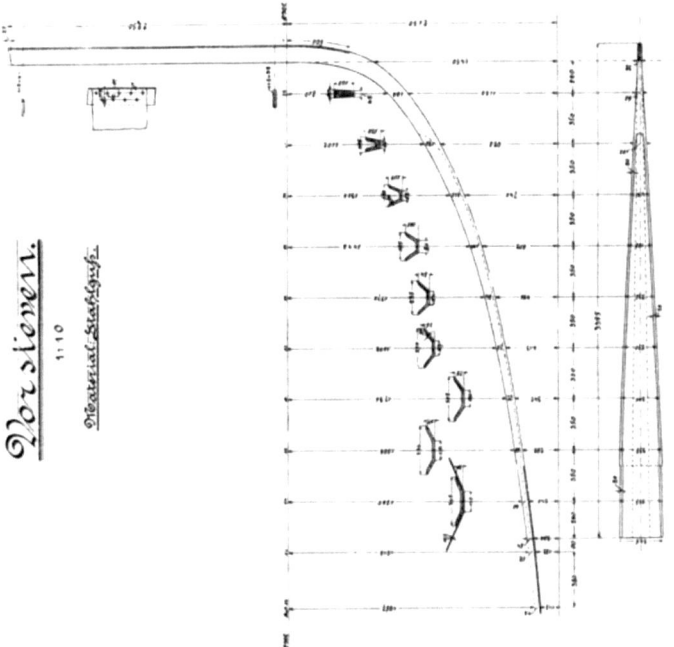

Zu Bohnstedt, Praktischer Schiffbau

TAFEL 9
(Der Maßstab ist verringert.)

TAFEL 10.
(Der Maßstab ist verringert.)

Zu Bohnstedt, Praktischer Schiffbau.

TAFEL 11.

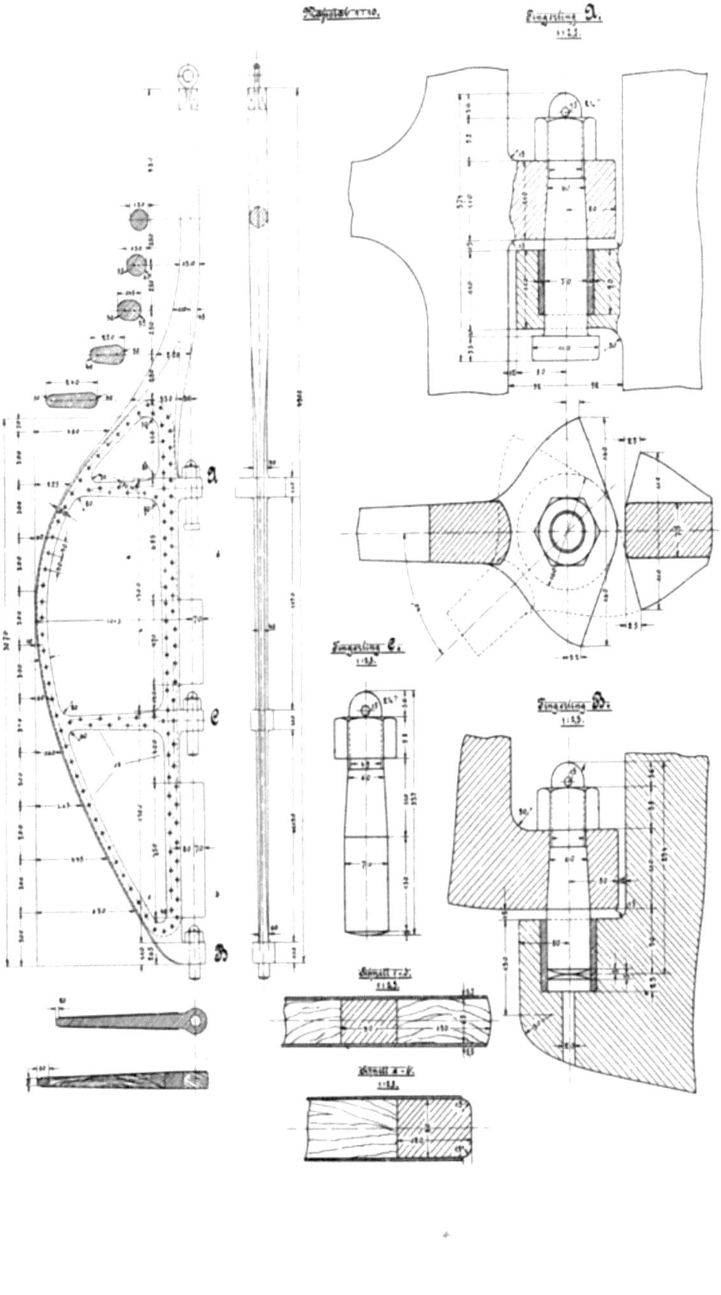

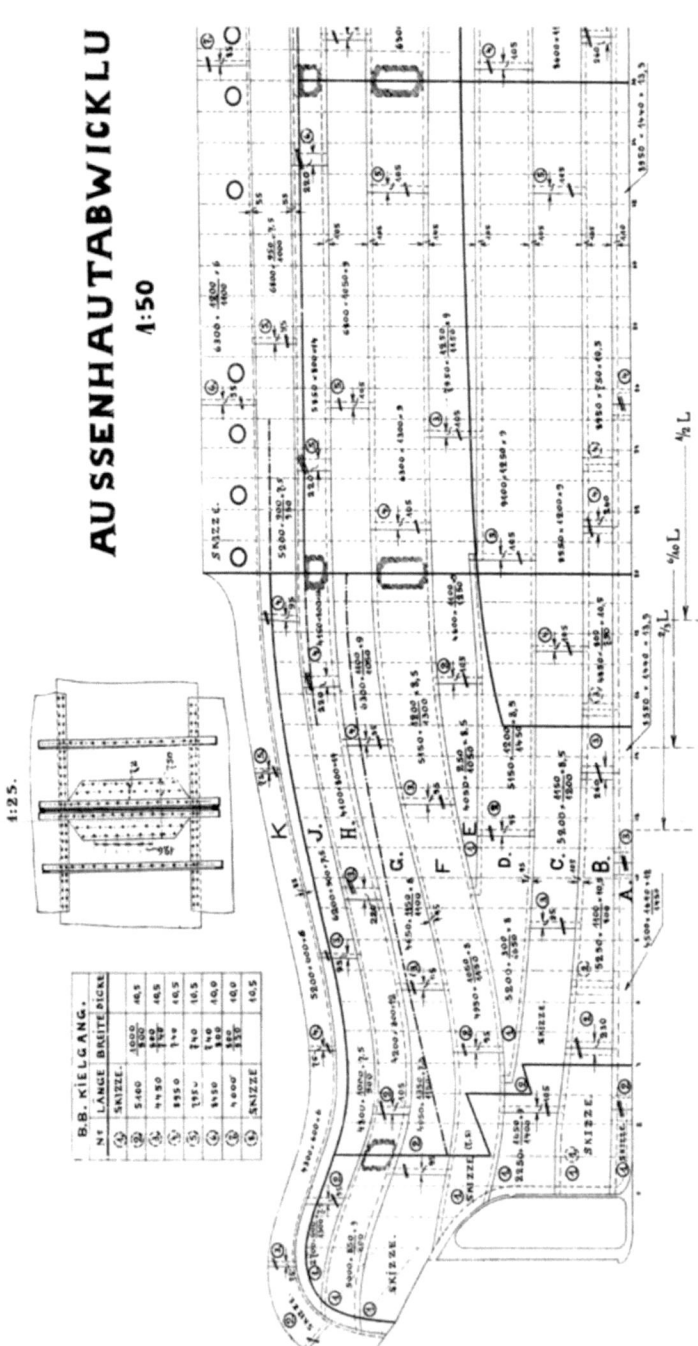

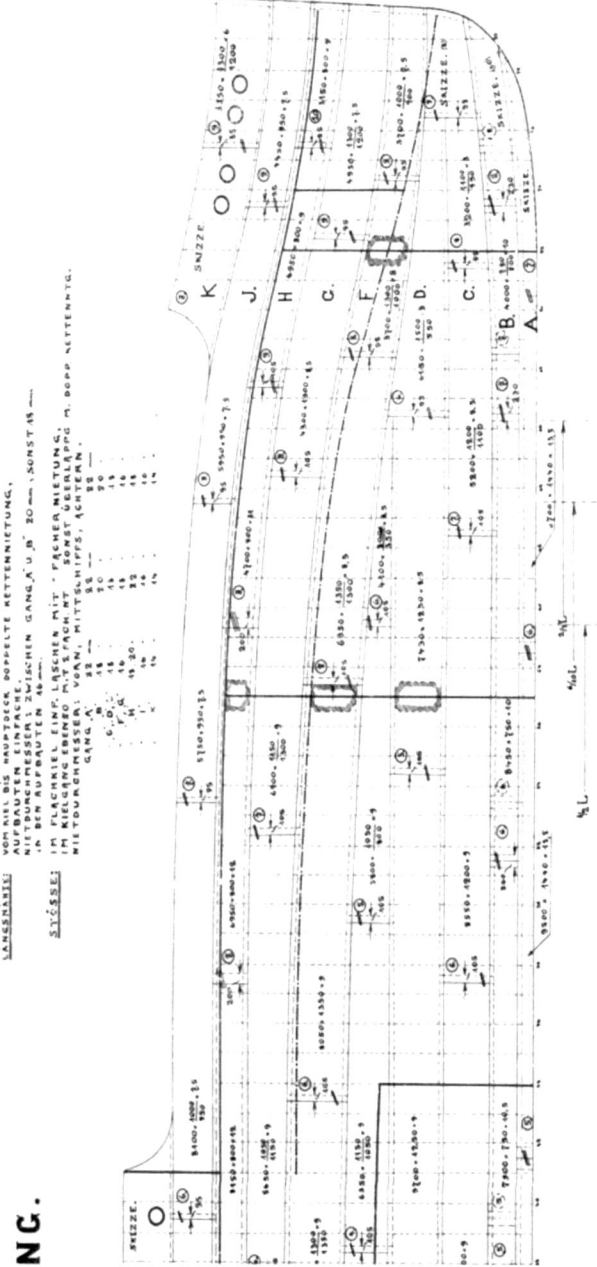